《申报》《新申报》小说家述考
（1907—1919）

Comments and Critiques on the Novelists of *Shun Pao* and *Hsin Shun Pao*
(1907-1919)

罗紫鹏　著

中国社会科学出版社

图书在版编目（CIP）数据

《申报》《新申报》小说家述考：1907—1919／罗紫鹏著.—北京：中国社会科学出版社，2018.12

（中国社会科学博士后文库）

ISBN 978-7-5203-3667-3

Ⅰ.①申…　Ⅱ.①罗…　Ⅲ.①小说家—人物研究—中国　Ⅳ.①K825.6

中国版本图书馆 CIP 数据核字（2018）第 270998 号

出 版 人	赵剑英
责任编辑	慈明亮
责任校对	杨　林
责任印制	李寡寡

出　　版	中国社会科学出版社
社　　址	北京鼓楼西大街甲 158 号
邮　　编	100720
网　　址	http://www.csspw.cn
发 行 部	010-84083685
门 市 部	010-84029450
经　　销	新华书店及其他书店
印刷装订	北京君升印刷有限公司
版　　次	2018 年 12 月第 1 版
印　　次	2018 年 12 月第 1 次印刷
开　　本	710×1000　1/16
印　　张	23.5
字　　数	398 千字
定　　价	98.00 元

凡购买中国社会科学出版社图书，如有质量问题请与本社营销中心联系调换
电话：010-84083683
版权所有　侵权必究

第七批《中国社会科学博士后文库》
编委会及编辑部成员名单

（一）编委会
主　任：王京清
副主任：马　援　张冠梓　高京斋　俞家栋　夏文峰
秘书长：邱春雷　张国春
成　员（按姓氏笔画排序）：
　　　　卜宪群　王建朗　方　勇　邓纯东　史　丹
　　　　朱恒鹏　刘丹青　刘玉宏　刘跃进　孙壮志
　　　　孙海泉　李　平　李向阳　李国强　李新烽
　　　　杨世伟　吴白乙　何德旭　汪朝光　张　翼
　　　　张车伟　张宇燕　张星星　陈　甦　陈众议
　　　　陈星灿　卓新平　房　宁　赵天晓　赵剑英
　　　　胡　滨　袁东振　黄　平　朝戈金　谢寿光
　　　　潘家华　冀祥德　穆林霞　魏后凯

（二）编辑部（按姓氏笔画排序）：
主　任：高京斋
副主任：曲建君　李晓琳　陈　颖　薛万里
成　员：王　芳　王　琪　刘　杰　孙大伟　宋　娜
　　　　陈　效　苑淑娅　姚冬梅　梅　玫　黎　元

序　言

　　博士后制度在我国落地生根已逾30年，已经成为国家人才体系建设中的重要一环。30多年来，博士后制度对推动我国人事人才体制机制改革、促进科技创新和经济社会发展发挥了重要的作用，也培养了一批国家急需的高层次创新型人才。

　　自1986年1月开始招收第一名博士后研究人员起，截至目前，国家已累计招收14万余名博士后研究人员，已经出站的博士后大多成为各领域的科研骨干和学术带头人。这其中，已有50余位博士后当选两院院士；众多博士后入选各类人才计划，其中，国家百千万人才工程年入选率达34.36%，国家杰出青年科学基金入选率平均达21.04%，教育部"长江学者"入选率平均达10%左右。

　　2015年底，国务院办公厅出台《关于改革完善博士后制度的意见》，要求各地各部门各设站单位按照党中央、国务院决策部署，牢固树立并切实贯彻创新、协调、绿色、开放、共享的发展理念，深入实施创新驱动发展战略和人才优先发展战略，完善体制机制，健全服务体系，推动博士后事业科学发展。这为我国博士后事业的进一步发展指明了方向，也为哲学社会科学领域博士后工作提出了新的研究方向。

　　习近平总书记在2016年5月17日全国哲学社会科学工作座谈会上发表重要讲话指出：一个国家的发展水平，既取决于自然科学发展水平，也取决于哲学社会科学发展水平。一个没有发达的自然科学的国家不可能走在世界前列，一个没有繁荣的哲学社会科学的国家也不可能走在世界前列。坚持和发展中国特色社会主义，需要不断在实践和理论上进行探索、用发展着的理论指导发展着的实践。在这个过程中，哲学社会科学具有不可替代的重要地位，哲学社会科学工作者具有不可替代的重要作用。这是党和国家领导人对包括哲学社会科学博士后在内的所有哲学社会科学领域的研究者、工作者提出的殷切希望！

中国社会科学院是中央直属的国家哲学社会科学研究机构，在哲学社会科学博士后工作领域处于领军地位。为充分调动哲学社会科学博士后研究人员科研创新积极性，展示哲学社会科学领域博士后优秀成果，提高我国哲学社会科学发展整体水平，中国社会科学院和全国博士后管理委员会于2012年联合推出了《中国社会科学博士后文库》（以下简称《文库》），每年在全国范围内择优出版博士后成果。经过多年的发展，《文库》已经成为集中、系统、全面反映我国哲学社会科学博士后优秀成果的高端学术平台，学术影响力和社会影响力逐年提高。

下一步，做好哲学社会科学博士后工作，做好《文库》工作，要认真学习领会习近平总书记系列重要讲话精神，自觉肩负起新的时代使命，锐意创新、发奋进取。为此，需做到以下几点：

第一，始终坚持马克思主义的指导地位。 哲学社会科学研究离不开正确的世界观、方法论的指导。习近平总书记深刻指出：坚持以马克思主义为指导，是当代中国哲学社会科学区别于其他哲学社会科学的根本标志，必须旗帜鲜明加以坚持。马克思主义揭示了事物的本质、内在联系及发展规律，是"伟大的认识工具"，是人们观察世界、分析问题的有力思想武器。马克思主义尽管诞生在一个半多世纪之前，但在当今时代，马克思主义与新的时代实践结合起来，越来越显示出更加强大的生命力。哲学社会科学博士后研究人员应该更加自觉坚持马克思主义在科研工作中的指导地位，继续推进马克思主义中国化、时代化、大众化，继续发展21世纪马克思主义、当代中国马克思主义。要继续把《文库》建设成为马克思主义中国化最新理论成果的宣传、展示、交流的平台，为中国特色社会主义建设提供强有力的理论支撑。

第二，逐步树立智库意识和品牌意识。 哲学社会科学肩负着回答时代命题、规划未来道路的使命。当前中央对哲学社会科学愈发重视，尤其是提出要发挥哲学社会科学在治国理政、提高改革决策水平、推进国家治理体系和治理能力现代化中的作用。从2015年开始，中央已启动了国家高端智库的建设，这对哲学社会科学博士后工作提出了更高的针对性要求，也为哲学社会科学博士后研究提供了更为广阔的应用空间。《文库》依托中国社会科学院，面向全国哲学社会科学领域博士后科研流动站、工作站的博士后征集优秀成果，入选出版的著作也代表了哲学社会科学博士后最高的学术研究水平。因此，要善于把中国社会科学院服务党和国家决策的大智库功能与《文库》的小智库功能结合起来，进而以智库意识推动品牌意识建设，最终树立《文库》的智库意识和品牌意识。

第三，积极推动中国特色哲学社会科学学术体系和话语体系建设。 改革开放30多年来，我国在经济建设、政治建设、文化建设、社会建设、生态文明建设和党的建设各个领域都取得了举世瞩目的成就，比历史上任何时期都更接近中华民族伟大复兴的目标。但正如习近平总书记所指出的那样：在解读中国实践、构建中国理论上，我们应该最有发言权，但实际上我国哲学社会科学在国际上的声音还比较小，还处于有理说不出、说了传不开的境地。这里问题的实质，就是中国特色、中国特质的哲学社会科学学术体系和话语体系的缺失和建设问题。具有中国特色、中国特质的学术体系和话语体系必然是由具有中国特色、中国特质的概念、范畴和学科等组成。这一切不是凭空想象得来的，而是在中国化的马克思主义指导下，在参考我们民族特质、历史智慧的基础上再创造出来的。在这一过程中，积极吸纳儒、释、道、墨、名、法、农、杂、兵等各家学说的精髓，无疑是保持中国特色、中国特质的重要保证。换言之，不能站在历史、文化虚无主义立场搞研究。要通过《文库》积极引导哲学社会科学博士后研究人员：一方面，要积极吸收古今中外各种学术资源，坚持古为今用、洋为中用。另一方面，要以中国自己的实践为研究定位，围绕中国自己的问题，坚持问题导向，努力探索具备中国特色、中国特质的概念、范畴与理论体系，在体现继承性和民族性，体现原创性和时代性，体现系统性和专业性方面，不断加强和深化中国特色学术体系和话语体系建设。

新形势下，我国哲学社会科学地位更加重要、任务更加繁重。衷心希望广大哲学社会科学博士后工作者和博士后们，以《文库》系列著作的出版为契机，以习近平总书记在全国哲学社会科学座谈会上的讲话为根本遵循，将自身的研究工作与时代的需求结合起来，将自身的研究工作与国家和人民的召唤结合起来，以深厚的学识修养赢得尊重，以高尚的人格魅力引领风气，在为祖国、为人民立德立功立言中，在实现中华民族伟大复兴中国梦征程中，成就自我、实现价值。

是为序。

中国社会科学院副院长
中国社会科学院博士后管理委员会主任
2016 年 12 月 1 日

摘 要

《申报》自晚清刊发小说以来，一直是晚清民国小说家的重要诞生地，特别是其副刊"自由谈"更是报刊与文学互动发展的典型代表。《新申报》接续《申报》而来，其副刊"自由新语"和"小申报"更是吸收了许多从《申报》成名的小说家。考订清末民初在两报发表作品的小说家群体，讨论两报为清末民初文坛输送小说家的过程，对研究清末民初小说及中国文学的现代化进程具有重要意义。

盖《申报》虽自创刊后不久就以《瀛寰琐记》《昕夕闲谈》等副张的形式刊发小说，但这些副张具有一定的独立性，且一度中断——《申报》真正在报纸正张上刊载原创小说始自1907年，并在"自由谈"副刊之后迎来小说刊发的高峰，继而形成自己独立的创作、发行、出版系统与阵营。后起于《申报》，且与其有竞争关系的《新申报》创刊于1916年底，该报通过"引渡"《申报·自由谈》的首位编辑王钝根，从而几乎完整地继承、保留了《申报·自由谈》的原创班底，使自己也一度成为原《申报·自由谈》小说家创作刊发小说的主要阵地。两报对于小说创作者的"培养"与"争夺"一直持续到1919年夏，即《新申报》副刊改版、更换编辑为止。在这期间两报的小说家创作队伍不断形成、壮大，一些优秀的小说创作者成为两报的主撰，并在小说界崭露头角，成为当时通俗文坛的知名小说家。

自1907年至1919年，在《申报》和《新申报》上发表作品的小说撰稿者共有一百多位，他们通过《申报·自由谈》及"自由谈话会"而结成松散的团体，在主编更换的过程中向《新申报》副刊进行了一定的迁移，进而又在新的文学形势下自行消散。这一小说家群体的成员大致可以分为三类，此三类作家以其与《申报》《新申报》的亲密程度及创作的不同特点进行划分，其中创作实践较活跃的三十余位是该小说家群体的代表。第一类是以酒丐（邹弢）、林纾两人为代表的前辈名小说家，他们既是《申报》《新申报》的"约稿"对象，同时也参与或影响了《申报》《新申报》小说撰稿群体的形成与创作；第二类是依靠《申报·自由谈》走进文坛，并作为《申报》《新申报》核心供稿人的嘉定二我、徐了青、吴觉迷、李常觉、刘豁公、许瘦蝶、陈小蝶等人，他们有的积极活跃，创作时间较长，有的为两报撰稿的时间略短，有的很快在文坛成名，有的则不久沉寂或从文坛退出；第三类是《申报》《新申报》鼓励扶持的女性小说家映清女士、韵清女史（吕逸）、秀英女士等人，她们是近代中国第一批女性小说作者，是依靠《申报》《新申报》等刊物从传统走进现代的新女性。这三类撰稿者构成了《申报》《新申报》的小说家群体，推动了《申报》《新申报》在清末民初文坛的影响力，开拓了两报的读者市场，同时也为20世纪20年代"旧派"通俗文坛的格局奠定了基础。

然而正是这样一批旧派通俗小说家在时代的浪潮与文学发展的大环境中不断被遮蔽。先是因为部分小说家在20世纪三四十年代退出文坛而被时辈读者遗忘，继而是在大的时代背景下旧派通俗小说的作家、作品及其价值均被掩盖。而无论是为了还原近代中国小说的发展历程，还是为了探究清末民初文坛的真实状态，《申报》《新申报》小说家群体作为清末民初通俗文坛的主要代表，其真实的发展与运作情况都需要予以廓清——这些小说家的出处与由来、成名与陨落需要考证，其在整个近代中国小说发展过程中的地位和价值也需要重新估计。

《申报》《新申报》小说家群体的形成得益于近代知识分子的身份转换及变化，他们所创作的通俗小说能够获得普通读者的认可也得益于报刊新媒体的出现。随着小说的地位提升，"小说家"的身份也经历了革新，涌入《申报》《新申报》副刊平台的撰者正是近代知识分子转型的具体体现，而《申报》《新申报》小说家之所以能够成群出现也正源于两报刊为文学创作所提供的便利。这一时期，作品发表出版的门槛降低、作品的质量下降、小说家的"群体化"等现象都是报刊作用下中国小说"现代化"进程的具体体现，而这与当下网络传媒时代的小说创作正可互为对照，为百年通俗小说的发展演变提供研究线索。

关键词：《申报》　《新申报》　清末民初　小说家

Abstract

　　Shun Pao was an important cradle of novelists as it published novels since the late Qing Dynasty. Its supplement "*Ziyoutan*" in particular, was an epitome of the interactive development between journalism and literature. *Hsin Shun Pao* (*New Shun Pao*) followed *Shun Pao*, the supplement of which, *Ziyouxinyu* and *Small Shun Pao*, attracted many novel-writers who made their names at *Shun Pao*. Therefore, examining the group of novelists who published works in these two newspapers and discussing the process of how they produced novelists to the literary arena is of great significance for studying the modernization process of novels and Chinese literature in the late Qing dynasty and the early Republic of China.

　　Novels were published soon after the initiation of *Shun Pao* on its attached page such as *Ying Huan Suo Ji* and *Xin Xi Xian Tan* which were somehow independent and had been suspended for a time. Original Novels appeared on the formal pages of the newspaper since 1907, and there was a gush of novel publication when *Shun Pao* developed the independent system of creation, distribution and publication with the foundation of newspapers' supplement Ziyoutan. *Hsin Shun Pao*, which bore a competitive relationship with its precursor *Shun Pao*, was founded at the end of 1916. This younger newspaper inherited and retained the original novel writer team almost completely by hunting and recruiting Wang Dungen, the first editor of *Shun Pao's* supplement *Ziyoutan*, and thus once became the major platform for the novelists to publish their novels. "Cultivation" and "competition" for novelists between the two newspapers lasted until the summer of 1919, when the supplement of *Hsin Shun Pao* made a revision and its editors were replaced. During this period, the novelist troops of the two newspapers continued to grow. Some outstanding novelists became the main writers of the two newspapers and cut a striking figure in the fiction circle and then turned themselves into well-known novelists in the popular literary field at that time.

From 1907 to 1919, there were more than one hundred contributors publishing their novels on *Shun Pao* and *Hsin Shun Pao*. They formed loose groups through *Ziyoutan* and the "Free talk confab". Later, some members of the group migrated from *Shun Pao* to *Hsin Shun Pao* when *Ziyoutan*'s major editor changed and then in a new literary situation the group was unknowingly disappeared under the nose of the readers. Members of this group of writers could be roughly divided into three categories, while the writers of each category were distinguished from others by their intimacy with *Shun Pao* and *Hsin Shun Pao* and their characteristics of literary creation, and there were about 30 representative writers of the group. The first category was the predecessor novelists represented by Zou Tao and Lin Shu, who were not only invited for contributions by *Shun Pao* and *Hsin Shun Pao*, but also participated or influenced the formation and creation of the group of novel writers. The second category was the writers who basically entered into the literary world owing to *Ziyoutan* and became fixed contributors to *Shun Pao* and *Hsin Shun Pao*. They were Jiading Er wo, Xu Liaoqing, Wu Juemi, Li Changjue, Liu Huogong, Xu Shoudie, Chen Xiaodie and others. Some of them had been active and creative for a long time while some contributed to the two newspapers for a short time; some became famous in the literary arena quickly while some flopped later on or even withdrew from the literary arena. The third category were the female novelists, Jiang Yingqing, Lv Yunqing, Miss Xiuying and others supported by *Shun Pao* and *Hsin Shun Pao* and other magazines, who were the earliest female writers stepping from traditional society into the modern world in the late Qing dynasty and the early Republic of China. These three kinds of writers constituted the novel writing groups of *Shun Pao* and *Hsin Shun Pao*, promoted these two newspapers' literary influence in the literary field at that time, opened up their market and paved the way for the "old-school" popular literature in the 1920s.

However, it is precisely such a group of old-style popular novelists whowere constantly neglected in the tide of times and literature. Firstly, some novelists were forgotten by the younger readers when they quitted the literary arena in 1930s and 1940s. Then the writers of "old school" popular novel and their works were devalued against the new historical background. For restoring the development of modern Chinese novels or for exploring the true situation of literary world in the late Qing Dynasty and early Republic of China, it is of great significance to clarify the real development and practice of the novelists at *Shun Pao* and *Hsin Shun Pao* who were the main representatives of the popular literary world at that time. The origin and fate of these novelists need to be studied, and their status and values throughout the development of modern Chinese novels need to be re-evaluated as well.

The formation of novelist groups in *Shun Pao* and *Hsin Shun Pao* was benefited from the identity conversion and the changes of modern intellectuals, whose popular novels were welcomed by ordinary readers owing to the emergence of the new press media. With the ascension of the status of novel, the identity of "novelist" was also updated. The writers who poured into the supplementary platform of *Shun Pao* and *Hsin Shun Pao* were an epitome of the transformation of modern intellectuals. Their springing up was also due to the convenience provided by the two newspapers for literary creation. During this period, the lower threshold for publishing works, the decline in the quality of the works, the clustering of novelists and other phenomena were all manifestations of the modernization of Chinese novel under the influence of newspapers and periodicals, which could be examined in contrast with the fictional creation in the current era of Internet today, and provide research clues for the evolution of popular novel in the past 100 years.

Keywords: *Shun Pao*; *Hsin Shun Pao*; Late Qing Dynasty and Early Republic of China; Novelist

目 录

绪论 "《申报》《新申报》小说家"研究之选题及准备 …………（1）
    第一节　本书的研究对象 …………………………………（1）
    第二节　选题依据及基本研究内容 ………………………（2）
    第三节　《申报》《新申报》小说家研究综述……………（6）
    第四节　本书的研究思路、方法及意义 …………………（11）

第一章　清末民初《申报》《新申报》小说家概况 …………（14）
    第一节　民国文坛"旧派"小说名家的状况格局及其
           "出处"………………………………………………（14）
    第二节　《申报》早期阶段的小说创作群体 ……………（19）
    第三节　《申报》小说家向《新申报》的"迁移"与"流失" …（38）

第二章　《申报》《新申报》小说家的"成名"与"陨落" ……（44）
    第一节　《申报》《新申报》小说创作者之"成名率" …（44）
    第二节　《申报》《新申报》小说家之时代命运 ………（48）

第三章　清末民初《申报》《新申报》小说家考述 …………（53）
    第一节　前辈小说家：酒丐、林纾 ………………………（53）
    第二节　两报核心小说家 …………………………………（79）
    第三节　两报女性小说家 …………………………………（197）

第四章　《申报》《新申报》小说家群体的意义及价值 ……（225）
    第一节　"新媒体"支持下创作者的"群体性"爆发 …………（225）

第二节 小说"现代化"进程中"创作型"小说的全面开始 …………（239）

结　语 …………………………………………………………（251）

附录一 ……………………………………………………………（254）
《申报》小说家及其作品一览表（1907—1919） …………（254）
《新申报》小说家及其作品一览表（1916—1919） ………（288）

附录二 ……………………………………………………………（301）
《申报》《新申报》主要小说家别名、字号、籍贯一览表 ………（301）

附录三　《申报》《新申报》主要小说家小像及出处 …………（304）

参考文献 …………………………………………………………（327）

索　引 ……………………………………………………………（332）
（1）书名、刊名、篇名索引 ……………………………………（332）
（2）人名索引 ……………………………………………………（341）

后　记 ……………………………………………………………（351）

Contents

Preface　Reasons and Preparations for the Research ⋯⋯⋯⋯⋯⋯ (1)

1　The Subject of Research ⋯⋯⋯⋯⋯⋯⋯⋯⋯⋯⋯⋯⋯⋯⋯⋯ (1)
2　Topic Selection and Basic Research Content ⋯⋯⋯⋯⋯⋯⋯⋯ (2)
3　A Summary of the Research on the Topic ⋯⋯⋯⋯⋯⋯⋯⋯⋯ (6)
4　The Research Ideas, Methods and Significance of
　　This Topic ⋯⋯⋯⋯⋯⋯⋯⋯⋯⋯⋯⋯⋯⋯⋯⋯⋯⋯⋯⋯⋯ (11)

Chapter 1　An Overview of the Novelists of *Shun Pao* and
　　Hsin Shun Pao in Late Qing and Early Republic of China ⋯⋯⋯ (14)

1.1　The State Structure and Origin of the "Old School"
　　　Novelists at That Time ⋯⋯⋯⋯⋯⋯⋯⋯⋯⋯⋯⋯⋯⋯⋯ (14)
1.2　Fiction Creation Group in the Early Stage of *Shun Pao* ⋯⋯ (19)
1.3　*Shun Pao* Novelists' "Migration" and "Loss" to the
　　　Hsin Shun Pao ⋯⋯⋯⋯⋯⋯⋯⋯⋯⋯⋯⋯⋯⋯⋯⋯⋯⋯ (38)

Chapter 2　"Fame" and "Fall" of Novelists in *Shun Pao*
　　and *Hsin Shun Pao* ⋯⋯⋯⋯⋯⋯⋯⋯⋯⋯⋯⋯⋯⋯⋯⋯⋯ (44)

2.1　Novelist's "Fame Rate" of *Shun Pao* and
　　　Hsin Shun Pao ⋯⋯⋯⋯⋯⋯⋯⋯⋯⋯⋯⋯⋯⋯⋯⋯⋯⋯ (44)
2.2　Novelist's Destiny of the Times of *Shun Pao* and
　　　Hsin Shun Pao ⋯⋯⋯⋯⋯⋯⋯⋯⋯⋯⋯⋯⋯⋯⋯⋯⋯⋯ (48)

Chapter 3　Textual Research on Novelists of *Shun Pao*
　　and *Hsin Shun Pao* ⋯⋯⋯⋯⋯⋯⋯⋯⋯⋯⋯⋯⋯⋯⋯⋯⋯ (53)

3.1 Seniors Novelists: Jiu Gai、Lin Shu ················ (53)
3.2 Core Novelists of the Two Newspapers ············ (79)
3.3 Female Novelists of the Two Newspapers ········ (197)

Chapter 4　The Significance and Value of Novelist Group
　　of the Two Newspapers ······································ (225)

4.1 The Outbreak of Group Creators Supported by
　　New Media ·· (225)
4.2 The Beginning of "Creative" Novels in the
　　Process of Modernization ································ (239)

Conclusions ·· (251)

Appendix 1 ·· (254)

Novelist and Works List of *Shun Pao* (1907–1919) ············ (254)
Novelist and Works List of *Hsin Shun Pao* (1916–1919) ········ (288)

Appendix 2 ·· (301)

Major Novelists' Alias, Birthplace List of *Shun Pao* and
Hsin Shun Pao ·· (301)

Appendix 3　Major Novelists' Photos and their Sources
　　of the Two Newspapers ···································· (304)

Bibliography ·· (327)

Index ·· (332)

(1) Index of Books, Newspapers, Periodicals and
　　Articles ·· (332)
(2) Index of Names ·· (341)

Postscript ·· (351)

绪论 "《申报》《新申报》小说家"研究之选题及准备

第一节 本书的研究对象

本书意欲研究的是清末民初的小说家,具体选取的研究对象是1907年至1919年间在《申报》《新申报》上发表小说作品的创作者,尤以在《申报》副刊"自由谈"发展起来的小说家群体为研究之重心,以依靠《新申报》副刊崭露头角的小说家为研究之焦点。

关于"小说家"这一名词,《汉书·艺文志》中称其:"盖出于稗官,街谈巷语,道听途说者之所造也。"即在传统文学的语境中,"小说"包括街谈巷语,也包括故事、逸闻等内容,"小说家"只为九流十家之一种,是编造或传播这些街谈巷语与故事的人。而随着宋元以来小说内容及类型的增多,以至四库全书中出现"小说家类",虽然关于"说部"的概念越来越接近现代文学语境中的小说概念,但整体来说古今的"小说"及"小说家"在内涵上还是存在一定差别的。盖在近现代文学语境之中,"小说家"主要指"小说创作者"或者"从事小说创作有相当成就者"。本书不取古意,所论之小说家乃仅就其近现代的文学语境而言:

第一,本书取"小说创作者"之义,而非仅指"成就大名"的小说创作者。盖清末民初小说创作者骤增,一部分是蜚声文坛,有一定社会地位的文人学者;一部分是偶尔向报刊投稿,热心于小说创作的文学业余爱好者;还有一部分则是在科举废除、新学尚未普及的新的历史条件下,专注于小说创作,以投稿、撰稿为职业,却未能成就大名的"旧式文人"或"知识青年"。若以"成名"为"小说家"的必要条件,则后两种人将均被排斥在"小说家"之外；但若仅以"小说创作者"为"小说家"的必要条件，那么这三种人皆可称为"小说家"。而本书意欲探讨和分析的焦点正在普通小说创作者的生平经历、写作缘由及生存状态，所要论证的恰恰是清末以来小说创作如何从个人的、私密的事业变成普通的、职业化的文学活动，"小说家"如何从传统的"出于稗官"的概念中解脱出来的问题，因此对于文章中所谈到的所有小说创作者均予以"小说家"之名。

第二，本书选取的是以"小说"为主要创作体裁和写作目标的撰稿人。故虽然所涉及的作家也撰写诗文、笔记等各类体裁作品，但其主要的关注点和创作重心在小说上，故称其为"小说家"，而非诗人或词人。例如，高太痴（高翀）亦是《申报·自由谈》早期的撰稿人，而且参与过印制小像、与撰稿同人互相交流的活动，但因为他主要撰写诗词，在《申报·自由谈》上发表的也均为诗词，创作重心不在小说，故而不在本书考论之列。又如，孙剑秋、许瘦蝶等人，虽然亦撰写旧体诗词，但在《申报》《新申报》上发表的小说作品占有相当的比重，且兴趣点也在小说创作上，故以"小说家"称之，囊括于本书讨论范围之内。

大体说来，所考述的小说家包括那些本身就是名小说家，而又在早期《申报》《新申报》副刊上发表过小说作品的人，也包括那些以早期《申报·自由谈》《新申报·自由新语》为阵地发表小说等各类体裁作品而后成为"名小说家"的人；包括那些小说集中发表在《申报》《新申报》上的人，也包括那些小说作品散见于《申报》《新申报》及其他各类刊物，而成名作品可能出现在1919年之后的人。

第二节　选题依据及基本研究内容

"《申报》《新申报》小说家述考"之议题是在笔者博士学位论文的基础上展开的，选此为题的原因和目的均是解决笔者在撰写博士学位论文《民国报人作家王钝根研究》的过程中发现且尚未完成的问题。

在翻阅查询《申报》及王钝根资料的时候，笔者发现《申报·自由谈》创立之初有一群固定的撰稿人。这群撰稿人来自全国各地，互不相识，他们仅凭投稿及《申报》这个平台互通交流，却自发地成立了"自由谈话会"组织，自发地印制小像、互相介绍以结文字之缘，其总数有一百三十余位，这便不能不引起笔者的注意。这些人虽然后来大多沉寂，却是当时通俗文坛的重要组成部分——他们合力创办过杂志，又时常为各个报纸杂志提供稿件，还曾追随主编王钝根转移到《新申报》副刊这一新的创作阵地，然在六七年间又迅速地"瓦解"。其中除了个别名气稍大的小说家有姓字可查，绝大多数撰稿人的生平经历都相当模糊，直到在报刊中湮没，那么这一撰稿群体是如何形成的？他们的真实姓字、生平经历及文字交往又是怎样的？围绕在这一群体周围，《申报》《新申报》副刊还有一些文坛名家的参与，他们与这些不知名的撰稿者有着怎样的交集与联系？而这三个问题的解决，主要就集中在对清末民初小说家的生平考订上。

盖在小说研究当中，小说家、小说作品、小说史本是三位一体、相互支撑的。而目前的清末民初小说研究，对小说史的梳理较为系统、全面和丰富，对小说作品的收集整理也已有成套的论著及作品目录书完成，最缺乏的就是对小说家史料的系统考订与整理。虽然目前学界对清末民初小说家的研究已有相当的成绩，但笔者在撰写博士学位论文时，急需的"清末民初小说家目录"却是没有的，大量的史料都需要"原始"的报刊查阅和搜集。同时，笔者在几年前撰写论文时还发现依靠报刊新媒体发展起来的早期《申报》《新申报》小说家群体与当前借助互联网新媒体创作成长起来的小说家的情况有某种相似性，他们都是依托于媒体平台而发展，又都倾向于"类型化"小说的创作，或者二者可以相互比照、参考与论证。然由于当时的论文写作时间过于仓促，故对于"《申报》《新申报》小说家"这一并不影响主线的问题未能深究，对于这一撰稿小说家群体与当前小说创作群体的联系也无从深思，但也因翻阅报刊积累了一定的资料，而这即是笔者进行此项研究的主要基础。

《申报》和《新申报》早期的撰稿小说家虽不能概括完整的清末民初小说家群体，但是作为一个横切面，其对于整理系统、完整的清末民初小说家史料也是极有意义的。故此，处在时代鼎革之际、集中了文坛前辈名家及民初新生代力量的《申报》《新申报》副刊作家群可以作为清末民初小说家的代表，可以作为研究清末民初小说的一个立足点。由上所述，则本书主要围绕早期的《申报》《新申报》副刊展开，对清末民初的新兴小说家群体进行考证与论述——所考证者，是诸位小说家的生平经历及著述成就；所论述者，是诸位小说家的表达欲求、文学期待、作品收入、生存困境等一系列小说创作"职业化"之后的问题，故其题中之义主要有三。

其一，本书的立足点是《申报》和《新申报》。因为清末民初的小说家主要源自两个系统，一是由晚清《新小说》《月月小说》等小说期刊而闻名的小说家，二是从《申报》《时报》等报纸副刊成长起来的小说家。前一类作家成名较早，数量不多，且研究已取得一定的成绩。后一类小说家崛起时间稍晚，且以"群体"的形象出现，未考证其生平著述者尚多，《申报》副刊是其中的典型代表，《新申报》副刊则与之有承接关系，故以这两种报纸为例。

其二，本书的核心是对清末民初小说家的考证。本书将综论清末民初为《申报》《新申报》供稿的小说家群体概况，主要考证嘉定二我、刘豁公、吴觉迷、李常觉、孙剑秋、映清女士等不为学界注意的二十余位小说家的生平经历，同时梳理林纾、酒丐等文坛前辈名家与《申报》《新申报》的交集，进而讨论这一阶段"小说家"的生存状态及困境。

其三，本书研究时间界限是1907年至1919年。首先，因为《申报》从1907年开始重新连载小说作品，在民初三四年间形成了自己固定的作家群；《新申报》承《申报》而来，在1919年因副刊主编辞职而流失撰稿人，而在这之前其主要的撰稿者也基本确定，故依《申报》《新申报》两报撰稿者的实际情况而设定此考论期限。其次，因为1907年前后，以某些报刊为中心平台，小说撰稿者开始自发形成松散的团体，如成立于1904年的《时报》不久附设"小说专栏"，创立于1910年的《小说月报》也逐渐有了自己的固定撰稿人，而《申报》则自1907年开始网罗自己的"小说家"人才。至于以1919年为界，不仅因为这是学界基本承认的近现代文学分界线，还因为在这之后"旧派"文坛没有继续批量地涌入新的小说家，从小说撰稿群体中脱颖而出者已经成名，其余则在文坛沉寂或改行。不过，因为一部分小说家的作品可能自1919年开始连载，至1920年或者更久的时间方才结束，故就部分小说家的创作而言，讨论时限会相应地向后延伸。

在对《申报》《新申报》小说撰稿群具体的梳理与考证过程中，我们既可以看到一个小说家群体的出现过程，还可以比较清晰地看出清末到民初小说撰稿者的变化及现代化过程，即辛亥革命之前成名的小说家多为旧式文人且基本延续传统的小说笔法，而辛亥革命之后出现的小说家的教育背景及社会身份更加多样，创作实践也较多"趋新"的倾向。

因本书的重点在于对小说家的考证，故虽然具体的小说作品或篇目也会在文章中谈到，但目的不在解释和阐述小说作品本身，而是以此为考证小说家生平的依据和线索，作为论述小说家创作状态和撰稿收入的凭据。故依上所述，本书的基本框架为：首先，介绍研究缘起、研究对象、研究目标等基本内容。第一章，梳理《申报》早期供稿小说家的来源与发展，总论《申报》小说家的数量及分流情况；分析论证《申报》小说家到《新申报》的转移与变化，讨论两报小说家的联系与区别。第二章，梳理清末民初《申报》《新申报》小说撰稿者的成名与陨落，进而考察《申报》《新申报》个别作者及整个创作群体的文学命运。第三章，考证1907年至1919年《申报》《新申报》二十余位小说家的生平经历。考证内容主要分为三个部分，其一是两报"前辈小说家"综论，论述具有"清朝遗老"姿态的小说家酒丐、林纾等或进入、或结交"自由谈"小说家群体的原因及过程；其二是两报核心供稿小说家考，主要考证《申报》《新申报》固定且较为活跃的撰稿者嘉定二我、了青、瘦蝶、常觉、豁公、舍我等人，考证两报重叠的小说家剑秋、天白、野鹤等人，以及为两报撰稿时间较短的朱鸳雏、李东野、颂斌、玄甫等人的情况。其三是两报女性小说家考，主要考述映清女士、韵清女士、秀英女士等人的小说创作情况。第四章，讨论《申报》《新申报》小说家在清末民初文坛的成绩及影响，论证"小说家"依靠新媒体平台"群体发展"的近现代化进程，考察"小说家"这一概念由个别的、著名的作家到普遍的、职业化的创作者的转变。

本书最后赘以附录，其一是"《申报》《新申报》小说家及其作品一览展（1907—1919）"；其二是《申报》《新申报》主要小说家别名、字号、籍贯一览表；其三是"《申报》《新申报》主要撰者小像及出处"，整理并保存文中主要考述的小说家之生前影像，展示其文学生涯及人际交往的某些瞬间，作为陈述及研究此小说家撰稿群体价值的辅助资料。

第三节 《申报》《新申报》小说家研究综述

关于清末民初"小说家"的研究，学界一直集中于吴趼人、李宝嘉等个别名家那里，其中对小说家群体的研究如"鸳鸯蝴蝶派""礼拜六派"等也是主要讨论包天笑、周瘦鹃等作品丰富、创作时期较长的小说家。盖将某种报纸杂志的撰稿群体作为研究对象的尚不多见，即使是像《申报》这样影响力较大的报纸，学界的关注点也一直是新派的现代作家，而非清末民初时期初露文坛的报人作家，而对于《新申报》的小说家则关注更少。

《申报》是最早刊印小说的报纸，早期主要通过《瀛寰琐纪》《昕夕闲谈》等报刊副张的形式刊行小说作品，后来一度中断，直到 1907 年才又开始重新刊载小说，而且是直接连载在报纸的正页之上，不再是"副张"或附带出版物的形式。至 1911 年 11 月又创立副刊"自由谈"版面，随后在两三年间以主编王钝根、陈蝶仙等人为中心逐步形成了自己固定的小说家撰稿群体。《新申报》承接《申报》而来，因王钝根任职《新申报》，大部分的《申报》小说家也成为《新申报》的主要撰稿者，并在 1916 年至 1919 年间维持了《新申报》副刊"自由新语""小申报"的活力。从 1907 年至 1919 年，《申报》《新申报》的撰稿小说家有部分重合者，有部分转移者，有后来成为小说名将的周瘦鹃、陈蝶仙，也有湮没在小说史中的嘉定二我、李常觉、瘦蝶、映清女士等人。两报作为清末民初文人重要的文学创作阵地，不仅为当时及后来的文坛"培养"了一批小说家，还极大地影响了民初的小说界发展形态、"旧派"作家文坛形态，甚而影响了近代中国小说由旧变新的进程。

就目前学界的研究情况而言，对《申报》《新申报》小说名家的研究已有一定的基础和成绩；而对两报民初小说家群体的综合论述，对部分匿名、不知名小说家的生平及创作活动的考证辨析则仍存在盲点。自晚清至 21 世纪初，对《申报》《新申报》撰稿小说家群体的研究大体上可分为以下四个阶段。

第一个阶段是晚清民国时期，研究者主要是《申报》和《新申报》小说家群体内部人员及文坛同人，研究的主要成绩则是他们互相之间的介绍性文章，如传记、小说序跋、小说评论等。同时，也有不同作家阵营的小说家对其作品的攻击和批评。这些"研究"成绩大多是史料性的，而且因是同时代人的记录与评价，故其中的生平记载比较翔实，而相关评价也具有更强的主观性。

最早对《申报》小说家进行介绍的是这些小说家自己。1911年《申报》创立副刊"自由谈"栏目，1913年3月23日至1914年1月11日，"自由谈"共刊载一百三十余位撰稿人的简介小传及铜版小像，几乎囊括了所有的《申报》供稿作家。其中我们既能看到前辈作家酒丐（邹翰飞）的个人小传，还能发现后来闻名文坛的陈小蝶、童爱楼、李常觉等人初露文坛时的情况。到20世纪20年代，这些文人之间形成了一个比较固定的小说家圈子，他们互相介绍的文字也不断增多。如1922年，《游戏世界》上刊布了王锦南的《小说家姓名别号表》（第16期），《红杂志》上发表了郑逸梅的《著作家之斋名》（第11期）和潘寄梦的《著作家之斋名对》（第19期），大胆书生的《小说点将录》等；1923年，许厪父在《小说日报》上为王钝根、周瘦鹃等人所作的传记，《游戏世界》上刊载的王锦南的《小说家别传》和蓬壶的《续小说家别传》系列文章，郑逸梅的《小说家姓名别号表补》（《游戏世界》汇编第3册）以及严芙孙在这一年出版的《全国小说名家专集》（上海云轩出版社）等。到了1924年，则有平襟霞的《记朱鸳雏事》，王钝根在《社会之花》上发表的《本旬刊作者诸大名家小史》（共撰写了16位小说家的小传），另外周瘦鹃在《半月》杂志上发起的《儿时顽皮史》《新年之回顾》主题征稿中也收录了不少包天笑、王钝根等人撰写的自传式文章。至1928年前后，有范烟桥的《中国小说史》（苏州秋叶社1927年版），《工商新闻》副刊《礼拜六》第251期和第271期上还特别刊载了丁悚、李常觉、陈小蝶等人对友人及当年文学活动的回顾。到20世纪30年代以后，亦有范烟桥在《苏州明报》上发表的一些评论文章，郑逸梅的《人物品藻录》等，其中均不乏对当时"小说家"的评述与介绍。

这一阶段真正"研究"意义上的论著来自新崛起的小说家和学者对晚清民初小说家及其作品的价值评判。如鲁迅在《中国小说史略》中对晚清民初小说家的价值判断，如他在《上海文艺之一瞥》《从〈春秋〉与〈自由谈〉谈起》等文章中对所谓"礼拜六派""上海小说家"的批评，又如郑振铎1921年至1922年间在《文学旬刊》上发表的《新旧文学的调和》

《文娟》等文，都对旧上海小说家作出了十分严厉的批评和斥责。而同时，这些文章当中也存有不少关于《申报》《新申报》小说家情况的史料。

第二个阶段是中华人民共和国成立初期，这一时期的研究成绩主要在作家作品的价值判断上。其主要观点一方面延续并继承了民国时期新派作家的评论方法和思路，另一方面又在新的政治形势之下，用阶级立场和意识形态直接对《申报》《新申报》及同时期其他刊物的旧小说创作群体采取忽略和否定态度。其中，如北大中文系组织编撰的《中国文学史》（人民文学出版社1959年版）中《小说中的逆流——鸳鸯蝴蝶派和黑幕小说》这一节就对包天笑、周瘦鹃、半侬、林纾、恽铁樵、王钝根等人进行了点名批评，虽然该书对包天笑和周瘦鹃的作品给予了一定的肯定，但还是将这些小说家的大部分作品定性为"脱离时代的精神，极力宣扬低级庸俗的感情"。又如，复旦中文系编写的《中国现代文艺思想斗争史》一书（上海文艺出版社1957年出版）中，用《对"名士派""鸳鸯蝴蝶派"的斗争》一文对晚清民初的小说家扣以"封建文人""颓废"等帽子。这种"批评"的情况在20世纪六七十年代愈演愈烈，对"旧派"小说家的评价基本不出"庸俗""反动""颓废"等观点范围。

与"批评"相对，在"反省"这一层面则主要是周瘦鹃、程小青、陈小蝶等所谓的"旧派"小说家、"礼拜六派"小说家迫于当时的政治形势和压力对自己民初文学创作的否定和批判。其中周瘦鹃曾在《花前琐记》《花前新记》《拈花集》等先后出版的著作中对过去的自己进行批判，如他在《闲话〈礼拜六〉》一文中说："当年的礼拜六作者包括我在内，有一个莫大的弱点，就是对于旧社会各方面的黑暗，只知暴露，而不知斗争，只有叫喊，而没有行动。"① 同时，陈小蝶在其晚年所著的《春申旧闻》《春申续闻》等书中，对晚清民初在《申报》《新申报》上发表作品的小说家有许多回忆，像《状元女婿与鸳鸯蝴蝶派》《我的父亲天虚我生——国货之隐者》等文都对当年的小说家有不同程度的回顾和评论。其他还有包天笑晚年在香港所撰之《钏影楼回忆录》，郑逸梅所著之《民国旧派文艺期刊丛话》等书都对晚清民初小说家的生平及创作情况提供了宝贵资料。

第三个阶段是20世纪80年代以后至21世纪之前的时期，这时对近代

---

① 周瘦鹃：《闲话〈礼拜六〉》，《拈花集》，上海文化出版社1983年版，第95页。

小说家开始重新审视，不仅对各个小说家的关注度提升，讨论问题的广度和深度也不断加大，可以说是对其进行价值重构的一个时期。如《中国近代文学大系》《中国近代小说大系》等丛书的出版，又如任访秋撰写的《中国近代文学作家论》（河南人民出版社1984年版），由中山大学中文系主编的《中国近代文学研究》杂志，林明德所编的《晚清小说研究》（台湾联经出版事业公司1988年）等，特别是随着1988年中国近代文学学会成立，对近代小说的研究逐渐成为学界的热点。

不过，这一时期对晚清"四大谴责小说"的研究是重点，对报刊新闻界的通俗小说作家的研究仍然少之又少，其中涉及《申报》《新申报》小说家的研究主要是林纾。关于他的介绍和评介有潘安荣的《林译小说及林纾其人》（《语文教学与研究》1982年第1期）、孔立的《不懂外文的翻译家——林纾》（《文史知识》1984年第9期）等，特别是薛绥之编撰的《林纾研究资料》（福建人民出版社1983年版）使关于林纾的研究走向成熟和完善。继林纾之后，其他研究重点亦是曾在《申报》《新申报》上发表小说的作家，如对周瘦鹃的研究有薛国安的《周瘦鹃生平暨著译简表》（《文教资料简报》1984年第11期）、郑逸梅的《周瘦鹃事略》（《文教资料简报》1984年第11期）等；对包天笑的研究有范伯群的《论包天笑及其流派归属》（《江海学刊》1987年第2期）和《包天笑、周瘦鹃、徐卓呆的文学翻译对小说创作之促进》（《江海学刊》1996年第6期）等，都是这一时期少有的关注清末民初通俗小说家的论著。此外，郑逸梅撰写的《艺坛百影》（中州书画社1982年版）、《书报话旧》（学林出版社1983年版）、《文苑花絮》（中州书画社1983年版）、《清末民初文坛轶事》（学林出版社1987年版）等也是考察清末民初通俗小说作家较重要的资料。

第四个阶段是21世纪以来，研究的范围、广度、角度、层次都在上一阶段之上更进一步。其中有涉及《申报》《新申报》撰稿小说家群体的，有对《申报》主要撰稿小说名家的挖掘和专门研究，也有对清末民初小说家与《申报》等报刊的关系、与读者及传播出版等多方面的内容关系研究。

首先，这一时期开始对清末民初小说进行全面、系统的挖掘，编撰了一大批具有极高参考价值的目录书，包括《申报》《新申报》在内的大部分报刊的篇目内容都被进行了详细的编排和注录。在小说作品的篇目整理方面，有日本樽本照雄所编的《新编增补清末民初小说目录》（齐鲁书社2002年版），刘永文的《晚清小说目录》（上海古籍出版社2008年版）和

《民国小说目录（1912—1920）》（上海古籍出版社2011年版），吴俊、李今等主编的《中国现代文学期刊目录新编》（上海人民出版社2010年版）以及魏绍昌的《民国通俗小说书目资料汇编》（上海书店2014年版）等。在小说史的研究方面，有陈大康的《中国近代小说编年》（华东师范大学出版社2002年版）、韩伟表的《中国近代小说研究史论》（齐鲁书社2006年版）等撰著。只是关于小说家的研究与史料整理却相对滞后，尚未见到系统全面的工具书著作。

其次，对清末民初报刊的研究向纵深层面发展，对《申报》及其副刊"自由谈"的研究更加全面。其中如赵健的《晚清翻译小说文体新变及其影响：以晚清最后十年（1902—1911）上海七种小说期刊为中心》（博士学位论文，复旦大学2007年）、胡萱的《论"礼拜六"小说创作》（硕士学位论文，苏州大学2008年）、鲁卫鹏的《〈小说时报〉研究》（硕士学位论文，华东师范大学2008年）、陶春军的《俗中之雅·雅中之俗·雅俗合参：〈礼拜六〉、〈小说月报〉（1910—1920）、〈小说世界〉期刊风格研究》（博士学位论文，苏州大学2012年）等，这些都是从具体某一种小说杂志来讨论其中的作家及作品。而专门研究《申报》副刊早期情况的，有杜新艳的《近代报刊谐文研究：以〈申报·自由谈〉（1911—1918）为中心》（博士学位论文，北京大学2009年）、刘莉的《周瘦鹃主持时期〈申报·自由谈〉小说研究》（博士学位论文，复旦大学2010年）等论著。这些研究都致力于梳理《申报》的栏目设置、作品刊发，及作为新媒体对文体创作的影响，关注点尚不在刊物的撰稿群体，即使是最能提高报纸销量的小说家。

再次，对清末民初报人作家、团体的研究逐渐增多，对近代通俗小说家的评价也更加客观全面。其中关于特定文学团体的研究涉及《申报》《新申报》小说家的有袁进的《鸳鸯蝴蝶派》（上海书店1994年版）、林香伶的《清末民初文学转型期的标志——南社文学研究》（博士学位论文，台湾师范大学2003年）、赵孝萱的《"鸳鸯蝴蝶派"新论》（兰州大学出版社2004年版）、王进庄的《二十年代旧派文人的上海书写》（博士学位论文，华东师范大学2007年）、张广兴的《民初骈体小说文体学研究》（硕士学位论文，苏州大学2008年）、姜国的《南社小说研究初探》（吉林大学出版社2012年版）、汤克勤《晚清小说家和"士"的近代转型》（博士学位论文，武汉大学2009年）等。这些论著主要集中于对"鸳鸯蝴蝶派""南社"的讨论，虽非直接考述在《申报》和《新申报》上发表文字的小说家，但是《申报》《新申报》副刊的供稿人与这些文学流派都大有关系。而在对晚清民初文学流派、团体的研究之外，涉及《申报》《新申报》某些具体小说家的研究有田若虹的《陆士谔小说考论》（博士学位论文，华东师范大学2003年）、董智颖的《陈蝶仙研究》（硕士学位论文，华东师范大学2005年）、李志梅的《报人作家陈景韩及其小说研究》（博士学位论文，华东师范大学2005年）、沈庆会的《包天笑及其小说研究》（博士学位论文，华东师范大学2006年）、阮东升的《邹弢小说研究》（硕士学位论文，安徽大学2009年）、周渡的《海派市民文人的典型：周瘦鹃民国时期文学活动研究》（博士学位论文，苏州大学2011年）、沈玉慧的《姚鹓雏小说研究》（硕士学位论文，华东师范大学2012年）、牛绿洲的《朱瘦菊论》（硕士学位论文，苏州大学2012年）、王润的《胡怀琛小说理论研究》（硕士学位论文，淮北师范大学2014年）等，关注点仍然在学术界长期认可的"名小说家"。

综上所述，关于《申报》《新申报》的小说家群体尚缺乏专门的考证和讨论，对于清末民初的小说研究仍集中于小说作品，对小说家的考论仍集中于个别的小说名家。虽然近年来对《申报·自由谈》的研究成绩相对突出，但是研究的重点主要在《申报》的栏目设置与形态、《申报》与现代文学发展的关系上，对《申报》早期撰稿小说家的关注度则不够，而对《新申报》小说家的研究更是付之阙如。故本书即从《申报》和《新申报》的小说家群体入手，结合清末民初时辈小说家的相关史料记载，尽可能地挖掘整理出两报在1907年至1919年间的主要供稿小说家史料，为将来系统完整的清末民初小说家目录及传记资料整理打下基础，促进清末民初小说研究在小说家、小说作品、小说史三个基础内容上进一步完善与统一。

第四节　本书的研究思路、方法及意义

基于本书的研究内容及学界现阶段对于清末民初小说家的研究情况，本书主要有以下几个重点和难点。其一，早期《申报》《新申报》副刊小

说家群体形成的过程难以条分缕析，难以对形成时间下确切的判断。如在《申报·自由谈》出现之前，天僇生、张春帆已在《申报》上发表小说作品，如何勾勒出他们与《申报·自由谈》创立之后的情形之间的联系需要大量的证据来支撑；又如，林纾在《新申报》副刊上发表作品并有专栏，但与《申报·自由谈》却几乎没有交集，这种特殊的情况在说明《申报》《新申报》小说家群体的整体情况时该如何处理等等。其二，此书所要考订的主要小说家如嘉定二我、颂斌、何立三、陈佐彤、映清女士等人的生平线索及史料都极为欠缺，要考订其文学活动也需要查阅大量的资料，特别是当时难以计数的报纸杂志，因此，资料的收集与整理将是一个工作量很大的工程。其三，本书试图将清末民初依靠报刊平台的小说家群体与当下依靠网络平台的小说家群体连接起来，以此说明中国"小说家"的"近现代化"过程。但对于"当下小说家群体"这一问题，目前尚缺乏学理性的研究和总结，而这将给笔者的论证带来一定的困难。此外，还有小说家的撰稿收入资料的采集、筛选和计算、小说家表达欲求和创作状态的分析等问题都需要丰富的史料和有力的证据来论证和支撑。

有这几个棘手的问题，故本书的研究工作以收集整理报刊史料为第一步。基本的史料搜集之后，便可进行梳理考订，逐渐完成"《申报》《新申报》小说家别名、字号、籍贯一览表""《申报》《新申报》小说家及其作品一览表（1907—1919）"的编目工作。做完这些基础工作之后，这一小说家群体的发展线索便基本清晰，借此再进一步论述这一群体形成的原因、时机，辨析各个创作者的收入，揣摩他们的创作状态等，最后再讨论他们的成绩、价值及与当下小说家群体的异同。因此，本书将采取考论结合的方式进行研究，以基本的报刊史料、小说文本为基础，运用逻辑论证与推理解决所要讨论的具体问题，即采用史证的方法、对比的方法与分析综合的方法进行研究。首先，通过考论结合的方式搜集整理并辨析基本的报刊及小说家史料；其次，运用对比的方法比较报纸系统与期刊系统小说家的异同，比较《申报》与《新申报》两报撰稿小说家的异同。最后，运用逻辑论证，分析归纳清末民初小说家群体出现的原因及主要影响，并以此完善学界对《申报》《新申报》的认识。

关于此书的研究价值与意义，综合以上所述主要有近代小说研究的学理价值及其在当代的现实意义两个方面。

在学理价值上：首先，可以补充清末民初的小说家群体史料，促进关于近代小说"小说家"的研究逐渐走向系统化、完整化,使之赶上近代小说作品、近代小说史的研究步伐;其次,更加充分地论证《申报》在中国近代小说发展史上的地位,整理出民初《申报》小说供稿群体的形成及发展过程,总结《申报》与《新申报》、与民初文学期刊之间的关系,从而更全面地把握当时各阶层知识分子复杂交错的文学活动;再次,从"小说家"群体的角度呈现中国小说在近代过渡时期的细节与表现,使对于"小说家"的派别划分、创作转变及成就地位的描述更加丰富和立体。这些资料的收集和论证均可以对以后的研究者提供有价值的参考和帮助。

在现实意义上:本书的内容将不仅仅止于对清末民初《申报》《新申报》小说家生平的考证,不仅仅止于还原该群体投稿、发表、结成团体的过程与情景,同时还希望能够在说明、佐证当下小说创作群体的形成上做出一点尝试。希望能够将清末民初对报刊媒体的依靠与当下文学创作对网络媒体的依靠联系起来,从而说明小说创作由个别的"名著"撰写到碎片化、群体化的"类型"撰写的过程,说明"媒介传播"的近现代化发展进程——也即"小说家的近现代化"进程。

最后,在具体行文过程中,因为本书所研究的大部分都是通俗小说家,对于学界常用但又有争议的名词如"旧派""礼拜六派""鸳鸯蝴蝶派"等仍会沿用,但均加上冒号以保留这些概念的可讨论性。

第一章 清末民初《申报》《新申报》小说家概况

民初文坛曾有一群颇有成就的"旧派"通俗小说家同时"集结"出现，他们主要"出道"于辛亥革命前后，成名于民国十年前后。他们初入文坛的阵地是当时最重要的几种报刊，而《申报·自由谈》及其"复制者"《新申报》副刊就是其中"出产"、培养小说家的两种重要刊物。自1911年底至1915年初，王钝根主持期间的《申报·自由谈》曾培育出百余位小说家，而《新申报》副刊因为与"自由谈"的亲属关系，1916年至1919年初亦招揽了不少小说创作者。这些小说家不仅建立了自己的交流联通平台，还积极创办了数种刊物，虽然相当一部分小说家由于各种原因没能继续自己的创作道路，但他们为20世纪20年代"旧派"在文坛的兴盛做好了铺垫。

第一节 民国文坛"旧派"小说名家的状况格局及其"出处"

谈到20世纪20年代初期的中国文坛，一般我们会注意到那是现代新文学的初始阶段，会注意到《小说月报》的改版。但当时的文坛更准确地说，应该是"旧派"文学占据更大比例的市场空间，特别是当时的小说界主要以"旧派"通俗小说最受读者大众的欢迎。即，当时所谓的"礼拜六派"或者说"鸳鸯蝴蝶派"已经开始为读者所认识和接受，也即一个有着共同创作特点、文艺风格的小说家创作"派系"已存在于读者的心目之中。

这个所谓的"派系",据平襟亚说,命名于1920年的某日;① 又有评论者称:"鸳鸯蝴蝶派作品基本上出现在辛亥革命之后,民国二十年以前,而在民国十年前后尤其风行。"② 然而就派中人物来说,无论是包天笑、周瘦鹃还是徐枕亚、李涵秋,他们从不承认有什么"礼拜六派"或者"鸳鸯蝴蝶派",也不认为自己的小说与文坛同人有着取材上的雷同和写作技法上的相似。然而,他们这群人在20世纪20年代又互为援引、相互支持,不仅是各个编创刊物的固定撰稿人,还在创作过程中往还问答、互为推介。所以即使他们并不以"礼拜六派"或"鸳鸯蝴蝶派"自居,他们之间仍存在着不可否认的同人、群体或"派别"关系,而这一"群体"关系也不断地被文坛同人介绍和描述,或者放进整个"说坛"中进行排序与评判。其中较具代表性的介绍评论文章如下:

- 1922年大胆书生在《红杂志》上发表《小说点将录》,③ "取近今小说名家与《水浒》人物相比附",列举出当时著声文坛的小说家吴趼人、林纾、曾朴、陈冷血、王钝根、李涵秋等共计七十余位。
- 1922年王锦南在《游戏世界》上发表《小说家别传》④ 一文,介绍了包天笑、江红蕉、周瘦鹃等十五位小说家,随后蓬壶又续记六位小说家而成《续小说家别传》一文。
- 1922年郑逸梅在《著作家之斋名》⑤ 一文中录四十七位著作家的斋名馆号,同年又有潘寄梦的《著作家之斋名对》。
- 1923年初,许廑父、徐枕亚等人合著的《近代小说家小史》在《小说日报》上连载,共记"近代名小说家"范烟桥、王钝根、许指严、李定夷等数十位。
- 1923年,严芙孙编撰出版《全国小说名家专集》,此专集为当时报刊中最常见的共三十一位小说家立传。
- 1923年,天涯浪子在《商报》副刊"商余"上连载《全国非小说

---

① 平襟亚:《"鸳鸯蝴蝶派"命名的故事》,魏绍昌编《鸳鸯蝴蝶派研究资料》,上海文艺出版社1984年版,第179页。
② 宁远:《关于鸳鸯蝴蝶派》,魏绍昌编《鸳鸯蝴蝶派研究资料》,上海文艺出版社1984年版,第176页。
③ 大胆书生:《小说点将录》,《红杂志》1922年第1—18期。
④ 王锦南:《小说家别传》(上下),《游戏世界》1922年第14—15期。
⑤ 郑逸梅:《著作家之斋名》,《红杂志》1922年第11期。

名家专集》，① 共对十五位小说家进行介绍和评述，后又有其他投稿者续写四人，共计十九位。

• 1923 年，郑逸梅又在《红杂志》发表《稗品》② 一文，取四十八位稗海名家"或正其著作，或言其为人"。

• 1924 年，王钝根在其主编的《社会之花》上连载《本旬刊作者诸大名家小史》，介绍该刊的主撰小说家共十六位。

• 1925 年，莽书生（陆澹庵）在《金钢钻》发表《文苑点将录》，用"点将录"的体例，以水浒将领次位为序，共录一百零八位作家，基本上都是小说家。

此外又有文坛同人所撰的《文苑群芳谱》《小说家名号文虎》《小说家姓名别号表》等文章，皆是文坛同人对当时的"小说家"进行介绍、总结或评判。这一系列的"小说家"游戏文章和点评文字虽然体裁、写法各有不同，所述也并非完全是所谓的"鸳鸯蝴蝶派"小说家，但有两点是大体上一致的：一是发表时间基本都在 20 世纪 20 年代；二是所点评、介绍的"小说家"有包天笑、江红蕉、徐卓呆、周瘦鹃、王钝根、程小青等二十余位是高度重合的，此即说明在 20 世纪 20 年代初期，上海文坛的小说家概念及范围已经基本确立，大致上就是当时有一定声名的所谓"旧派"小说家。在这之前，关于小说家的讨论只是对某位小说家的零星或散点的介绍评价，或者集中于对古代作家的考证与论述。而在 1920 年前后，经过一段时期的积累，当时的文坛有了一批读者一致认同、共同推仰的小说家"典型"，而这批典型即当时依然遵循旧式小说技法，以传统的言情、社会等题材进行创作的小说家，或者说即为郑逸梅后来所谓之"旧派"。

这一获得读者及文坛同人普遍认同的小说家群体把持着当时旧派文坛的大部分文学刊物，他们中的大部分人都曾加入南社，其中有的还自发结成"星社""青社"等文学社团。而其之所以能够成为 20 世纪 20 年代的"说坛"代表、能够成为相互"援引"的社友则是经过了民初文坛数十年的筛选，经历了一批小说撰稿人进退文坛的变动过程——他们在文坛的"归宿"虽基本相同，但其"出处"不尽一致；他们获得了读者市场及评论界大体相似的"定义"与评判，而其进驻文坛的经过历程

---

① 天涯浪子等：《全国非小说名家专集》，《商报·商余》1923 年 9 月 5—28 日。
② 郑逸梅：《稗品》，《红杂志》1923 年第 20 期。

却各有曲折。

20世纪20年代这二三十位"名小说家"主要来自清末民初《时报》副刊、《申报》副刊、《新闻报》副刊、《民权报》《小说月报》等几大报刊"系统"。这几种以外的刊物当然还有不少,也产生过一些小说撰稿者,但无论"产出"小说家的集中度,还是在当时的影响力都无法与之相比。潘建国在《清末上海地区书局与晚清小说》一文中将晚清小说家分为五类,即以新小说社、广智书局、新民丛报社为中心的小说作家群;以月月小说社、乐群书局、群学社为中心的小说作家群;以小说林、小说林社为中心的小说作家群;以商务印书馆、绣像小说社、小说月报社为中心的小说作家群;以小说时报社、时报馆、有正书局为中心的小说作家群。[①] 然而前三类书局所发行的刊物《新小说》《月月小说》《小说林》等在民初已基本停刊,其撰稿者大多为老一辈的小说家,一少部分小说家则转入到别的群体中去,特别是《申报》《新闻报》等副刊继起,新的小说群体逐渐形成。即使在民初依然活跃于文坛的《时报》《小说月报》,其实也更多地代表清末的小说创作发展情况。

盖自清末小说逐渐成为文坛的"新宠"以来,新兴的"小说家"也接踵而至。先是蠡勺居士、林纾等译者的出现,后是四大谴责小说家的轰动,然至1910年吴趼人去世,商务印书馆发行《小说月报》以及《时报》《申报》等报纸纷纷开辟副刊,老一代的小说家开始被新一代的小说撰稿群体所取代,而"说坛"的基本格局也开始出现大的变动。大体上,清末到民初小说发展经历了两个阶段,第一个阶段是《新小说》《月月小说》《小说林》等几大小说刊物独领报刊文坛的时期,第二个阶段是《时报》《申报》《新闻报》等大报开辟副刊并同时创办"附属"期刊的时期。其中第一个时期产生的小说家相对较少,作品也以长篇连载为主,而第二个阶段则开始成批地出现小说家,他们有的是偶一投稿的小说爱好者,有的则是这些刊物的固定撰稿人,有的从报刊上一闪即逝,有的从中脱颖而出,而20世纪20年代的"名小说家"大部分即是从中脱颖而出者。即,从1910年前后到1922年的十余年其实是小说转型的一个阶段,是一个对小说创作者进行自动择优的过程。在新的媒介及传播情势下,优秀的小说家得以从中筛选,进而形成20年代比较稳固的小说作家群,成为民国文

[①] 潘建国:《清末上海地区书局与晚清小说》,《文学遗产》2004年第2期,第96—110页。

坛"旧派"小说创作的领军人物。

当时的小说家包天笑、陈冷血、毕倚虹、张毅汉等人主要来自《时报》，王钝根、陈蝶仙、陈小蝶、周瘦鹃等主要来自《申报》，严独鹤、张丹斧等主要来自《新闻报》，徐枕亚、吴双热、李定夷、刘铁冷等出自《民权报》，恽铁樵、王蕴章、徐卓呆等则出自《小说月报》。同时围绕在这几种刊物周围还有一些同系统的出版物，也连带成为小说撰稿者的储备基地。如《时报》系统，除了副刊《余兴》之外，还有1909年创刊的《小说时报》、1911年创刊的《妇女时报》及其依靠的有正书局等，这些都是其主要撰稿人发表作品的阵地；又如《申报》系统，不仅有副刊《自由谈》，还有附属的刊物《游戏杂志》《礼拜六》《女子世界》《香艳杂志》及两个主要的出版社申报馆和中华图书馆来作为小说撰稿人的发表阵地，像《民权报》也有之后的《民权素》《小说丛报》作为其延续和补充。

这几大刊物正是"产出"小说创作者、小说家的来源和"出处"，虽然在具体的创作与发表过程中，各刊的小说撰稿者多有交叉与重叠，但其主要的发表阵地还是以其中某一种刊物为主。同时，这几种"产出"小说家的基地所培育、筛选出的小说家数量、规模和形式也不完全相同，像《民权报》《时报》的小说撰稿人就相对固定，新培育、扶持的小说创作者比较有限；如《时报》副刊上发表的小说大部分都出自陈冷血和包天笑之手，而《民权报》的小说创作者也主要是徐枕亚、徐天啸、李定夷、刘铁冷等数人。其中"产出"小说撰者最多、最能代表民初一般文士对于小说创作的好奇与热情的是《申报·自由谈》。

《申报·自由谈》是20世纪20年代"旧派"小说家的一个重要来源和输送地，它推出的不仅仅是陈蝶仙、吴觉迷、周瘦鹃等数十位名小说家，同时也"塑造"了一支小说撰稿者队伍。这支队伍既涵盖了当时已经成名的老一辈小说家，更收纳了一些具有旧文学素养却无缘科考者、刚从学校毕业尚未找到职业者。它不像《时报》主要邀请相识、朋好来撰稿"加盟"，而是不论出处、只看文稿式的广纳贤才，它是真正接纳"无名者"投稿的刊物。其创立之初就连日发布"征文告白"，秉持着广纳海内文稿的姿态面世。更重要的是，《申报》已经有了较合理的稿费制度，凡稿件采用者如果没有特别说明"不受酬"的，一般都会得到相应的稿酬，这对于普通没有固定职业的文士来说是具有相当吸引力的。据郑逸梅说："《申报》和《新闻报》的稿费，一个月一结算，逢到月初，便把上个月投稿的名单，发表在附刊的末端，有名的前往报社会计处领取，取到后，在发酬簿上盖印。"①而当时《申报·自由谈》确实有"投稿诸君欲取润资，可面晤（午后一时至五时）或函致本馆账房陈宝贤先生"②之类的说明，而且月初也会在"自由谈"版末附上领取稿酬的名单，如1915年2月1日所发布的领酬通知：

> 常觉、小蝶、天虚我生、磨剑、小山、梅郎、剑秋、韦士、笑余、无聊、苊奴、跛者、徐湘民、韵清女史、朱凤威、损绝、恨人、醉痴生、语溪蠖屈、济航、老梁、燕双双馆、汪叔良、恕公、破涕、真页、师尚、齲僧、无际、马二先生、跫庐、嘉定郁振埏诸君鉴：上月感承投稿，本馆备有薄酬，希即惠函，或饬纪向本馆账房陈宝贤君提取为感。③

因此，《申报》一时成为民初海内撰稿人的集结地，成为"塑造"新一代小说家的阵地。

而《新申报》副刊因为是由原《申报·自由谈》主编王钝根主持，故其几乎直接将"自由谈"复制了过去，在与"自由谈"进行竞争的同时，其小说撰稿群体实是"自由谈"这一阵地的缩减与延伸。故就《申报》"培养"的这一支小说家队伍而言，它一共经历了"王钝根主持'自由谈'时期的小说撰稿群体""《新申报》与《申报》并存时期的两报小说撰稿群体"及"20年代以两报'产出'之小说名家为中心的小说家撰稿团体"这三个主要阶段。

第二节　《申报》早期阶段的小说创作群体

《申报》是晚清以来最早注重小说刊印的报纸之一。自1872年创刊以

---

① 郑逸梅：《清末民初文坛轶事》，上海学林出版社1987年版，第229页。
② 《无题》，《申报·自由谈》1913年5月1日第10版。
③ 《无题》，《申报·自由谈》1915年2月1日第13版。

来，先是于创刊年的11月发行刊印"附张"《瀛寰琐纪》，在该"附张"中登载诗文及笔记、小说篇章，不久又在《瀛寰琐纪》中登载翻译小说《昕夕闲谈》。而在《瀛寰琐纪》刊行的同时及停刊后，申报馆又不断地重印明清小说，并持续地向广大的读者及藏书家征求藏书，特别是小说作品以求刊行广售。《申报》上曾发布觅书广告：

> 启者：本馆以刷印各书籍发售为常，如远近诸君子有已成未刊之著作，拟将问世，本馆愿出价购稿，代为排印。抑或俟装订好后送书数百部，以申酬谢之意亦无不可，总视书之易售与否而斟酌焉。再如藏有世上罕见之本，宜于重刊者，本馆亦可以价买，或送数十部新印之书籍以报谢，原本于刊成后仍可璧缴也。现在承卖《申报》之人随处皆有，若以书籍托交寄下，谅不致悞，或托信局寄来亦可，不数日内当可奉覆耳。抑更有请者，本馆所觅之书能得首尾蝉联之小说而不涉于淫乱者，尤为盼切也。此布。①

此后《申报》一直有征求著作及小说的广告，而越到后来，其对于小说的需求也越强烈，如1906年申报馆"访求小说"的启示几乎刊登了一年。然而当时虽有王韬等人的笔记小说作品得到刊印，但《申报》征集及刊行小说的策略并没有给申报馆带来巨大的收益。因为当时的小说创作与生产尚未脱离传统的运作模式，社会对于小说的认识和理解还停留在"稗官野史""小道可观"的刻板印象之中，故而《申报》关于"小说"刊印的种种推进措施明显早于时代的客观需求。故《瀛寰琐纪》停办之后，《申报》一直没有再办刊载小说的"附张"。直到1907年初，《申报》又重新刊载小说，而且不再另辟"附张"，而是直接在报刊"正张"上辟出版面刊登小说。

1907年2月26日，《申报》第二版有《答客问本报附刊小说》一文，明确表示《申报》将要刊载小说作品这一重大决定，并一再强调小说之于社会的重要影响，报纸刊载小说的重大意义：

> 若夫以可歌可泣、可惊可怒、可悲可喜、可忧可怜、可感激零涕

---

① 《觅书·本馆告白》，《申报》1875年10月18日第1版。

之事，而缀之以斐美之文词，范之于性情道义，则人群之进化且有较之涵育诗书为更速者，安见小说之无裨于社会耶？客退，乃诠次问答语，以告阅者。①

自1917年2月起，《申报》就开始了重新刊载小说的计划。这一年主要有天僇生、亚东破佛、喋血生等人的笔记小说及译作刊出，篇幅虽然不多，却是《申报》重新"以小说作品来争夺读者市场"的开始。

至于申报馆为什么选择在1907年"回归"，主要是因为当时的小说刊物正如雨后春笋般涌进报刊市场，关于小说的讨论，对小说意义与作用的"声张"也正是当时政界、文坛的"高音"——《新小说》《月月小说》《小说林》的成功与创刊都一定程度上刺激了报刊业对于小说的"引入"，故而《申报》也见机适时做出了调整，于是天僇生的《新年梦游记》《照胆犀》系列，亚东破佛的《楼霞女侠小传》等作就顺利地进入了读者的视野。

一 "自由谈"诞生之前的《申报》小说家

自1907年初至1911年秋《申报》副刊"自由谈"的创立，共约四年半的时间。在这期间，《申报》尚处在刊载小说的尝试阶段，只是将小说作品作为吸引读者的辅助"工具"，并未投入太多力量去编作小说稿件，因而也没有去招徕多少小说创作者，所以此一时期的小说作者大多数为申报馆的编辑职员或者与申报馆编辑相熟者。

在"自由谈"创办之前，《申报》上刊载的小说一般都排在第三张，所刊的小说不算太多，但基本呈逐年递增的趋势，其中小说家粗略统计约有四五十位，作品较多的是天僇生、泖浦四郎、亚东破佛、帆（春帆）、瞻（瞻庐）等几位。

天僇生，有时又署为"僇""天僇""无生"等，即清末民初有名之学界前辈、报刊主编王钟麒（号无生）。他生于1880年，曾一度主持《神州日报》《天铎报》等报刊笔政，为南社社员，1913年去世，有《太平天国革命史》《恨海鹃声谱》《三国之鼎峙》《郑成功》等著作。王无生初入报界，曾

---

① 《答客问本报附刊小说》，《申报》1907年2月26日第2版。

在申报馆任职。其去世时,《申报》记者曾撰文悼念,文中有言曰:

> 王无生先生,字毓仁,扬州人,善诗古文词。初入言论界也以本馆,号天僇生,每作一文必融经铸史,洋洋数千言,尤多针砭薄俗之论。时先生年少气盛,痛前清专制,力主鼓吹革命……一日忽辞去,记者异而诘之。曰:"今岂效力言论时乎?十年而后,其庶几焉。"①

盖王无生在清末期间确实在《申报》上发表过不少"言论",如《论戏曲改良与群治之关系》《论中国当注意实业教育》《论今日改良文学之必要》等,皆切中当世时需之要务,而除此之外,天僇生也曾尝试撰写小说。其小说作品主要有《新年梦游记》《照胆犀》等短篇作品,其中《照胆犀》乃系列笔记,内容主要针砭社会之流弊、上海之"风俗",体裁实介于笔记与小说之间。此外,他还有《血泪痕传奇》一种,自1907年4月14日每周四刊载于《申报》,至1907年12月10日刊完上卷十出。1908年3月续写下卷两出,至1908年5月6日停止刊载。该篇为传奇体,篇前题曰"悲剧",内容主要写维新党员韩拂畴壮志难酬,含冤被杀,而后好友为其报仇之事。全篇旨在批判政府之窳败,并通过宣扬维新报国以冀唤醒国民、播种自由之花。刊载之初有陈霞章所撰序言、王无生的自序,后又有谢无量的《〈血泪痕传奇〉序代论》。陈霞章在序言中称:

> 予尽读之,知无生生之为此,凡所以爱国也……今读此著,直欲无生生自畜童伎,盛设乐部,移宫换羽,教之登场。吾知坐客有目者必能泪下,有血者必能由凉化热,是无生生能以少数之血泪博天下人之多数血泪。其有造于吾国前途者,无生生始与有力焉。②

1908年之后,因为主持《神州日报》,天僇生很少再在《申报》发表作品,他为《申报》编辑、创作小说的"事业"也就此而止了。

泖浦四郎,有时又署为"泖浦四太郎""泖浦"等,皆为张叔通的笔名。张叔通(1877—1967),名葆良,上海松江人,号九峰樵子,曾任上

---

① 讷:《吊王无生先生》,《申报》1913年12月26日第10版。
② 陈霞章:《血泪痕传奇序》,《申报》1907年4月14日第18版。

· 22 ·

海文史馆馆员，擅书画，有《九峰樵子谈画》《徐锡麟》《佘山小志》等著作。据郑逸梅说，清末席子佩接管申报馆，"谋整顿刷新报务，聘青浦金剑花为总主笔，张蕴和、孙玉声、雷君曜、张叔通共襄笔政"①。则当时泖浦四郎为申报馆的主要编辑者之一，其为《申报》编撰小说便在情理之中。按，其小说作品主要有《新水浒》《女学生》及译作《烈女罗苏轶事》《潘杰小史》等数篇，均发表在1908年至1909年间。《烈女罗苏轶事》未注原著者姓名，仅载数章；而《潘杰小史》为英国梅特所著，为一长篇，但这两篇作品均没有译撰完毕，仅刊出一部分便无下文。小说之外，泖浦四郎作为《申报》的编辑常常对时事发表议论和"清谈"，创作小说可能只是他出任编辑的职责所在，不过到1909年底，他基本不再有小说作品问世了。

亚东破佛，本名彭俞，字逊之，又字长卿，浙江绍兴人，后随父家居江苏溧阳。据杨世骥说，他"写小说则署破佛，或署亚东破佛；写散文则署竹泉生，写诗则署守愚氏"。②他早年生活落魄，不得已在笔墨中讨生活，1907年曾主持《竞立社·小说月报》，生前撰有《闺中剑》《慧珠传》《泡影录》等小说多种。亚东破佛虽不曾在申报馆担任职务，但他与申报馆的编辑多有来往。如，在申报馆任职多年的雷瑨曾为他的小说《闺中剑》进行宣传：

>   是书为溧阳彭君逊之所著，书中注重家庭教育，针砭女学流弊，语重心长，殆有慨乎言之者，至其行文之清新俊丽尤属余事。是诚有功世道之文，不仅作小说观也。彭君自号破佛，译著小说甚富，此编出而社会欢迎尤可操券必矣。③

破佛初到上海期间，曾以《栖霞女侠小传》《双灵魂》两篇译作投诸《申报》。《栖霞女侠小传》为日本严谷兰轩所著，亚东破佛译述，儒冠和尚评，共三章，每章数节，题曰"黄种必读"，刊于《申报》1907年2月19日至3月5日。该书写有出世之思想的女侠入世欲"保种族"，后又出

---

① 郑逸梅：《清末民初文坛轶事》，上海学林出版社1987年版，第124页。
② 杨世骥：《文苑谈往》（第1集），中华书局1945年版，第74页。
③ 《谢赠闺中剑小说》，《申报》1907年3月20日第10版。

《申报》《新申报》小说家述考(1907—1919)

世入道,其题旨正如此书之评话中所言:

— 知孔子而不知释迦者,此种人过于迂拘,不许读是书;
— 知释迦而不知孔子者,此种人太无检束,不许读是书;
— 非真曾入世者,此种人亦不能出世,不许读是书;
— 非真曾出世者,此种人亦不能入世,不许读是书。①

该书在《申报》上连载结束不久,即于1907年3月12日发布单行本出版广告,由上海四马路华商图书公司出版(从时间看,或许在小说连载之初已经商定单行本的出版事宜)。另一篇《双灵魂》,题曰"寓言小说",未注原著者姓名,全篇通过对话讨论灵魂的双重性、人性的善恶以及反抗与奴性等道德、精神层面的问题,乃是借小说这一文学体裁进行的一场大辩论。

这三人之外,创作较多的是张春帆和程瞻庐。张春帆,江苏常州人,别署"漱六山房",曾主持《平报》,以小说《九尾龟》著称于世;程瞻庐,江苏吴县人,民初名小说家,星社社员,有《瞻庐小说集》《茶寮小史》等著作问世。张、程二人均为清末民初的通俗小说名家,但他们最初向《申报》投稿时尚未出名,当时张春帆的《九尾龟》刚刚在报刊上连载,而程瞻庐只是一位普通的教书先生。他们二人并非申报馆的编辑,与馆内人士也说不上有多少亲密的关系,但他们在《申报》上发表的小说作品却并不比泖浦四郎、亚东破佛等人少。

盖张春帆、程瞻庐二人的作品多发表于1909年至1910年间,此时《申报》上刊载的小说篇幅已渐渐增多,而当时小说在报刊界的"流行度"较之1907年初大有增长之势——可以说,1909年之后的小说环境较之前两年已有较大改变,申报馆对于小说的需求量也必然地增加。此时他们不再仅仅依靠馆内的编辑或是"熟人"的稿件,而是开始接受一般创作者的投稿,也因此在程瞻庐投稿的同时,《申报》上出现了几十位"未知名"小说创作者的作品。这其实已经为专门刊载诗文、小说等文学作品的副刊"自由谈"的创立奠定了基础,如程瞻庐、周瘦鹃等此时开始向《申报》投稿的作家,他们均是在"自由谈"创立之后才在文坛大放异彩。

---

① 《楼霞女侠小传目次》,《申报》1907年2月18日第18版。

二 "自由谈"初期阶段的小说撰稿同人

《申报》副刊"自由谈"创刊于1911年8月24日，第一任编辑为青浦王钝根。以"自由"命名，又恰恰在武昌起义前夕，虽说只是巧合，但也非常简明地概括了此时《申报》所追求的言论自由度与自在感。按此副刊创立之初，主要刊载游戏文章、诗词、杂谈等诙谐有趣的游戏文字，小说仍刊在别的版面。当时《申报》曾刊有《本报改革要言》：[1]

> 新闻之中，举事直笔，不染时下浮滑之习，而游戏解颐之文章、记事亦不可尽无。别以门类，各分界限，使人不至视办报如儿戏，而亦无干缩无味之嫌。如第一张正面之有小说，后幅之有清谈。第二张正面之有商业游记、商业谈论、商业问答，后幅之有投稿。第三张正面之为游戏笔墨，胥此意也。

因此，当时"自由谈"所在的第三张主要是"游戏笔墨"，而小说则刊在第一张正面，"自由谈"创立之初的目的并非吸引小说撰稿人，而是增加《申报》本身的趣味性，故直至此时"小说"在《申报》的非新闻稿件中尚未占据重要的"席位"，同时也并非"自由谈"的"主打"内容。

不过，随着"自由谈"开始刊载各类短篇小说，《申报》的小说栏也就并入了"自由谈"之中，当时仅《无名罪人》一篇一直刊在非"自由谈"版面，但至1911年10月该篇完结之后，所有的非新闻性稿件便都集中到"自由谈"中了。

"自由谈"成立之初曾发布征稿启事云："海内文家如有以诗词、歌曲、遗闻、轶事以及游戏诙谐之作惠寄本馆，最为欢迎。即请开明住址，以便随时通信，惟原稿恕不奉还。"[2] 此时"小说"并非征稿的急需内容，但是依"自由谈"最初刊发的内容来看，几乎每日都有一篇"小说"，特别是主编王钝根更是小说创作者的代表。不过此时的小说大部分都是"游

---

[1] 《本报改革要言》，《申报》1911年8月24日第3版。
[2] 《自由谈征文告白》，《申报·自由谈》1911年8月28日第33版。

戏短篇",与游戏性的文章极其类似,似乎正是"自由谈"征稿启事中需求的"游戏诙谐之作",而并非严格意义上的小说创作。但也或许正因如此,小说创作的门槛在无意中被"降低",使得一部分文学爱好者纷纷试水投稿,也使得"自由谈"自成立之初就模糊了"滑稽小说"与"游戏文章"之间的界限,造就了其自由而戏谑的整体风格,同时也招徕了一大批文人作家,并逐渐形成了一个不小的"小说家"阵营。

大体上,经过近一年的经营,"自由谈"已经拥有了一批较为稳固的投稿人,他们在1912年7月开始讨论成立独属于"自由谈"群体的组织。先是黄炳南提议成立"自由谈同盟会",而冰盦君认为不如改称"自由谈话会",随后瘦蝶拟写了《自由谈话会章程》,自此"自由谈"投稿同人专门的"议事"组织就此成立:

— 定名。本会由自由谈投稿诸会员所组织,定名为自由谈话会。
— 地点。本会附设申报馆编辑部内,以节经费。
— 宗旨。本会以扶掖国家,诱导社会,廉顽立懦,劝善惩恶为宗旨。
— 入会。热心投稿者皆得为本会会员,无定额,无会费,不分省界,不论年岁,以昭大同。
— 出会。本会会员或因有事致半年不投稿者,得由该会员函述意见,暂行出会,或由会长宣告暂行出会,俟有余暇可再入会。
— 投稿。本会会员应随时投稿,至少每月一次,立言本谲谏主义,务从国家社会上着想,勿徒事诙谐。
— 介绍。本会会员散处四方,间有闻声相慕,欲通函而不知住址者,自由谈中应特拓天涯问答一门,以为会员介绍,惟字数不得过多。
— 选举。本会设会长一人,公推钝根君主任。另设评议员多人,由会员选举炳南、冰盦、虎痴、健儿、颂斌、庆霖、率公、蝶仙、天民、铁民、天白、了青、瀛仙、木舌、匹志、立三、望梅、爱楼、瘦蝶等充之,十年期满,再行公选。
— 大会。每年择春秋佳日,假座味莼园开大会一次,会员毕集，藉此可偿识荆之愿，并合摄一影以留纪念。①

从其简章可以看出，"自由谈话会"由投稿诸会员组织，会员需要经常投稿，虽然其宗旨为"扶掖国家，诱导社会"，但讨论的内容又常常是"自由谈"内部的事务。而从其选举出来的会长及议员来看，当时"自由谈"已经可以选出一批中坚力量及活跃分子，即"自由谈"初期阶段的撰稿队伍已经初步形成。

其中黄炳南君因为作品较少且后来不再投稿，故慢慢退出了"自由谈"，而冰盦、虎痴、健儿、颂斌、庆霖、率公、蝶仙等人均成为"自由谈"的撰稿主力，像陈蝶仙后来还是文坛名家，说部领袖。到了1912年底，许瘦蝶曾先后撰成《自由谈投稿人名对》《文字海：全篇嵌自由谈投稿人名》（以下简称《文字海》）两文在"自由谈"发表，其中《自由谈投稿人名对》文中共列二百余位撰者笔名，而《文字海》一文连载六日，也将大部分投稿者纳入其中，除去重复者及同一撰者的不同笔名，共录有两百多位著者名号。盖，虽然这只是一篇"游戏文章"，但同时也是一份"自由谈"撰稿同人的名单，是对此一阶段"自由谈"撰稿队伍的归纳和总结，而许瘦蝶在《自由谈话会简章》中说的"应拓天涯问答一门，以为会员介绍"，此时也开始着手实现。按，1913年初，几位较活跃的撰稿者意欲发起刊载小像的活动，徐了青率先撰文说：

> 瘦蝶作《文字海》列叙年余来投稿诸文家名，为自由谈作一大收束，妙在恰值阳历岁阑也。近晤嘉定二我，告以鄙意拟请钝根在自由谈尾添辟一小栏，将投稿诸君子姓名、住址，逐日登载一二，俾闻声相思者，便于通问。二我谓渠在自由谈话会中亦曾提议及此，可谓二人同心矣。然鄙意尚拟请钝根发起登一小告白，搜集诸文家小影，制以铜版，每日登载一幅，庶读其文者能识其面，当亦阅者所欢迎也。倘虑经费不支，可于酬资中酌量扣去，设有不愿入会及不欲以姓名示人者，可预告馆中，未知有赞成者否。②

---

① 瘦蝶：《自由谈话会简章》，《申报·自由谈》1912年8月24日第9版。
② 了青：《自由谈话会》，《申报·自由谈》1913年1月4日第10版。

《申报》《新申报》小说家述考（1907—1919）

此后历经撰稿同人在"自由谈话会"里进行讨论，于是自 1913 年 3 月 23 日起，"自由谈"开始陆续登出一百三十余位撰稿人的简介小传及铜版小像，至 1914 年 1 月 11 日方告结束。除去重刊的人名，这些撰稿者分别如下（其中楷体字者为"自由谈"刊载重复及自行纠错者）。

时间	投稿人	小传
1913 年 3 月 23 日	丁悚	号慕琴，浙江嘉善人，现寓上海老北门昌泰质。
1913 年 3 月 24 日	爱楼	童乐隐，别号爱楼，年四十九，浙江鄞县人，现寓上海浙江路德仁里六弄六号。
1913 年 3 月 25 日	东埜	李方溁，字企明，江苏宝山人，年二十八。江苏高等暨铁路学堂毕业生，现住上海龙华镇味饴花园。
1913 年 3 月 26 日	便便	钱一蟹，江苏青浦人，年三十七，现寓上海白克路永年里四百七十二号。
1913 年 3 月 27 日	拙人	黄泽，字蜀波，年二十五，浙江海盐人，日本法学士又高等工业学校毕业生，现住芜湖侯家巷。
1913 年 3 月 28 日	庆霖	陈钦霖又号晴孙，浙江嘉善人，现寓上海城内金家牌楼。
1913 年 3 月 29 日	匹志	蔡匹志，枫泾人，现寓上海新闸路西中华法政大学。（匹志：蔡奉璋，字少兰，又号匹志，年四十四岁，浙江嘉善县人，现为上海中华法政专门学校会计员。见 1913.4.23）
1913 年 3 月 30 日	二我	陈其渊，号石泉，又号滁骨，江苏嘉定方泰镇人。
1913 年 3 月 31 日	常觉	李家驷，字新甫，江苏上元人，现住上海高昌庙制造局新公所西首李寓。
1913 年 4 月 1 日	觉迷	吴中弼，字匡予，号如我是闻室主人，年二十五，江苏川沙人，现寓沪南芦席街南区两等学校。
1913 年 4 月 11 日	冰盦	徐殳，字芙青，号冰盦，年四十四岁，浙江鄞县人，现寓后马路乾记弄永清里福泰纱号。
1913 年 4 月 12 日	秦寄尘	秦寄尘，原名粤生，字鸣梧，别号淮海逸民，年三十二岁，住江苏山阳县城内南门。
1913 年 4 月 13 日	郑幼斋	郑幼斋，吴兴双林人，年二十三岁，现寓广东路六百三十九号。（郑幼斋：年二十四岁，寓上海广东路延康洋布庄。1913.4.23）
1913 年 4 月 14 日	梦琴轩	汪嗜奇，十九岁，浙江秀水人，现住松江西门外角阳桥西四十八号。

第一章　清末民初《申报》《新申报》小说家概况

续表

时间	投稿人	小传
1913年4月16日	瘦蝶	许泰，号仲瑚，江苏太仓人，年三十三。
1913年4月17日	鹿门旧隐	庞雪岑，苏州颜家巷（鹿门旧隐：庞中行字雪岑，年三十一岁，西浙书生，东吴俗吏。1913.4.23）。
1913年4月18日	了青	徐岱祥，字泰云，江苏嘉定人，年四十岁，现寓安徽正阳关榷运局。
1913年4月19日	瘦鹤	杨元鹤，字净生，别署焦桐馆主，年廿三岁，安徽泾县人，现居湖北兴国五马坊。
1913年4月20日	立三	何奇，号立三，年二十三，浙江诸暨人，寓上海老北门内直街乐安里。
1913年4月21日	热庐	黄志曾，字山农，年四十六，浙江吴兴之双林镇人，现寓上海南市大东门外咸瓜街丰泰生号。
1913年4月22日	问天生	金潜盦，浙江吴兴县南浔人。
1913年4月23日	天声	张承基，字咏南，年二十四岁，江苏宝山县人，现住嘉定南翔镇。
	匹志	蔡奉璋，字少兰，又号匹志，年四十四岁，浙江嘉善县人，现为上海中华法政专门学校会计员。
	鹿门旧隐	庞中行，字雪岑，年三十一岁，西浙书生，东吴俗吏。
	郑幼斋	年二十四岁，寓上海广东路延康洋布庄。
1913年4月24日	独鹤	严桢字，子才，浙江桐乡人，寓上海高昌庙制造局新公所西首。
1913年4月25日	逸民	汪慕韩，号幼兰，湖北黄冈人，现寓上海美租界聚宝里三弄第四家袁宅。
1913年4月26日	梦生	丁以鍼，字钧惠，年二十一岁，江苏扬州人，现寓镇江法政学校。
1913年4月27日	无我	宋云炳，浙江海宁人，年十有四，现寓硖石镇大牲纸店。
1913年4月28日	非柳	杨培天，字纪庚，别号非柳，年二十四，世居江苏青浦县七宝镇。
1913年4月29日	百恨	王彭钧，字伯衡，又号野鹤，原籍江苏山阳，现住太仓西门内高桥东。
1913年4月30日	息影庐主人遗像	先生姓陈，字雪居，号梅卿，广东附城人，卒于一千九百十三年一月十九日三时。

续表

时间	投稿人	小传
1913年5月1日	劣僧	郑筼清，字民祖，又号剑侠，年十七岁，浙江吴兴人，通信处上海三马路西昼锦里口四十四号郑泰隆转交。
1913年5月2日	悔生	金观父，江苏江宁人，年三十七岁，现寓高昌庙江南造船所。
1913年5月4日	野樵	郭仁山，号曦之，年四十岁，江苏丹徒人，寄寓镇江西门存仁里。
1913年5月5日	荫之	严良樾，字伯夔，江苏嘉定人，年二十七岁，现寓刘河太和生药肆。
1913年5月6日	潄玉	唐毓林，字桂岑，江苏六合人，年四十岁，现居苏州西采莲巷。
1913年5月7日	双璧	杜瓊玙，字双璧，广东南海人，年二十六岁，现寓京口。
1913年5月8日	小蝶	陈蘧，原名祖光，一字肖仙，浙江杭县人，年十七岁，居杭州城内下后市街王衙衖。
1913年5月9日	月楼	冯湜森，字幼亭，浙江余姚人，现住上海南市吉祥弄九号。
1913年5月10日	光头	徐福荣，字敏之，江苏太仓人，年二十七岁，现住刘河商立学校。
1913年5月11日	率公	汪鸣璋，字品人，年三十一岁，浙江杭县人，寓苏州南采莲巷七号。
1913年5月13日	槁木子	陈榄根，年二十八岁，广东香山人，现寓上海老太古。
1913年5月14日	孳儿	朱黻，原名紫贵，号鸳雏，年十六岁，江苏华亭人，现寓上海法租界嵩山路救国社本部。
1913年5月15日	谪仙	江鼎澄，字粲霞，江苏华亭人，现寓嘉善。
1913年5月17日	越痴	姚光文，字悍予，年二十六，浙江山阴人，现寓南昌梧桐树下。
1913年5月25日	空闲子	唐澄，字颂清，江苏上海人，年二十五岁，住老北门内七十八号。
1913年5月26日	铎	朱一，字苏吾，年二十一岁，江苏嘉定南翔镇人。
1913年5月27日	习鹏	程锡彭，字子述，号南溟，年十七，江苏仪征县人。
1913年5月28日	施畹芳女士	施畹芳，字希玉，年十五岁，江苏娄县人，现住上海大东门内。
1913年5月29日	华吟梅女士遗像	（无简介）小像旁有"自由谈"编辑所登《代征华吟梅女士悼词启》，文中称"华吟梅女士，华亭后冈人，侍仙君之弱息也。"

第一章　清末民初《申报》《新申报》小说家概况

续表

时间	投稿人	小传
1913年5月30日	佩玉	王廷圭，字佩玉，江苏青浦县人，年二十岁，现寓上海西门内江苏第二师范学校。
1913年5月31日	张禹门	张禹门，江苏泰兴县人，现寓镇江砖瓦巷。
1913年6月1日	景骞	陆汶，字景骞，年二十七岁，江苏东台人，现居南通。
1913年6月2日	莽汉	吴汉声，字采人，年三十岁，江苏崇明人，现寓上海徐家汇南洋大学附属小学。
1913年6月3日	是龙	朱家翔，字是龙，江苏青浦人，现寓嘉定县署。
1913年6月4日	血真	汪家增，一名家珍，字易安，又号烂泥生，年二十岁，祖籍安徽休宁，现在苏州史家巷六十六号。
1913年6月5日	如愚	颜省，字如愚，年二十八岁，江苏丹阳人，现寓南京民国大学。
1913年6月6日	瘦鹤酒丐	邹弢，字翰飞，年六十四岁，江苏无锡人，现寓上海。
1913年6月7日	倚桐女士	沈嘉凤，三十六岁，江苏扬州原籍，浙江会稽人，适嘉定徐了青。
1913年6月8日	钝锥	金鳌，字诵闻，别号钝锥，年三十岁，浙江嘉善人，现寓南京淮青桥。
1913年6月9日	金秉五	金振锠，字秉五，号翼心，年二十一岁，安徽休宁人，现寓上海。
1913年6月10日	病魔	张德昭，字学源，年二十三岁，江苏华亭人，通信张堰镇转柴场乡。
1913年6月11日	士登	王学镕，字东瀛，年十八岁，江苏吴县人，现寓上海河南路恒兴。
1913年6月18日	钝民	陈齐，字敬翔，年三十六岁，浙江吴兴人，现寓练市。
1913年6月19日	乐君	陈乐君，年二十四岁，江苏嘉定人，现住上海打铁浜通惠小学校。
1913年6月24日	玄郎	（无简介）
1913年6月25日	海帆	张仲敏，一字敏斋，年三十五岁，山西汾阳人。
1913年6月26日	惠民	吴多积，字存善，号余庆，年十九岁，原籍安徽桐城，寄居休宁，现寓上海。
1913年6月27日	周秋声	周秋声，字瑞孙，浙江慈谿县人，年十九岁，现寓南市里咸瓜街养真参号。
1913年6月28日	隐我	罗廷珊，字菊缘，江苏上虞小越镇人。
1913年6月29日	佐彤	陈德桓，字彤佐①，别号铭彝，一字恂恂，又字亚东恨物。
1913年6月30日	映清女士	姜珒，字映清，别号象乾，东鲁人，适陈佐彤。

① 应用"佐彤"，《申报》在1913年6月30日"自由谈"版面有更正。

续表

时间	投稿人	小传
1913年7月1日	楼梧	楼梧于辛亥之秋舍西子湖,奉母避居海角,不以姓名示人,亦今之伤心人也。
1913年7月2日	扬州小杜	杜鎏辉,字召棠,年二十岁,通信处扬州东关大街。
1913年7月3日	定耕	(无简介)
1913年7月4日	枕水轩	龚存诚,字少如,年二十二岁,安徽合肥人。
1913年7月5日	劳汉	罗少鹏,字怀远,年二十六岁,福建上杭人,现寓浙江富阳。
1913年7月7日	徐哲身	徐官海,字哲身,浙江嵊县人,现寓上海新闸路永庆里二弄三百五十六号。
1913年7月8日	顾影怜	顾影怜词史,浙江徐哲身君之如夫人。
1913年7月9日	病鹤	沈鹤章,字筌生,别号尚异,年二十八岁,浙江嘉善人,通信处嘉善大云乡云溪务本小学校。
1913年7月10日	病公	宋病公,字雪溪,临湘人,年十八,自号色色三郎,别署爱兰轩主,寓镇江宝塔巷十八号。
1913年7月12日	文瑞	赵坤宝,别号梦□,年二十□岁,□□吴□人,寓黄埭镇永大当。
1913年7月13日	活泉	米溥,字活泉,别号友石山人,四川罗江人,现寓苏州。
1913年7月24日	蘧园三十岁小影	(无简介)
1913年7月25日	芙镜	朱兆蓉,字芙镜,江苏如皋①,原籍安徽婺源,现住杭州后市街王衙弄。
1913年7月26日	子枚	冯蔚章,浙江鄞县人,住双街,别号甬江商隐。
1913年7月27日	惊侬	仲景龙,字翔云,江苏常熟人。
1913年7月28日	浮生	高克继,字少兰,号白云,浙江杭县人,年十九岁,住杭城运司河下新开弄。
1913年7月29日	悲秋	饶钊,字金声,年三十六岁,江西德化人,现寓九江龙开河口第一号。
1913年7月30日	秋虎	谢家实,字秋丞,江苏上海人,年二十七岁,通信处兵工学校。
1913年7月31日	粉蝶	孙宗武,字闪青,浙江海宁人,通信处峡石东南湖第二小学校。
1913年8月1日	笑世	陈重光,别号笑世,浙江慈谿人。

---

① 疑"江苏如皋"后缺少一"人"字。

第一章　清末民初《申报》《新申报》小说家概况

续表

时间	投稿人	小传
1913年8月2日	剑青	洪汝鉴，字剑青，又号倦游山人，江苏（安徽，见8月3日更正）芜湖人，年七十有九。
1913年8月3日	方白	施馥，字芳百，年二十六岁，江苏崇明人。 更正　昨剑青小影下注江苏二字误，应改安徽。
1913年8月4日	病夫	葛静夫，字伟生，年二十六岁，江苏吴县木渎人，现寓上海宝善街公顺里李珊记。
1913年8月5日	公赞	金炳魁，字公赞，别字独活，浙江嘉善人，年二十七岁，通信处西塘广益会。
1913年8月8日	蝶仙	陈栩，字蝶仙，别号天虚我生，又署栩园主人，年三十五岁，浙江之杭县人，通信处镇海县公署。
1913年8月12日	鸦士	王泰，字鸦士，江苏太仓鸦江人。
1913年8月13日	迷途	俞长庆，字引芝，别号自由僧，十九岁，原籍江西寄居扬州，现寓镇江屏街德盛洋行。
1913年8月14日	点墨	浙江绍兴人，现寓湖州。
1913年8月15日	松隐庐	朱潜，字染尘，号研臣，别号松隐，年二十五岁，江苏吴县（人），现寓中法药房。
1913年9月8日	颂斌	金锵，字颂斌，又字翼仍，又署掩耳，二十六岁，江苏青浦人，前为自由谈海外奇谈编译者，现任沪杭铁路办事。
1913年9月9日	侍仙	华文钟，字子茂，别号侍仙外史，四十一岁，华亭后冈人，现住松江城内花月吟庐。
1913年9月10日	周红树	（实为沈信行照片，见1913年9月12日说明） 周红树，海宁人，原名栩，三十以前别署万花一蝶，又署蝶巢，字乾庆，现住杭州太平门刀茅巷私立浙江法政专门学校。
1913年9月11日	寸铁	王燮臣，别字寸铁，二十二岁，江苏无锡人，现住兴化县长安桥下。
1913年9月12日	红树	周红村，海宁人，原名栩，三十以前署万花一蝶，又署蝶巢，字乾庆，现住杭州太平门刀茅巷私立浙江法政专门学校。（十日所登小影实系孚忱君玉照，误以红树君，姓氏籍贯注于其下，深为抱歉，兹特更正并补注孚忱君姓氏籍贯如左：沈信行一名德康，字孚忱，二十五岁，浙江海宁人，现寓海瑞至泰祥。）

续表

时间	投稿人	小传
1913年9月13日	慕侠	郁从周，号慕侠，别署格非、报癖、木牛，二十六岁，江苏青浦县籍，寄居上海北山西路德安里一百八十九号。
1913年10月4日	空生	黄天祥，字星辉，安徽黟县人，通信处湖北武穴慎豫庄。
1913年10月5日	学如秋云馆主	何蠡，浙江慈谿人。
1913年10月6日	石痴	朱惟涛，字永法，别号石痴，又号种石轩主，十六岁，江苏南沙人。
1913年10月7日	静观子	许俊铨，字金门，又号静观，安徽歙县人，四十八岁。
1913年10月11日	陈留我公	谢承□，字叔端，号异源，又字爱菊，别号陈留我公，又号怡然子，又署爱菊轩主，年十七，江苏武进人，现寓上海。
1913年10月12日	见贤思齐	谭宗培，号群辅，别署醉人，十七岁，浙江吴兴人。
1913年10月14日	滁	谈洪，原名鸿儒，字滁如，又号左宣，浙江海宁人，年三十岁，现住硖石米业学校。
1913年10月15日	知疚	郑陶元，字子久，浙江慈谿人，现寓上海香港路纽孟洋行。
1913年10月16日	恨海	张柳邨，字恨海，二十一岁，江苏江阴人，现寓上海。
1913年11月7日	冶溪秀生	方泽久，字秀生，号养晦，别号白驹过客，安徽定远县人，现寓苏州铁瓶巷。
1913年11月8日	愚民	郭绍元，字旭初，年十七，浙江吴兴双林人，现住上海。
1913年11月9日	天一	王义守，字适日，号义章，别号天一，十九岁，浙江慈谿人，现寓上海静安寺路进益纱号。
1913年11月10日	丹初	何维旭，字稚馨，号丹初，二十岁，江苏山阳人，现住省立第九中学校。
1913年12月5日	无我	李通求，号敏仲，字莲舫，安徽太湖人，别号无我山人，年二十二岁。
1913年12月19日	虎痴	唐金彪，号伯超，浙江嘉善县人。
1913年12月20日	愚盦	邬友德，字庭兰，别号愚盦，又号少册，十七岁，浙江杭县人。
1913年12月21日	三畏	冯伯阳，字三畏，别号隐龙居士，广东番禺人，二十岁，住虹口密勒路五十四号。

第一章 清末民初《申报》《新申报》小说家概况

续表

时间	投稿人	小传
1913年12月23日	蓬心室主	顾諟命,字锡三,别号蓬心,年二十八岁,浙江诸暨人,现寓杭州兴忠巷。
1913年12月25日	桂香室主	吴彦升,字均一,浙江海宁人,通信处丹阳人,通信处丹阳转宝堰盐分栈。
1913年12月26日	行义	叶德棻,字湘舲,又号行义,安徽天长人,现客淮南富安场元丰恒盐号。
1913年12月27日	杜文馨	杜扬武,名文馨,江苏华亭人,住松江西外秀南桥东。
1914年1月5日	太痴	高翀,别号三十年前旧太痴,江苏上海人,希社之发起者。
1914年1月8日	沈家骎	沈家骎,号葭迤,慈水人,现寓杭州珠宝巷澂源庄。
1914年1月9日	渔郎	邹鲁,字敬初,又号小酒丐,江苏无锡人,住徐家汇天主堂西一百九十一号。
1914年1月10日	樵宾	冷红葛蓂夏,别署嚼冰,浙江慈谿人,通信处苏州万年楼金铺。
1914年1月11日	枝一	俞乃绩,字枝一,年四十五岁,江苏吴县人,现寓浒墅关盐公堂。

其中,玄郎没有小传(小传载于《自由杂志》),而瘦蝶所作的《文字海》及《自由谈人名对》中还有一些撰稿者,并未在这131人之中。因为《文字海》中的有些撰稿者只是偶尔投稿,算不上"自由谈话会"组织中人,故两相结合,"自由谈"当时实际的投稿者应该在一百位以上,但经常性投稿的作者不会超过150位。至此,"自由谈"早期的撰稿群体基本形成,虽然他们中有一些人只刊发过诗文稿件,但大部分人都是小说创作的尝试者,毕竟当时诗文创作难以特别出众,而小说却是时新的"显学",故而也可以说,此时"自由谈"已经拥有一个由百余位创作者组成的小说撰稿群体。

在这群参与印制简介、通讯方式及小像的撰稿同人中,以人数多少排序:浙江嘉善籍9人,浙江吴兴籍7人,江苏嘉定籍(今属上海)7人,江苏青浦籍(今属上海)6人,华亭籍(今属上海)5人,浙江杭县籍5人,江苏吴县籍4人,其余人数较少的各属其他省份,而现寓上海者(民国时期的上海县)38人,即约有三分之一的撰稿者居住在上海及其周边地区。这一方面得益于投稿的便利,另一方面也使得他们与同人的来往及通信变得容易,使他们日常的神交笔谈有可能更进一步——真正地结识和交往。如当时徐了青、嘉定二我就是通过这一活动而结识,并成为知交好友;而陈佐彤、姜映清夫妇也是通过投稿结识了王钝根,并常相拜访,增加了联络;其他如丁悚、爱楼、蝶仙、常觉等人则直接成为一起办刊撰文的合伙人,直至后来成为被时人相提并论的文坛名家,即"自由谈话会"及互通联络的刊印小像活动为他们日后结社或建立更紧密的联系已做好了充分的准备。

同时,这一撰稿群体的年龄多在20岁至40岁之间,有少部分是不足20岁或在40岁以上的,这就说明他们是一群"新生"的创作者,其中大部分人或许早有撰写诗文的经验,但小说创作一定是"全新"的兴趣和方向。特别是这群人大多"职业不明",虽然有的是铁路部门职员,有的后来在法律界工作,但多数是刚毕业的学生或闲居在家的"撰文自娱"者。在科举刚刚废除的几年里,他们这群大部分都有过科考经历的"文人"一时很难找到前途和出路。例如他们在刊布的小像旁边常常附以《自题小影》,诗中所流露的无非怀才不遇、命途多舛之感慨:

　　入世于今三十年,一无成就最堪怜。纵教留得形骸在,争奈魂归离恨天。①

　　自怜消瘦自怜贫,橐笔生涯误此身。欲化精禽填恨海,不教国士共沉沦。②

　　寄旅尘寰三十年,青山青史两茫然。更无媚骨能谐俗,伥有奇愁欲问天。色相已残秋后菊,情根未断火中莲。慨当沧海横流日,捧土何劳塞逝川。③

包括主编王钝根在内,若不是抓住了办报的机遇,若不是有着开明开放的头脑,他们将很可能与大多数文人一样在守旧与维新间徘徊周转。所以,徐了青当时才会称扬"自由谈"说:"文人大半寒素,旧学日就沦亡,借此自由谈为提倡风雅之资,作保存国粹之用,吾是以笑;才人末路,寒士穷途,仗此自由谈以长门卖赋之金,为广厦庇寒之所,吾是以哭;钝根

---

① 汪率公:《自题小影·壬子旧作》(其一),《申报·自由谈》1913年5月11日第13版。
② 孽儿:《自题小影》(其二),《申报·自由谈》1913年5月14日第10版。
③ 莽汉:《自题小影》,《申报·自由谈》1913年6月2日第13版。

第一章 清末民初《申报》《新申报》小说家概况

主持编辑，得与无数词人墨客以文字契结香火缘，异地同堂，闻风心许，吾安得不为钝根贺。投稿诸君以主文谲谏之术，作淳于滑稽之文，手草既定，心花怒开，吾安得不为诸君贺。"①

　　这群撰稿同人贡献了极多的稿件，并迅速为"自由谈"赢得了读者市场，这种附以文学作品来增加趣味的"副刊"形式也逐渐成为报纸编刊的典范，而最重要的是他们开启了小说的"群体"创作时代。虽然"自由谈"主要刊载诗文、笔记类作品，但投稿者明显对"小说"更感兴趣，因为大部分较成功的撰稿者在几年后多被称为"小说家"而非"诗人"或"词人"。同时，在辛亥革命之前，依靠报刊的发展，小说创作已渐趋流行，然而当时的小说"创作权"还相对集于文坛大家手中，小说创作者还相对分散于各个刊物阵营，而像《申报·自由谈》这种集合了一个群体，并将创作及发表权"下放"到任何可能的创作者手中的情况则是具有开创意义的。"小说创作"行动几乎不设门槛地井喷式爆发，单《申报》一家报纸就在民初前两年为读者培育了百余名小说家，贡献了近千篇的小说作品，这与之前的小说产出情况相比可以说已经有了"质"的区别。

　　当然，这种创作者与作品数量的急剧增长也使得小说一定程度上成为"急就章"，粗糙的次品，而这其实与"自由谈"本身征求简短的"诙谐文字"也有一定的关系——此种文字的需求造就了"异样"的小说创作，使得民初"游戏短篇"小说大行其道（至少是《申报·自由谈》颇爱登载的内容），而投稿人囿于稿件刊发的"诱惑"，自然愿意投入到这一类型的小说创作中去。不过，这只是一时的"自由谈"小说流行体，到了1914年之后，小说创作又逐渐从"游戏式"的篇章中解脱出来，在小说刊物迎接民初的第一次高潮时，这些"自由谈"的小说撰稿同人又缓慢地回归小说创作的正轨，更多地撰写言情、侦探、爱国、社会等各类题材内容。而之所以说这百余位撰稿者还是"小说家"，不仅仅因为他们均有小说作品问世，还因为他们在1914年前后曾因为"自由谈"的关系而得以襄助王钝根等人创办、编辑《礼拜六》等以小说为主的刊物，他们在"自由谈"中的投稿其实是日后自己小说创作之路的"前奏"，而"自由谈"正是他们初入文坛用来"练笔"和增加发表机会的平台。

---

① 了青：《读自由谈杂记》，《申报·自由谈》1912年11月30日第10版。

故此,"自由谈"在王钝根的主持下一方面扩大了《申报》的销路,另一方面也在无意之中造就了一个撰稿群体,一个对日后"旧派"小说发展产生一定影响的"小说家"群体,而这却是其始料未及的。就连主编王钝根也曾在日后感慨道:"先祖当时盖深望余节省读小说之光阴,以致力于经史及古文、时文,蔚为他日之用。岂知十年后,余入报界,竟以小说弋微名。先祖犹健在,每月朔,余必回里省视。先祖尝笑谓余曰:'曩患汝以小说荒正业,今汝乃以小说为正业,天下事之难料有如此者'。言次欷歔叹息。然揣其意,未尝不以余自辟生活之途径、俾得别树新帜为慰也。"①

第三节 《申报》小说家向《新申报》的"迁移"与"流失"

依前文所述,《申报·自由谈》的撰稿群体在1913年初正式形成,同一年他们一起编印了《自由杂志》,将"自由谈"的部分篇章筛选出来刊印成单行的杂志;不久之后又共同协办了《游戏杂志》,率公、瘦蝶、剑秋、爱楼等均为主要编辑;1914年王钝根及"自由谈"的核心人员丁悚、蝶仙、瘦鹃等人又一起创办了《礼拜六》小说周刊——在一系列的办刊过程中,撰稿同人之间的联系愈加紧密,其中一部分撰稿人还逐渐被选拔出来,成为"自由谈"撰稿群体的核心人员。撰稿同人在不断的合作与交往中结成了更加稳固的"友谊",而这种友谊甚而成为他们撰稿、投稿的"导向"。

1915年3月,"自由谈"主编王钝根从《申报》辞职,"自由谈"业已形成的撰稿群体一时间变得"群龙无首",不过此时他们尚有《礼拜六》可以作为"同人重聚"的场所。1916年底,《新申报》开张,其副刊"自由新语"由王钝根主编。这本是席子佩离开申报馆后与《申报》的竞争和博弈的结果,但作为竞争的重要砝码,撰稿人无疑也是抢夺的对象。王钝根主持"自由新语"就是原《申报·自由谈》撰稿同人向《新申

---

① 王钝根《温柔乡·楔子》,《社会之花》1924年第2卷第1期。

报·自由新语》的"大迁移",据郑逸梅所记,"一时为《申报·自由谈》执笔者,纷纷贡稿于《新申报》,骎骎欲夺《申报》之席"①。事实上,原本属于"自由谈"的忠实撰稿者如陈佐彤、映清女士、剑秋等人都很坚定离开了"自由谈"这一阵地。本来,"自由新语"就是"自由谈"的复制,等到原来的撰稿人纷纷"投稿"之后,"自由谈"似乎在《新申报》又重新开张了。

1916年至1919年间,在《新申报·自由新语》发表作品的主要撰稿人有以下诸位:钝根、痴侬、东园、枫隐、马二先生、乌蛰庐、张春帆、瘦鹃、辰伸、尤惜阴、海上说梦人、诗隐、豁公、蛰叟、炯公、红树、无我、莽汉、铁华、花奴、瞻庐、瞿宣颖、天白、剑秋、南湖、拜花、野鹤、秦寄尘、朱识皇、痴山、天台山农、陈佐彤、映清女士、舍我、舍予、丹翁、剑平、秀英女士、弃疾、梅魂、小孤山人、吕碧城、愿圃、孤鹤、少芹、诛心、天悲、春影词人、蒋瑞藻、祝平、丽寒、忏情女士、汪了烦。

这些撰稿人是《新申报·自由新语》投稿较多、较固定的创作者,共计五十余位,而除此之外还有一些偶尔投稿的作者,其总数虽然没有《申报·自由谈》的撰稿者多,但也接近百位。1917年初,投稿者老张曾撰《人名五更调·集自由新语撰述者别号》②一篇,该文将《新申报·自由新语》中常见的创作者都纳入其中:

> 一更一点月初升,一个钝根,呀呀得而唅,天虚我生,痴山、瑞雪与逸森,秦寄尘,丁慕琴呀,马二先生,呀呀得而唅,海上说梦人。
>
> 二更二点月色明,东园、枫隐,呀呀得而唅,铁汉、剑平,梅魂、孤鹤、毛秀英,徐了青,孙剑秋呀,羞鸣、乐鸣,呀呀得而唅,娴民、李野民。
>
> 三更三点月正中,瞻庐、豁公,呀呀得而唅,爱楼、笑侬,昂子、富士、张丹翁,张亚庸,黄花奴呀,天台山农,呀呀得而唅,阿

---

① 郑逸梅:《先后两新申报》,《郑逸梅选集》(第5卷),黑龙江人民出版社1991年版,第35页。
② 老张:《人名五更调·集自由新语撰述者别号》,《新申报·自由新语》1917年2月9日第4张第1版。

甜、鹿、潜龙。

四更四点月模糊，天白、愿圃、呀呀得而唅、拜花、涵如、铁汉、无我、乌蛰庐、李锡余、瞿宣颖呀、戴筑公、辛甫、呀呀得而唅、老范、吴绛珠。

五更五点月无光，瘦鹃、剑郎、呀呀得而唅、宋焜、牛郎、文蔚、泊尘、尤一郎、朱卤香、吴悔初呀、三笑、二郎、呀呀得而唅、区区号老张。

该文共列 61 位撰述者姓名，基本上反映了"自由新语"创办一年后撰稿群体的大致状况。从中我们不难发现，这些撰述者名字与上文所列的五十余位撰稿人大致重合，即"自由新语"第一年的撰稿人数量基本可以代表它在 1916 底至 1919 年夏三年间的撰稿人总体情况，三年间"自由新语"的撰稿者主体就是在这 50 人的基数上略有增减。同时，我们也能发现，"自由新语"与"自由谈"存在一定数量的"重叠作者"，如莽汉、剑秋、天白、丁悚、秦寄尘、徐了青、映清女士等，此外李野民、东园、瘦鹃等未在"自由谈"上刊登个人小像的几位作者也都是活跃于两报副刊的撰述者。不仅如此，《新申报》副刊依然使用丁悚的漫画，依然刊载故去的撰稿同人徐了青的遗稿。徐了青是"自由谈"初期特别活跃的撰稿人之一，曾发起组织"自由谈话会"的倡议，他于 1913 年 6 月去世，当时"自由谈"曾为其征集并刊载同人的"挽联""悼词"，一直持续到 1914 年 7 月方才终止，而在 1917 年间"自由新语"上又重新刊载"了青遗稿"，由此也可见出"自由新语"与"自由谈"之间无法切断的联系。

除了从"自由谈"转移到"自由新语"或者同时"兼顾"两报的撰稿者以外，在 1916 年前后又有一批新的撰稿人进入两种副刊的撰稿群体之中。他们或初入文坛，或刚刚开始向两报投稿，既不是"自由谈"成立之初的撰稿"元老"，也并非跟随王钝根转到"自由新语"的"同仁义士"，他们同始向"自由谈"与"自由新语"投稿，对于两报没有特殊的情感，在投稿态度上也不分轩轾，这一类的撰稿者有枫隐、花奴、瞿宣颖、辰伸等人。枫隐，江苏苏州人，作文诙谐有趣，曾加入星社、萍社，与程瞻庐等人交好。据郑逸梅说，他原名朱迪生，"号鲟渔，所居葑门内迎枫桥头，因又号枫隐，有时署潆心，著有《潆心碎录》，尝掌教吴中天赐庄之东吴附中,及草桥之公立高等小学"①,民初曾在《快活林》《红杂志》等多种刊物上发表作品,并为《消闲月刊》编辑,撰有《小说蠡测录》《文坛趣话》等文章,1946年初去世。花奴,原名黄中,字一华,擅撰诗词、小说,民国间曾为上海北路招抚使特务委员②,民初多在《民权素》《礼拜六》《小说新报》等杂志上投稿,1917年10月创办并主编《珍珠帘》月刊,与周瘦鹃、陈蝶仙等人交好,著有《英雄肝胆录》《情场趣史》《婉贞》《失名之英雄》《江上青峰记》等小说多种。而瞿宣颖即晚清大臣瞿鸿礼之子,字兑之,曾有小说《弦外之音》(译作)、《五豆粒》等在"自由新语"上发表。辰伸,姓金,生平不详,1917年间亦曾在"自由谈"与"自由新语"上发表作品。盖此时,"自由谈"的撰稿群体较之最初已有较大的变化,不仅仅是因为一部分撰稿人的离去,同时也因为新的撰稿者的补充,不过这些新的"补充者"并非"自由谈"独属的作者,他们还同时为"自由新语",为《新闻报》副刊等刊物服务,然而作为考察"自由谈"与"自由新语"在民初十年间的撰稿群体,他们同样是不可忽视的一部分。

此外,还有一部分独属于"自由新语"的撰者,他们靠着"自由新语"这一平台进入文坛,如豁公、蛰叟等人,他们可以说是主编王钝根最新"提拔"的后起之秀。

当然,在这五六十位主力撰稿人之外,还有一些偶尔投稿的"边缘"撰者,他们很多人没能继续为《新申报》提供稿件,而是在数次"露面"之后就从"自由新语"上消失了,甚至从此离开文坛。

整体来说,"自由新语"的这些撰稿人与"自由谈"的情况多有相似之处,无论是职业"出身"状况,还是对创作小说的兴趣与尝试都大致相同。不同的是,有不少"自由新语"的创作者已小有名气,毕竟他们在三四年间已积攒了不少的成绩;即便是王钝根新邀请来的作者,像朱枫隐、张丹翁等人也都早有"文名"。而就创作的成绩而言,除去风格一致的谐文、诗词与笔记小品,"自由新语"刊发的小说明显比"自由谈"初期的小说质量水平要高一些。因为"自由新语"不再主要刊载"滑稽短篇",而是增加了不少内容题材多样的"去文章化"的纯小说作品,它所体现的

---

① 郑逸梅:《说林名宿朱枫隐归道山》,《新上海》1946年第8期。
② 《顾志笃为"趣声明"事敬告天虚我生先生》,《申报》1927年6月4日第16版。

《申报》《新申报》小说家述考(1907—1919)

是民初三四年间通俗小说创作、小说刊物第一波高潮到来之后的情形,而非仅仅继承"自由谈"最初以调节新闻报纸气氛的有趣文字。"自由新语"上除了每日连载海上说梦人的长篇小说《歇浦潮》之外,还刊有周瘦鹃所翻译的莫泊桑小说系列,以及弃疾所译的《冰世界》、佐彤与祝平合译的《潜艇战争》,还有野鹤的《雪藕连丝记》、姚鹓雏的《科忒艳史》等更具创作力的作品。当然,这一方面源于"小说家"本身的小说撰述能力的提高,另一方面也因为小说创作与需求热度的改变。

不过,"自由新语"的撰稿同人并没有一个像"自由谈"撰稿群体的"自由谈话会"组织,虽然许多撰述人直接从"自由谈"转移了过来,但这一"撰稿同人组织"并没有继续存在。延续下来的除了撰稿人、撰述风格外,只有一个召集同人的松散机构——"俭德会"。1917年初,"自由新语"发布《重兴俭德会缘起》:

> 王君钝根曾发起俭德会于《申报》,约法五条,简便易行,人心不死,从者甚众。及钝根去职,主者乏人,遂尔中止,荣等相与叹息,引为大憾。兹幸共和复活,岁序更新,钝根又为《新申报》记者,其主人席君素恶颓风,常思挽救,荣等乘机,遂以重兴俭德会为请,用植旧帜,号召新朋,虽不敢云移风易俗,亦将藉此一举,与同人共勉焉。当世贤人,名闺淑女,倘有同情,咸得加入,但留一纸之名,永守五条之戒。①

虽然"俭德会"并非一个邀请撰稿人的平台,但还是有一些撰稿者通过俭德会进入"自由新语"的阵营之中,就像当年孙剑秋、韵清女士、卢天白、李东野等人在"自由谈"上加入"俭德会"一样,新的撰稿者也借此以寻求对于撰稿群体的归属感。但不管怎样,"自由新语"没有一个属于撰稿同人的"集体组织",而原属于"自由谈"的"自由谈话会"也基本上随着王钝根等人的离去自动解散,盖此时《申报·自由谈》的撰稿者也在流转变化中进行了重新调整与"组合"。王钝根、孙剑秋等人虽然离去,但是吴觉迷、李常觉等人却留在了"自由谈",陈蝶仙、周瘦鹃、许瘦蝶等人则同时兼顾两报,而周瘦鹃更是先帮王钝根编辑《新申报》副

---

① 赵敦荣等:《重兴俭德会缘起》,《新申报·自由新语》1917年2月10日第4张第2版。

刊,继而又回《申报》继任"自由谈"的主编。在1915年下半年,"自由谈"确实有过青黄不接的时段,但由于"自由谈"的大本营还在,而且有吴觉迷、陈蝶仙、姚鹓雏、周瘦鹃等人相继主持,故而早期撰稿群体的"迁移"只可能是"部分迁移",基本上大部分是同时为两报供稿,有的在迁移变动中另立炉灶转向了其他刊物,有的甚至改行渐渐退出了文坛。

但是,这一次的"迁移"重组并没有使《新申报》副刊取得与《申报·自由谈》"势均力敌"的结果,反而使其成为《申报·自由谈》的一种延伸,甚至可以说"附庸"。《新申报》想利用王钝根在"自由谈"积聚的撰稿同人资源来占据更多的读者市场,但是没有成功,反而使撰稿群体被进一步的筛选和重组,最后留下核心的"精英"创作者,继续在20世纪20年代合作或竞争,最终塑造了20世纪20年代通俗文坛的基本格局与"旧派"文学的兴盛局面。

第二章 《申报》《新申报》小说家的"成名"与"陨落"

如前文所述,《申报·自由谈》初期进入小说界的撰者有一百余位,加上《新申报》副刊新提拔的几十位撰稿者,总计1919年之前《申报》《新申报》的小说撰稿者应该在二百位之内。虽然《申报·自由谈》在1915年王钝根辞职之后仍有发展,吴觉迷、周瘦鹃等人主编下的"自由谈"依然吸引很多撰稿人前来投稿,但此时更多的是原已在文坛"露面"的撰者继续其文学创作,初入文坛的"新人"已不如民初两三年间那样多而集中。在1916年前后"旧派"文学的发展迎来了第一次高潮,也约在此时,《申报》《时报》《新闻报》等各种报刊的创作主力开始从广大的撰稿队伍中脱颖而出成为"名家"——《申报·自由谈》的小说创作"名家"就是在这一过程中逐渐"确定",而其余大部分撰稿人则创作数量锐减,进而离开文坛。从《申报》《新申报》副刊在民初的发展变化中,我们可以见出数位"小说家"的"成名史";同时沿着他们之后的创作轨迹,我们亦能借之窥探"旧派"小说家在整个20世纪的命运。

第一节 《申报》《新申报》小说创作者之"成名率"

1911年底至1919年在《申报》《新申报》副刊发表作品的小说撰稿者共有近两百位,除去两报重叠者及偶尔投稿者,撰稿相对积极的创作人则约有一百五十位。然而这一百余人的创作成绩及收获却各不相同,特别是到了20世纪20年代,能够继续留在文坛撰写小说的已去其大半。

第二章 《申报》《新申报》小说家的"成名"与"陨落"

　　从20年代"旧派"文坛的格局来看，《申报·自由谈》及《新申报》副刊初期撰稿队伍中通过两报"引荐"进入文坛且"成名者"主要有王钝根、陈蝶仙、周瘦鹃、陈小蝶、李常觉、吴觉迷、刘豁公、孙剑秋、童爱楼、许瘦蝶、徐哲身、朱鸳雏等十余人，约为两报小说撰稿人总数的12%到15%；若算上仍在创作但名气不大的，又有李东野、卢天白、映清女士等几人，其"成名"比例总不超过15%。这些"成名者"基本靠着申报馆、中华图书馆等出版发行的《礼拜六》《女子世界》等几种刊物在文坛立足，进而被其他的报刊或书局"看中"。进入20年代，他们不仅能够与文坛其他同人合作，还可以自己主持一二刊物，招纳自己的撰稿队伍。然而，从民初《申报》《新申报》整个的撰稿群体来看，这个"成名率"实在不高，此比例既不能反映当初群体式的撰稿规模，也无法与撰稿群体最初的创作热情相匹配。

　　因为此时的小说创作者是远远超过市场需求的，虽然经过晚清一个阶段的鼓吹，小说的地位获得了提升，小说的价值被充分地表述，然而群起的小说创作还是违反了其自身发展的限度。

　　依时萌在《晚清小说》中所言"晚清专业小说家队伍大约五十人左右，如包括业余小说作者，则大约有二百人左右"①。又依陈大康教授在《中国近代小说编年》里的统计，1840年至1911年"问世于近代的小说2755种（含翻译小说1003种），涉及作者及译者共1204人（另有416种作品作者不详，87种译作译者不详），出版机构598个（报刊205种，书局、书坊393家，另有162种作品出版者不详）"②。同时，据陈大康教授言，仅光绪二十九年至宣统三年（1903—1911）内创作的通俗小说就有1422种，文言小说13种，翻译小说942种，这几年"所出的小说总数占近代小说总数的88.78%，通俗小说占89.90%，翻译小说所占比例高达94.26%"③，虽然这几年的作者及译者共有多少没有统计，但其在1204人中所占的比例应该也是相当高的。清末最后几年的状况尚且如此，辛亥革命之后的小说发展只会更加迅猛，无论是小说的总体产量，还是撰者的总体人数都对之前有所超越。其总体的数量尚未有人作过统计，单就《申

---

① 时萌：《晚清小说》，上海古籍出版社1989年版，第14页。
② 陈大康：《中国近代小说编年·前言》，华东师范大学出版社2002年版，第9页。
③ 同上书，第2页。

报·自由谈》与《新申报》副刊而言［可参照本文附录《〈申报〉小说家及其作品一览表（1907—1919）》与《〈新申报〉小说家及其作品一览表（1916—1919）》做出的统计］，"自由谈"广纳撰者的1911年至1915年，共有约三百位作者为其撰稿（其中如前文统计常见的较固定的有一百余位）；而《新申报·自由新语》收揽新撰者的1916年至1919年，共有一百二十余位作者撰稿，其中约有百位是新的小说投稿人。当时《申报》《新申报》只是众多报刊中的两种，撰稿者已有如此之多，那么1911年至1919年底，小说撰稿者的总体数量应该是极其庞大的。由此可以推断，当时的小说市场是无法接纳如此巨大的小说产量和"小说家"的，那么自然有相当一部分无法成为"名小说家"，而只能是昙花一现的小说撰稿者。

然而，仍有王钝根、陈蝶仙、周瘦鹃等数十位脱颖而出者，他们的"成名"与其跟《申报》《新申报》副刊编辑部的联系密不可分。盖陈蝶仙、陈小蝶、周瘦鹃、李常觉等在长期投稿的过程中与主编王钝根极相熟，不久就从固定的撰稿者变为"襄助编辑"，特别是经过编辑《自由杂志》《游戏杂志》等由撰稿同人创意发起的杂志之后，他们便毫无争议地成为《礼拜六》的核心撰稿成员，进而奠定了他们在文坛的知名度与地位。当然这一切也与其作品的多而丰富，好而出众有关，然而从中我们也不难发现报刊编辑之于"小说家"的重要影响和意义——编辑有最大的选稿职能和刊发权力，主编一定程度上决定了小说撰稿者的发稿数量与创作寿命，而这其实也是民初大部分的"旧派"小说家同时是报人编辑的原因。像许瘦蝶、嘉定二我等人均是"自由谈"初期的活跃人物，然而他们没能进入"自由谈"的编辑圈子，虽与主编亦极相熟，但是却未能进入20年代"旧派"文坛的"小说名家"行列。就这一点来看，民初的旧派"说坛"其实呈现出报人、编辑与"小说家"三者叠加的形态。

至于其余大部分撰者之所以被淘汰出局，除了他们没有坚持写作，没有出色的作品产生之外，也因为他们没能进入编辑圈子，没能掌握一定的刊稿权力。同时，这也跟他们以小说创作为"兼职"、为业余的爱好有关。民初的文坛及小说界越来越显露出"职业化"的需求，偶尔投稿的作者很难在纷攘兴旺的小说市场夺得一席之地，特别是在总的撰稿人数远远超出阅读需求的时候，小说市场便依据自身的需求对其进行筛选和淘汰。在这一过程中，业余的撰稿者则因其作品的少且平庸而无法受到的读者注意，只有作品丰富、独具特色的撰稿者才会被读者所熟知，如"言情小说家"

周瘦鹃,如戏剧评论家兼小说家刘豁公,继而民初"旧派"职业小说家便被催生和孕育。

经过近十年的筛选与淘汰,《申报·自由谈》与《新申报》副刊的大部分撰稿者不再撰写小说,他们或求职转行,或不幸离世(像颂斌、东野、剑秋等是辍笔转行的,而了青、冰盦等则患疾而终)。民初二三年间的"自由谈话会"组织随着同人的流失不散而散,继续经营的《申报·自由谈》与《新申报》副刊已不再是广纳撰者的平台,反而是"旧派"杂志期刊占据了通俗文坛的大半江山,迎来了新的兴盛局面。此时,王钝根、周瘦鹃在复刊的《礼拜六》,周瘦鹃同时经营《半月》《紫罗花片》,不久王钝根与刘豁公又编辑《社会之花》,其余诸人虽不是主编,但也是主撰,同时也为从《时报》《小说月报》等其他系统走出来的主编们撰稿。即,20世纪20年代"旧派"小说界开启了新的局面,各主要小说家互为支援,互相延揽,他们不再独立于早前的《申报》《新闻报》《时报》等某一系统,他们被筛选出来,重新组合成新的群体。如陈小蝶曾回忆说:"其时我们有个狼虎会,我和李常觉、周瘦鹃、丁悚四人所发起的聚餐会,后来独鹤、钝根、毕倚虹、任矜苹、周剑云、江小鹣、杨清磬也加入了,成了新闻、出版、电影、文人集中的聚餐会……从民国六年到廿六年止,一直持久不散,人数虽仅一桌,却成了文艺界综合的权威。"① 虽然当时的文人特别组织并非"狼虎会"一个,不能囊括当时所说的"旧派"文坛,但陈小蝶所谓"文艺界综合的权威"一说也并不算错,特别是经过"重组",他们逐渐地成为被新文学家诟病、批评的所谓的"礼拜六派""鸳鸯蝴蝶派"小说家。

当此之时,一方面是通俗小说界撰稿者已基本饱和,对新的创作人的吸纳已不比从前,经过一个筛选与淘汰的过程之后,"旧派"小说界基本的格局、形态、创作人都已确定,很难再有新的"旧派"小说家从创作队伍中凸显。另一方面是20年代"旧派"小说界稳固之际,"新派"小说也在成形,虽然仍有人进入新媒体进行创作和试笔,但他们却不再独属于"旧派",这些新生代的青年人相比于"旧派"则对新的"启蒙""革命"式文学更感兴趣,而这种趋势也预兆了"旧派"文学的衰退。

---

① 陈定山:《春申旧闻·当年曾唱"雪儿"歌》,海豚出版社2015年版,第247页。

第二节 《申报》《新申报》小说家之时代命运

早期《申报》《新申报》副刊的撰稿人都是清末民初的文人知识分子，亦受着时代洪流的裹挟。他们被"小说革命"的口号左右着自己的文学创作，同时也在这口号之下改变着小说本身。如前所述，1911年至1919年《申报》《新申报》为文坛推出了一批小说撰稿者，其中的大部分被文坛所淘汰，他们一方面塑造了民初小说界的整体形态，另一方面又成为小说发展过程中的"牺牲品"，而在其改行、离开文坛之后，其之于民初"说坛"的文学使命也就此结束，没有结束的是"成名"的那一二十人。

王钝根、周瘦鹃、陈蝶仙、许瘦蝶、陈小蝶等人在20世纪20年代仍继续着自己的创作道路，如前所述他们或者经营一两种期刊，或者是同人好友所主持杂志的主撰。然而在20年代末至30年代，再到抗战胜利之后，他们的文学之路不得已在时代面前回避或妥协，如陈蝶仙将精力放在家庭工业社，如王钝根在20年代末退出文坛，如卢天白、尤玄甫转行教育等等，恰如周瘦鹃所叹："故十年以还，如叶小凤、姚鹓雏投身以入政治界，天虚我生改业为牙粉与化妆品之制造家，恽铁樵改业为医士（可与柯南道尔氏之以医士而改业为小说家相对照），王钝根改业为广告家，张枕绿改业为信封信笺之制造者，张舍我改业为人寿保险人，严芙孙改无可改，遽去而卖卜，恃一闷葫芦，以糊其口。而最近又得一消息，则英文学专家沈问梅亦逃出文艺界，去而为汽车公司老板矣。日前往访之，知已设两公司，一曰亚洲，在长浜路；一曰金星，在杨树浦，业事良不恶。谈汽车事业，利弊瞭然，宛然老斵轮手。自顾甕觳，笔耕年年，呕心沥血，终不能决然舍去，可叹也。"① 特别是，他们与20年代所有的"名小说家"一样都在新派文坛到来之际被贴上"礼拜六派"或"鸳鸯蝴蝶派"的标签，并带着这一标签离世。

---

① 周瘦鹃：《改业》，《上海画报》1928年2月6日第320期第3版。

第二章 《申报》《新申报》小说家的"成名"与"陨落"

"旧派"小说家在20世纪三四十年代风光不再，虽亦有新的"绍述"旧派的作家如张恨水等人出现，但其创作的笔法、意旨均与民初的"旧派"有很大出入。当时，毕倚虹、李涵秋、吴觉迷、朱鸳雏等人均已去世，仍在报界文坛的仅剩陈冷血、周瘦鹃等数人。如陈冷血，申报馆1945年11月28日《上海市社会局报纸杂志通讯社申请登记表》中"发行人栏"曾载："陈景韩，年龄六十八，籍贯江苏松江，住址：上海汶林路十五号；履历：曾任申报总主笔。"[①] 备注言："由中宣部特派潘公展为指导员、陈景韩为发行人、陈训悆为总经理。"而到了中华人民共和国成立前后，"旧派"文学终于迎来了风流云散、批判回忆的大结局。

当时大部分"小说家"的归宿都不相同，像包天笑在抗战胜利后定居香港，但依然笔耕不辍，晚年曾撰《且楼随笔》和《钏影楼回忆录》。陈冷血、严独鹤、程小青等人留在大陆，在人民政协及一些文史部门担任闲职，如周瘦鹃的《拈花集》中曾记1959年4月28日他与严独鹤在人民代表大会上联合发言的情形。[②] 至于陈冷血，《中国人民政治协商会议上海市第一届委员会委员名单及第一届委员会第二次全体会议列席人员名单》之"特别邀请人士"中列有其名。据曹聚仁在《陈冷血的时评》一文中所说："解放后，冷血曾任上海市政协委员。50年代中期，我来沪曾看到他，这位当年笔锋犀利的老报人已是年逾古稀的老翁，唇齿不清，难于步行了。1965年病逝，终年85岁。"[③] 又据李志梅在《报人作家陈景韩及其小说研究》一文中所录："《上海市政协一九五六年一至十二月份职工工资单和委员生活费名单》中《委员生活费补助费名单》自1956年7月始，陈景韩每月可以领取100元的费用，直至他1965年逝世，不过生活费提高到了140元。但可能出于健康的关系，他几乎没有参加上海政协会议，于讨论档案中也没有见到他的提案。"[④] "1965年7月6日晚十一点三刻，陈景韩在上海华东医院病逝，终年87岁。"[⑤] 陈冷血逝世时，身边仅有一女，

[①] 转引自李志梅《报人作家陈景韩及其小说研究》，博士学位论文，华东师范大学，2005年，第63页。
[②] 周瘦鹃：《拈花集·我的心被拴住在怀仁堂》，上海文化出版社1983年版，第7页。
[③] 曹聚仁：《陈冷血的时评》，《20世纪上海文史资料文库》第6辑，上海书店出版社1999年版，第25页。
[④] 李志梅：《报人作家陈景韩及其小说研究》，博士学位论文，上海华东师范大学，2005年，第64页。
[⑤] 同上。

据朱传誉言："他有两个公子，大公子陈能在台，二公子陈亦在香港。"①但他们似乎并没有回来参加他的葬礼。同样地，"出身"《申报》《新申报》副刊的民初小说家的去留亦不尽相同，以王钝根、周瘦鹃、陈小蝶三人为例，王钝根是40年代末50年代初不知所终，周瘦鹃加入政协进行"自我改造"，而陈小蝶则远走台湾。

1948年报刊上曾出现过王钝根的消息，孙鹤在《反饤饾的王钝根》一文中说："听说其人晚年潦倒洋场，不知所终，这是半封建社会洋场文人的典型悲剧！"②随后，王钝根通过友人盛俊才对此评价进行了回应：

> 他（王钝根）非常感谢作者对于他的好评。他并且说："我虽然没有'潦倒洋场'，但若三年前当真披剃入山，便是'不知所终'了。不过说是'洋场文人的典型悲剧'，我固然不敢当洋场文人，也没有陷于悲剧，请你代向该文作者告慰，同时谢谢他关切的厚意。"③

王钝根晚年，文坛知道其人者不多，即使听说过他，也多是传闻和谣言，大抵将其划归"鸳鸯蝴蝶派"，甚而称其为"洋场文人的典型悲剧"。此时的王钝根已成为旧时代文人的一个符号，因其较早地退出文坛，他获得了"被遗忘"与"被虚构"的结局。他既不认同自己是"洋场文人"，也不认为自己当年的创作是"洋场文人"之流可比拟。盛俊才称其"对于当时文坛和艺术界情形"如数家珍，则他对"旧我"依然是肯定的。只是时人对他的身世经历已出现诸多舛误，而他也正是在这种被遗忘的情形中消逝于文坛，直至走完人生旅程。

晚年的周瘦鹃对过往几乎全盘否定了。他在《拈花集》的前言中说：

> 一九五三年六月，陈毅元帅在上海市长任内，有一天光临苏州，

---

① 朱传誉：《报界奇人陈景韩》，《报人·报史·报学》，台湾商务印书馆1967年版，第24页。
② 孙鹤：《四十年来"自由谈"人物志·反饤饾的王钝根》，《申报馆内通讯》1948年第2卷第2期，第3页。
③ 盛俊才：《再谈自由谈人物——王钝根周瘦鹃两先生现状》，《申报馆内通讯》1948年第2卷第3期，第34页。

也光临了我的小圃。当他提到我往年的写作时,我即忙回说过去的一切写作真要不得,我全都否定了。元帅却正色道:"不!这是时代的关系,并不是技术问题。"①

他在政治高压面前没有办法为自己曾经的创作辩解,特别是无法解释在"文学救国"时代何以要写"蝴蝶鸳鸯"。如大多数在1949年后接受改造的"知识分子"一样,他只能一方面寻找自己当年"正确"的作品,另一方面批判错误的创作经验。

这一点使得后来陈小蝶对其不无讥讽。陈小蝶曾在文章中说道:

> 周瘦鹃私淑包天笑,写译白话,但他的脂粉气却中了徐枕亚的毒素,每篇卿卿我我。并将自己扮做女子,支颐拍照,题云"顾天速变作女儿"图,逼征题咏。他的思想并不前进,可是译过一部《高尔基》……竟以此登龙,原来左派文风和鸳鸯蝴蝶合流的东西,前进也就可想而知了。②

此时陈小蝶已变成陈定山,按陈小蝶于四十岁时更名为"定山",他曾说:"父亲逝世不久,我即被敌伪宪兵捕去,置蓬莱市狱,营救得免,但不许越境一步,乃改名定山,专以卖画自给。"③ 陈定山也认为"脂粉气"是"毒素",而他当年的许多作品也难免有这种"脂粉气"。这其实亦是对民初"旧派"文学的"清算",只不过清算的据点在大陆对面而已——海峡两岸对于民初"旧派"小说统一贴着"毒素"的标签,即政治出于对文学的各方面需要而调整其"相处"的"姿势"和"态度"。陈定山1948年赴台,仍有余力撰写诗词文章及社会小说多种,而其作品所受政治倾向的影响也很明显。然而,无论是周瘦鹃的自我批判,还是陈定山的固执"偏见",他们都模糊了对民初文坛的美好记忆。

清末民初"旧派"通俗文学经过半个多世纪的发展变化,终究抵不过时代之于文学的"特殊要求"而几近毁灭。正所谓其兴也勃,其亡也忽!

---

① 周瘦鹃:《〈拈花集〉前言》,《拈花集》,上海文化出版社1983年版,第2页。
② 陈定山:《春申旧闻·状元女婿与鸳鸯蝴蝶派》,台北世界文物出版社1967年版,第155页。
③ 陈定山:《春申旧闻续·我的父亲天虚我生——国货之隐者》,海豚出版社2015年版,第307页。

如果说清末时期小说的主要表现是传统的章回体形式盖上了革命的口号、竖起了"暴露社会"大旗，那么民初《申报》《新申报》副刊其实正是此口号和旗帜下的走卒和小兵，只不过在前进的过程中由于读者的"欢呼"，它们暂时忽略了口号和旗帜。中国古代"暴露社会"的小说也有不少，不一定在清末才有了"讽刺"的特质；民初"旧派"小说中的政治性呼吁、社会性描写也相当多，不一定要等新派小说出现才有了意义和价值。辛亥革命之后，《申报·自由谈》的创立只不过反映了一般文人希图进入报刊媒体而获得表达权与书写权的愿望，他们希望也能通过小说创作参与社会问题的讨论，然而同时他们还要接受小说市场的品评与筛选。因而，王钝根、周瘦鹃及其他所有的《申报》《新申报》副刊撰稿者都要同时受到时代政治与文学市场规律的双重"问责"。

在民初小说借助"启蒙"的助力迅速前进的时刻，创作小说、进入小说市场的门槛都相对较低，这时候《申报·自由谈》最初那百余位积极的撰稿者就跨进了文坛，并在小说尽量摆脱外界束缚的情势下获得了一定的"名誉"。一旦小说具备了相当的力量，一部分人就将被迫出局；而当时代政治再次发生巨变，其对文学及小说的要求也必将使得一部分人适时退出，或者顺势"转向"。可以说，民初在《申报》《新申报》成名的小说家在20世纪的命运生动地诠释了中国近现代通俗小说发展道路之曲折，同时也充分体现了20世纪通俗文学与政治的关系，体现了"旧派"小说家与政治的关系。

第三章 清末民初《申报》《新申报》小说家考述

　　清末民初在《申报》《新申报》副刊上发表作品的固定撰稿人有一百余位，其中一大部分经过一个时段的写作之后就退出文坛，剩下的有一二十位成为 20 世纪 20 年代"旧派"文坛的中坚力量，同时也有一部分撰稿者虽然在读者市场没有博得"大名"，但仍在坚持小说创作，其在当时"说坛"圈内也是具有一定知名度的各类刊物的撰稿者。下文即就清末民初《申报》《新申报》主要小说撰稿人的生平及小说创作生涯进行考证，其中如陈蝶仙、周瘦鹃等已为读者所熟知，且学界研究较为成熟，故不再赘论；林纾、酒丐等知名小说家因有作品在《申报》《新申报》发表，但学界论述尚有不足，故再为考辨。

第一节 前辈小说家：酒丐、林纾

　　《申报·自由谈》上的小说家主要以二三十岁的青年撰稿人为主，年岁较长的作家不多，若非要举出其中的小说家前辈，则以 60 岁高龄参与"自由谈话会"的酒丐为代表。而在该小说创作群体之外，与该群体同时撑起报纸销量的亦有不少文坛前辈，特别是小说名家，其中便以在《新申报》上发表小说的林纾为代表。

　　酒丐与林纾皆为前辈小说家，二人在晚年的小说创作及作品重刊发表上也有诸多相似之处，但是他们之于从《申报·自由谈》成长起来的小说家创作群体的意义却是不同的。以他们为参照，《申报》《新申报》吸引创作者、搭建文学传播平台以促进报刊发展的境况可以管窥一二，当时小

《申报》《新申报》小说家述考（1907—1919）

说家群体的创作水平和影响力也能够借以评估。

一 酒丐与《申报·自由谈》

酒丐，即晚清蜚声文坛的小说家之一邹弢，亦是较早的一位在《申报》上发表诗词作品的作家。其字翰飞，别号酒丐、薄湘馆侍者、瘦鹤词人、司香旧尉等，江苏金匮（无锡）人，生于清道光三十年（1850），死于1930年，撰有《浇愁集》《海上尘天影》《三借庐赘谈》等著作。

关于他的生平经历及思想，邹弢在其所著之《三借庐赘谈》《三借庐剩稿》《三借庐剩稿续刊》等书已有较多叙述，而这些也是我们考察其著述及心曲的重要史料。目前，学界关于邹弢生平及著述的学术研究已有不少，相关学位论文即有五六篇，或讨论其小说创作，或考察其个别作品。其中对邹弢作全面整体研究的有《邹弢及其〈海上尘天影〉》（钱琬薇，硕士学位论文，台湾政治大学2007年）、《邹弢小说研究》（阮东升，硕士学位论文，安徽大学2009年）和《邹弢：一个被忽视的近代重要作家》（史全水，硕士学位论文，复旦大学2009年）等，其内容各有侧重，只是钱琬薇所论一文对清末邹弢在申报馆供职及生平交游的史料梳理更为翔实一些。但事实上，邹弢与《申报》的交集并非仅限于《申报》早期，其与申报馆诸人的交往也不仅限于编辑黄式权、钱昕伯等人，他并非"到1905年之后移转至教育圈之后，在上海报坛上就渐渐消失了踪迹"[①]。相反，他进入民国之后仍然继续在《申报》上发表作品，并成为民初《申报·自由谈》这一新的创作圈子的参与者，在发表诗词作品之外，还有将其小说"旧作新刊"的情况。

一、邹弢进入《申报·自由谈》作家群

邹弢虽然于1905年开始到上海启明女中任教，但是在淡出报界几年之后，他又有不定期的"回归"，特别是民国初年时回归《申报》。

这一次，邹弢结识的是《申报》副刊"自由谈"的编辑及逐渐形成的固定撰稿人群体。1912年10月他以"瘦鹤酒丐"之名在《申报·自由谈》上重新发表小说《姊妹同郎》，此后又参与《申报·自由谈》自发形

[①] 钱琬薇：《邹弢及其〈海上尘天影〉》，硕士学位论文，台湾政治大学，2007年，第71页。

成之组织"自由谈话会",从而再次成为《申报》的文学撰稿人。邹弢开始使用"酒丐"这一别号也约在此时,在此之前他惯用"梁溪词人"或"瘦鹤词人"之号,而再次回归之后则署名为"酒丐"或"瘦鹤酒丐"。

如前文所述,《申报·自由谈》撰稿同人为互通声气、便于接洽,发起成立"自由谈话会"这一松散的交流组织,并以该组织为"自由谈"的常设栏目,刊载诸同人的碎语杂谈、时事短评。"自由谈话会"发起成立不久后议定邮寄刊印诸撰稿人小像,而邹弢的铜版印制小像便在1913年6月6日《申报·自由谈》上刊出。小像下署"瘦鹤酒丐",并介绍曰:"邹弢,字翰飞,年六十四岁,江苏无锡人,现寓上海。"作为一位声名在外的文坛前辈,邹弢在20年前尚是《申报》投寄诗词文章的常客,然而20年后文坛人物已更新换代,当他试图回归并再次参与创作活动时,面对新一轮的读者他需要被重新介绍。而其小像印出不久,便有读者同人撰诗《赠梁溪酒丐即题其影像》二首以表敬意:

  达甚邹夫子,生平酒有缘。醉飞羽觞月,馋滴曲车涎。
  囊涩甘称丐,身轻好学仙。兴来无所择,挥洒百千篇。
  愿侍潇湘馆,情犹胜我痴。看花曾感遇,结社更题诗。
  集著浇愁早,楼成守死迟。只嫌天马性,到老益难羁。[1]

邹弢在《申报·自由谈》发表的文字,除小说及诗词外,基本都刊登于"自由谈话会"栏目,其中多为杂谈随感,如评民国初立政界之丑态:"末世颓风,每多巧宦,不必在专制之朝也。民国成立后,凡趋入政界,须极伸头挺足之能,曰苞苴,曰请托,曰奔走,曰殷勤,皆运动之利器,即所谓代表民意,可以制金字招牌者,其引颈登场不能离过一巧字。"[2] 又如对"恋爱自由""运动""革命"之新名词的观察和讨论等,所言虽然不多,但足以说明邹弢民初之思想状况。此外,邹弢在"自由谈话会"栏目的文字中亦有述及其生平者,如:

  余生长梁溪,辛巳秋,橐笔海上遂移家焉,今三十三年矣。祝融

---

[1] 太痴:《赠梁溪酒丐即题其影像》,《申报·自由谈》1913年8月18日第10版。
[2] 酒丐:《自由谈话会》,《申报·自由谈》1913年10月21日第14版。

厄后，无家可归，筑三借庐于蒲西，以笔墨存活。亲在时岁必一归，戊申春创养正学堂于后宅，岁始两返。后苦其烦，辞校长职。辛亥上元内子病故，余即于断七日削发。冬间让清退位，成共和民国，自是二年余不返。近因暑假回里省墓，时某党以权利二次革命，沪南北炮火连天，见故里旧人争问蒲西之险，余曰距战地虽近，然不在战线中，尽可无虞。①

由此知这一时期他主要从事于教书与撰述工作。不过总体来看，邹弢重回《申报》，其创作力已不比当年，发表的作品不多，仅有小说两三种，文章数篇，诗词酬赠几十首而已。然而在发表创作及与读者的对话中，《申报·自由谈》的主编王钝根对这位前辈给予了盛赞，并极力地推动他与诸位撰稿人及读者进行互动，特别是为其《三借庐剩稿》发起征集"题词"及赠书的活动。

《三借庐剩稿》为邹弢的骈文、词作及尺牍集子，由其子邹鲁校订，铅印本，1914年上海文瑞楼发行，其中骈文部分有绮琴轩主徐馥荪所题"骈文剩"字样。在该书出版之后，其主要的宣传及售卖阵地就是《申报·自由谈》，而且此集中有少数篇目也先已发表在《申报·自由谈》。如其中《答顾虚谷》一篇，注明时间为"甲寅"，即1914年作，盖此文原载于1914年6月14日之《申报·自由谈》；又如《陆云苏大公子润瑜君新婚文》一篇，其原文是1913年12月3日发表于《申报·自由谈》的《新婚吉辞》，只是题目与文章个别字句在收入集中时略有改动；还有《希社记》一文，原刊于1913年1月10日的《申报·自由谈》，收入集中时题目、内容均无改动。在《三借庐剩稿·刊稿缘起》中，邹弢介绍此集时称："辛巳秋，至申江为报馆记室，于是稍稍留稿。同乡王毓仙借余稿去，被窃于金阊舟中。乙未校文湘幕，江建霞学使代余刊稿，乃又搜索诗词骈文七卷，刊未竟，建霞任满回苏，家中不戒放火，余稿全焚，自是了无只字矣。去冬，陆君云苏发起代余刊稿……乃再从各报及日记中搜抄得此一册而付之手民，故名曰剩稿。"② 在该集的尺牍部分题下亦有自注曰："以下诸作或系幕中代稿及在报馆时投赠之作，原为八卷，亦被火焚，后几经

---

① 酒丐：《自由谈话会》，《申报·自由谈》1913年8月29日第10版。
② 邹弢：《三借庐剩稿》，上海文瑞楼1914年版。

忆录，始留此二十一篇，其稍有经济学识者列文稿中，邹弢志。"此集出版之日，正是邹弢重回《申报》并与撰稿诸同人接洽相熟之时，故《三借庐剩稿》一出，关于此著之征集"题词"活动便随即开始。

自1914年10月起，《申报·自由谈》上开始刊载题赠、祝贺酒丐《三借庐剩稿》的诗词稿件，这一活动一直持续到1915年初。如曾铭的《奉题三借庐剩稿即步酒丐先生原韵》、啸霞山人的《奉题酒丐先生三借庐剩稿原韵》、吴东园的《邹公酒丐三借庐群籍刊成，有目题二绝见于自由谈，敬依韵奉和》等，刊出者共近五十篇。这些题赠虽为主动道贺之文坛雅事，但还因酒丐的赠书许诺。盖其在《申报·自由谈》上曾发邀约，称："《三借庐剩稿》刊成，特多印二百册专送同人，但须惠赐题词。见自由谈或他报刊出者，请裁寄刊稿，即当照赠以书尽为止（酒丐稿于徐家汇）。"① 并自题绝句二首，即唱和者所依之原韵：

痛饮狂吟四十年，蠹书脉望不成仙。今番幸藉同人力（刘翰怡、张石铭、周梦坡、郁屏翰、陆野䘏、唐咏茗、汝望溪、陆甸荪、徐绮琴皆助刊资），祸枣灾梨剩此编。

愿乞阳春白雪吟，新编特赠谢知音（此编连尺牍共四种）。邮函须寄三分票（报上刊出之后，请以已刊之稿并三分邮票寄徐汇堂西），莫任洪乔信息沉。

由此自题绝句和赠书公告，酒丐以吟诵撰述为生的境况便可管窥，而读者及"自由谈话会"同人对《三借庐剩稿》便有所期待，再加上《申报·自由谈》的宣传及"赠书活动""征集题词"一经开始，题咏稿件便源源不断地寄往《申报·自由谈》。仅两个月，主编王钝根就发言曰：

题《三借庐剩稿》者鉴：诸君题咏数几及千，本报不能尽载，业已汇送酒丐。惟酒丐寒士，此书之成且藉朋友之助，若令赠书千部，恐其窘于应付。鄙见诸君不必索赠，各向书肆购阅，为数甚微，而所以体惠酒丐者不已多乎？钝根谨启。②

---

① 《申报·自由谈》1914年10月22日第13版。
② 《申报·自由谈》1914年12月6日第13版。

则此次"赠书"活动一方面酒丐已力难支持,另一方面又似乎是引导读者"向书肆购阅"的售书策略。

然不管怎样,酒丐之《三借庐剩稿》都借助《申报·自由谈》而获声名。此次活动之后,酒丐的名字出现在《申报·自由谈》次数便即减少,盖"自由谈话会"恰于此时退出"自由谈"版面,一方面"自由谈话会"这一组织自然而然地散体了,另一方面《申报·自由谈》的主编更换,撰稿同人也随之转移。酒丐虽未随之转移,然其在报界也沉寂下去,直到去世再难见其著述。

即此,酒丐之重回《申报》,主要依托于"自由谈话会"和其《三借庐剩稿》之刊印,此外他还为"瓶甖罐头斋笔记"栏目写过几篇文字,又时常寄送诗词。他虽然早有文名,但亦能进入《申报·自由谈》新一辈的撰稿人圈子,并与主编王钝根有很好的接洽和交往。他做的文章,主编王钝根常加以按语;他的小说,主编王钝根在连载推送时也常作特别的介绍和维护。1913年,酒丐记其为某人撰联一事,其文曰:

> 生前自建生祠,古来甚少。今潮州陈植三良佑,竟在潮阳建设一所,规制宏丽,介李玉畬征余长联。余于此等楹联殊觉江郎才尽,因勉拟云:"表潮海崔巍建宇,惜留衣屦圮、抑斗堂荒,及身大展心筹,创举千秋,不愿死而速朽;与韩公先后留真,比无己风高、太邱道广,此处亲留手泽,匹夫百世,可知生有从来"。又联云:"一世历艰辛,崇德报功,须及吾身亲见;千秋思贞固,敬宗敦族,还期团体同来"。方脱稿以呈钝根,钝根笑曰:如此名作,当值花雕酒十坛,使酒丐醉死。①

忽略其联语之好坏,我们只看其"脱稿以呈钝根"即知酒丐作为撰者与报刊主编之关系——由投稿与编稿之接洽,到文字交,再到近而朋辈,这是他重新回报界文坛的成功,也是《申报·自由谈》能够迅速形成一个固定撰稿群体的原因。

---

① 酒丐:《自由谈话会》,《申报·自由谈》1913年11月19日第13版。

二、邹弢在《申报·自由谈》上发表的小说

邹弢的文名主要来自小说创作，而他在民初重回《申报》之后却几乎没有进行小说创作。他在《申报·自由谈》一共发表过三篇小说，其中两篇属于"旧作新刊"——《姊妹同郎》与《朱素芳》，仅有的一篇新作《九幽新国记》也是个短篇。

"旧作新刊"常常会引起"著作权"的纷争，在酒丐这里更是如此。按他由上海苏报馆出版发行的《蛛隐琐言》与早前署名"王韬"的《淞滨琐话》多有重合，段怀清做过两书重合小说内容的校勘表，[1] 张振国在《王韬〈淞滨琐话〉中的邹弢小说考辨》[2] 一文中也曾列举一系列证据证明王韬《淞滨琐话》中与邹弢《蛛隐琐言》中内容重合的小说皆为邹弢所做，张断言"《蛛隐琐言》应该就是邹弢原来无力付刊的《续浇愁集》"，论证得非常精彩。只是张振国所说的"交给朱钝根的《浇愁续稿》仅剩的五六篇中的一篇"[3]，这位编辑不叫"朱钝根"，而叫王钝根。其实，证明《蛛隐琐言》为邹弢所撰的最主要、最直接的证据皆来自《申报·自由谈》，即来自邹弢自己的辩解以及主编王钝根为其所作的辩护。

《姊妹同郎》为中短篇小说，叙表姊妹婚配离合之事，以传统的笔记小记体记之，连载于《申报·自由谈》1912年10月15日、16日、20日、23日、24日。此篇虽是"旧作新刊"，但它不仅与《淞滨琐话》中的《玉香》一篇文本上有所出入，与酒丐收入《蛛隐琐言》之同篇小说也不完全相同，因酒丐新发表时在原文的基础上进行了修改。盖两文主要的不同如下表：

《蛛隐琐言》中文本	《申报·自由谈》所刊文本
满洲正蓝旗松龄佐领管下人	前清满洲正蓝旗松龄佐领管下人
以功保观察使，年六十告老归	以功保方伯，年八十告老归
聪颖特甚	殊聪明

---

[1] 段怀清：《附录二 王韬〈淞滨琐话〉与邹弢〈蛛隐琐言〉相关篇目对比校勘表》，《王韬与近现代文学转型》，复旦大学出版社2015年版，第302—338页。

[2] 张振国：《王韬〈淞滨琐话〉中的邹弢小说考辨》，《暨南学报》2013年第8期，第125—130页。

[3] 同上。

续表

《蛛隐琐言》中文本	《申报·自由谈》所刊文本
走线飞针，花样不竭，铭顾而乐之，以为我家薛夜来也。	走线飞针，花样不竭，而结绒编缕，更过于人。铭顾而乐之，以为我家薛夜来也。
出英所绘《龙女侍观音像》并玉香《停针图》	出英手绘之《美女坐莲图》并玉香所绘之《倦绣图》
他时身化天仙女，愿向慈悲合掌来	他时愿化身千亿，好向佳人合十来
谁见女儿家求人而媒者，况旗例汉人非位致提督不能婚，汝不知耶？	谁见女儿家适人求媒毛遂者？今虽五族共和，然贫富终不免霄壤。我等甘之，我父恐不甘也，休矣，毋多谈。
不图相聚十三年，半途死别。妹之心事，姊当亦知之	不图相聚十年，半途死别
恐病再作，大惧，私出所蓄得七十金	恐病再作，私出所蓄得百金之半
父见女即呼舆舁之去，入一署，竟至内舍	父见女急下骑，问儿何至此？玉泣告所苦。父曰："儿尚有四十年富贵，当送汝归，今且同去见汝母"。乃呼市舆升去。入一署，直至内舍。
父即传吏稽查，俄呈一册，见女名下有四句云：两表姊妹，共事一王。五年磨折，乃可成双。欲看他处，父夺付吏，曰：天机不可多泄。	父即传吏稽查，俄呈一册，见女名下有四句云：两表姊妹，共事一王。五年磨折，乃可成双。
齐匪王一清起事	教匪方一清谋乱
妾前同舟者，本匪人，诱妾而逃，将售人以获利者，杀之甚快。苗喜欲犯	"妾已无家，不事苗亦无所倚赖。"从匪以告苗，苗喜，即欲相犯
苗故有阿芙蓉癖，潜取入酒中。苗粗人，以女爱己不觉	苗不觉大醉，眼饧口涩，呼女登床
次日，英请妹当夕，玉亦不却，自此姊妹共事一婿，推让无争，生旋举于乡。连捷入南宫，招铭公尸，不得，立祠设位以祭之。玉香父母墓在满洲，亦特往设奠，后生官至侍郎，玉香年五十七，先姊而卒。四十年富贵其父固早知之也。	自是姊妹共事一人。明年春，王举于乡，连捷入词林，后官至方面，姊妹年已五十，常如三十许人。

除上表所列之外，两个文本还有许多细节字句上的差异。由此可知，酒丐在重新投稿刊发时将原文修订过，而且根据时势的变化，将背景酌情进行了替换，如加上"前清"二字，去掉"旗例汉人非位致提督不能婚"之说等。然虽是如此，整体的故事线索及文本内容并无变化，故而难免引出"抄袭"的责难来。

同样地，读者还曾"举报"酒丐所撰的《绛珠叹》涉嫌抄袭。1914年5月23日，主编王钝根在《申报·自由谈》版面之末刊发声明曰：

> 某某君鉴：来函诘责《自由谈》曾载酒丐之《绛珠叹》，谓抄袭《海上尘天影》。不知《尘天影》实为酒丐十八年前在湘所作，原名《断肠碑》，后为古香阁主改为《海上尘天影》。足下但知其一，不知其二，酒丐老成硕学，决非拾人牙慧者。敬为代白，并告阅者。
>
> 钝根①

则可知读者"某某君"已觉察到酒丐所提供文本并非"原创"，而此读者所诘责的是1914年5月10日《申报·自由谈》上刊载的酒丐所作之《绛珠叹仿马调》。虽然此作品出自酒丐的原创小说《海上尘天影》，但18年后读者并不知酒丐即当年的梁溪词人、潇湘馆侍者，故读者见到后有此一问。

但此波刚平，另一番诘责便又出现。因酒丐将早年的作品《粉城公主》发表在《礼拜六》杂志1914年第7期上，并署其子"渔郎"之笔名，此又被人指控抄袭。不过这次是酒丐自己进行了解释，他写了一封书信并将其刊于《申报·自由谈》上，此即《覆梦庐主人书》，其言曰：

> 自小说周刊《礼拜六》载《粉城公主》而同社诸君爱酒丐名誉，往往责以直言。谓先生素恨他人抄袭，今乃改头换面，将《淞滨琐话》抄作己文，且下列渔郎之名，此何说耶？按二十年前，酒丐在山左般阳矿次，空山孑影，事简无聊，曾著《续浇愁集》数卷（初集作于同治八年，今为他人翻印），卷少而无力付刊。曾在抚署将草稿呈张园先生。时先生由王兰人延聘《点石斋画报》主笔，将余稿《朱素

---

① 《申报·自由谈》1914年5月23日第14版。

芳》《因循岛》《粉城公主》等五六篇借抄入画报中，旋竟刊入《淞滨琐话》。余见之向之交涉，先生乃荐余梵王渡一馆，以为塞责。然酒丐终不甘心，只以师长恩重命严，不敢硁硁计较。迨发师物故，丐屡在报馆从事，时出旧稿为报上附张之点缀。是则《粉城公主》诸稿乃《淞滨琐话》抄袭酒丐，非酒丐抄袭《淞滨琐话》。其笔墨若何，识者自可一辨而知也。至下署渔郎者，实为儿子所乞，支冀后起扬名，未免舐犊之爱也。今《浇愁续稿》只剩五六篇，已将原稿寄送钝根，俾释群疑，其稿概不受酬，其所以附骥之意。酒丐残漏向尽，留此以表著述之辛苦，亦藉此以结文人翰墨缘耳。酒丐上白。①

此信所说主要有两点：一是《粉城公主》《朱素芳》等作品乃其所撰，只是早年"借抄"入《淞滨琐话》；二是署名"渔郎"是为了照顾儿子"扬名"。但除了这两点之外，我们要注意的是此声明为何发表于《申报·自由谈》。

其背后的原因是《礼拜六》与早期《申报·自由谈》的亲密关系。王钝根在编辑《申报·自由谈》的同时，与同人一起将该版的主要稿件及其他剩余稿件刊印成《自由杂志》，然后又创办了《游戏杂志》与《礼拜六》，故而这两种期刊的创作者大部分都是此一阶段《申报·自由谈》的撰稿同人，它们从主创、投稿者到选材、作品与《申报·自由谈》都是同一套系统和方法，所以酒丐将《粉城公主》投给《礼拜六》是可以想见的事。同样地，他的旧作《梦中梦》（亦见于《蛛隐琐言》与《淞滨琐话》）能够贯以"酒丐"之名重新出现在《游戏杂志》上，也是这个原因。

而经此两翻诘责，酒丐主动要求重刊的旧作不再接受稿酬。1914年8月20至21日，其《朱素芳》一篇重新连载于《申报·自由谈》，此篇注明"不受酬"，且加按语曰："此作曾被天南遁叟采入《淞滨琐话》。"② 按《朱素芳》一篇写梁溪邹生与仙姬素芳遇合相恋之事，与《聊斋》笔法相似，全文内容与原作相同，没有过多修改润饰，盖文风及内容特点仍是传统笔记小说的惯例。从这一点来看，《申报·自由谈》版面创始之初，其

---

① 酒丐：《覆梦庐主人书》，《申报·自由谈》1914年8月21日第13版。
② 酒丐：《朱素芳》，《申报·自由谈》1914年8月20日第13版。

刊载的文本在内容及语言上仍然延续着明清小说的特点。虽然王钝根在力求语言的简洁、文风的变革，但同时也极愿意接纳像酒丐这样的文坛"旧人"，所以早期《申报·自由谈》的刊文宗旨与特点尚是延续旧的体系，尚未有决然的"革命"迹象，那么民初这一时期的文学整体上仍该归属于旧文学的范畴，至少这一时期的《申报·自由谈》小说作品是这样。

此外，邹弢说自己将《浇愁续稿》所剩的五六篇寄送给了王钝根，但其在《申报·自由谈》上仅刊有三篇小说，《姊妹同郎》与《朱素芳》都不在"所剩的五六篇"之内，其余的一篇《九幽新国记》虽是此前未见之"新作"，但亦没有充足的证据作出判定。

《九幽新国记》刊载于1914年7月24日的《申报·自由谈》版面，所写为群鬼起义反抗阎罗，缔造共和新国之故事。字里行间，其讽刺、刻画"共和"民国之意亦十分明显。盖全篇均为夸张形容之语，如曰：

> 光复甫定，从龙者纷纷而来，蒋子文建议保举正式都统……当经多数鬼魂投票公选，竟举冯道为正式都统，以为冯道身历五朝，久饱兴亡世故，且其人心术流动，厌故喜新，不肯忠恋旧朝，必能保守共和鬼国。冯都统既被举定……数日发表奉大都统命令，以王戎长聚敛部大臣，刘晏为副大臣；严延年长法部大臣，来俊臣为副大臣；管仲长财政部大臣，邓通为副大臣；秦桧长外交部大臣，张邦昌为副大臣；商鞅长农部大臣，李悝为副大臣；王敦长陆军部大臣，侯景为副大臣……组织既成，纷纷就职。

很明显，酒丐是借此"鬼国"来声讨、责难"共和"民国政治之窳败、财政之窘困等种种乱象，故而可以断言此篇是他在1912年之后的新作。同时，这篇作品与酒丐早期的小说风格有所不同，反倒是与当时《申报·自由谈》的文本特点相一致。盖王钝根主编《申报·自由谈》时，该版最主要的一个特点就是"游戏"与"讽刺"，该版所刊文章、短评及小说等内容有近半为"讽刺"之语，虽然所讽主体各不相同。邹弢此作显示出他由清末"聊斋体""红楼体"向新的内容形式的一种转向，虽然呈现得不多，但对于"守死"之酒丐来说也算是某种进步，而这些进步或者正源于他与"自由谈话会"诸后辈同人的交流，源于他与《申报·自由谈》的接触。

三、邹弢与何立三

邹弢晚年重回《申报》，除了他向主编王钝根投稿、诸位同人为其《三借庐剩稿》赠贺祝词可以证明之外，他与王钝根等几位撰稿同人的亲密交往、其子对"自由谈话会"活动的积极参与亦是佐证。

邹弢之子邹鲁，在民初亦是《申报·自由谈》的热心撰稿人。1914年1月9日，"自由谈"上刊其小像，旁署"渔郎"字样，小像旁对其进行介绍曰："邹鲁，字敬初，又号小酒丐，江苏无锡人，住徐家汇天主堂西一百九十一号。"盖渔郎为其笔名，即前文所述《礼拜六》杂志上《粉城公主》一篇之"署名"。然小酒丐在《申报》上并未发表小说作品，所刊登出来的都是游戏文章及"自由谈话会"栏目中的短评小语。倒是此一时期在《游戏杂志》上发表过一篇译作《蛮岛》（1915年第16期），在《好白相》杂志上发表了《迷津梦醒》（1914年第6期），在《十日新》上发表过《衣冠国》（1915年第4期）等几篇短篇小说。《好白相》《十日新》两种杂志虽与《申报》没有关系，但是《游戏杂志》却是"自由谈话会"诸同人商量着一起创办起来的杂志，渔郎向其投稿便是他"混迹"于《申报·自由谈》早期小说家群体的一个见证。从《粉城公主》之署名来看，大约渔郎想继承乃父"小说家"的衣钵，能够借此在文坛立足，只是他的名字在报刊上才一出现便消失。邹弢之友周庆云在为邹弢所写的《续刊三借庐诗文集序》中曾说"（邹弢）有子能绍青箱，又得神经错乱之疾，不能治。生两孙，甫长乃相继夭札"[1]。则邹鲁可能是因为疾病而未能继续他的文学创作，而这大概也是导致邹弢晚年创作锐减，意气困顿的一个原因。

邹弢曾在"自由谈"上发表《咏梅示敬儿》一诗，其曰："残年精力已难支，况有重寒蚀老枝。寄语春风须爱惜，眼前浮动不多时。"[2] 此时本是他重回《申报》、供职学校，正思悠游卒岁的时候，但至第二年（1915年）儿子生病之后，便有接连祸患，恰如其《三借庐剩稿续刊》中所收的《十哀吟》一诗所言"全家衣食待谁怜"[3]，经岁懔坎，细数竟有"十哀"。可想而知，此时邹弢才思退减，仅依靠稿费是无法供养全家的。

---

[1] 周庆云：《续刊三借庐诗文集序》，邹弢撰《三借庐剩稿续刊》，上海文贤阁代印1923年铅印本。
[2] 酒丐：《咏梅示敬儿》，《申报·自由谈》1914年2月11日第14版。
[3] 邹弢：《十哀吟》，《三借庐剩稿续刊》，上海文贤阁代印1923年铅印本。

数年间，邹弢之名再次从《申报》上消失，但他与《申报·自由谈》撰稿同人仍有联系。1923年他的《三借庐剩稿续刊》一书，由上海文贤阁代印出版（铅印本）。书名由吴昌硕题写，书前有周庆云、俞凤宾（庆恩）、陆祥、张文潮等人所作四篇序言，亦有张敦仁等人的题词祝语，其人又称此书为"续刊三借庐诗文集"。其中诗的部分由"上海方骏乎嘉穗、吴耐艰辛"同校（方嘉穗，字骏乎；吴辛，字耐艰），骈文部分由"上海甸孙陆祥、暨阳立三何骧同校"，最后更附以众人为其七十大寿所撰诗词曲文等祝词。其中"暨阳立三何骧"即是当年的"自由谈"撰稿同人。

"何奇号立三，年二十三，浙江诸暨人，寓上海老北门内直街乐安里。"1913年4月20日《申报·自由谈》上印其小像并注此小传，《自由杂志》第2期上亦有其小像及小传，传中更言其"别号壶隐庐主人"。按何立三在《申报·自由谈》上曾发表《壶隐庐笔记》数则，所撰短评及游戏文章较多，小说则有《活罗汉》《色界伟人》《贼秃》《奇男子》《革命史》等数十篇，其署名有"立三""三""暨阳立三"等，又有偶有题"立三医士"字样（按他的身份是位中医，《申报》上有其挂单候诊之广告）。

邹弢与何立三之交往具体不知起于何时，但可以肯定的是他们是经由"自由谈"及"自由谈话会"的平台而相互了解和熟悉。何立三为邹弢校订《三借庐剩稿续刊》时，邹弢尚在人世，因此他要么是受酒丐所托，要么是主动提请此任，不管是哪种情况，都足以说明邹弢与何立三两人至1923年仍有来往。《三借庐剩稿续刊》中收有邹弢的《题醉痴生何立三小影》一诗，诗曰：

> 棘地荆天志不伸，狂来买到玉壶春。含沙射影疑逢鬼，使酒当筵惯骂人。块垒几能浇阮籍，忧愁毕竟误灵均。向余俊笑缘何事，好重男儿七尺身。

由此诗来看，何立三应另有别号"醉痴生"，而邹弢对此小友既欣赏又似乎有几分忧虑。不过他所知道的何立三惯好骂人的性情，应该是从何立三在《申报·自由谈》发表的讽刺小品文中获知的。何立三虽然年轻，但对于革命及"新朝"他并不以为然，他在《革命史》中对"光复"的质疑与邹弢在《九幽新国记》中对新朝的见解很是相似，大约"英雄所见略同"，故邹弢对于何立三的"块垒""忧愁"也有同慨。

何立三从《申报·自由谈》创立之初就开始投稿，但1915年之后发表的作品就不多了，而是主要专注于开医馆、办医学杂志。到20年代《礼拜六》复刊之后，他亦曾作《彩票毒》一篇发表，但基本上可以说是最后的一点儿小说成绩。

整体而言，邹弢在晚年重回报界的时间和成绩都是有限的，但是在以"自由谈"为平台的撰稿小说家群体当中，他是仅有的小说名家前辈。邹弢的复出得益于他早年的闻名，亦得益于"自由谈"传播平台所提供的机会及主编王钝根与诸撰稿人的直接交流。《三借庐剩稿续刊》中曾有《世事蜩螗，人情鬼蜮，故乡感旧，深夜不眠，戏以十一尤韵中动物字尽黏诗中，得二十韵，呈方畯父兼寄钝根、独鹤、甸孙、葆青》一首，其诗曰：

> 天地无正气，杂然生䲡鲉，贵品侪龙凤，贱品居貗貐。猛则如虎豹，柔则如蜒蚰。阴者类鬼蜮，勇者等貔貅。不但枭与獍，更有鸺与鹠。猪仔同一列，族类滋蟓蚰。硕人我所慕，风诗歌秃鹙。窥彼权利客，衣冠矜沐猴。谁能矢刚直，规谏钦史䲡。谁能申慈爱，抚养思贾彪。尘途逐荆棘，不能驰骅骝。丈夫涨脂粉，不能忘蟒蟉。我观众生相，气在惊吴牛。何时得唤醒，深谷千年虬。俾知人世幻，生死空蜉蝣。勿化漆园蝶，勿唱白符鸠（见《晋书》）。形体不可恃，转瞬攒天蝼。欲与造物竞，撼树讥蚍蜉。沧海渺一粟，自顾身何鲰。愿结天随子，江上狎沙鸥。

此诗既然是兼呈王钝根、严独鹤等人，则其写作时间应该就在邹弢与《申报·自由谈》诸同人交往互动时期。诗文字里行间尽是感慨人世变幻，那么邹弢寄给王钝根阅读，除了寄希望于其诗能够刊出之外，也有向同好呈示心怀感慨的意思。1914年，邹弢与王均卿同编《香艳杂志》，由上海中华图书馆出版发行。而王钝根本身就是中华图书馆的职员，"自由谈"同人一起创办的《自由杂志》《游戏杂志》《礼拜六》等杂志也均由中华图书馆发行，因此邹弢与众位后辈小说家的交往并不仅止于在"自由谈"上发表小说和投诗赠答，可以说他自1912年至1915年的创作经历大多与"自由谈"撰稿同人有着联系，如他在《申报·自由谈》上发表的《答顾虚谷》①一文，似乎就是为了回答读者对其主持《香艳杂志》的质疑，而这时他的早年"知名"、他与《申报·自由谈》《香艳杂志》的联系便联结在一起，共同构成了他民初复出文坛的现实情境，而"自由谈"诸位撰稿人的集结、分散与扩张也因此显现。

当然，他与众位后辈青年小说家的交往并没能提高其成绩，但是他的遭遇及"旧作重刊"的情况却给我们展示了民初小说家创作及作品发表时存在的"署名混乱""抄袭""侵权"等诸多问题，使我们看到当小说家以群体姿态出现的时候，小说家创作规范、发表制度等在创立的时刻必然遭遇的阻碍与艰难。

二 林纾与《蠡叟丛谈》

林纾（1852—1924），字琴南，号畏庐，晚号践卓翁、蠡叟等，1899年因翻译《茶花女》而一举成名，故而在《新申报》的撰稿者中，林纾可算是最著名的前辈小说家。林纾基本上没有在《申报》上发表过小说作品，偶有诗词赠答也是极罕见的，而他之于《新申报》的情况最初也大致如此。盖自1916年《新申报》创刊至1918年底，林纾从未在《新申报》上发表作品，然而从1919年2月4日开始，他的《蠡叟丛谈》便成为《新申报》上的专栏，几乎每日必载，且持续了一年有余。

关于《蠡叟丛谈》的刊载缘由，林纾在第一篇前面曾有言曰："忽一日，门人张生厚载述本报主笔之言，请余为短篇小说以虱报栏，意以供诸君喷饭也。余曰，论说非我所长，且不愿为狂嗥之声以乱耳听，唯小说足排茶前酒后之闷闷，因拾吾七十年中所见者，著之于编，命曰《蠡叟丛谈》。"②《新申报》的这位主笔是谁，已难查清，但很可能就是主编王钝根。大约当时他为了增加报刊的销路，所以向林纾约稿，只不过是通过林纾的学生张厚载联系接洽。

---

① 酒丐：《答顾虚谷》，《申报·自由谈》1914年6月14日第14版。按此文中顾虚谷劝其注重自身的修持及名誉，邹弢回信反驳："谓某书编辑，酒丐亦列其名，未免导人损德，是更不知鄙人矣！酒丐不才，人偏挟之以自重，试思和易近情之酒丐肯为累名而绝人耶？"他在文中解释自己落拓不羁的性格，"恨人强为修持"，据作文时间及内容，大约可以判断是为《香艳杂志》之故。

② 林纾：《蠡叟丛谈》（一），《新申报》1919年2月4日第1张第3版。

至1920年3月16日，《蠡叟丛谈》共刊出58篇笔记，219则，[①]后来曾由上海成记书局出版过单行本《蠡叟丛谈初集》。[②]不过较为奇怪的是，《蠡叟丛谈》刊载的位置中间有所变化——最初是刊在第一张第三版，1919年5月4日后停载数日，自6月25日起移到副刊"小申报"之中连载。也正是在1919年6月底，《新申报》副刊的原任主编王钝根辞职，其《钝根随笔》也于1919年6月25日后停止刊载，故《蠡叟丛谈》刊载位置的变化应该与"小申报"主编的调换有关。按1919年6月26日，"小申报"刊头有"本栏改订酬例"曰：

> 自六月廿五日起，小专电仍具薄酬。（甲）每则三角。（乙）每则二角。（丙）一角。体例不拘，务希惠稿为幸。为函封面请书明目睹先生收。

则此时"小申报"的主编已改为"目睹先生"。只是不知王钝根与林纾是否有龃龉之处，但1922年林纾又在王钝根主编的《礼拜六》上发表《德齐小传》《长福》等几篇小说，似乎二人之间又并无隔阂，只是《蠡叟丛谈》在"小申报"上的刊载与王钝根的离职时间却是基本重合的，让人颇费疑猜。

一、《蠡叟丛谈》与"新道德"的对抗

《蠡叟丛谈》中的五十八篇笔记，其中一部分可算是小说，但也有个别篇章只能说是记录奇闻逸事的笔记、杂谈。其内容主要有三种类型，即记神怪灾异故事、记技击逸闻、记时事见闻及杂感，情节有记述、有虚构，故不能全部以小说视之。在这三种类型之中，以记录时事见闻杂感的部分最能见出林纾这一时期的心境及小说创作的特点。在记录时事杂感的作品之中，《荆生》《妖梦》两篇常被学界提及，因其直接将新文化运动人物胡适、陈独秀、钱玄同等人编排到小说当中进行嘲讽。其次是讨论"五四"学生运动的《某生》一篇，也多次被现代学者引用。但并非只有这三篇值得注意，像《李象升》一篇写张勋复辟，《和玉》一篇记述光绪帝被禁瀛台的旧事，《吴铁甲》写到太平天国的乱

[①] 按每日所刊内容的序号常有错误，实际上不止二百一十九则。
[②] 张振国：《晚清民国志怪传奇小说集研究》，南京凤凰出版社2011年版，第280页。

局,《陆弁》写洪杨乱离之中的英魂,《孙紫茸》一篇又以义和团运动为背景记述个人的离乱故事等,这数篇都与当时的历史政治事件有关。除这些之外,与《荆生》《妖梦》一样表达自己对当时新文化运动、"新道德"的态度的,如《春苼》之论婚姻自由,《李疢》之讽新道德家非孝,《演归氏二孝子》之用古事讽时事等,都是直接回击当时新派人物所谓的"家庭革命"。

《蠡叟丛谈》是林纾晚年较重要的原创笔记作品,除此之外他还有一些译作及讲评古文的文章,但自己创作的笔记小说已经很少。因当时《荆生》《妖梦》两篇招致新文学派的讨伐,他的学生张厚载也因此被北大除名,他与新派文学的论战愈加激烈,故此其在《蠡叟丛谈》中对"新道德"的批评也极为用力。盖学界谈及林琴南的小说创作或小说理论,皆会强调其对"小说社会功用"的重视,对欧美小说的学习与借鉴,① 其实他因为不懂西文的缘故,难免对欧美小说的认识有一定的偏差。他对于小说功用的认识与当时众人的观念并无不同,其不同之处一是对于写男女悲欢的言情小说的重视,然仍以传统道德"规范"其内容;二是以作古文的方法写小说,故而也以评古文的方法来评讲小说。关于这两点,夏晓虹在《兼贻史料与不拂人情——林纾小说创作研究》② 一文中曾有过论述,如她说"林纾的长篇小说如同修史","以男女艳情串联历史大事","林纾文言短篇小说的第一个特征,即以古文笔法进行创作"。但其实林纾"不拂人情"的原因还在于对小说感染力、小说功用的最终诉求,而且林纾之所以"以古文创作小说"因为他本身是一位桐城派古文家——他谈论小说时总会联系到《左传》《史记》《汉书》,是因为桐城派最推崇班、马的古文。

作为古文家的林纾,其翻译小说或出于偶然。不过因为他的翻译成绩甚大,其古文家之名反被掩盖。《新申报》上发表的《蠡叟丛谈》系列笔记,其实是作为古文家的林纾与新派文学家正面论战的一点儿"硕果"。因为从他善于翻译、描摹"男女之情"这一点来看,虽然他说过:

小说之足以动人者,无若男女之情。所为悲欢者,观者亦几随之

---

① 如颜廷亮的《小说翻译家林纾的小说理论》(《甘肃社会科学》1993 年第 6 期),王萱的《林纾的小说理论》(《东岳论丛》2006 年第 2 期)两文,就从社会功用、中西小说比较等方面讨论了林纾的小说观念和理论。
② 张正吾主编:《晚清民国文学研究集刊 3》,漓江出版社 1996 年版,第 60—78 页。

为悲欢。明知其为驾虚之谈,顾其情况逼肖,既阅犹若斤斤于心,或引以为惜且憾者。①

天下文章,莫易于叙悲,其次则叙战,又次则宣述男女之情。②(《孝女耐儿传序》)

小说一道,不着以美人,则索然如嚼蜡。③(《英孝子火山报仇录·译余剩语》)

但是他在《不如归·序》中同样讲道:"纾年已老,报国无日,故日为叫旦之鸡,冀吾同胞警醒,恒于小说序中抒其胸臆,非敢妄肆嗥吠,尚祈鉴我血诚。"④ 他在《蠡叟丛谈》的数篇小说中亦曾一再强调:

吾译小说百余种,无言弃置父母且斥父母为无恩之言……七十老翁,丝毫无补于世,平日与学生语及孝悌,往往至于出涕,即思存此一丝伦纪于小部分之中。⑤

叟好作小说,然下笔时如履刀剑,凡伤风败俗之语不敢着笔,此心惟苍苍者鉴之耳。⑥

这些都是其对于"礼防",对于"伦纪"的维护之语。越到晚年,林纾对于小说的创作和翻译也越加慎重。本来学界文坛皆重视小说的社会功用,而正因为重视小说的熏染作用,所以也极具热情地创作言情小说,以求在男女之情中晓喻社会变革之义。故而,对于古文家来说,创作小说、创作言情小说并非不可接受之事。只是随着新文学的崛起,特别是1919年五四运动前后,随着新文学而起的"新道德"逐渐充斥著作中并影响青年人的思想时,古文家便不得不重新正视、讨论小说的内容与作用,并通过小说发出自己的声音。《蠡叟丛谈》可以说就是林纾面对文坛变化、伦

---

① 林纾:《〈不如归〉序》,[日]德富健次郎著,林纾、魏易译《不如归》,上海商务印书馆1914年版,第1页。
② 阿英编:《晚清文学丛钞·小说戏曲研究卷》,中华书局1960年版,第252页。
③ 同上书,第214页。
④ 林纾:《〈不如归〉序》,上海商务印书馆1914年版,第3页。
⑤ 林纾:《蠡叟丛谈·演归氏二孝子》(五十六),《新申报》1919年4月1日第1张第3版。
⑥ 林纾:《蠡叟丛谈·傅莲峰述异》(一百三十三),《新申报》1919年8月10日第4张第1版。

理思潮变化所做出的一种回应。

如《春荭》这篇小说，从情节上看与《西厢记》相近，内容主要讲春荭与戴生由相识到婚配之事。盖戴生乡试，为春荭父亲所赏识，雇其做春荭幼弟的老师。相处日久，春荭与戴生遂以兄妹相称，后其父亡，虽其母将其许配给戴生，但二人在患难之中，始终严于礼防，最后"女除服而生应南宫试，获隽得馆选，遂成嘉礼"。① 从故事的编排上，大约可以猜出此篇乃林畏庐"主旨先行"而自行编造的一篇小说。此篇的重点不在故事的悲欢曲折，而在于春荭与戴生的"不越礼"。林纾在叙事之前其实已经将他的观点说得非常清楚，他说：

> 婚姻自由，欧美行之数百年而无弊。一入中国则百弊丛生，风俗因而败坏，非西俗足坏中国，风土异宜，强而同之，必不能臻于美备。……吾中国婚姻之不能自由也，自尧舜禹汤以来数千年不易。礼为之防，义为之的，其中尤有廉耻存焉。彼卓女、相如之事为婚姻最早之自由，买臣之妻为女子最早之离婚。吾国风流自喜者则以相如、文君为通达，然而文君白头之吟亦后悔而遵从一之义，未敢自由以离婚。故人言王孙之女胜于买臣之妻，亦救世苦心，作无可如何之转语耳。②

> 实则中国之说部传奇，何者非自由结婚，人谓之幽期密约，不得谓之自由。以自由之名未入中国，亦但目之为越礼而已。西厢诸曲，非始乱而终弃之耶？续西厢者，遂合双文与君瑞为一，亦足成其自由之义，极为金圣叹所讥。余谓不为小说则已，为小说舍艳情外无足动目。③

所以这篇小说是直接针对当时的"婚姻自由"而创作的。虽然林纾在文中仍然说"为小说舍艳情外无足动目"，但他的最终目的不在于提倡"艳情小说"，而在于以能动人耳目的艳情小说为工具，使读者通过阅读受到他关于婚姻自由、关于"严于礼防"的观点的影响。而上文所举之《演归氏二孝子》也是通过对古人孝行节操的描述来批评当时"新道德家"的

---

① 林纾：《蠡叟丛谈·春荭》（三十四），《新申报》1919年3月9日第1张第3版。
② 林纾：《蠡叟丛谈·春荭》（廿六），《新申报》1919年3月1日第1张第3版。
③ 林纾：《蠡叟丛谈·春荭》（廿七），《新申报》1919年3月2日第1张第3版。

不孝。

其实早在1913年，林纾就发表过一篇《深谷美人》，在这篇小说的序言中，他就曾说过："自家庭主义一变，欧人之有识者，盡然伤之，于是小说家言，恒谆谆于孝友之一说，非西人之俗尚尽出于孝友也。目击世变之不可挽，故为慈祥恳挚之言，设为人世必有其事，因于小说中描写状态。盖其胸中所欲言，所欲得者，幻为一人一家之事，使读者心醉其家范与其德性，冀其风俗之变。而于女界尤极慎重言之，虽婚姻出于自由，而在在伸以礼防，未尝有轶出范围以外者。……余老矣，羁旅燕京十有四年，译外国史及小说可九十六种，而小说为多。其中皆名人救世之言，余稍为渲染，求合于中国之可行者。顾观者以为优孟之言，不惟不得其二三之益，而转以艳情为病，此所谓买椟还珠，余亦无所伸其辩矣。"[1] 这里其实说得已经很明白，即他所翻译、创作的皆是救世之言，只是读者只知关注其"艳情"的部分，而忽略了他的本意。林纾对于中国正在发生的家庭革命，对于风俗之变，在作品中时有批评和议论，而1919年前后在与新派文学家的笔战交锋中这种思考和议论达到了顶峰，《蠡叟丛谈》这一笔记小说系列正是笔战过程中的代表作品，故需要引起我们特别的注意。

二、《蠡叟丛谈》与林纾其他作品的联系

《蠡叟丛谈》共58篇作品，但这58篇的内容却并非都是全新的，其中有数篇与林纾的其他作品存在重复或相似之处，其细节及文笔或有不同，但可以互相印证、补充的地方也不算少。这一方面是林纾自己的著述特点，即他常常通过不同的文体，对某一事件或人物多次描述，从而导致一些作品内容上的重复；另一方面也可能是因为当时的报刊对林纾作品的需求依赖，故而使得各自刊载出版的内容有相似的主题。大致说来，《蠡叟丛谈》各篇与林纾的其他作品的联系主要有以下三种情况。

（一）对其他笔记的改写

《蠡叟丛谈》中有数篇内容与林纾的其他笔记作品内容是一样的。这一类情况在作家当中比较常见，因为许多作家的作品都是先后结集出版，在每一次出版选材时总会出现重选的情况。而有时作者在结集修订原文时还会对原作进行改写，这也导致作家不同的文集中有许多相似或重复的篇目。在《蠡叟丛谈》中，最明显的是《麦氏兄弟》《天齐庙》两篇，它们

---

[1] 阿英编：《晚清文学丛钞·小说戏曲研究卷》，中华书局1960年版，第269—270页。

与《畏庐琐记》中所收的《蓝鹿洲先生》《闻革命军除天齐庙》所述的内容大致相同。

《麦氏兄弟》和《蓝鹿洲先生》讲的都是蓝鼎元如何处理兄弟争家产的讼案。《麦氏兄弟》将兄弟争家产的缘由和具体情况介绍得比较详细，而《蓝鹿洲先生》一篇则重点写蓝鼎元办案的经过，故《麦氏兄弟》全文较《蓝鹿洲先生》更长一些。如《麦氏兄弟》文中写：

> 以五尺之竹筒通铁索其中，双锁伯仲之颈，俾之长日对视，吏敢卖法去其绳者，监十月。吾自以人临视之。①

而在《蓝鹿洲先生》一文中，对这一情形的描述则是：

> 命以竹筒通铁绳于筒中，兄弟对面互锁终日相视，相去不盈二尺，凡有溲便，必彼此相引。虽各蓄多金，咸不能进而求免，遂囚拘数月之久。②

两段文字语句不同，但同记一事。

《天齐庙》和《闽革命军除天齐庙》两篇所记述的其实都是晚清时期天齐庙的建筑、陈设及四时祭祀的情况，不过《天齐庙》叙述天齐庙宫殿、祭祝事宜较详，《闽革命军除天齐庙》一篇则是考证"天齐庙"名之由来，但两篇文章都间接提及辛亥革命时期学生对天齐庙的破坏，虽寥寥数语，但所讲基本一致：

> 迨辛亥革命，闽人恨驻防入骨，既逐而且戕之。少年学生为北伐军，屯于岳庙，斩神头，并焚其像，神鬼荡涤无遗。③
>
> 及革命军起，长驱入庙，斩泰山土偶之首，其大如车轮，投之地，庙遂毁。④

---

① 林纾：《蠡叟丛谈·麦氏兄弟》（十六），《新申报》1919年2月20日第1张第3版。
② 林纾：《畏庐琐记·蓝鹿洲先生》，上海商务印书馆1934年版，第90页。
③ 林纾：《蠡叟丛谈·天齐庙》（一百七十四），《新申报》1919年10月7日第4张第1版。
④ 林纾：《畏庐琐记·闽革命军除天齐庙》，上海商务印书馆1934年版，第117页。

这两篇都是与《畏庐琐记》相似的篇目，同时又因为《蠡叟丛谈》发表在后，故而这两篇与前作"相似"的笔记就可能是对前作的"改写"。此外还有与《技击余闻》等其他笔记作品相类似的篇目。如，《蠡叟丛谈》中有《苏特》一篇，写江湖技击奇人。因苏特一事，在篇末再记"其乡林某事"，而"林某事"其实就是《技击余闻》中《林植斋》所讲的内容：

> 余乡林某，以武科第三人及第，挟其爱姬，至京师，馆于某逆旅。林他出，姬独守。有中年人，伛偻如病，时搴其帘箔。斥之，笑而去。林归，姬诉其无状……①
> 林植斋培基，闽之尚干村人也。以武科第三人及第。挟其稚妾至山东，宿逆旅中。林他出，有同舍婆人，屡搴帷视其稚妾，妾怒，诉之林……②

在这两篇作品中，林纾描摹的都是同乡林植斋所遇到的技击高手，也即文中所写的"同舍婆人"。只是《林植斋》一篇交代得更清楚详细，近于事实记录，而《苏特》篇中讲述此事时则略去人物姓字，近似逸闻小说。

在上举数例之外，林纾的几种笔记中还有许多经常出现的主题，如"凶宅""巨蛇""淫祀"等。在《畏庐笔记》《畏庐漫录》和《蠡叟丛谈》中都有与之相似的篇目，但所写的并不是同一处凶宅、同一条巨蛇，其具体的内容并不相同。故这种情况只算是"同题"，不属于上述的各种笔记篇目之间的重复情况，如《蠡叟丛谈》中的《鬼入影片》一篇，与《畏庐琐记》中的《为鬼拍照》虽然写的都是拍到鬼影，但具体的情形却不一样。

(二) 对碑铭序传等文章的重述

比上一类对其他笔记作品的"改写"更进一步的是，《蠡叟丛谈》中还能找到可以与林纾的碑铭序传等文章相互参佐的作品。这些作品的内容几乎是用"笔记体"将林纾的史传文章重新记述了一遍，其中不得不提的就是《周辛仲》一文。

---

① 林纾：《蠡叟丛谈·苏特》（二十五），《新申报》1919年2月28日第1张第3版。
② 林纾：《技击余闻·林植斋》，林薇选编《畏庐小品》，北京出版社1998年版，第203页。

第三章　清末民初《申报》《新申报》小说家考述

在《周辛仲》一文中，林纾开篇介绍说："周辛仲，名长庚，闽诗人也。父少谷先生，宰高密，行县必三驴，一书吏，一衙役，一则先生自控其驴。民之下状者，跪于驴前，先生于鞍上置小箱，箧中藏墨砚。立时就鞍判之。明察如神，听者惊服。因谓之三闾大夫。"① 这段描述与《技击余闻》中的《逆旅老人》一篇对周辛仲的介绍极相似："周辛仲广文长庚，尊人少谷先生宦山东高密县，所谓三闾大夫者也。先生行县，挟一吏、一仆，控三驴，驴鞍置板，能位置笔墨，吏抱牍前行。民之讼者，即驴前伸理。先生命讼者招其所被讼之人至，为定曲直，就鞍上了之，故有是称，以间与驴声通也。"② 即属于对其他笔记"可能的改写"的情况。但文中主要描述的是周辛仲在台湾彰化为官时"去盗"一事：

彰令某，贪而酷，廪生倪某以讼见虐。其族姓繁，哗变于村间，啸众至数千人。令以为叛，飞牒上之镇帅告变。……君以山轿下城，未及三版，飞弹茧然穿舆而过。幸不为中。行三里，已见叛人之壁。雪刃如林，问来者何作。君大呼曰，余周广文也……阶下听者夺气，而倪涕泣请降，君慰抚之而返。已而大兵至，令请屠村，君力争，声色皆厉，令不能夺，乃止。遂告密，言君通贼。③

文中所述彰化倪某叛乱一事与林纾在《广文周辛仲先生五十寿序》一文中所述相同，正可对照来看：

光绪己丑始得台中彰化一训导以去。到官二稔，盗起于所治。围城至七日，垂陷。县令某以先生为能得士，请先生以腰舆缒城，怀县牒以谕贼，令降。先生不告之妻子，径下。雨行五里许，巨弹穿舆，几洞腹而过。移时至贼所，贼列两注槊。达其巢，先生怀牒款步而入……贼壮其言，相顾夺气，遂礼遣以归。如是城辍攻二日，援至，围得解。而某令牒之幕府，请联百余乡皆坑之，杀人可万余。先生力

---

① 林纾：《蠡叟丛谈·周辛仲》（七十三），《新申报》1919年4月20日第1张第3版。
② 林纾：《技击余闻·逆旅老人》，林薇选编《畏庐小品》，北京出版社1998年版，第210页。
③ 林纾：《蠡叟丛谈·周辛仲》（七十三—七十五），《新申报》1919年4月20—22日第1张第3版。

· 75 ·

争之而止。某怒,摭他事以中先生,几殆。①

即此则可知《周辛仲》一篇乃是纪实笔记,并无夸张或虚言。

除了《周辛仲》之外,《王薇庵》一篇的情况也大抵如此。在这篇笔记里,林纾讲述王薇庵的孝友之事,而此事在林纾自己选定的《畏庐文集》中也有记载。《畏庐文集》中的《告王薇庵文》与此文所讲内容并无差别,只是《王薇庵》一文还记述了王薇庵在生活中的为人处事细节以及他与林纾之间结识、交谊的具体情况,而这些正好可以为《告王薇庵文》一文做注脚。因此,虽然在《蠡叟丛谈》中这一类的"忆旧"笔记只有寥寥数篇,但它们和林纾的史传类文章一样都为我们提供了一些很有价值的清末民初闽地文人的历史文献。

(三) 对长篇故事的节选或略写

这一种情况在林纾的笔记当中比较特殊,它不同于第一类的相似或改写,而是用不同的小说体裁去表现同一个"故事"或"史实",其与其他小说的区别首先在创作的体裁、方式上,其次才是因体裁不同而导致的具体文笔及细节上的差异。其实例即《蠡叟丛谈》的第一篇《安娜》。

《安娜》写俄国十月革命前夕皇后亚梨司(即亚历山德拉皇后,ALIX)迷信妖僧拉斯飘汀(拉斯普丁)之事,而故事以大臣之女安娜为线索展开。这篇笔记与其所编译的小说《俄国秘史》的主题内容是一样的,只不过一为笔记短文,一为翻译的长篇小说。

> (1921年) 5月,与陈家麟据英文合译俄国丹考夫原著小说《俄宫秘史》(*The Secret Life of the Ex-Tsaritza*, 1918),由上海商务印书馆出版,上下二册,自署林纾,该书原为德文,由英国魁特(William Le Queux, 1864 - 1927),译成英文,收入《说部丛书》第4集第1编。……如是书前有小引:"此卷为斐多路纳(Alexandra Feodorovna, 1872 - 1918)之秘史。斐多路纳者,俄皇后也,今流配于西伯利亚(Siberia)矣……"②

---

① 林纾:《广文周辛仲先生五十寿序》,沈云龙主编《近代中国史料丛刊》第939册,《畏庐文集》(一),台北文海出版社,第56—57页。
② 张旭、车树昇编著:《林纾年谱长编》,福建教育出版社2014年版,第367页。

因为《安娜》发表于1919年，而《俄国秘史》出版于1921年，从创作至出版的相隔时间上来看，甚至可以推断《安娜》这篇文章可能就是林纾在翻译小说的过程中信笔所记，二者可以互为表里。

而统观《蠡叟丛谈》中这三种与其他作品有联系的情况，我们不得不说林纾的笔记作品仍是传统笔记"随写随记"的笔法，仍具有熔历史、新闻纪实、学术考证、琐屑见闻等各种"记录"于一炉的特点，故而《蠡叟丛谈》中有事实、有逸闻，亦有杜撰的小说。《周仲文》《王薇庵》写亲友，故全为事实；《天齐庙》《麦氏兄弟》写见闻，或有失真之处；而像《安娜》一篇虽为笔记，但所言又皆依史实（至于小说《俄国秘史》是否有杜撰，林纾在翻译的过程中是否有失实之处，则尚需考究），故而林纾的笔记仍只能以传统的"笔记"名之，而不能用现代的小说概念去界定。

林纾自己在《蠡叟丛谈》中曾言：

> 凡余所记，皆微有影响，不惮而张大之，渲染之，将不厌读者之目。若以叟为妄言，叟固用小说以易钱者也。不妄言何能动听？若斥以为所言皆妄，则安娜之事又语语属实。实则小说如眩人奏技，虚实皆具，不能均斥其妄也。诸君以为何如？①

则似乎其中又有"张大""渲染"的地方，其实他的"妄言"皆有实据，只不过因为他"好用史笔"的缘故，他以"古文"笔法来写文章、写小说的缘故，所以导致他史实性的笔记读起来也有夸张、修饰的味道。从这一点来说，《蠡叟丛谈》这个系列仍然延续了林纾一贯的创作风格，无论是内容主题与其他笔记、文章的相似性，还是情节、运笔与其他文章、小说的紧密联系，林纾的"古文"功力都在其中得到了很好的展示。至于对1919年前后新文化思潮的态度和反映，他则以新的杜撰的故事进行了及时的回复，但同样是用史笔古文进行描述，使批评"新道德"的《荆生》诸篇也都"虚实皆具"，并非全为妄言。

故此，林纾在民初仍是一个"旧"小说家，时代的变革所唤起的都是他对旧传统的维护。在林纾离世前的四五年，他所需要的就是像《新申报》这样依然愿意支持和借重他的文章的报刊。而对于《新申报》来说，

---

① 林纾：《蠡叟丛谈·玉纤》（七），《新申报》1919年2月11日第1张第3版。

林纾也是拿来招揽读者的一个极好的旗帜。林纾之于民初《申报》《新申报》小说家群体的意义在于他展示了这些小说家在当时文坛可能收获的最高地位，展示了旧派小说创作者在小说发展中的不同际遇及旧派小说家内部的代际分离。他只是《新申报》的供稿者，并非这一刊物的编创主体。作为一位小说界前辈名家，他可以随心所欲地"更新"自己原有作品使其重新发表，但对于新兴起的两报小说家群体而言，他们更主要的是寻找新的创作方式和灵感，并在不自觉之中让市场及读者带动自己改变。林纾在这一创作群体之外，同时也游走于这些新兴的小说创作者之中，他借助其刊物平台潜在地表达了自己对"小说道德"的归认和强调，同时也间接表明民国成立后第一个十年里可以独立引领时代的"名小说家"的整体缺失——此时的小说家是成团、成群出现的，这些新入文坛的"旧派"虽与清末以来的老牌"旧派"林纾等人仍然依靠报刊平台存在紧密联系，但与其最初的创作境况已不尽相同。

  清末民初的《申报》《新申报》主要是年轻小说家的阵地，但邹弢与林纾在两报上的投稿亦弥足珍贵。两人都是小说名家，不过二人此时却有着极不相同的创作状态及缘由：一个是主动复出投稿，一个则是接受主编的邀稿请求；一个在小说家群体之中，一个在小说家群体之外；一个在"群体"形成之初，一个在"群体"解散之后，而他们二人的不同情况实际上显示了民初十年间前辈小说家的两种主要创作与生存状态。然而不管个人境遇如何，相比于从前，他们应该都是更加看重报刊对自己作品的传播作用了。盖从上述邹弢与林纾晚年的小说创作情况来看，他们都存在"旧作新刊"的问题——或是加以文句润饰或是更改署名题目。两人的这种行为一方面说明民初小说发表制度、版权意识的模糊，另一方面也似乎是报刊等新媒体对"专著"内容的一种重新利用和传播，正似眼下各种媒介对于原有文章的"转载"与重新"推送"。而这种情况实质上也催生了《申报》《新申报》在"培养"年轻小说家的同时继续"拉拢"老牌名小说家的稿子，二者之间的界限于是变得模糊。

  从前辈小说家的角度来看，邹弢和林纾的成名都在民国成立之前，除了晚年某些文学活动的细节偶有遗漏之外，他们的生平经历在"盛名"之下已被爬梳得相当清晰，他们与民初在《申报·自由谈》生成起来的小说创作者群体是完全不同的。然而，在小说本身不断改变转型、小说家不断增多更新的过程中，不论是邹弢对"无名"后辈创作者群体活动的积极参与，还是林纾对新生代小说作家的远离与审视，他们之于骤增的小说家群体的意义都是不可估量的。邹弢之所以能够与"自由谈话会"的成员建立起联系与"文字因缘"，不是因为邹弢趋新的速度够快，而是因为年轻的小说创作者改变的速度够慢——像王钝根、何立三等人对于时代的"块垒""忧愁"跟邹弢的无差别，年轻的小说家们依然执着于用旧有的小说书写模式来输送"讽刺"、传达"教训"。而对于林纾来说，他在为《新申报》撰写专栏时，最初跟随其副刊主编王钝根而来的小说家们已在新形势下风流云散，他们的文字依然没能像林纾的那样有"卖点"和说服力，而差不多也就在这个时期，从晚清到民初十多年的"小说家"筛选也基本完成——周瘦鹃、陈蝶仙、李涵秋、陆士谔等人突围而出，终于成名，而当年以《申报·自由谈》为中心的小说创作群体中的大多数被淘汰出局。但即使这样，新成名的小说家们仍无法超越林琴南而单独成为一面旗帜，传统的小说名家"孤立"出现的时代已经一去不复返了。

第二节　两报核心小说家

一　联络"自由谈话会"之小说家：嘉定二我、了青、瘦蝶

在《申报·自由谈》的小说作家群慢慢聚合及自发形成"组织"的过程中，嘉定二我、徐了青、许瘦蝶三位是极重要的人物。他们不仅是最早的倡议者，还是该群体的"自由谈话会"的活跃分子，他们与王钝根初不相熟，但因"文字因缘"而有了较密切的交往，甚至成为好友、知己，可以说是"自由谈"创作者群体"奠基"时期的代表。

1. 嘉定二我

嘉定二我，《申报·自由谈》中较早倡议互通姓名、地址以便联络的撰稿人，且在《申报·自由谈》创立之前就已经在《申报》发表小说作品。据后来"自由谈"上刊布的小影及小传可知："投稿者二我，陈其渊，

号石泉，又号涤骨，江苏嘉定方泰镇人。"① 《民国嘉定县续志》及《嘉定县志》（嘉定县县志编纂委员会办公室1984年编）上均未见其名，可能一则是其"文名"不够高，一则是其年纪尚轻。他自《申报·自由谈》创立之初就开始投稿，所发表的诗词有《春游寄钝根》《我欲歌》《玉田恨史颐词》诸篇，发表的文章较多且有专栏，而小说更是其尝试和主攻的方向。

二我、涤骨皆为陈其渊的名号，两种署名作品皆有，不过他用"二我"时多，用"涤骨"时少，而且用"涤骨"一名写游戏文章时多，创作小说作品时少。不过两个署名是同时兼用的，并不分先后，"二我"之名出现于1911年11月7日的《先知人》一篇，而"涤骨"之名也至少在同年的12月2日已经出现，按当日主编在"自由谈"版末曾作特别提示语曰："涤骨君鉴：屡惠大稿，本馆具有薄酬，未悉足下本埠通信处，无从呈致，乞即示复为感。"② 即是一证。从前文所述"自由谈"撰稿同人群体的形成可知，嘉定二我是较早提出同人之间互通联络的倡议人之一；同时鉴于他对共和、革命的拥护及积极讨论，嘉定二我在当时算得上是头脑较开通的文化人，亦是渴望对时代表达自我见解、对社会有所裨益的年轻人。

嘉定二我在《申报·自由谈》的投稿集中在1912年和1913年，其中有发表在"自由谈话会"栏目中的短评、有主编王钝根为其特辟的"二我谐谈"及"二我居杂缀"等专栏。"二我谐谈"的篇目较少，而《二我居杂缀》则延续近两个月（1913年7月28日至1913年9月10日），在此之前是署名"天放"的"天放杂缀"，之后是啸霞山人的"松竹庐杂缀"——皆是主编不定期为各位撰稿人开辟的专文栏目。嘉定二我的《二我居杂缀》主要是杂缀细碎的逸事旧闻、佚诗琐话，内容不出传统笔记所载范围，盖基本上都是根据事实或传闻撰写的小文，故其中也难免出现一些失真、疑似小说的篇目。而且这些篇目所记偏重于乡邦见闻，如清初清军攻占下的嘉定、洪杨之乱时的嘉定，还有黄陶庵、李秀成等人遗著杂史之类，所以嘉定二我虽然与各位自由谈同人一样讽刺、调侃时世政治，但对于集辑乡邦史料也是非常用心的。同样地，他在小说创作中也会显示出

---

① 《申报·自由谈》1913年3月30日第10版。
② 《申报·自由谈》1911年12月2日第25版。

这种"用心",比如记侯三忠及黄淳耀兄弟事迹的《嘉定血》。

《嘉定血》介于笔记和小说之间,陈其渊记录乡贤事迹一为高扬先辈的骨气人格,一为讥刺当世的"凉血小儒",其在文中言:"我生不辰,我命实厄,我怀孔痌,我心孔哀。我忧天过虑,我鼠思泣血,我笔秃墨枯,我心惊胆战,我和血和泪,我乃录是篇。万家生灵,五屠惨剧,纸上阴气,鬼泣神哭。放眼一读,如见我乡父老兄弟之远祖横尸饮刃于二百六十八年之前也。"① 先辈事迹给予他的这种伤怀惨痛使其发而为言,并将其感怀披露于报端。然而,《嘉定血》实质上还有另一层意思,即"反清",这与二我在其他小说作品中赞扬民国、拥护共和的思想是一致的,而其"二我"之名很可能即是剔除旧我、去旧换新的意思。

他在"自由谈"发表小说近50篇,大部分是具有"自由谈"特点的游戏短篇,较多直白的讽刺而少有细腻的笔致与描写,只有《刘家庙双杰传》《方芷小传》等少数几篇"传记体"的小说尚可摆脱与"游戏文章"的混淆,内容也是颂扬为"二百六十八年沉沦之祖国恢复"所牺牲的"忠男烈女"。不过其中《松江女杰小传》一篇实际上只是评注,而非创作,他在文中曾言:

> 莽莽乾坤,漫漫长夜,侦检旧箧,得松陵女子潘小璜所著《为民族流血无名之女杰传》。此篇曾出现于《女子世界》,披读一过,其文雄笔如潮,浓墨如波,其心戚戚过虑,哀哀悲国。种族之感深矣!思想之愤苦矣!乃录其原文,每段加之小言,虽云弄斧,亦表己意,以进于读者诸公。愿我同胞当此种族竞争之时,民族流血之秋,各各手执一纸,每日清晨焚香读之,清夜扪心思之,毋为女杰所笑死,毋为女杰所羞死。辛亥嘉定二我识。②

所以此篇只是他读完《为民族流血无名之女杰传》(1904年的《女子世界》第11期上发表)之后的抄录和感想。另外,他还用涤骨之名在"自由谈"上发表过两篇小说:《中国之福而摩斯侦探谈》《穷神》,此外还有《黑海潮传奇》一种(本是传统戏剧剧本,而却放在题为"小说"

---

① 嘉定二我:《嘉定血》,《申报·自由谈》1912年1月15日第8版。
② 嘉定二我:《松江女杰小传》,《申报·自由谈》1911年12月4日第25版。

的栏目之下）。同样地，他以嘉定二我之名所作的《好头颅传奇》《蜗牛角传奇》也在"小说"栏目之下，似乎是将"传奇"一名直接混同于小说，又似乎是将故事性的内容皆归入小说。由此可见《申报·自由谈》早期对于刊载"小说"的自由，以及"小说"概念界定上的混乱。

  作为初入文坛的小说创作者，嘉定二我与同时代的文人一样高呼"小说"的重大作用，他说："小说为文学之最上乘也，小说为人类之进化史也，小说为天然之心理学也，小说为人道之支配物也。……呜呼美哉，小说之价值也！其笔墨之变换灵机则出于意外，描写人之性质情状则现身说法，感人之深，化人之便，刺激人之易，莫小说若。余书毕，管城子在旁渠渠而笑曰：小说！小说！必大雅君子所不屑道也，奈何耶！奈何耶！"① 但他与《申报·自由谈》的主创及各位撰稿同人并不介意栏目设置的对错、作品创作力的高低，在民国初立的"自由谈"上处处显示的都是文风的自由、作品与作者的年轻以及语调之间的调笑与愤怒，而这比起清末时期的纯小说刊物又是另一番景象了。

  嘉定二我在文坛只停留过短暂的一段时间。他自1913年春夏之后，很少再作小说，而转为撰写戏剧考证文章。1921年他在《小说新报》上发表的《害群马》，虽标为小说，实不过也是一则短小的议论文。左鹏军在《晚清民国传奇杂剧文献与史实研究》一书中曾辟章节论其《黑海潮传奇》《好头颅传奇》《蜗牛角传奇》等剧作，② 然他在书中所言"颐琐述，二我评"之《黄绣球》中之"二我"即是嘉定二我陈其渊③则尚无足够的证据。一因古人同名同姓的本来就多，字号更是如此（如当时在东吴大学任教职，且在《兴华》等杂志发表过作品的李二我）。《黄绣球》发表于1905年，而且目前并未见到其作者颐琐（已考证出为"汤宝荣"）与嘉定二我有过往来，且"二我"一名出现在《新小说》上只是孤例。另外，从嘉定二我提供的小像来看（《自由杂志》上刊出的更为清晰），他应该不超过30岁。当然这或许是其年轻时的照片，但他自称与徐了青是忘年之交，④ 而徐了青当时40岁，二我在了青去世时，题赠挽联云"客岁过君

---

① 嘉定二我：《小说的小说》，《申报·自由谈》1911年12月30日第27版。
② 左鹏军：《晚清民国传奇杂剧文献与史实研究》，人民文学出版社2011年版，第315—317页。
③ 见左鹏军《晚清民国传奇杂剧文献与史实研究》，人民文学出版社2011年版，第316页。
④ 嘉定二我《挽了青君诗》六首其二中有句云："忘年交好意，流水何堪听。"故可知他与徐了青并非同辈。见《申报·自由谈》1914年6月11日第14版。

斋，下榻谈心，同辈久钦徐穉；昔时共乡里，论交把臂，自愧不如祢衡"。他自比祢衡，则徐了青即被比作年纪稍长的孔融，故基本可以断定他是比较年轻的，因此二十岁左右（1905）的他评点《黄绣球》的可能性不大。

盖嘉定二我与徐了青因"自由谈"而相识，继而成为忘年之交，在"自由谈"的撰稿同人之中，他与徐了青及主编王钝根最为相熟，其余则更多的是通过报纸而进行的"笔谈"、信件往来或酬赠。1913 年 6 月 14 日二我有《题丁悚女妆小影》四绝发表，他在诗序中说："癸丑四月，薄游沪滨，慕琴先生出化妆小影索题。时与了青同逆旅，因赋四绝，代为书之。"按此次拜访王钝根，嘉定二我同时结识了丁慕琴——即在《申报·自由谈》及其他同人杂志主管插画、封面插图设计的丁悚。"自由谈"上发布的第一位撰稿同人小像便是丁悚，像下小传云："号慕琴，浙江嘉善人，现寓上海老北门昌泰质。"① 然虽是首次见到丁悚，嘉定二我在《题丁悚女妆小像》② 中却不乏戏谑地描述了丁悚的相貌：

  瘦影亭亭有所思，碧纱幢畔立多时。知君欲补情天阙，化作嫦娥绝世姿。
  镜中色相画中禅，潇洒风流属妙年。不管青衫与红袖，如斯玉貌总翩翩。

由此可见亲切友好之意，故这次相携出游其实也是"自由谈"撰稿同人从文字交到真正结交相识的例证。徐了青对于此次出游亦有记录，1913 年 6 月他在《申报·自由谈》上发表旧诗《题二我小像》，③ 诗中言：

  癸丑仲夏，偕二我先生同游歇浦，访钝根，识慕琴，文酒流连，日夕与共，可谓极客中之至乐矣！归后以摄影索题，爰赋十绝句，藉以纪事，不足云诗焉。
  二我我同乡，夙昔不相识。结交岂无因，重之以文墨。
  去年风雪中，承君来见访。今年风雨中，同客春江上。

---

① 《申报·自由谈》1913 年 3 月 23 日第 13 版。
② 《申报·自由谈》1913 年 6 月 14 日第 13 版。
③ 了青：《题二我小像》，《申报·自由谈》1913 年 6 月 14 日第 13 版。

《申报》《新申报》小说家述考（1907—1919）

  子猷（钝根）我明师，令威（慕琴）我益友。得君而成三，一笑杯在口。
  淞滨三日留，胜似平原游。观鱼临小阁，置酒登高楼。
  入夜听笙歌，归途各相送（同行者四人为君与钝根慕琴及余）。依依不忍分，明朝期再共。
  诗人最愚骏，好自寻烦恼。小别无多时，便作相思料。
  相思欲何如，必有凭借物。为效陆放翁，求得化身术。
  化身术何神，眉目事无异。两人分持之，永永莫捐弃。
  我将游淮南，君来索诗句。匆促不成文，聊以写情绪。
  愿君得我诗，莫再伤别离，见诗如见面，千里同心期。

  从诗中可以得知，嘉定二我是1912年冬曾拜访徐了青，1913年夏又与徐了青、王钝根、丁慕琴（丁悚）一起在上海游玩。几人相识之后，甚为相得，故而《申报·自由谈》上的"文字因缘""自由谈话会"等栏目实质上就是他们撰稿群体形成的标志，其中刊载的诗文即是他们日常生活的再现。而他们的结交，如嘉定二我诗中所写，是"文字因缘结合良，一衣带水两情长"；虽匆匆一面，离别之时却不免已有"几日春江载酒过，匆匆惜别奈愁何。临歧怕唱阳关曲，戏作丁娘十索歌"的感慨。
  大体上，嘉定二我真正相见结识的"自由谈"撰稿同人大约就是钝根、慕琴、了青三位，其余基本都属于文字交往或仅睹小像的"神交"。他的文字生涯不长，家境又较拮据，他在《自题小像》[①]中曾云：

  岂肯逢人唱楚辞，相逢还问故人谁。气随身短因衷敝，事与心违有剑知。
  见说授衣先自审，曾经捧檄被人疑。如何一饭千秋泪，正是王孙失意时。

  从诗意来看，他失意不顺，似乎还是家道中落的"王孙"。但是此诗实际并非他的原作，而是清初嘉定南翔寺住持释敏膺的《贫贱受恩多》[②]

[①] 《申报·自由谈》1913年6月15日第13版。
[②] 释敏膺：《香域集》，上海科学技术文献出版社2012年版，第160页。

一诗，嘉定二我是抄袭投稿。不过，这位释敏膺和尚俗姓也姓陈，嘉定二我用此诗自况也有可能。因他没有特别突出、成功的作品，故而二我的失意和气短也没有因为《申报·自由谈》而改变。虽然他是较早提议发起"自由谈话会"的撰稿者，但他披露在媒体上的文字及信息仅有上述寥寥数言——缺乏足够的描述、表达或"小说"演绎，他的失意和心事便没有引起大家的注意。1914年春，徐了青去世，嘉定二我似乎有感于知音已逝，基本上不再投稿，因而他的名字与作品也便随之湮没在"自由谈"之中了。

2. 了青

徐了青，《申报·自由谈》创立之初较活跃的撰稿人之一。1913年4月18日，"自由谈"上印其小像并注小传曰："徐岱祥，字泰云，江苏嘉定人，年四十岁，现寓安徽正阳关榷连局。"

可知，徐了青出生于1874年，故其年轻时正值科举刚刚废除之际，然《嘉定县续志》《嘉定县志》（中华人民共和国成立后编）均未见其名，其是否参加过科考、有无中举不详。1914年6月8日，《申报·自由谈》刊出主编王钝根的《为了青先生逝世告海内文字交》一文，此文交代了徐了青一生大致的轨迹和经历：

> 《自由谈》多了青先生之作，知阅报诸君必与了青先生有良好之感情。兹闻凶耗，悼惜何如？了青姓徐名岱祥，字泰云，居嘉定城内南门大街七十六号。少负文名，橐笔游燕赵齐鲁间，备尝艰苦。晚年退职家居，与其夫人沈倚桐女士唱酬为乐，所为诗古味隽永，望而知为醇儒。先生亦孤高自赏，不与世俗相周旋，故幕游数十年依然寒素，家徒四壁，箪瓢屡空。今年五月中得湿温病，辗转床褥者二十余日。延至六月三号之晨，竟溘然长逝。弥留之际，犹以所著小说未竟全稿为言。呜呼悲哉！先生一生才丰遇拙，身后萧条，惟余著作，保守而传扬之责在后死。尚望海内文士唁以文词，俾垂不朽。了青有知，益深知己之感也。

故其一生际遇不佳，主要靠幕游之资糊口。他在《戏致天虚我生》一文中曾自嘲曰："了青行年四十有一，其始非不高自期许也。然耕无十亩之田，居只数椽之屋。潦倒半生，卖文自活，抑郁终年，病魔相逐。所谓

《申报》《新申报》小说家述考(1907—1919)

意中人者,更此生之已休而他生之未卜。"① 此文发表的当年他便去世,年仅41岁。而也正是在逝世前的两三年内,他与"自由谈"诸撰稿同人结交,并通过报纸这一新媒体将自己半世的侘傺遭遇倾吐出来。

王钝根此文中称其年少曾游燕赵齐鲁间、晚年家居,其实他己酉年(1909)间曾在上海课馆授徒,1913年间还曾游历淮南,而卖文写作亦是他晚年的一项"营生"。

关于在上海课馆一事,他在《再寄家兄》一诗中曾说:

> 十载游尘海,重来坐讲堂。主宾如旧识,心迹两相忘。青玉先生案,猩屏弟子行(己酉五月闲居无俚,因希淹荐,设帐于沪上李氏。宾主极相得,馆中陈设雅丽,有女弟子三人,客有过余者,奴仆辈移锦屏风幛之)。无才又荒落,只自益惭惶。②

据他自己所言,其在外幕游有"十载",回来后受友人推荐到沪上为西宾。当时,仍有友人招其远乡供职,但他坚辞而不就。他在《再寄家兄》的诗中,还有一首曰:"穷居甘废弃,寥落欲何之。却怪老妻意,先愁嫁女资。釜中无米日,雪里典衣时。一事心常歉,辞官负所知。(时徐友梅观察屡次招,辞不往就,而心常耿耿。)"大约他在外游历时间太长,到晚年不想再继续自己的幕僚生涯。特别是,这两首诗中无一不透露穷愁失意之感,正是王钝根所说的"寒素"与"才丰遇拙"。

游历淮南一事,其实前文已经述及,他1913年夏所写《题二我小像》一诗中曾言"我将游淮南",此即是证明。不过,这应该是他1913年夏返回沪渎的时间内创作的。他1913年4月尚住在安徽正阳关(1913年4月18日"自由谈"上对他的介绍是"现寓安徽正阳关榷连局"),而嘉定二我1913年4月17日还在《申报·自由谈》上发表《怀了青在正阳关》一诗:

> 吾子名人后,风流托咏题。开襟落梁月,洒墨散虹霓。一夕灯前话,千秋世外期。可堪分马首,道里各东西。

---

① 了青:《戏致天虚我生》,《游戏杂志》1914年第4期。
② 了青:《再寄家兄》,《游戏杂志》1914年第3期。

待来曾不来，欲去那能去。一马骄且嘶，孤鸿渺何处。
吾庐在练阳，颓垣经雨注。子如惠好音，倚将银杏树。

故而此时徐了青尚乔寓安徽正阳关。不过，他当年夏天回去之后，因当地兵乱，不久就避祸回乡了。他在《水调歌头·除夕赠抱璞兼题摄影》一词中曾述逃亡之经历：

羊石共离乱，叹我独归来。还幸归路无恙，安稳渡江淮。只是凄然分手，彼此音沉信杳，生死费疑猜（正阳之乱，抱璞冒险出城，渡淮告急，余亦辟祸南归，转徙流离，音问断绝者逾月）。不道在今夕，犹得话衷怀。

对莲炬，听爆竹，醉琼杯。更无长物，留得都作劫余灰（乱平，抱璞回正，捡余行箧，只摄影尚存而已）。惊绝当年魂魄，喜煞今朝颜色，笑把旧芒鞋。莫放岁华过，倦眼且频揩。[1]

抱璞是其亲戚（若"羊石之喻"是确指，则抱璞可能是他的外甥），名金世祁，亦是《申报·自由谈》的投稿者，曾发表《光头搔》一文。徐了青在"自由谈"上曾发表《答金抱璞世祁》（1912年10月25日、1912年12月3日）诸诗，诗中是以长者的口吻告知金抱璞人生顺逆、达观自守的道理。另外，金世祁赠给徐了青的挽联为："谊为姻娅，情胜弟昆，廿载订深交，他年遗稿重编，后死者与有责也；弱息无依，藐孤焉托，一朝成永诀，异日故乡言返，伤心人何以哭之。"[2] 由此知，二人既是亲戚又是朋友，当年或同住在安徽正阳关。而徐了青在此词中所说的"正阳之乱"应该是1913年二次革命期间，革命军与北洋军阀在徐州、淮南地区的冲突摩擦，当时各大报纸对此均有报道。[3] 而从撰写此诗的时间"除夕"来看，徐了青至迟在年底之前已经回乡。实际上，徐了青返乡的时间是在1913年9月下旬之前。

他有诗稿所谓《劫余草》者，正是正阳之乱的劫余之作。他1913年9

---

[1] 了青：《水调歌头·除夕赠抱璞兼题摄影》，《游戏杂志》1914年第5期。
[2] 金世祁：《挽徐了青》，《申报·自由谈》1914年7月1日第14版。
[3] 如《申报》1913年7月28日所载的新闻《徐州兵祸记》，1913年8月3日所告布的《政府对付粤事要电》等均讲到当日正阳关的情形。

月22日在《申报·自由谈》发表《劫余草》时，曾作数言交代此稿之来历：

>　　是草为了青三十八岁病后所作，自辛亥五月迄今，约诗七十余首。此次正阳之乱，仓皇逃归，未及携出，闻已付诸劫火矣。因就记忆所及，录请钝根选登自由谈（前已登报者不复录），俾作樯本，奇诸大吟坛教正之。了青谨志。①

故而在1913年9月，徐了青已经安稳在家。他游历归来之后，身体状况一直不佳但日常生活相对闲适，他在诗中说："我生四十年，壮者日以亡。岂无知心人，关河两相望。达观固所愿，铁石非衷肠。晨兴抚儿女，夕梦驰齐梁。"②虽然对于人生之不遇难以释怀，但他一直试图通过阅读与撰述来自我排解，并在与嘉定二我等文坛友人的相交中慢慢地表达出自己的心怀，通过向报刊投稿来弥补"才华不售"的缺憾。

然而不管是十年在外做幕宾，还是回乡坐馆课徒，徐了青终于还是抓住了利用报刊媒介表达自己怀抱与才情的机会。从上述情况可知，在1909年至1914年间，徐了青除了在沪渎一带偶尔课馆授徒及1913年前后住在安徽正阳关之外，其生活重心应该是撰述及参与《申报·自由谈》等报刊的文字活动。我们不知他的文学创作起于何时，但他开始向《申报》投稿是在1912年夏天。他的诗篇以《劫余草》为代表（虽平时吟诵不少，逝世前两年的作品却多付丙丁），然而更能表现其表达欲望与"卖文"生涯现实的还是小说创作。

盖在这期间，他在《申报·自由谈》上发表过"清廷轶事"系列笔记，又撰有《孤坟泪》《江舟侠女》《并蒂缘》《苦鸳鸯》等短篇小说约三十篇。

"清廷轶事"虽未标明体裁为"小说"，但此笔记系列乃是通过听闻撰写而成，其实也要算在"笔记小说"的范畴之内。徐了青一直对于逸闻杂说有纂辑的兴趣，他在"自由谈"的"遗闻轶事"栏目曾写过数篇小文，如《邬先生》《鬼面》等；《游戏杂志》上又发表过《某公事略》一篇，

---

① 了青：《劫余草》，《申报·自由谈》1913年9月22日第13版。
② 了青：《答金抱璞世祁》，《申报·自由谈》1912年12月3日第10版。

亦是依据"传闻",用史笔记述清末某公之事(实际上所记的赵秉钧,只是隐去名姓而已)。此《清廷轶事》亦是断断续续地在"自由谈"上刊载过六篇,所记述的有翁同龢,也有光绪帝,皆清末坊间谈资。他在《清廷轶事并序》中说:

> 前清之季,余族多宦京师者。余每入都,辄喜向兄弟子侄辈询掖廷事,兄弟子侄亦每以过庭所闻者告余。设随时笔之于书,已足成册。清亡后,久拟记载一二,以饷阅者。第以事属耳闻,从未亲历禁苑,于官廷内容(如某殿在某处,及帝见太后,后妃见帝之仪注类)不甚深悉。又乏董狐之笔,褒贬未克尽当,恐不免于琐屑处被人指摘,遂迟至今。然念种种事实,颇有足为他日野史之助者,爰拟自今伊始,就追忆所及,择其荦荦大者,逐条记出。倘篇中偶有遗忘之处,则付阙疑。愿阅者但记其事,勿相求于文字体例间也。①

所以此"清廷轶事"全为听闻及记忆,难免不实而近于虚构。另外,在几篇笔记之中,有两次刊载时的署名为"负负",且标明了"续"或"再续"的字样,则"负负"应该也是了青的笔名或字号,而《申报·自由谈》署名"负负"的还有《探子》及《牛衣泪》两篇小说。

《孤坟泪》《并蒂缘》《江舟侠女》诸篇除了个别为讽刺小说外,其余均为言情小说,所言不出哀情、侠情等常见的男女相恋离合之事,然因此类题材在当时最为流行,可模拟与参考的作品也多,撰述笔法也与传统写作习惯相一致,故而徐了青对此类题材用力最勤,成绩也最佳。在《申报·自由谈》上刊载的数篇之外,他在《游戏杂志》上也发表有《泣珠日记》《不了缘》等几篇小说。盖《游戏杂志》继《自由杂志》而来,亦是"自由谈"撰稿同人合力创办,徐了青亦在编辑之列。《泣珠日记》为哀情小说,是以第一人称口吻叙述男女主人公相遇、相恋至生死相隔之种种,是当时较为新颖的写法;而《不了缘》标为"惨情小说",亦是男女相恋竟至错失良缘之事,惜其未能全篇。徐了青去世后,由天虚我生依其意续作以成完篇,陈栩园在续篇之前说:"了青往矣,《不了缘》之书竟尔不了。读者咸为扼腕,同人来书勉予为之续了,将以补情天中之缺憾

---

① 了青:《清廷轶事并序》,《申报·自由谈》1913年2月18日第10版。

也……了青曾于开卷之始有预言曰'凡能作惨情小说者,推其忍心所极,皆足以焚琴煮鹤而有余'。吾承其旨,为续斯篇。"①

从其所有小说作品来看,徐了青擅为言情,特别是哀情小说。所作虽基本为短篇,但也有进行中篇的尝试。故他虽与"自由谈"诸同人一样,惯于写"游戏短篇",但是相较于大多数的年轻小说家,他有更多进步或写出佳作的可能。

可惜,1914年徐了青不幸早逝,他崭新的依托媒体的"卖文"生涯刚刚开始就结束了。最后,《申报·自由谈》的各位主撰在报纸上为其开"追悼会",诸同人好友追赠挽联悼文,主编王钝根等人并为其收拾遗集断文,以求其人其事可借报章得以永存。即撰稿同人东海家僧所谓:"吾公生死关文运,江左哀声动士林。风雨名山经世业,桃花潭水故人心(钝根、蝶仙辈或任编辑遗稿,或为续著小说,生死交情良可佩也)。"②

自1914年6月11日起,主编王钝根在"自由谈"上发起追悼徐了青的活动,向撰稿同人及读者征集挽联悼词,直至1914年7月23日才告结束,追悼作品太多载不胜载,仅所刊之挽联、悼词便已超过百篇,如前文所举之金抱璞为其所题的挽联,又如余姚谢若虚所作《挽了青老友诗》等等,基本上以生前亲友及撰稿同人的作品为主。其中嘉定二我的挽言最多,他不仅作有《挽徐君了青联》,还撰写了《挽徐了青君诗》六首:③

> 话起生前事,回思一念深。饥寒存我体,忧患在君心。护惜如怀璧,艰难每赠金,文章亦何用,逢尔即知音。
>
> 忘年交好意,流水何堪听。缘成真不了(先生作小说《不了缘》未完稿),碑志有岘山。才华留气骨,慷慨见精灵。痛惜孤儿泪,家声传六经。
>
> 我病劳相念,佳句报诗笺。世情多狡狯,人意惯纠缠。自昔推王烈,于今忆鲁连。独怜千古意,生死薄云天。
>
> 烈性根诸静,高怀出以真。为多排难意,遂有泛交人。落魄先忧我,穷愁不为身。从来节侠士,几个不会贫。

---

① 天虚我生:《不了缘》(续),《游戏杂志》1914年第6期。
② 东海家僧:《挽徐了青君用弭似和严子曾韵录呈钝根先生》,《申报·自由谈》1914年7月7日第14版。
③ 《申报·自由谈》1914年6月11日第14版。

马策西川泪，伤心叩福持。故人袁彦道，我友郑当时。正气弥天壤，深情泣路歧。黄金挥散尽，留取士林悲。

磊落从天性，由来岂好名。旷怀如月朗，快论自风生。已恨晨星少，俄闻晓漏惊。独留残喘在，援笔泪纵横。

诗中还道出徐了青的高怀、侠气，并痛其命乖不遇；同时也可见二人生前之情谊。虽然靠着"文字"结识仅两三年，真正相见的次数更屈指可数，但是嘉定二我却在"自由谈"上找到了知己，而徐了青同样也是在"自由谈"找到了同志和归属感。

因此，某种程度上，这场刊在"自由谈"上的追悼会既是对徐了青的文字追悼，同时也是一次诗文的展览活动。各位撰稿人既是悲悼了青的才情与不遇，也是悲悼自己的时运不济，更是借机在报刊上展示自己的文笔与才情，更是天下不遇的文士借此契机的一次集结，而这亦是"自由谈"及大多数报刊在当时之于普通文化人的意义——展示表达文才的平台与广场。

徐了青死后，撰述主要由王钝根等"自由谈"同人整理刊出。其后，在1917年初，王钝根还在他所主持的《新申报》副刊上逐日刊载"了青遗稿"，全部为徐了青的诗词作品，由此也可证明早期《申报·自由谈》与《新申报·自由新语》之间不可分割的关系。

关于他家人亲友的情况，依其生前著作可以大致了解到一些内容。徐了青有一兄长，其兄长曾宦游河南信阳（见《寄家兄信阳差次》一诗）。其妻沈倚桐女士，名为沈嘉凤，"三十六岁，江苏扬州原籍，浙江会稽人"①，《申报·自由谈》上亦刊有其小像。沈女士颇擅为诗，"自由谈"上曾载其《瓜洲舟次》《中秋月蚀》等诗，撰稿同人称"倚桐女士工诗敦品，其松筠晚节亦可想见"②。王钝根称她与徐了青"唱酬为乐"，则夫妇二人生活虽然寒素，但性情上应极相得。他们有两个女儿，徐了青在《闲意》一诗中曾说："灯火荧荧夜乍长，山妻相对话家常。一双娇女聪明甚，

---

① 《申报·自由谈》1913年6月7日第13版，疑刊文出错，或应为"江苏扬州人，原籍浙江会稽"。
② 东海家僧：《挽徐了青君用弭似和严子曾韵录呈钝根先生》，《申报·自由谈》1914年7月7日第14版。

闲课新诗三两章。"① 王钝根曾称其"身后萧条",但他并非没有儿子,只是儿子出生略迟。《新申报·自由新语》曾刊其遗作《己酉二月念三日颐儿生》,② 诗云:

  正在愁眉不展中,添丁未免更添穷。如何报道生男子,顷刻全家带号容。
  中年生子未为迟,得陇偏生望蜀思。算到向平心愿了,抱孙恐已白头时。

可知他的儿子生于己酉年即1909年,当时了青年近四旬。

徐了青曾感慨于时世的变化,他在《怀李村读书处兼忆诸同学并示王五》③中曾说:"比来学术多新奇,吾侪所学将何为?"在新的时代面前,他有了危机感。不过,成了"自由谈"的撰稿人之后,他说:"《自由谈》创行以来,了青对之常作种种奇异之思想。千金敝帚,刊刻无资,得此一纸风传,庶几不翼而飞,不胫而走,吾是以乐。"④ 然而即使以"了青"及"负负"的名称在《申报·自由谈》上投稿,他终因早逝而没能化解这种危机。

3. 瘦蝶

许瘦蝶,名许泰,号仲瑚,江苏太仓人,晚年又号悼飞室主。《申报·自由谈》1913年4月16日上刊载其小像并小传,但介绍非常简短。

他生于1881年,父名厚山,⑤ 少年时曾跟随名师学习写诗,"余少从吾乡陆茂才彦卿夫子游……时余方学试帖诗,师颇加奖掖。……余游其门者四载……盛师仲英作古后,余挽以联"。⑥ 二十余岁时曾加入各诗社,与社中诸子互相酬唱。他在晚年的文章中曾回忆说:

---

① 了青:《闲意》,《游戏杂志》1914年第2期。
② 了青:《己酉二月念三日颐儿生》,《新申报·自由新语》1917年2月20日第四张第1版。
③ 了青:《怀李村读书处兼忆诸同学并示王五》,《游戏杂志》1914年第3期。
④ 了青:《读自由谈杂记》,《申报·自由谈》1912年11月30日第10版。
⑤ 许瘦蝶:《悼飞室杂缀》中有记"先君子厚山公四十周忌辰,余率荆人暨子女辈展拜遗像",故知其父名厚山。《永安月刊》1948年第105期。
⑥ 许瘦蝶:《蝶窠偶语》,《永安月刊》1947年第98期。

光绪丙申，予客印溪。越四载庚子，《海上同文沪报》创刊，并辟"消闲录"以荟萃海内风骚健将，角逐于文坛。予于"消闲录"中得读君所著《洗红词》及《和王建宫词》《和花蕊夫人宫词》……于是遂与君开酬唱之端。……癸卯夏，予客刘江……君（陈蝶仙）创刊《著作林》，予投笺入社……丁未春，予又返印溪。[1]

他 1896 年是在印溪（江苏太仓县印溪镇），1900 年开始向《消闲录》投稿并结识了陈蝶仙。1903 年他在刘江（太仓县刘江镇），因当时《消闲录》停刊，他受陈蝶仙的邀请，与《著作林》诸吟坛赠答唱和，1907 年又返回印溪。

以上是他在向《申报》投稿之前的大致经历，即他是以创作诗词而进入文坛的，直到向《申报·自由谈》投稿，他才开始尝试创作文章及小说，并重新结识了一批希望能以"小说家"自称的青年作家。大体上，从 1911 年至 1922 年，许瘦蝶在《申报·自由谈》《游戏杂志》《礼拜六》《红杂志》等当时最流行的刊物上都发表过文章，"壬戌，予病肺，遂辍笔不复写稿"。[2] 此后，虽病情稍解，但经国内军阀交战及中日战争，许瘦蝶的创作大幅锐减，按此时他也在乡避祸读书。他在文章中曾记述自己在乡赈灾救民事："甲子秋，江浙战衅既开，刘河首当其冲，一般流离失所者群集吾乡。……经李颂韩、闻冠尘两先生向同乡会及他处募款，并由乡人士尽力赞助，于市南大悲殿设施粥以济难民，余亦随诸君子后聊尽绵力。"[3] 又称"中日战起，吾邑沦陷，海上成为孤岛"，1932 年淞沪会战后曾写有《壬申国难记》[4] 一文，不过此时恐怕已很难再向报刊投稿发文了。抗战胜利后，许瘦蝶又重拾墨笔，1947 年至 1948 年间他曾在《永安月刊》《新园林》等刊物上发表作品，特别是"文坛忆旧录"系列及《蝶窠偶语》系列文章，都是考察其生平经历的重要史料。然自此而后，特别是 1949 年之后，许瘦蝶又再次从报端消失。

---

[1] 许瘦蝶：《记陈蝶仙》，《永安月刊》1948 年第 104 期。
[2] 同上。
[3] 许瘦蝶：《蝶窠偶语》，《永安月刊》1947 年第 95 期。
[4] 许瘦蝶：《壬申国难记》，《太仓文史资料辑存第 1 辑》，中国人民政治协商会议，江苏省太仓县委员会编印，未标注年份（可能是 1983 年，1984 年为第 2 辑，1985 年为第 3 辑），第 22—27 页。

《申报》《新申报》小说家述考(1907—1919)

郑逸梅在《诗人许瘦蝶病逝鹤溪》一文中对其记述最详：

> 年逾古稀之诗人许瘦蝶，顷以逝世鹤溪闻矣……瘦蝶讳泰，字颂瑚，又字久安，一作疚闇，瘦蝶其别署也。学诗于名士毛丹梧，擅作绮丽缠绵之词，实则其人殊拘谨，生平不二色。癸卯《海上同文沪报》附设消闲社①，专刊文艺，乃投笺入社，与海内吟坛相周旋，获交社中诸健者。丁未，客鹤溪，与陆墨缘、金翼谋相唱和。戊申，南北两社遥峙，南曰丽则，北曰著涒，词人云集，瘦蝶角逐其间，翰墨之缘益广。及文运中衰，旋即告辍。陈蝶仙起而创《著作林》于西湖之滨，把臂入林，遣飞逸兴，讵未两期，戛然亦止。壬戌，遇海虞陆醉樵，招入虞社。甲子，陆冠秋创甲子吟社，约之襄助，与痴隐、鹗士、次青、翼谋、冠秋、无悲、小鹤辈，唱酬几无虚日，间亦为小品杂文，发表于《申报·自由谈》，及予任辑务之《金钢钻报》为多。曾汇刊之为《蝶衣金粉》，凡三册，今已绝版矣。民国三十五年，乃刊《许瘦蝶全集》，内容为《啸秋阁诗钞》七卷……《梦罗浮馆词钞》三卷……《疚庵文剩》一卷。②

若此文记述准确，则许瘦蝶应于20世纪50年代去世。郑文中所叙之参加诗社及撰述情况与许瘦蝶述的情况基本一致。其中所说的"陆醉樵"，名宝树，有《桐阴唱和集》《虞社精华录》《杞菊山房诗词抄》《樵庵诗语》等著，是许瘦蝶参加虞社时结识的好友，陆醉樵集中有《酬许瘦蝶见赠韵》《上巳日偕弇山许君瘦蝶、陆君拜言、吴君企贤尚湖修禊和瘦蝶韵》（原载于《四明日报》，收入集中时更名为《上巳日偕弇山许君瘦蝶、陆君拜言、吴君企贤暨徐君飚家、香雪龚氏昆仲尚湖修禊赋诗两律次瘦蝶韵》）诸诗，从中可见许瘦蝶与众人吟唱的情形。

郑逸梅文中所说之《许瘦蝶全集》今未见，但《啸秋阁诗钞》与《梦罗浮馆词钞》在民初已经成集，因《申报》上曾见同人为其两集所作的题词。《蝶衣金粉》今尚存，该集由施济群校订，1922年新声杂志社出

---

① 疑应为"消闲录"。
② 郑逸梅：《诗人许瘦蝶病逝鹤溪》，《郑逸梅选集》第5卷，黑龙江人民出版社2001年版，第109—110页。

· 94 ·

版。此集封面有天台山农为其所题书名,前有陈蝶仙、金翼谋、陆穉勤、吴东园等人1919年及1921年所写的序言(则此书在1919年已经纂辑完毕)。陈蝶仙在序中亦记述了其二人自消闲社开始唱酬结交的经过,并介绍此书:

> 其类曰文潮,曰谐薮,曰歌坛,曰志林,曰瀛谭,曰野乘,曰说苑,曰艳话,曰吟社,曰钟楼,都凡十种,近三十万言。①

而许瘦蝶在该书的自序中说:

> 余少孤失学,于文无所窥,偶有所作,信手拈来,不自珍惜。十年以还,目击政潮之变幻,风俗之颓靡,杞忧无已,辄借滑稽文字以宣泄之。间及稗官野乘,用自排遣,积之既久,哀然成帙。比因目疾日剧,行将辍笔,以爱吾者之敦促,汇辑而付诸剞劂。②

其实该集中的大部分作品都是在报刊上发表过的,而见于《申报·自由谈》的又最多。

盖瘦蝶入驻"自由谈"不久,就成为其核心的撰稿人。他自己曾说:"予于《申报》副刊,投稿甚夥,旋得钝根来书,特约予为自由谈撰述,予时客沙溪……日课一篇,无间也。多属游戏文章及滑稽小说,而词藻小说亦间一撰写焉。凡历三月,报社取消特约制,予遂退处为普通投稿矣。"③ 如其所言,他在《申报·自由谈》发表过许多作品,诗词、文章、小说、戏剧等各个体裁皆有,其中发表的小说作品近七十篇。这些小说虽多属"滑稽小说",但亦有言情小说如《霜天鹤唳》《华鬘劫》《画师》及其他描写世态时事的"社会小说"《童子血》《农夫泪》等作品。实际上,瘦蝶比较擅长写言情小说,与其擅写"绮丽缠绵"之词一样,他的言情小说也是哀感顽艳,多写离恨愁思,少有完满的结局。但由于他的小说皆为短篇,创作小说的时段也较短,所以没有留下脍炙人口的作品。但即便如

---

① 天虚我生:《蝶衣金粉·序一》,上海新声杂志社1922年版,第1页。
② 许瘦蝶:《蝶衣金粉·序七》,上海新声杂志社1922年版,第6页。
③ 许瘦蝶:《记王钝根——文坛忆旧录之四》,《永安月刊》1948年第108期。

此，当时的小说创作圈里也已有其名姓。所以拿东俞衡公为其《蝶衣金粉》的题诗中称赞其为"小说家":

> 海上名传小说家，才高文苑笔生花。
> 好从志乘搜遗事，翰墨林中著作夸。①

后来，他在《新申报》上也发表过作品，只是篇幅不多，其中小说有《钟馗选鬼》一篇。

在《申报》《新申报》副刊之外，瘦蝶参与过《游戏杂志》等杂志的编辑工作。因他与陈蝶仙、王钝根的密切关系，使其不仅仅像嘉定二我、徐了青一样是该撰稿群体的早期促成者，同时还是这一群体发展、转移以及无形消散的见证者。至1919年，王钝根时代的"自由谈"撰稿群体已经基本解散，各位撰稿者或从此消失或进入新的撰稿团体，许瘦蝶则是在编辑《红杂志》《金钢钻》之后退归故园。

许瘦蝶曾感慨道:"予自民元起至二十一年止，所储藏之《自由谈》《快活林》《新园林》等副刊，则均于壬申国难时遗失殆尽，盖适在太城寓中，事先未迁故也。"② 到了30年代，当年办报撰文之事慢慢成为旧事。

晚年，他在《永安月刊》上发表"文坛忆旧录"七篇文章，回忆并记述与生前好友陈蝶仙、王钝根、吴东园、施济群、戚饭牛、孙次青、王恩甫等七人的交往经历，如施济群助其编印《蝶衣金粉》一书事。他说自己曾筑蝶窠:"余辟鹤怡堂之东偏为'还读我书处'，大仅如斗，因名之曰蝶窠，盖纪实也。并自撰楹帖，倩虞东董子天怀书，而悬之壁间。"③ 故1922年间曾以"蝶窠偶语"为题，但《红杂志》上发表数篇笔记，到1947年又以此为题续作数篇，且较多地讲到自己的身世经历。

在他晚年的诸多文章中，许瘦蝶多次谈到他1948年所写的寄怀诗四律。这四首诗分别记施济群、王钝根、陈蝶仙等四人（另外一人不详）。其中寄怀王钝根的诗为:"粲花妙舌想犹存，落拓风尘忆钝根，尽许挥毫谋活计，未妨托钵傍禅门。沉沦赤县新潮亟，呜咽青溪旧梦温。安得观空

---

① 俞衡公:《蝶衣金粉·题诗》，上海新声杂志社1922年版，第3页。
② 许瘦蝶:《记施济群——文坛忆旧录之三》，《永安月刊》1948年第107期。
③ 许瘦蝶:《蝶窠偶语》，《永安月刊》1947年第95期，原刊于《红杂志》1924年第37期。

人我相，自由文字夜同论。"他是想借诗句来寻找故友，只是诸位好友并无回音。"诗刊布后，未获消息"①，在其找寻之中，他曾得知陈蝶仙已逝，又在阅读《新园林》杂志时获知了施济群逝世的消息。②

许瘦蝶在文中曾多次讲到自己患有肺病与眼疾，这为他进行创作也增加了不少阻碍。他家中人口不少，然多染病去世，故其晚年颇为孤苦。他在《蝶窠偶语》中曾记载自己为其叔辈四叔厚甫公、六叔厚堂公，姊倩彭志清、姊倩庐鹿亭等写挽联事，③ 对一家人沾染病魔的遭遇也有详细记述：

> 甲子岁时，余病肺初愈，戏作挽联……后十年戊寅，元室郑定芬已先逝，块然独处，悒悒寡欢……时年五十八……元室郑孺人，字定芬，以末疾卒于壬申四月，余挽之云："卅二年内助辛勤，回首痛如何，从此酬君惟有泪；顷刻间外邪侵袭，伤心愿未了，忍教别我竟无言。"定芬逝后三阅月，而吾女汝漪又以肺病殁……盖其翁姑先卒，堂上惟继姑，而其夫婿及儿女均先逝，倘能相聚，诚生不如死也。甲戌秋九，冢媳顾霞病殁……病为肺痿，所生儿女，均不育，致悒悒而逝也。吾婿李士伦歌波，英发有为，商于海上，罹肺疾卒……婿家连年逝世者，均染肺疾，吾外孙吟梅、迎凉，亦死于瘵，余尝戏称李氏为肺病世家。④

另外，其身后有材、飞、裕等诸子（许材即顾霞之夫⑤），许飞早夭，既而许裕出生：

> 飞儿殇之翌岁己未（1919）九月十六日裕儿生，家人皆欣慰，以为飞儿能来弥此缺憾也。⑥

---

① 许瘦蝶：《记王钝根——文坛忆旧录之四》，《永安月刊》1948年第108期，第35页。
② 许瘦蝶：《记施济群——文坛忆旧录之三》中有云："见亚凤《挽济群诗》，知以中风逝世，不禁失声一叹（是否亚凤或有误记）。"《永安月刊》1948年第107期。
③ 许瘦蝶：《蝶窠偶语》，《永安月刊》1947年第98期。
④ 许瘦蝶：《蝶窠偶语》，《永安月刊》1948年第103期。
⑤ 许瘦蝶：《蝶窠偶语》中有句云："又为材儿挽云：来嫔才九年，事亲应世，诸务能谙……"盖记其儿媳顾霞逝世后，他替儿子许材作挽联悼妻子。《永安月刊》1948年第103期。
⑥ 许瘦蝶：《悼飞室杂缀》，《永安月刊》1948年第105期。

《申报》《新申报》小说家述考(1907—1919)

他因此自号悼飞室主,并曾有《悼飞室杂缀》刊于《红杂志》及《永安月刊》。因此到30年代,许瘦蝶的家人相继去世,他能在抗战中坚挺过来,到了晚年还能著述,实属不易。

虽然如他所说,他在"自由谈"仅当过三个月的"特约撰述",之后就退为普通投稿人,但是他因为投稿而与诸撰稿者结文字缘。正如前面几章所述,瘦蝶曾在"自由谈"上发表《文字海》《自由谈投稿人名刘》等文,故而他之于"自由谈"的意义并不仅仅是撰稿同人,或者说是小说创作者群体中的一员,而是他通过自己的文章总结并"确认"了一个撰稿团体的存在。他的"总结"是无意识的,但对于"自由谈"撰稿者来说却似乎有了一种书面上的正式"入团"告示——他的《文字海》使撰稿同人有了归属感。

从了青、二我、瘦蝶三人与《申报·自由谈》撰稿同人的交往来看,他们进入"自由谈"之前的身份经历各不相同,但都是通过投稿或建立、或重新拾起与同人好友的文字因缘。三人创作的短篇小说都不少,但同样是"游戏短篇"多,成熟的作品少,而且都因各自的原因没有跟随王钝根去延续和扩展"自由谈"撰稿群体,只有瘦蝶在《新申报》副刊上偶尔还有投稿。

当初提议"建群"者有很多,他们三人可以说是提议最积极者,其他还有黄炳南、冰盫、匹志等人:

> 冰盫:"徐弢字芙青,号冰盫,年四十四岁,浙江鄞县人,现寓后马路干记弄永清里福泰纱号。"(《申报·自由谈》1913年4月11日)
>
> 匹志:"蔡匹志,枫泾人,现寓上海新闸路西中华法政大学。"(《申报·自由谈》1913年3月29日)及"蔡奉璋,字少兰,又号匹志,年四十四岁,浙江嘉善县人,现为上海中华法政专门学校会计员"。(《申报·自由谈》1913年4月23日)

黄炳南生平不详(且同名者较多),依其在"自由谈"的署名,知其为"青年黄炳南",年纪较轻。但他投稿极少,虽有功于"自由谈"撰稿群体成立"自由谈话会",因没有继续进行文学创作,只能在"自由谈"上一闪而过。黄炳南、匹志等人亦对"自由谈话会"的建立提到各种建议,但他们与主编王钝根及其他撰稿同人的交往不如了青、瘦蝶等三人密切，在"自由谈"撰稿群体中也不如嘉定二我、了青与瘦蝶。但不管其在"自由谈"的具体文学活动如何，不管其创作成绩如何，他们的投稿、创作及参与一个撰稿群体建立的过程本身已经把文学创作推进了一个新的时代——这个"时代"，报刊平台为小说的"碎片化"、小说家的多元化提供了可能性。

只是了青早逝，瘦蝶又参与报刊事务较多，二我的投稿也逐渐减少，故而后来他们都没能成为"自由谈"撰稿同人中最核心的人物。最核心的人物是那些居住在上海，并且来往于编辑部甚而承担编辑职责的作家，他们便是常驻"自由谈"的代表。

二 常驻"自由谈"之小说家：爱楼、觉迷、常觉、小蝶

在早期《申报·自由谈》的撰稿作家群体中，除了二我、了青等较活跃者，更活跃也更重要的撰稿者是担任编辑之职或与各位编辑极相熟可以自由出入编辑室的作者。他们向"自由谈"投稿不一定比其他人早，但是在"自由谈"中却有举足轻重的位置。因为无论是作品的数量和质量，还是对"自由谈"版面的设置编创，还是对"自由谈"撰稿群体的凝聚与发展，他们都比其他撰稿者的贡献更大。

1. 爱楼

童爱楼，《申报·自由谈》1913年3月24日载其小像并小传云："童乐隐，别号爱楼，年四十九，浙江鄞县人，现寓上海浙江路德仁里六弄六号。"同年，《自由杂志》第1期中对其介绍云："童苍怀，字仲慕，别号爱楼，又署石甎山民，浙江鄞县人。"[1] 又有记载称其"又名童侃，别署童隐，字号仲慕（一作仰慕）、仰慈、爱楼。"[2] 另外，据他自己说，其尚有"湖山无恙楼之另一别号"[3]。

---

[1] 《自由杂志》1913年第1期。

[2] 万湘容、干亦玲编：《民国时期宁波文献总目提要》，浙江大学出版社2015年版，第9页。

[3] 《爱楼诗话》中记云"慈溪拙园居士有句云：天上仙槎莫问津，乞休归产镜湖滨。湖光无恙狂如故，千古风流贺季真。盖指此也。余因此亦有湖山无恙楼之另一别号焉"（《墨缘丛录》1912年第17期）。

由此可知，童爱楼生于1863年，宁波人。其一生居处主要在上海及宁波一带，生平足迹则遍布杭州及湖湘等地。如1913年，他在《湘游纪略》文章中曾记述："前岁冬，余客湘南，计自沪至汉，由汉至岳州，越洞庭八百里而至常德，复历辰州、龙阳、沅江、湘阴等各州县，绕洞庭而至长沙。"① 想他平生类似的游历还有不少。据他自己说："我是还不到弱冠年龄，随着一担行李到上海的，直至家居闸北，被日军进攻，全部焚毁而止。"② 则他于1883年之前来到上海，继而进入报界，主持各报刊笔政。

许瘦蝶曾在文章中说：

《笑林报》为童爱楼主编，旋《笑林报》停版，爱楼即与吾友王恩甫君创办《娱闲日报》，于光绪三十一年四月十五日出版（即西历一九○五年三月十六日）……爱楼主人名侃，四明人，自署石牕山民，工诗画，谐谈，涉笔成趣，间著小说剧本，尝有《爱楼赏月图》及《天乐图》，征题海内，多得佳什。③

《笑林报》为孙玉声1901年创办，童爱楼可能曾任该报编辑。然《笑林报》停版于1910年，所以童爱楼与王恩甫创办《娱闲日报》时并非在《笑林报》停版之后。而由此知，童爱楼在报界文坛立足较早，1910年《申报》上曾有"二十世纪大著作名家童君爱楼实验自来血保证书"④ 的广告，则在清末时期童爱楼已称得上是"大著作名家"。而同样的广告，还有："二十世纪大著作名家《万国商业月报》主笔童君爱楼之保证……寓本埠大马路仁德里六弄志强学堂内，童隐顿上。"⑤ 则1910年间，他又曾主持《万国商业月报》笔政。

从清末至民初，童爱楼参与主持、编辑过的报刊有数种。除上述三种外，还有《自由杂志》《游戏杂志》《劝业场日报》⑥《新华月刊》⑦ 等，

---

① 童爱楼：《湘游纪略》，《自由杂志》1913年第1期。
② 童爱楼：《五十年梦自序》，《新上海》1933年第1卷第2期，第64页。
③ 许瘦蝶：《记王恩甫》，《永安月刊》1948年第105期。
④ 《申报》1910年3月1日第13版。
⑤ 《申报》1910年3月13日第15版。
⑥ 1918年间曾参与编辑，《上海图书馆馆藏中文报纸目录 1862—1949》有著录，上海图书馆1957年版，第89页。
⑦ 《新华月刊》1920年创刊，童爱楼为名誉编辑，该刊第1卷第1期曾刊其照片。

另外在《心声》《宁波周报》《新上海》（1933）等杂志上亦发表过大量作品，可以说是一位创作生命极长的报界前辈。其中，他在民国之后参与投稿、编辑的各种报刊，大部分与《申报·自由谈》或《申报》之编辑撰稿者有关。

童爱楼自1911年8月26日便开始在《申报·自由谈》上发表作品，当时"自由谈"副刊刚刚创立，故他属于"自由谈"中资格较老的前辈。不久之后，在各位撰稿同人商议刊印小像及建立"自由谈话会"时，童爱楼是这些活动的最早参与者之一；而且在各同人建议编辑《自由杂志》时，童爱楼也成为众人商议后确定的编辑人。1913年6月27日，王钝根在《自由谈话会》中说："《自由杂志》迭经投稿诸君催促，迄未进行。良以蝶仙、率公、瘦蝶、二我诸君远在他方，且无暇晷。爱楼虽在沪，函商亦未得复。"然不久，《自由杂志》即已刊出，故童爱楼是受王钝根及众人所托而出任编辑之职。此后"自由谈"诸撰稿人一起创办《游戏杂志》，童爱楼亦在编辑之列。二三十年代，童爱楼多在《心声》与《新上海》上发表作品，因为这两种杂志亦为原"自由谈"主编王钝根参与主持。故此，进入民国之后，童爱楼主要的文坛活动都是与早期"自由谈"撰稿群体息息相关的。虽然他还编辑过其他杂志，但到底因为年迈、心力不足而没有什么影响力。

童爱楼在《申报·自由谈》上发表的作品以"游戏文章"为主，这也成为他《游戏文》一书的主要内容（上海中华图书馆1914年出版）。但其实童爱楼也撰写过不少小说作品，大部分刊于《自由杂志》《游戏杂志》，如《西湖梦》《游风流地狱记》《双报父仇》《雪世界游记》等，发表在《申报·自由谈》上的有《富贵一梦记》《苦作乐》等，这些作品主要以讽刺短篇为主，亦常常记录游历见闻中之逸事。除这些小说以外，他另作有小说《血泪碑》十六回，最早由中华图书馆1914年出版，后又有上海三益书社1935年铅印本。

盖《血泪碑》本为新剧，又名《同命鸳鸯》，被搬上舞台，演出非常成功。中华图书馆见此情形，请童爱楼撰成小说出版售卖。1914年3月《申报》上有广告曰："《血泪碑》一戏为上海舞台中最有价值最著名之新剧。海内顾曲家无不叹为观止。惜无如旧剧之戏考其书者，以为之说明。且分台排演，观者每有见首不见尾之憾。……本社因倩小说名家童爱楼先生演成是编，其中情节较演剧更为曲折周到。"① 此剧后来被制成影片上映，亦是盛况空前。而中华图书馆即发行《自由杂志》《游戏杂志》的出版社，该社邀请童爱楼将《血泪碑》编成小说，也是因为"熟人"的缘故，毕竟当时"自由谈"的撰稿同人如陈蝶仙、王钝根等与中华图书馆均联系紧密。

小说之外，童爱楼还写过剧本，如《血泪英雄》《斩秋瑾》等，还曾与林传甲、许指严等人一起参与过《古今名人家庭小史》②的撰写任务。另外，童爱楼与同时代的文人一样善于吟咏，并与诗社"翼社"中人交好（《翼社诗录》中有《题爱楼〈天乐图〉》③两首）。郑逸梅在《滴粉搓酥录》（《心声》1923年第2卷第3期）中曾记其《闺中杂诗》数章，另外署名"落花生李警晨"者也在《爱楼吟稿序》④一文中称赞其诗作：

> 童君爱楼梅花骨格（君句"梅骨也如侬骨傲"），诗酒襟怀（君句"与君结个诗酒友"），书价十千（君句"刚付十千书价去"），家酿一斗（君句有"酒饮残家酿"，又"寿我酒一斗"）。每当一弯新月、万本梅花、四壁虫声、满帘花影（均君句）则自寿成诗（君有自寿诗），即景有句（君有山中即景诗）。

而由此亦知童爱楼有成册之诗稿，然未见刊刻。

整体而言，童爱楼的创作以传统的诗歌与笔记文章的数量最多，但小说亦是其自清末就开始尝试的创作体裁。特别是，在民国初年，他与早期"自由谈"撰稿同人发起的刊物及群体活动都直接影响了他的创作倾向与成就。

王钝根离开《申报》之后，童爱楼在"自由谈"的稿件也逐渐减少，不过他的文学创作一直没有中断。到20年代，尚有《爱楼诗话》《爱楼笔记》等多篇文章在"自由谈"上发表。至30年代，他在《新上海》杂志上还曾发表《五十年梦自序》，在此文中他说：

> 我已年届七旬，这所谓五十年梦者，不是终我的一生，乃是我寓

---

① 《哀情小说血泪碑出版》（广告），《申报》1914年3月29日第1版。
② 《古今名人家庭小史》为鲁云奇汇辑，中华图书集成公司出版1918年版。
③ 见《翼社》1917年第1卷第1期。
④ 落花生李警晨：《爱楼吟稿序》，《自由杂志》1913年第2期。

在上海有五十年的功夫。①

似乎此时他撰有《五十年梦》一书，然未见刊本。另外，上海佛学书局1940年曾出版《爱楼劝世丛谈》一种，封面题为"鄞县童仰慈居士著"。此书前有自序，署为"民国二十六年丁丑夏六月鄞县童仰慈爱楼自序于文娱著作社"。由此知童爱楼完成此书是在1937年，而此时他已逾古稀。

童爱楼逝世于何时未知。但他晚年除了继续写作外，亦参与书画会社等活动，如20年代曾参加中国书画保存会。盖童爱楼是当时著名的画家，传世画作很多。他自己说："鄙人平生行乐之图有三，一《儿女英雄图》，少壮之作也；一《赏月图》，中年之作也；一《天乐图》，晚近之作也。"②他绘画之造诣颇不凡，与当时的徐永清、张聿光齐名。《申报》上曾载署名"湘客"者所作《观四马路源昌镜架号光影中国名胜画记》一文，该文对其绘画的特色、水平都有较高评价：

> 余一日行经四马路，见石路西首源昌镜架号门前悬有光影法中国各地名胜画，几若五彩照像。余初意以为印成，及细视之乃绘画者也。……余意是等画，价必昂贵。及问店主人，答云：尺余见方四架之画，价金亦不过六七元，可谓价廉物美之至。因购定四架，阅印章知系甬上童君爱楼所绘。考近今擅长光影画者，只有童爱楼、徐永清、张聿光三君。徐画格高而价昂，尺方四幅非二十余金不能置办；张画受雇报家，无暇及此，俱难抵制东西洋之印品织品。惟童画值廉而物亦佳，足减舶来品之色，而生富贵家四壁之辉也。尝闻童君之言曰：余志在塞漏卮，故降格以求，非较徐、张果有三分之让也。以余平心评之，徐十分，张九分，童八分。徐、童画相去二分，而润格童不及徐之半，则童之画实较徐为廉，知其塞漏卮一语非借以自饰之虚语也。③

---

① 童爱楼：《五十年梦自序》，《新上海》1933年第1卷第2期。
② 爱：《爱楼天乐图自序》，《申报·自由谈》1912年2月12日第8版。
③ 湘客：《观四马路源昌镜架号光影中国名胜画记》，《申报》1911年8月26日第18版。

文中所说的"光影法"如同"照像"一样,可知作品极佳。但童爱楼售价却比较低廉,可能真如其言是为了"塞漏卮"——因为生活上并不宽裕,需要多售画作来补贴家用。

童爱楼曾设想晚年住在西子湖畔,他说:"余昔在日月湖边曾筑一楼,藉为吟诗读画之所,亦以爱楼二字署之。及后三至西湖,觉天下景色之美无过于六桥、三竺间者,早欲家于其处。思筑一楼于湖上,为晚年卧游之助,因自先拟一图,以待劳肩稍歇时之构造。"① 但从其刊载的文章来看,他晚年依然在上海笔耕,而到了战时,想悠游卒岁更不可能。

童爱楼有子,字号未知。他曾有《哭次孙继烈》一诗刊于《申报》:

> 哀哉吾次孙,八岁竟夭折。此恨无尽期,使我心如结。当其初生时,命名曰继烈。取承前人志,绵绵延瓜瓞。又冀松鹤龄,老寿至耄耋。不料丙寅冬,命宫犯磨碣。初起感寒邪,继病五内热。唇间起焦皮,鼻中见紫血。乃误于庸医,辛燥药频啜。因此连咳嗽,日夜喘不绝。郁火无由通,痰涎不能泄。病骨瘦如柴,双足冷若雪。吾早欲凉解,阻挠吾子拙。到此肺大伤,呻吟遂不辍。观其皱双眉,有口难分说。缠绵两月间,薄粥亦虚设。延至正月初,病情已垂绝。人日半夜后,竟尔成永诀。似此伤心死,我哀何能节。肠词作此断,握笔惟咽噎。②

他的次孙继烈可能因寒热重症去世,而由此诗也可知童爱楼至少有孙两人。他晚年罹此厄难,自称居士在家礼佛便就不难理解了。

2. 觉迷

吴觉迷,《申报·自由谈》1913年4月1日曾刊出其小像及介绍,曰:"吴中弻字匡予,号如我是闻室主人,年二十五,江苏川沙人,现寓沪南芦席街南区两等学校。"其家世不详,但其《如是我闻室随笔》中曾记:"先叔祖醒僧先生,博学能文,尤工诗书,然从未一入科场。洪杨之役,以武功得保举,出宰皖省青阳、定远、怀远等邑,政声卓著。"③ 则其亦是

---

① 爱楼:《拟于西湖筑爱楼记》,《申报·自由谈》1912年8月18日第9版。
② 爱楼:《哭次孙继烈》,《申报》1927年2月19日第17版。
③ 觉迷:《如是我闻室随笔》,《游戏杂志》1914年第9期。

书香门第,诗礼传家。

　　吴觉迷二十岁左右开始向报刊投稿,其得以进入文坛主要依靠《申报·自由谈》。在"自由谈"撰稿同人商讨创办《自由杂志》时,他也积极地参与讨论,且因为与陈蝶仙相熟,很早就成为"自由谈"中较核心的人物。东埜在游戏文《沪家铁路招股启》中曾说:"本公司暂举钝根为总理,蝶仙、了青、瘦蝶、二我、觉迷等诸君为协理,俟开成立大会时再行另举。"① 虽然创办沪家铁路公司是戏谑的玩笑话,但所举总理及协理诸人则均是当时在"自由谈"中最活跃的人物。

　　吴觉迷在《申报·自由谈》发表了许多文章及短篇小说,其中小说作品共三十余篇,大部分都是滑稽短篇,以讽世议论性小说为主。"自由谈"之外,他在《游戏杂志》《礼拜六》等其他杂志上也发表过不少的文章及小说,而最具特色的是他与李常觉一起合译的外国小说(主要是侦探小说)。其主要翻译作品,如下表:

作品	发表处
《商界之贼》	《申报·自由谈》1913年10月7日至1913年12月12日
《滑稽短篇:婚事趣谈》	《游戏杂志》1913年第1期
《片纸风云》	《游戏杂志》1914年第3期至1915年第11期
《理想长篇:新世界》	《留声机》1917年第2—8期
《亚森罗苹贼史之一:黑珠》	《申报·自由谈》1916年12月12—17日
《警世短篇:决斗》	《申报·自由谈》1917年1月13日、29日至1917年2月1日
《剧场劫案》	《申报·自由谈》1917年4月19—25日
《侦探奇遇》	《申报·自由谈》1918年10月17日至1918年11月12日

　　吴觉迷是否学习过外语,未见记载,但李常觉是通晓外文的(详见"常觉"一节),故推测他们合译的作品由李常觉口译、吴觉迷撰文的可能性较大。这些翻译作品大部分都是当时极新潮的侦探类题材,比较受读者大众的喜爱。1918年上海中华书局出版了二人合译的《亚森罗苹奇案》(侦探小说集,法国玛利瑟·勒勃朗著,共7篇),1920年又出版了二人合译的《水晶瓶塞》(侦探小说集,法国玛利瑟·勒勃朗著,共13篇),

---

① 东埜:《沪家铁路招股启》,《申报·自由谈》1913年3月22日第13版。

《申报》《新申报》小说家述考（1907—1919）

1924年上海文明书局还出版过二人合译的《雌魔影》（L. J. Beeston 著）等作品，因此可以说吴觉迷主要的小说创作及小说成就都集中在侦探小说一类。

小说之外，吴觉迷因熟悉历史及上海掌故，还撰有不少笔记，如《如是我闻室随笔》系列，《上海掌故谈》系列及《李平书先生遗事》等。其弟吴疴尘在《整理觉迷遗稿记》一文中曾说：

> 近三五年来，先兄觉迷因侍奉先慈病，久居乡间。侍奉汤药外，专致力于看书。盖先大父先王父均不治田亩，宦游与砚田所得，悉以购置书籍，所以继祖志也。家庋藏书，虽不足云万卷书，然占屋已五楹矣。觉迷日坐书城，固优游自乐，无愁寂寞。文笔之日进，著述之日多者，皆得力于小小之书室焉。凡所著述之发表于铅梓者，已指不胜屈。而于考据上，更觉有研究之心得。盖予家虽绝少精椠孤本，然各省志乘，固累累也。兹检其遗稿，似觉稍具著述价值者，约有二十余种。囿于力弱，均未付梓也，特略述一二以告。其关于历史上者，有《上海外交史》《洋泾浜章程释义》《各地租界沿革史》《开凿吴淞江源流考》《清代边防杂录》等六种。《上海外交史》一稿，兹已交外交署叶慕橘先生保存。……《江湖百戏》，是书详述秦汉以来，三教九流之起源与应验，并系以各著名者之小传。又有《上海古墓考证志》《各收藏家之性别小志》《古砚铭刻杂录》等七种。关于杂辑者，有《浦左杜氏诗钞》两卷，是书为海上闻人杜月笙先生先德遗著，惟皆散见各家诗集，或钞本之中，穷经年之力以辑成者，兹已交呈月笙先生保藏。又有《笔记选存》六卷，《曝书杂记》等若干种。所谓《曝书杂记》者，系逐日整理家庋书籍之日记，为完竣后编撰书目张本。其余之断篇残稿，不一而足。予拟略加整顿，择尤付梓。上海国文家李右之姊丈，已允任编次，并将所遗短文片稿，归并一起，题为《觉迷丛刊》以行世。①

文中所述二十余种考据作品，大部分均未出版刊印，但其中也有极少的篇目可能是在《申报·自由谈》等刊物上发表过的，如《笔记选存》六

---

① 《申报》1931年4月23日第11版。

卷应该主要来自他日常的投稿及存稿。只是《觉迷丛刊》未见刊刻，从其弟文中所述来看，吴觉迷的这些著述对于考究上海史实发展极具参考价值，希冀将来能够将其搜集整理，以裨学界研究之用。

除了好为游戏短篇及考据文章之外，吴觉迷亦曾在《女子世界》《家庭常识》（陈蝶仙编）上发表"科学"及"家政"类文章。如他曾以匡予之名，在《女子世界》上发表《蕉轩随笔》《蕉轩杂译》《家庭琐事录》等作，其中虽以杂史类笔记为主，但所述家政、家务诸如煮饭、制衣之类亦不少。且从这几种笔记来看，我们获知他尚有"蕉轩"之号，并曾以此名辑录《香奁诗话》数则。此类文章的撰写及他与《女子世界》的联系，皆得源于陈蝶仙。陈小蝶曾记其"从先君游，后颇习审化学药物，如《西医指南》《薄荷工业》《家庭常识》等巨著，皆由先君指授，觉迷编纂"[1]。故由此知，吴觉迷的撰述，一类是游戏文、短篇小说等文学创作，另一类是史实、掌故等考据笔记，合此"家庭常识"类作品而为三。

1915年3月15日，王钝根从"自由谈"辞职，由吴觉迷继任"自由谈"的编辑。征凡在《卅六年来之自由谈》中曾记："民国四年三月十八日起，由吴觉迷担任编务，编辑方针仍如前，曾经一度征求军人诗文，以激发国民尚武精神。如此一年光景，姚鹓雏继任'自由谈'编务（民国五年四月一日）。"[2] 陈小蝶在《春申旧闻·快车金四父女遗事》一文中说："（觉迷）一度为自由谈主笔，以酒故，失业。"[3] 虽然吴觉迷主持"自由谈"的时间不长，但他能够从最初的投稿者变成编辑，足见他在早期《申报·自由谈》中的活跃程度，以及他与王钝根、陈蝶仙等"自由谈"重要人物的相熟程度，而这也促成了他创作生涯的延续与持久。

在《申报·自由谈》《游戏杂志》《女子世界》之外，吴觉迷在《红杂志》《礼拜六》等刊物上也发表过大量的作品，其中在《礼拜六》发表的多为"滑稽短篇"小说。实际上，到了20世纪20年代，吴觉迷在当时的文坛已经具有了一定的实力和知名度，在经过"自由谈"撰稿群体的"筛选与淘汰"之后，他已经进入了当时的"名家"行列，成为各种同类刊物的邀稿对象和重要撰稿人。另外，在1923年左右他与同乡顾星佛、

---

[1] 陈定山：《春申旧闻·快车金四父女遗事》，海豚出版社2015年版，第138页。
[2] 征凡：《卅六年来之自由谈》，《申报·自由谈》1947年9月20日第10版。
[3] 陈定山：《春申旧闻·快车金四父女遗事》，海豚出版社2015年版，第138页。

《申报》《新申报》小说家述考(1907—1919)

王小逸等人还曾合办《浦东旬报》(《浦东星报》),① 不过因为需要稿费支撑家用,他的工作重心始终在协助陈蝶仙编纂书籍及自己的撰述上。及至他逝世的前几年,吴觉迷投稿渐稀。依其弟吴疴尘在《整理觉迷遗稿记》一文中所言,他此时一边在家侍奉老母,一边潜心读书,所专注者在考据而不在文学。

觉迷生前好酒,也因酒导致家庭的不幸及自己的早逝,并因此而丧失了文学生命。盖吴觉迷酗酒成性,酒后辄殴其妻,陈小蝶文中曾记其因酒而至夫妻离散,及至后来"觉迷复酗酒,至手颤不复能提笔,竟中酒毒卒"②。然此说与周瘦鹃等人的回忆略有不同,《本报六十年来之鳞爪》中曾记:

> 川沙吴觉迷先生,也曾给《自由谈》服务过,他喜欢考据,又熟于上海掌故,但是服务的时期比较的最短,别有高就。可怜他年来长吉呕心,去年竟死于肺病,修文地下去了。③

依此则吴觉迷是因肺病而死。虽不知孰说为是,但吴觉迷确实死于1931年,年仅43岁。

他的妻子名为金蕙芸,乃是当年上海大亨金琴荪之女,"亦能作小品文,投之自由谈"。二人约成婚于1913年,严独鹤曾有《觉迷新婚戏赠一联以将贺意》④刊于"自由谈"中,其联曰:"情到深时此迷彼觉,境入妙处卿吴我中(下联第二句因觉迷名吴中弼,吴字会意,中字象形,故云。独鹤附注)。"此时,吴觉迷刚在"自由谈"中崭露头角。陈小蝶文中称,"(吴觉迷)其貌不扬,文笔亦不健。蕙云独赏其诚实,竟下嫁之。……觉迷家徒四壁,至无以举炊,而蕙云父产亦已荡尽。……时余家住老北门万安里,有闲厢,遂以赁蕙云夫妇,并令李常觉与觉迷合译《福尔摩斯侦探案》,中华书局所出版者是也。"⑤ 陈小蝶在文中所忆与上述吴

---

① 上海图书馆编:《上海图书馆馆藏中文报纸目录1864—1949》中著录,"《浦东旬报》,上海浦东旬报社1923年版,第52页",据此推知《浦东旬报》创刊于1923年初。上海图书馆出版1957年版,第305页。
② 陈定山:《春申旧闻·快车金四父女遗事》,海豚出版社2015年版,第138页。
③ 周瘦鹃、黄寄萍:《本报六十年来之鳞爪》,《申报·自由谈》1932年4月30日第12版。
④ 严独鹤:《觉迷新婚戏赠一联以将贺意》,《申报·自由谈》1913年10月20日第13版。
⑤ 陈定山:《春申旧闻·快车金四父女遗事》,海豚出版社2015年版,第136—137页。

觉迷的情况基本吻合,由此亦知吴觉迷生前比较困窘,虽然后来撰稿润笔之资不少,但其生活似乎并无多大改善。

他死后遗有一女,名曰蕙奴,由其妻独自抚养长大。

3. 常觉

与吴觉迷一起翻译探案小说的是李常觉。他与吴觉迷一样是早期"自由谈"中较活跃的撰稿者,一样受知于陈蝶仙而后在文坛立足。1913年3月31日,《申报·自由谈》上刊印其小像及小传云:"常觉,李家驹,字新甫,江苏上元人,现住上海高昌庙制造局新公所西首李寓。"

当时他与严独鹤家是近邻,严独鹤在其《我之儿童时代》中曾记李常觉与他及他们严家兄弟一起跟随金先生读书的情景。[①] 他最初在上海南门民立中学当数学老师。1924年元旦,南门民立中学举行20周年纪念大会,据周瘦鹃记述:"这一次纪念大会,老友李常觉(他是校中的数学教授)是游艺主任,他规画一切,煞费苦心。"[②] 后来他向《申报·自由谈》投稿并结识陈蝶仙等,从而开始了自己的文学创作及翻译之路。特别是1918年,陈蝶仙创立家庭工业社,"由陈栩与李新甫合资,初建时资金仅2500元,家庭成员协力动手制作"[③]。李常觉在该公司担任经理一职,这之后他便主要忙于家庭工业社的事务,但同时仍然坚持小说翻译。

李常觉1912年底开始向《申报·自由谈》投稿,最初投的是与严独鹤合译的《铁血男儿》,连载于1912年12月6日至1913年6月22日,共载151期,标"政治小说",描写血性男儿为国牺牲之事。此篇之后,他参与撰述的稿件大部分为合译的作品,合作人主要是吴觉迷、陈小蝶及陈小翠等人,如1921年凤兮在《海上小说家漫评》中谈到陈蝶仙时曾说:"(天虚我生)再进而与其子小蝶、其女小翠及李常觉合译小说,所成亦夥,笔墨跳脱可喜。"[④] 除了李常觉其余几人皆是不懂外语的,故而他们合译的作品上署名基本都是"李常觉译述……"因此可知李常觉执笔撰文的时候少,而口述翻译的情况多,但这并不能削减其在译作中的重要性。如在他与陈蝶仙、陈小蝶合译《嫣红劫》的过程中,少了他的译述,小说的

---

① 独鹤:《我之儿童时代》,《半月》1922年第16期。
② 周瘦鹃:《狂欢三日记》,范伯群主编《周瘦鹃文集》下卷,上海文汇出版社2015年版,第396页。
③ 陈歆文编:《中国近代化学工业史1860—1949》,北京化学工业出版社2006年版,第283页。
④ 凤兮:《海上小说家漫评》,《申报·自由谈》1921年1月23日第14版。

连载就无法进行:

> 编辑者启事:《嫣红劫》译者李君常觉,月前忽患肺炎,误于庸医,几致不测。幸得西医张近枢君挽救,始渐轻减。张君坚嘱常觉休业两个月,不得从事译著。故《嫣红劫》小说亦当与阅者暂别。编者于前日往视,常觉托为代述,缘由如此,乞阅者谅焉。①

李常觉参与翻译的小说作品,除了上文提到的与吴觉迷合译的之外,他与陈小蝶、陈蝶仙的合作最多,有所谓"三家公司"之称。他在《太常仙蝶》一文曾说:"这是《礼拜六》里老蝶、小蝶和在下合办三公司译书的一个符号,别家公司要资本,独有我们的公司只须一支笔,几张纸和几本书。我办的是原料,小蝶办的是制造,老蝶办的是装潢,而出货市场最初便是钝根办的《礼拜六》。"② 其实他们的"出货市场"并不限于《礼拜六》,当时与"自由谈"撰稿同人相熟的大部分刊物他们都有作品发表。其中,他参与合译的作品发表在《申报·自由谈》的就有以下几种:

作品	作者	发表处《申报·自由谈》
嫣红劫	太常仙蝶合译	1914.09.20—1915.12.15
妍媸镜	太常仙蝶合译	1916.10.08—1917.01.31
意登镇之选举	太常仙蝶合译	1916.12.20—1916.12.25
红蘩蕗轶事	太常仙蝶合译	1917.02.04—1917.02.06
一百万金之竞赛	太常仙蝶合译	1917.02.10—1917.02.14
自杀党	常觉、小翠译,栩园润文	1917.02.25—1917.03.21
榆庄影事	太常仙蝶合译	1917.03.22—1917.04.14
柳暗花明录	太常仙蝶合译	1917.05.04—1917.08.24
贪嗔小史	太常仙蝶合译	1917.08.25—1917.12.03
二城风雨录	太常仙蝶合译	1917.12.04—1918.05.14
冰山奇侠传	太常仙蝶合译	1918.05.15—1918.09.13

---

① 《申报·自由谈》1914年10月15日第13版。
② 李常觉:《太常仙蝶》,《工商新闻》副刊《礼拜六》1928年8月25日第271期。

"太常仙蝶"即他与小蝶、蝶仙三人的合称。在这些作品之外,其他发表在《礼拜六》《游戏杂志》《女子世界》等杂志上的还有十六七种。从译作来看,李常觉参与译述的作品多为长篇小说,涉及侦探、政治、言情等多种流行题材。同时,由这些合作,我们可知李常觉与陈蝶仙一家的深厚交往,盖其离开教学职务之后,无论是翻译作品还是供职家庭工业社,都与陈蝶仙一家有密不可分的联系。关于当年翻译作品的情形,李常觉和陈小蝶后来都有记述:

> 《申报》和各杂志,常见我们"常觉小蝶合译,天虚我生润文"的著作,其时我的年龄是十六岁,常觉姓李,字新甫,那时候他是民立中学的算术教员,后来做了我们家庭工业社的经理。……我们那时候正译都尔斯·迭更斯的《嫣红劫》,每日刊出于《申报·自由谈》(由王钝根先生主编)。①
>
> 我很欢喜和小蝶译书。那时他才十六岁,我却长他十岁,开始译书是在宝昌路,小蝶的一间小书室里。那时因为《申报》和别的杂志也需稿子,所以是三部同时并译。《礼拜六》发表的却是柯南道尔《恐怖窟》。……错误的很少,文笔清婉,可是小蝶很不自信,必得他父亲改几个字,才肯拿出去。所以我们合译的总写着"天虚我生润文"六个字。那批稿子都用钢笔蘸着墨水,在中国纸上写的,直到如今小蝶还是装订得好好的,藏在他的醉灵轩中,作为已往的成绩。②

从文中可知,陈蝶仙只是润笔,实际"出力"的地方很少,主要还是李常觉的口译和陈小蝶的笔译。而且1913年他们翻译《嫣红劫》之时,小蝶16岁,李常觉比小蝶年长10岁,可知李常觉约生于1887年,步入文坛时的年龄也不大。

在"合译"之外,李常觉独立翻译完成的小说作品也有不少,《游戏杂志》当时有"译林"栏目,其中有不少就是李常觉所撰。不过,虽然李常觉的主要文学成就是"译述",但在翻译之外他也在《申报·自由谈》

---

① 陈定山:《春申旧闻续·我的父亲天虚我生——国货之隐者》,海豚出版社2015年版,第281页。
② 李常觉:《太常仙蝶》,《工商新闻》副刊《礼拜六》1928年8月25日第271期。

《游戏杂志》《礼拜六》等刊物上也发表过杂记文章及原创小说。而且，他还与好友同人一起编纂过书籍，如《文学指南》的号外增刊《说苑导游录》（此书为常觉、刘静一、陈承祖、小蝶、陈国章著；觉迷校订，前有陈蝶仙的序言，上海时还书局1926年出版）。

在翻译及家庭工业社之外，20年代李常觉还与王钝根、陈小蝶等撰稿同人一起创立过他们的聚餐会"狼虎会"，而那时早期的"自由谈"撰稿群体经过一轮筛选之后，已经形成了新的以杂志为中心的"小说名家"团体，李常觉就是《礼拜六》编辑部团体中的一员。盖李常觉一生交好，约有陈蝶仙、陈小蝶、周瘦鹃、王钝根等数人，在"小说名家"的圈子基本形成之后，他与好友除了投稿撰文之外，便组织"狼虎会"的聚餐或者参加其他闲余的乐事，比如去参观展品："前天他在尚贤堂陈列许多作品，我特地同丁悚、杨清磬、李常觉、陈小蝶、周拜花一行人同去观光。"①

到了30年代，李常觉很少再发表作品，但报刊上偶尔还会看见其消息，他当时"任无敌牌公司中经理"②。盖陈蝶仙的家庭工业社后来创立"无敌牌"牙粉等产品，李常觉一直跟随陈蝶仙经营该公司。当年家庭工业会成立时，王钝根等其他友人也曾一起加入，如李常觉曾与王钝根一起发表《家庭工业社复爱国诸君函》③，但一直待在家庭工业社的只有李常觉一人。

抗战开始后，据陈小蝶后来回忆，"家庭工业社由我担任营业部经理，李新甫担任厂长，我父亲则是监理，业务由我和李新甫分工合作……我们商量首先迁厂问题，以为各厂之倡。经我父亲的长途电话，李新甫才允许将上海厂存的一切原料和装潢，拨迁一半到汉口分社去"④。但在往汉口迁移货品的过程中，据陈小蝶说："总厂经理李新甫……乘人于危急之秋，他出卖了我父子，他叛变了……我所给本社预备的二十艘船，李新甫竟卖给了项康元十六只。"⑤似乎在危难之中，李常觉出于私利做了愧对陈蝶仙

---

① 周瘦鹃：《尚贤堂读书记》，《申报》1922年8月22日第18版。
② 乌和周：《天虚我生访问记》，《申报》1933年4月6日第16版。
③ 《申报》1919年5月25日第12版。
④ 陈定山：《春申旧闻续·我的父亲天虚我生——国货之隐者》，海豚出版社2015年版，第297页。
⑤ 同上书，第301页。

一家的事。但陈小蝶文中又讲到李常觉后来向其父认错忏悔，到1941年李常觉曾出席陈蝶仙逝世一周年的纪念会。据记者报道说："公司之负责人，目前如硕果仅存者只李新甫君而已。"①

1947年，报纸上登有《空头纱号无独有偶》②一事，提到李新甫及其他几人做掮客骗钱，不知确否。此后，报刊上已难见到李常觉的消息。国内战事连绵，民国末年，李常觉已年逾六十，不知流落何方。

李常觉有二子两女，陈小蝶在文中曾说他"身弱多病，家里有一位白发的老母，贤淑的妻，二子二女推累着他"③。二子姓名未知，二女一名冬，一名蔷，1927年《上海画报》（第284期）上曾刊载过"文学家陈小蝶夫人、数学家李常觉次女公子冬、长女公子蔷"的合照。

4. 小蝶

陈小蝶为陈蝶仙的长子。《申报·自由谈》1913年5月8日刊载陈小蝶小像及小传云："陈蘧原名祖光，一字肖仙，浙江杭县人，年十七岁，居杭州城内下后市街王衙衕。"又，王钝根曾撰其小传云："小蝶，姓陈，名蘧字小蝶，别号醉灵轩主人、泉唐，名诗家天虚我生长子也。母朱懒云夫人，亦善吟咏，怀孕十二月而生小蝶。小蝶受胎中诗教特久，故生而奇慧，十岁即能倚声，又喜唱昆曲，其封翁（照例如此，老蝶勿笑我）常为之撅笛。"④

陈小蝶生于1897年，1948年离开大陆到台湾居住。大陆学者对于陈小蝶的研究仅限于其民国期间的文学创作及书画创作，对其赴台之后的事迹比较模糊。2015年海豚出版社出版其《春申旧闻》系列笔记，虽陈子善老师在前言中略述其行迹，但关于陈小蝶完整的传记及学术论文研究，大陆尚未曾见。台湾学者蔡登山的《诗、书、画、文俱佳的陈小蝶（定山）》一文对其有详细记述（刊载于《繁华落尽——洋场才子与小报文人》一书中，台北秀威资讯科技股份有限公司2011年），但文中所记陈小蝶的生平、年岁也有不少错误。⑤其实，陈小蝶生平著述颇丰，年寿又高，

---

① 《天虚我生逝世周年纪念》，《申报》1941年3月14日第7版。
② 《申报》1947年9月12日第4版。
③ 陈定山：《春申旧闻续·我的父亲天虚我生——国货之隐者》，海豚出版社2015年版，第281页。
④ 王钝根：《本旬刊作者诸大名家小史》，《社会之花》1924年第3期。
⑤ 如该文中说1989年陈定山逝世时为95岁，而其实当时只有92岁。

《申报》《新申报》小说家述考(1907—1919)

而其撰述中又极多自己的"史实"及时代的史料,因而他的生平行迹较之同时代的其他作家要清晰得多。

他赴台之前先是成为《申报·自由谈》的主要撰稿人,继而是《礼拜六》等杂志的核心作家——即在以《申报·自由谈》为平台的小说家群体中,他是成功崛起的一位,也是见证该群体解散并向其他刊物转移扩散的一位。

他约于1914年到达上海,据王钝根说,他"十四入法政大学,闻教员琐琐论公诉、私诉、讼费、手续费,大恚曰:是非我所耐也,弃而之上海"①。盖当时其父陈蝶仙已在沪上居住两三年②,并与主编王钝根有了很好的交情。他自己在文章中曾说:

> 钝根办《礼拜六》杂志的时候我才到了上海,那年我十六岁,在棋盘街中华图书馆楼上一间编辑室中钝根给我介绍三个人。一个长长儿瘦瘦儿的躯干,配上两个亮亮的眸子,含着坚毅明干的态度,钝根说他叫长脚,他自己说是常觉。一个面目清秀,唇红齿白的,钝根说他叫周美人,他自己说是瘦鹃……至于还有一个,我却早猜着他是丁悚,他完全是小囡脾气,终日里跳跳纵纵,和猴儿般没一刻住息。这三个人和我开始认识以后,是乎似黏了胶,没一天不同住在一处,不是谈天便是看影戏。③

陈小蝶初至上海,因其父及主编王钝根的缘故,他便与《申报·自由谈》撰稿群体最核心的编辑部有了直接的联系——结识了王钝根、李常觉、丁悚及周瘦鹃等人,而这也成为他能够为《申报·自由谈》《游戏杂志》《礼拜六》等刊物撰写小说的主要原因。

其实,陈小蝶早年是极有诗才的,而且年纪尚轻,并不急于撰述,特别是撰写小说。只是因为当时王钝根与陈蝶仙等人创办的报刊比较重视小说,陈小蝶耳濡目染也便开始了他的小说创作之旅。不过,王钝根在他的小传中倒是详述了他研习小说的原因:

---

① 王钝根:《本旬刊作者诸大名家小史》,《社会之花》1924年第3期。
② 王钝根在《本旬刊作者诸大名家小史》中介绍天虚我生时说:"辛亥夏,余为《申报》创编'自由谈'……是年冬,君始来沪。"《社会之花》1924年第1期。
③ 陈小蝶:《礼拜六和狼虎会》,《工商新闻》副刊《礼拜六》1928年8月25日第271期。

第三章 清末民初《申报》《新申报》小说家考述

入约翰大学，见学中生徒，咸舍国学而竞以英语相夸耀，又郁郁不乐，去之。时适余与其老太爷（亦尊称也）同居，日为小说家言，以实所编《自由谈》《游戏杂志》《礼拜六》《女子世界》。小蝶见而善之，遂一意研习小说。先试为译著，倩李君常觉遍求英文小说，读而述之。小蝶取其意，撰为我国文言，苍劲古茂，酷似畏庐，而每小时能作二千言，畏庐不及其敏捷也。余友恽铁樵，方主商务印书馆之《小说月报》，爱其才，谆请投稿，恽君年已近五十，小蝶才十七，竟订忘年交焉。其封翁曾中辍小说业，往长淮安县幕，小蝶乃依余而居。占一楼，几案屏榻，琴书笙笛，位置井然。冬夜围炉，与盛君灼三（经济学家，今已成大名矣）等谈笑吹唱极欢，闲作谑语，有"近来小蝶轻于鬼，走上楼梯人不知"之句，至今传为美谈。①

他从1914年开始至30年代撰写了极丰富的小说作品，一部分是前文讲到的他与李常觉、陈蝶仙的合译之作，另一部分则是他自己原创的作品，如《谢氏女》《情网蛛丝》等。除了在《自由谈》上发表小说之外，他在《新申报》副报、《游戏杂志》《礼拜六》《小说月报》等刊物中也有较多小说作品刊出，这些作品除了有跟译作类似的侦探题材，更多的是言情小说。盖陈小蝶在描摹香草美人、婚恋离情等方面有独到的文笔与天才，故而即使没有李常觉与其父陈蝶仙的帮助，他自己也可独当一面。

除了小说创作，陈小蝶亦有诗词及文章作品见于报刊，其中文章相对较少，不过也有《醉灵轩琐话》系列笔记。而诗词方面，他的作品则已积攒成帙、编辑出版。晚年其友人许世英在《萧斋诗存序》中曾说："君弱冠以诗鸣，其已刻者有《醉灵轩诗》四卷、《蜾野诗存》八卷，尝种桐千亩于东阳之定山，有《定山草堂诗》十二卷。"② 不过现今所见只有1928年由上海聚珍仿宋印书局刊印的《醉灵轩诗》十卷、1934年铅印本《蜾野诗存》三卷，并未见四卷本《醉灵轩诗》及八卷本《蜾野诗存》。诗词笔记之外，陈小蝶还有《醉灵轩诗话》《醉灵轩读画记》等作品。同时，

---

① 王钝根：《本旬刊作者诸大名家小史》，《社会之花》1924年第3期。
② 陈定山：《萧斋诗存》（卷首），《台湾先贤诗文集汇刊》第九辑第17册，台北龙文出版社2011年版。

陈小蝶还擅长书画，《申报》上曾刊有他的"书例"及"画例"，如其"画例"广告中云：

> 仆画以自娱，向未定润，而朋侪辗转相索，惠润致物往往过当，却受皆丑。兹特自定润：
> 屏条、册页每尺廿元
> 堂幅、手卷每尺卅元
> 市砚劣扇不应。惟仆于钱本无所用，储蓄每月所得，当以全数助边助赈。件交各大贱扇庄，逾月取件，约日不应。①

按在20世纪二三十年代，陈小蝶曾参加上海的天马会、晨光美术社、中国画会等美术社团，曾为一时名家。他晚年曾有《上海美术团体纪始》一文记述上海美术发展的历史。王钝根在其小传中曾说：

> 迨家庭工业社成立，小蝶父子以大股东得红利甚巨，乃营华屋，出入乘汽车，俨然富翁矣。……然小蝶未尝稍自骄满，仍潜心经史，临摹书画，孜孜弗辍。今其所作山水，已为旧画界所称许，将来造诣，未可限量。而小蝶恂恂然，自处益复谦卑，是其学问进步之征也。②

家庭工业社成立于1918年，此后陈小蝶生活较优渥，故能潜心于诗书画及小说创作等文艺事业，但闲暇之余他也要帮助其父亲经营家庭工业社。另外，1934年他还曾在西湖边上创办蝶来饭店，报纸上曾刊其开业盛况。

30年代抗战爆发，陈小蝶曾参加抗战后援组织。他在《我的父亲天虚我生——国货之隐者》一文中说："七七事变不久在卢沟桥爆发，接着便是八一三上海的抗日圣战。我立刻加入了杜月笙先生所领导的抗日后援会，并在陶一珊先生所指导的军训团体。我担任的工作是抗日后援会供应组副主任。一切作战军队，需要的临时工作物件，和伤兵的救济都由供应

---

① 《申报》1932年1月22日第9版。
② 王钝根：《本旬刊作者诸大名家小史》，《社会之花》1924年第3期。

会设法筹措。"① 接着便是家庭工业社的无敌牌牙粉厂毁于大火,而部分厂务急于搬迁,此时他的创作便受到一定影响。不过在40年代,他仍在《紫罗兰》《美》等杂志上发表诗文小说,以此可见他笔耕的勤奋。

1940年,陈蝶仙去世,也是在这一年陈小蝶更名为"定山"。他在文中曾说:"父亲逝世不久,我即被敌伪宪兵捕去,置蓬莱市狱,营救得免,但不许越境一步,乃改名定山,专以卖画自给。越明年,母亲亦弃养,双柩在堂,更难舍去,益埋名自隐,终于三十四年的胜利到来,我第一件大事便是举柩还葬于桃源岭故茔,而重庆来的亲戚好友,竟觅访陈小蝶不得,及见'定山'始执手大笑曰'原来是你'。"② 又称:"我则于父亲逝世以后即摆脱了一切社会上的业务关系,改名'定山',专以书画自给。民国三十七年徐州会战尚未开始,即已舍弃一切产业,效倪云林所为,渡海爱居,隐栖台岛。"③

如其所言,1948年陈定山离开大陆到台湾居住,但他并未因此而中断创作,相反却是在著述的思想意旨及成绩上更进了一步。

蔡登山在《诗、书、画、文俱佳的陈小蝶(定山)》一文中曾非常详细介绍他迁居台湾之后的办刊及创作经历,文中说他"先居北市连云街,再迁居新生南路,室名'定山草堂'。一九五二年六月,迁居阳明山,居名'萧斋'"④。同时,该文还引用陈定山自己的叙述,记载他50年代的经历:

> 从1949到1959我一直住台北。为了生活,第一个拉我重为冯妇的是老友赵君豪兄,那时他和范鹤言、朱虚白兄创办《经济快报》,也就是现在的《联合报》,我担任副刊编辑《台风》。第二位拉我写作的是吴恺玄先生,拉我为《畅流》杂志写稿。第三位是叶明勋主办的《中华日报》,赵之诚兄主编副刊要我写长篇,而刊出了风行一时的《春申旧闻》和《黄金世界》二部。接着便是耿修业兄主办的《大华

---

① 陈定山:《春申旧闻续·我的父亲天虚我生——国货之隐者》,海豚出版社2015年版,第294页。
② 同上书,第307—308页。
③ 同上书,第276页。
④ 蔡登山:《诗、书、画、文俱佳的陈小蝶(定山)》,《繁华落尽——洋场才子与小报文人》,北京金城出版社2012年版,第151页。

· 117 ·

晚报》，要我为他写最长篇小说《蝶梦花酣》，这一下我就在台北写作一年。住在阳明山，四时有花木之胜，早晚有良朋之遇，倒也逍遥的很。最快活的是，《中华日报》台北版，本仰给台南版，自《春申》发刊以后，北版销数激增而南部版反仰给于北版的转载。接着是耿修业兄不时报告《大华晚报》因连刊载《蝶梦花酣》而销数激增，向我"致敬"。[1]

另外，该文还讲到陈定山在1958年迁居台中，还记其约在1970年到台中静宜女子文理学院中文系代课，继而在静宜及中兴大学教授词曲课等情况。到了70年代，陈定山仍笔耕不辍。蔡登山说："一九七四年，在台中居住十八年的陈定山迁居台北永和，他说：'携得晴空一片云，来看台北雨纷纷。'因居永和，自号'永和老人'，又因住在期旋大厦七楼，所以别署'七层楼主'。同年，因弟子于大成任淡江文理学院夜间部系主任，他在台北市金华街的淡江城区部执教一年。"[2] 此时陈小蝶已年近八十，但他的著述及执教生涯倒越发忙碌了。

而蔡登山文中所说的《春申旧闻》《黄金世界》《蝶梦花酣》等都是他在台湾极重要的著述。盖陈定山在台湾的创作极多，其中长篇小说有《黄金世界》《龙争虎斗》《一代人豪》《春水江南》《五十年代》《隋唐闲话》《大唐中兴闲话》；短篇小说集有《留台新语》，笔记有《春申旧闻》《春申旧闻续》《春申续闻》，而诗词作品亦有《萧斋诗存》（十卷）《十年诗卷》《定山词》等几种。此外还有地理札记《西湖》《黄山》及学术著作《美术简史》（中国美术史部分）《定山论画七种》等。

这些均为50年代以后的作品，颇具史料性，与前期多为言情与侦探题材不同，到台之后他主要创作社会历史小说，且其中多为自己真实的经历及见闻。如《黄金世界》三部曲（《黄金世界》《龙争虎斗》《一代人豪》）共120回，原在《中华日报》上连载，全书以杜月笙的生平事迹为线索叙述上海旧事，内容基本属于实写，书中人物也皆有所本。《春水江南》以一女主人公为线索，写清末至50年代之历史变迁；《五

---

[1] 蔡登山：《诗、书、画、文俱佳的陈小蝶（定山）》，《繁华落尽——洋场才子与小报文人》，北京金城出版社2012年版，第151页。
[2] 同上书，第154—155页。

十年代》写华、汪两家几十年间的日常琐事及情感纠葛，更是颇具自传色彩。实际上，名为"陈小蝶"时的作品是民初"自由谈"式的，或者说是"礼拜六派"式的言情文学；变为"陈定山"时，则是回忆式的、纪传式的历史文学。因为在小说之外，其诗词亦成为他的人生"史料"与注脚。

其中《萧斋诗存》卷一至卷五，又称《定山草堂外集》，乃陈定山友人伍稼青所编。1952年冬，由上海印刷厂印刷于台湾。署"定山居士著"，前有许世英序言。许世英在其序言中说："萧斋诗五卷，吾友定山陈子寓台所作。伍稼青君为之编录，题曰《定山草堂外集》……兹编所录则民国三十七年冬渡台以后作，凡诗三百余首。"1961年，《萧斋诗存》卷六至卷十由台北大中书局出版。这后六卷又题"定山草堂外集"，乃伍稼青手写本。伍稼青先生行楷端雅，清秀娱目，因与陈定山交情深厚，赏为知己，固此不嫌烦累，誊抄手录。他在序言中曾详细叙述《萧斋诗存》的编辑情况。盖诗册取名"萧斋"，源于梁武帝故事，此书卷二《萧斋》一诗曾详其事，该诗诗序中云："梁武帝造寺，令萧子云飞白书一萧字，李少室竭产自江南买归洛东，建一轩曰萧斋。今余移居，仅存八席。王元美诗云，笑杀萧郎一字萧。因以为号焉。"①

《萧斋诗存》前五卷为1948年至1952年间的作品，而后五卷是1952年之后五六年间的积稿。编者伍稼青，字受真，江苏武进人，诗书画俱佳，曾在《紫罗兰》《春秋》等刊物上发表作品，与陈小蝶、周瘦鹃等相善，1948年赴台，是陈定山在台期间饮酒论诗，忆谈往事的旧友。此十卷诗，后又合编为一册，收入《台湾先贤诗文集汇刊》（第九辑第17册），由台北龙文出版社2011年出版。此十卷诗中，遣怀、回忆之什占十之二三，日常纪事交游之什占十之五六，另有题画、赠答之类。其中，最能反映作者身世及入台后生活境况的是他的遣怀诗、与其妹陈翠的书信往还诗及与赴台友人的赠答诗。《十年诗卷》三卷，乃1961年至1966年间诗作，又题曰"定山草堂外集之三"，由其门人于大成、王维安编次。卷一为律诗九十五首，卷二绝句一百三十八首，卷三古风六十三首。陈定山在目次之后有识语云："余三十七年渡台，一九

---

① 陈定山：《萧斋诗存》（卷二），《台湾先贤诗文集汇刊》第九辑第17册，台北龙文出版社2011年版。

五二年刊《萧斋诗存》五卷，至德许静老为之序，一九五六年丙申续刊五卷，武进伍稼青教授为余写印。前后凡诗七百余首，今又十年检点所作，曾不及往时之半，而春华刊落，老境渐增，不能与前诗尽同，故别为一集，自丁酉至丙午凡诗二百七十余首，名之曰《十年诗卷》。一九六六年冬定山，纪时年七十。"《十年诗卷》有与《定山词》之合刊本一册，1967 年由台北正中书局出版。

由此可知，陈定山在台湾的诗作基本是按照年份来收录与刊印的，创作的时间大多比较清晰，故对于他自己来说称得上"诗史"。他 40 岁以前以上海文坛名家的身份在众多流行的刊物与同人好友之间周旋，40 岁之后则历尽家国危难而最终沉淀出在台的"史实"著述。他的文学起点，特别是"小说家"起点乃《申报·自由谈》，他在"自由谈"上刊登其小像时尚未能想象此后的命运及成就。然而从"自由谈"时期的通俗言情小说，到六七十年代的长篇历史小说；从民初的旧体诗词到六七十年代一如既往的旧体诗词创作——综其一生，陈小蝶的文学生涯既是传统文学在 20 世纪延续发展的绝好证明，又展示了中国文学在 20 世纪不断迁移变化的过程。"一九八九年八月九日中午，陈定山以九五高龄在家中安详过世。"[1]（此说误，此时陈定山实为九十二岁）至此，早期"自由谈"撰稿小说家全部离世。

据王钝根说："小蝶娶张蔼苍君女公子为室，美慧多情，闺房之乐，甚于画眉，陈设华丽，不让怡红。"[2]（张蔼苍为民国著名律师）"一九七六年九月七日，陈定山元配张娴君因病去世。"[3] 故陈小蝶与其夫人当年共赴台湾，二人育有一子陈克言。

陈小蝶兄妹共三人，"我居长，次是翠妹，宝弟最小，他自幼聪敏而寡言"[4]。其妹陈翠，又名翠娜，亦擅著述，工书画，也曾在《申报·自由谈》等刊物上发表作品。前文曾述她与李常觉有合译的《自杀党》，此外

---

[1] 蔡登山：《诗、书、画、文俱佳的陈小蝶（定山）》，《繁华落尽——洋场才子与小报文人》，北京金城出版社 2012 年版，第 155 页。
[2] 王钝根：《本旬刊作者诸大名家小史》，《社会之花》1924 年第 3 期。
[3] 蔡登山：《诗、书、画、文俱佳的陈小蝶（定山）》，《繁华落尽——洋场才子与小报文人》，北京金城出版社 2012 年版，第 155 页。
[4] 陈定山：《春申旧闻续·我的父亲天虚我生——国之隐者》，海豚出版社 2015 年版，第 298 页。

她还有《美人影》《劫后花》等作品，婚后育有一女。弟弟陈宝患有疾病，未见有著作问世。陈小蝶说："三十七年冬天……吾弟叔宝自父亲逝世后即得心疾，终年楼居，不发一言。余既不能挈携病弟同渡海峤，乃留儿子克言在沪陪侍叔疾，吾独先赴台湾，继述吾亲往日之志，一如民国二十六年。遂誓墓而去故国，并为三十六韵以示翠妹，及言儿、仪甥女，诗在《定山草堂外集》中。"① 如其言，陈定山到台后，其妹陈翠，弟叔宝及其子陈克言则均留在大陆。其后不久，弟弟叔宝去世，他在《萧斋诗存》卷二《梦还故乡》一诗中曾云：

> 扶持病弟赖吾儿，武子原知叔不痴。
> 等是人间遗恨事，望云临水恐无期。

在台期间，他与陈翠常有书信往来，多刊在其诗集中。如《萧斋诗存》卷一《誓文》一篇，诗序云："三十七年冬余渡海，忽忽愈岁，大妹数招余还。在昔会稽羲之尝誓墓而去，余之出处敢几古贤。因书三十六韵寄翠妹并示言儿、仪甥女。"该诗中有句云：

> 中间历伤乱，茕茕颇孤行。入峡又出峡，身赘未弃綮。魂梦山驿枕，瞑触交心兵。吾亲弃吾逝，弱弟复惸惸。白发欺得人，随年欸然盈。老母须药物，岂儿厌书声。子身绾百役，怜汝有此兄。家米数易尽，谁能厌芜菁。生不识菽麦，今以升斗争。硁哉悉鄙事，以我当天刳。每出奔行在，终牵母子情。母死复何里，绝裾亦人情。共死同谷中，怜我妹及甥。垂老念聚散，恩重命反轻。泓泓视止水，可以托残生。散如天上云，聚如井上萍。乱世百何有，人物不足评。

诗中记述他所经的乱离苦难，并表达了对亲人不得团聚的痛苦与无奈。只是陈翠希望他回大陆，但他对大陆的形势并不看好，没有同意。其妹陈翠1968年在大陆去世，其弟叔宝病逝后，其子克言亦迁居台湾（《萧斋诗存》卷六中有其《答大妹送别言儿远行》一首，并附有其妹陈翠的《送言儿侄远行》原诗，由此可知陈克言后亦赴台）。

---

① 陈定山：《春申旧闻续·我的父亲天虚我生——国之隐者》，海豚出版社2015年版，第308页。

三 "成名于"《新申报》之小说家：豁公、舍我、蜇叟

自1915年王钝根从《申报》辞职之后，"自由谈"的投稿人便开始逐渐发生变化。虽然大部分撰稿人仍继续以"自由谈"为发表文章之阵地，但是因王钝根主持《新申报》副刊及《礼拜六》等其他刊物，他们也逐渐向《新申报》《礼拜六》及其他刊物分化转移。当初以"自由谈话会"为组织的百余人撰稿群体慢慢地筛选出"小说名家"，他们成为时新刊物的编辑或核心作家，其余的则逐渐消失或湮没。

在这一撰稿群体变动的过程中，《申报·自由谈》仍保留有原来的形式和部分作家，而《新申报》副刊"自由新语"也分割了"自由谈"的部分撰稿人并同时聚拢起一个新的阵地，特别是吸纳并培育了一些新的"小说家"，其中较重要的有刘豁公、张舍我及刘蜇叟等人——他们或者曾在早期"自由谈"发表作品，但主要是在《新申报》发表作品之后，逐渐打开了自己的文坛之路；或者从向《新申报》投稿开始步入文坛，而后亦在《申报·自由谈》（此时已非王钝根主持时期的《申报·自由谈》）及其他各类通俗刊物上发表作品，逐渐结识作家同人、编辑文艺报刊并进而成为"小说家"。

1. 豁公

刘豁公，南社社员，《新申报》副刊的主要供稿人，也是原"自由谈"撰稿群体转移变化之后的核心小说家。王钝根曾为其撰写小传，述两人之交往及其为《新申报》供稿的缘由：

> 刘达，字豁公，安徽桐城人。曾毕业于保定军官学校，历充中上级军官。入民国后，退伍家居，恒以诗文、小说投余所辑《游戏杂志》。丙辰秋，为无赖陈某所欺，甘言诱之上海，为其所办滑头报尽力。陈则遍向军政两界招股敛钱，未几，席卷所得而遁。君之薪水，无所取价，客中为之大窘。余亟延之为《新申报》撰长篇小说，旋又

受聘于余友渡边天洋创办之上海公论社。①

刘豁公又字覃敷，在《游戏杂志》的投稿中曾署名"刘覃敷"。他在进入文坛之前在军界效力，严芙孙在其传文中称其"别署哀梨室主，行四，三十五岁……由安徽陆军小学升送保定速成大学，在安徽当过将校讲习所区队长、教官等职。光复时，在南京又当过铁血军马队营连长、福建警备队连长、统都副官等职"②。刘豁公后来曾撰文《军人生活之回忆》，③对自己的军营生活进行过细致的描绘。既然严芙孙1923年为刘豁公作小传时称其"三十五岁"，则其大约出生于1889年。而他进入文坛，则始于1911年。

早年，他在家乡曾"与学友江君文波、钱君胥洲、王君曼犀共编《金陵后湖志》"④，但不久就到上海发展。王钝根称其步入文坛之初曾向《游戏杂志》投稿，但在这之前他在《申报·自由谈》也发表过一些诗文，如《豁庐杂志》《新年竹枝词》《哀江南》等，只是稿件较少，尚未能进入"自由谈"的撰稿群体而为诸同人所注意。1914年他还曾加入王钝根及"自由谈"同人发起的"俭德会"⑤，署"南京刘豁公"。但即使如此，刘豁公与王钝根的相熟也是在其向《游戏杂志》投稿之后，因他既没有小像在《自由谈》刊出，也没有文章在"自由谈话会"刊出，但这一时段却也为他日后的成名打下了基础。

刘豁公进入通俗文学的创作圈子，并为读者所熟知是在为《新申报》撰稿及临时担任编辑之后。虽然"他一入著述界，便在安徽当过《民□报》的主笔，后来到上海来担任各大报的撰述"⑥，但是他在安徽当主笔的经历并不能为他在上海打开局面，反而是像前文王钝根说的为陈某所骗。1916年王钝根入主《新申报》副刊，刘豁公约于1917年开始在《新申报·自由新语》上发表作品，内容以小说和剧评、剧作为主。其中发表有短篇小说《懦夫出妻记》等数篇，"剧评"则既有对旧戏新剧的评论，也

---

① 王钝根：《本旬刊作者诸大名家小史》，《社会之花》1924年第2期。
② 严芙孙：《全国小说名家专集·刘豁公》，上海云轩出版社1923年版。
③ 刘豁公：《军人生活之回忆》，《申报》1925年1月1日第24版。
④ 刘豁公：《豁庐杂志》，《自由杂志》1913年第2期。
⑤ 《自由谈话会》，《申报·自由谈》1914年2月3日第14版。
⑥ 严芙孙：《全国小说名家专集·刘豁公》，上海云轩出版社1923年版。

有撰述或辑录的剧作及其他戏曲样式，内容非常丰富。按，"剧评"（"剧谈"／"剧话"）曾是《新申报》副刊"自由新语"的专门栏目，而当时该板块的文章多出其手，如其《梨香阁剧谈》《歌台趣话》等都是成系列的连载作品。因《新申报》的小说板块主要为《歇浦潮》所占，所以刘豁公在《新申报》上刊载的小说数量倒不多，但1917年前后，刘豁公的创作生涯逐渐迎来了高峰。1917年11月5日《新申报》上曾刊布《豁公启事》曰：

>豁以菲才，谬承各书报馆纷纷委充撰述。著作事繁，实无余暇编戏，而各梨园主人又以豁为知音，时复委编剧本。当之有愧，却之不恭，再四思维只得订一规例，以示限制。规例如左：
>一　下走只任编纂，不代排戏。
>一　所编剧本，每本十场以内者润资三十元，二十场以内者润资五十元。一剧编为数本者，按本递加并购著作权者须照原数加倍。
>一　有欲借演拙编剧本者，须于该剧开演时每卖座百元提出五元作润，再卖百元亦然。余类推。
>
>　　　　　　　　　　　　　　　　　　　霞飞路一九九号刘豁公启①

此时他不仅大量撰写"剧评"，"剧作""剧本"也不断产出，所以才常常被委任编写剧本。按，他当时仅在《新申报》上刊载的剧本就有《清史歌剧：杨翠喜》《讽世歌剧：新空城计》《时事歌剧：新碰碑》《时事歌剧：洪宪纪元》以及他与蛰叟合撰的《历史歌剧：陈圆圆》等，大部分都被搬到舞台上进行演出，由此可知，当时刘豁公在剧坛、梨园已经成名。

1917年间他曾与同人创办过《留声机》杂志，但该杂志不久停刊。停刊原因可能是刊载的文字有所"违碍"，因刘豁公曾有诗《自由腔有引·怀留声机》，诗的引言中说："倚马万言，文人得意事也，使加以限制则必瞻前顾后，投鼠忌器。一篇之成，十易其稿，苦之至也，尚何得意可云。冬烘者见不及此，辄以拘守成列为能事。"②据此似乎是《留声机》

---

① 《豁公启事》，《新申报》1917年11月5日第4张第1版。
② 刘达：《自由腔有引·怀留声机》，《留声机》1917年第7期。

的言论受到某种限制。

1918年，刘豁公曾替王钝根代为编辑《新申报·自由新语》。1918年1月25日《新申报》上有《钝根启事》云："仆自本月十号起患喉疾，至今始愈，半月来编辑事务悉托刘豁公先生代理，各处友人通问之件都未答复，专此道歉，敬乞鉴原。"① 与此同时，刘豁公还在日本人创办的上海公论社任职。

在1917年至"五四"之间，刘豁公曾在报刊上发表有《煮豆燃萁录》《并蒂花》等小说作品。1919年，"迨五四风潮起，君以避嫌，辞谢日本居停，转入南洋兄弟烟草公司，主撰广告，仍以余暇作小说"②。刘豁公与王钝根都曾任职南洋兄弟烟草公司，而他们所撰内容不仅仅是广告，还有借广告栏而创作的小说作品。刘豁公在南洋兄弟烟草公司的广告栏发表的小说有《花里鸳鸯》《爱河潮》《爱国的原理》等四五篇，均创作于1920年，且皆为短篇作品。后来两人的作品还被南洋兄弟烟草公司编成《图画小说汇编》合集，作为《心声》杂志的附赠品。《心声》1924年第3期扉页广告有《本社特别启事》云：

> 启者，南洋兄弟烟草公司出版之《图画小说汇编》系豁公、钝根两先生杰作，由周柏生、张光宇、谢之光诸先生摘要绘图，美具难并，得未曾有，顷承惠赐五百部作为本刊赠品，拜领之余，不胜感荷。谨志数语，藉申谢忱。

盖"五四"之后，刘豁公进入了创作的旺盛期。对于《游戏杂志》《游戏世界》《半月》《商报》等报纸杂志来说，他只是撰稿人；但同时，他也开始担任多种刊物的主编，从撰稿而变为编辑、主创。从1920年至1937年，计其参与编辑的刊物有：《心声》（1922年）、《说部精英》（1924—1926）、《三日画报》（1925）、《雅歌集特刊》（十五周年特刊，1925）、《小说季刊》（1926）、《国货指南》（1926）、《影戏画报》（1927年）、《工商新闻》副刊（1927）、《戏剧月刊》（1928）、《民众生活》（1930）等数种。

---

① 《钝根启事》，《新申报》1918年1月25日第3张第4版。
② 王钝根：《本旬刊作者诸大名家小史》，《社会之花》1924年第2期。

《申报》《新申报》小说家述考(1907—1919)

其中《心声》《说部精英》《工商新闻》副刊乃是与王钝根等人合编的刊物。《心声》由上海心心照相馆发行，王钝根曾言："豁公为本杂志定名曰心声，余念心声二字作小说篇名亦甚佳，因撰此篇，惟草草不暇修饰，幸阅者谅我也。"①《工商新闻》的副刊"礼拜六"（此"礼拜六"非王钝根编辑的小说周刊《礼拜六》）是陈觉是发起主编的，据他讲："担任礼拜六编辑中间，有不少知名之士，后来从政的董柏庭，报界前辈刘豁公，被汪逆狙击而成仁的朱惺公，都曾主过笔政，现任参谋长的冷（蓉盦）欣，也曾担任过礼拜六周刊的主笔半年，那时候的待遇只有十只大洋。"②而《说部精英》是刘豁公与王钝根合编的，当时王钝根在主持《社会之花》，故主要的编辑事务由刘豁公负责，而且《说部精英》三集编完之后，刘豁公又接着原来的形式编印了《小说季刊》春、夏两集。至于《三日画报》，刘豁公主持的时间不长，后来因为无暇任编辑事务辞职，③而该刊也是由心心照相馆出资发行的。可以说自1917年向《新申报》副刊投稿至1926年，刘豁公与王钝根一直是同事与合作的状态，他由原来的投稿人慢慢变成编辑，由聚拢在《新申报·自由新语》平台的撰稿者变为撰述名家，时人将其比作"地煞星镇三山黄信"：

> 赞曰：有怀投笔，破浪乘风，伟人拆白，说界惊雄，艺林立帜，万丈奇虹，三山五岳，豁然贯通。（豁公出身军界，功成不居，退入小说界，曾著《拆白伟人传》，颇得读者称赏。近与张光宇、郑子褒诸君合办《三日画报》，销数奇旺，豁公身兼三役，故谓镇三山也。）④

而在这一过程中，王钝根给予了他很大的帮助，特别是让他为《新申报·自由新语》供稿并代为编辑该刊，都为他20年代的文学成绩打下了基础。

1927年，刘豁公创立《影戏画报》。这是一本电影杂志，内容多为对剧本、明星的评论，对电影、电影公司的介绍等。1927年6月27日出版第1

---

① 王钝根：《心声》，《心声》1922年第1期。
② 本报编辑室《二十五年来的礼拜六》，《工商新闻》副刊《礼拜六》复刊后第91期（总第794期），1947年9月6日。
③ 《〈三日画报〉编辑辞职》，《申报》1925年12月16日第20版。
④ 莽书生：《文苑点将录》，《金钢钻》1925年9月6日第2版。

期，前有刘豁公的《开场白》，严独鹤的题词"绘声绘影"。在20世纪20年代，刘豁公与当时的通俗文坛诸同人好友一样，也曾进入电影行业。他主要的电影工作是编写剧本，这是其小说家、剧作家的身份决定的。但他也曾编过字幕，在《电影杂志》《戏剧与电影》《骆驼画报》等刊物上写过影评，特别是描述过中国电影的发展历程，其《小镜头》《关于中国电影事业》《影戏杂谈》等文章都是中国早期电影发展的重要史料，不仅谈到当时各电影公司的运营、电影的摄制，还将"崇拜电影明星""与外国影片竞争"等新问题拿出来讨论，如他赞扬民新公司"曾到欧美去实地调查练习过一番，有了相当的心得，方才回国创办影片公司的。如此他家历年的出品，形式精神面面俱到，艺术上的价值的确比别家要高得多。可是人家出片子多半剩钱，他家却是蚀本"。[1] 虽然他说自己是"门外汉"[2]，但这些评论与记述在当时都是颇为中肯的评价，对于后人认识民国电影也具有重要的意义。

其实，刘豁公对电影的喜爱与涉猎还是源于他对戏剧的热爱。创立于1928年的《戏剧月刊》便是他在剧本创作之外，投身戏剧事业的另一重表现。该刊主要刊载戏剧评论、讨论"播报"旧戏的"新闻"与发展，而且还曾出过"梅兰芳专号""尚小云专号"等特刊。而《民众生活》则由民众学会于1930年创立，由刘豁公与徐绿芙合编，上海文华美术图书印刷公司编行。该刊每月逢十出版，每册定价大洋一角，第1期于1930年5月20日出版，1931年6月10日停刊，主要谈民众生活的各个方面，也包括戏剧运动与民众的生活等。盖此一时期，他自己主编的刊物多与戏剧有关，他在小说创作之外，最主要的就是剧本的撰写与评论，张芳在《民国初期戏剧理论研究1912—1919》[3] 一书中就曾对刘豁公的戏剧成绩作过充分的介绍。按刘豁公对于戏剧的关注本于他对旧戏本身的喜爱，鲍梨云在《豁公与电影》一文中曾说他：

> 性嗜皮黄，研究颇苦，兴至引吭高歌，老伶工每为击节，所著《戏学大全》《戏剧大全》等书，伶界恒奉为圭臬。尝为天蟾舞台编《香妃恨》《大观园》《陈圆圆》《文姬归汉》等剧，赵君玉、杨瑞亭

---

[1] 豁公：《小镜头》（六），《骆驼画报》1928年第11期。
[2] 豁公：《小镜头》（一），《骆驼画报》1928年第2期。
[3] 详见张芳《民国初期戏剧理论研究1912—1919》第二章，吉林大学出版社2013年版。

等演之而得名。年来醉心电影，各大影戏中几无不见豁公之踪迹，每有论列，辄中肯綮。人知豁公于此道，已有心得，有辇金乞为编剧者，豁公但笑谢之。而余与高、张诸子创办之大亚公司适已成立，因以友谊关系，乞为编剧，豁公不获辞，缘有《孽海惊涛》之作。①

其实《戏学大全》《戏学大观》在 20 年代就已经完成，严芙孙 1923 年在《全国小说名家专集》中就说："他的剧评更得一般人的景仰，伶界中人多拿他的批评当作金科玉律。……他曾编过一部《戏学大全》，一部《戏学大观》，一部《京剧考证》，一部《梅郎集》，因此在评剧界上更得着非常的荣誉。各舞台竞相聘请他编剧本，如《复辟梦》（又名《恢复共和》）《大观园》《香妃恨》《蔡文姬》《陈圆圆》《交换条件》等名剧，都出自他的手编。"② 由此看来，他的剧作极多，与此同时他还编辑有《雅歌集特刊》（十五周年）并在《戏报》《戏杂志》等杂志上发表戏剧评论。而且除鲍梨云、严芙孙所说的之外，他 1922 年还曾与王钝根合编过《少梅集》（口述京剧坤角金少梅的生平事迹）。可以说，他当时已经称得上剧作家及戏剧评论家。不过除了戏剧方面的成果，他的小说创作也不少。小说与剧本虽体裁不同，但创作过程大都是基于对故事的描摹与想象，而刘豁公是擅长创作"故事"的，戏剧和小说只是他对历史或现实"故事"的两种不同表达方式而已。

前文我们讲到，他最初在《新申报·自由新语》上发表的小说多为短篇，但到了"五四"之后，刘豁公在创作短篇的同时，也开始尝试撰写长篇小说。严芙孙称：

> 他除了剧本以外，小说也做了不少。最得意的作品只有《游戏杂志》的《孽海孤鸳》，《游戏世界》的《怨耦》，《半月》的《伤心》，《快活》的《金闺情眼》等篇了。长篇著作刊行单行本的有新民图书馆出版的《拆白伟人传》，日报里的长篇有《商报》上的《沧桑记》，都是情文并茂的佳构，极为时人所称赞。③

---

① 鲍梨云：《豁公与电影》，《影戏画报》1927 年第 1 期。
② 严芙孙：《全国小说名家专集·刘豁公》，上海云轩出版社 1923 年版。
③ 同上。

其中《伤心》《怨耦》等为短篇作品，此外还有《古井波》《孽海惊涛》《孽缘记》《无母之儿》等发表在各种期刊杂志上的其他短篇小说，及郑逸梅在《南社社友著述存目表》中所著录的短篇小说集《燃藜奇采录》一种（民国时期杂志上录为"《燃藜奇彩录》"①，然未找到刊本，不知内容具体为何）。而《拆白伟人传》《沧桑记》则是两部长篇，较能显出这一时期刘豁公的创作热情与功力。

《拆白伟人传》共十四回，完成于1919年，内容写政界某伟人之秘史及拆白党逸事，颇类当时的黑幕小说。《沧桑记》自1922年6月1日《商报》副刊改名"商余"之日起开始连载，至1922年12月15日共刊出13回。因《商报·商余》的主编辑为王钝根，故此篇小说最初乃是刘豁公帮助王钝根编刊的"凑稿"之作。刘豁公曾在《商报》上刊布启事云：

启者：拙著《沧桑记》说部原备《商余》补白之需，辱蒙钝公厚爱，商诸馆主，特将此稿版权赠还下走，拜领之余感激无似。原拟将全稿自行校印单行本出售，适因徐小麟君委编《心声》半月刊，以致无暇及此。海内同文，如愿代为印行者，祈即函示或面商，俾了夙愿，幸甚。②

此篇小说的内容为描写上海社会的各类情形，与当时大多数的长篇社会小说近似，皆是熔白描、揭露、讽刺于一炉。全篇以主人公黄士齐的发迹变泰史为线索，将上海社会的几十年历史怪现状叙述出来，给人以警示。只是《商报》上仅刊出13回，据说刘豁公后来又续写了半部，并由他自创的雕龙出版部刊印出版单行本（《申报》上曾有出版的预告信息），然目前未见刊本。

在剧本与小说创作之外，刘豁公亦擅诗文。时人曾称赞其诗曰："刘子豁公之直例诗云'解甲归来十四年，阖门都仗卖文钱。也知敝帚难为用，争奈家无半亩田'。词意浑厚，力追剑南，询可谓儒将风流矣。"③刊印《沧桑记》的雕龙出版部由刘豁公创办于1924年左右，除了这部

---

① 《增购书籍报告》，《俭德储蓄会月刊》1920年第1卷第1期。
② 《豁公启事》，《商报·商余》1922年11月22日第4张第4版。
③ 欧阳纫秋：《绣余随笔》，《申报》1926年8月5日第17版。

小说之外，该出版部还刊印有前文所讲的《说部精英》及《上海竹枝词》。《上海竹枝词》乃刘豁公所撰，1925年由雕龙出版部出版，内容主要描写民初上海风土民情，是刘豁公诗歌作品的代表。文章方面，刘豁公此一阶段有《哀梨室随笔》《哀梨室戏谈》《哀梨室谈往》等系列笔记。这些笔记或记文坛逸事，或论梨园成绩，都是民国文艺界极重要的史料。

而除了这些撰述，在整个民初到30年代中期，刘豁公与文坛同人的交往也更加频繁。他不再是初来上海被骗的青年而是文坛的名作家。在此期间，他与报界同人一起编纂过《中国黑幕大观》《上海游览指南》，参加过由吴稚晖等人发起的报界俱乐部，在主持《心声》半月刊期间与同人一起组织伶选大会等。1926年还曾在上海昭明女学校当代课老师。

抗战开始后，刘豁公的撰述大幅减少，他将主要的精力都转到了抗敌宣传上。其实在1934年，他已任中国海员党部宣传科主任、监察委员等职。1936年又为海员党部创办《海声报》以扩充内容，加大宣传。抗战期间，他们又组织中国海员抗敌后援会，进行抗敌宣传及后援救济工作。1946年海员总工会成立，刘豁公任候补理事。然而即使如此，刘豁公也并未停止写作。抗战胜利后，他仍在《戏世界》《上海游艺》《上海滩》等一些杂志上发表作品。梅花馆主郑子褒1946年曾言："老友刘豁公先生，去冬自蜀中归来，仍为杨啸天将军主办文牍，公务之余，间亦为某报担任写作，豁公为评剧老手，最近拟撰述一有系统之《桂滇蓉渝梨园史》，经恳求，允交由本报披露。"① 则刘豁公1945年间曾在四川军中，并且仍有新的撰述问世，而此时他已年近六旬。

据称，刘豁公40年代末离开大陆到台湾，② 不知何据。然而自40年代末，报界文坛确已不见其踪影。

刘豁公妻子名欧阳纫兰，1928年去世。刘豁公曾撰《悼亡室欧阳夫人》③ 诗六首寄托哀思：

---

① 梅花馆主：《艺人杂事》，《沪风》1946年第2期。
② 《中国京剧史》（中卷）中有张泽钢所撰《刘豁公》条目，文中称"40年代末离开大陆去台湾"。此书由北京市艺术研究所、上海艺术研究所组织编著，中国戏剧出版社2005年版，第1452页。
③ 刘豁公：《悼亡室欧阳夫人》，《申报》1928年8月27日第22版。

亡室纫兰，番禺欧阳衡石先生之次女也。性情和婉，习礼明诗，勤俭持家，备尝辛苦。月初以难产卒于病院，殊非予始料所及。哀悼之余，诗以诔之。如蒙诗坛名宿、哀怜寒士惠赐和章（不限韵），乞寄上海牯岭路大东书局编译所。俾得汇刻专集，感且不朽。

食贫无怨□卿贤，鸿案相庄已十年。昨日温言犹在耳，谁知一夕隔人天。

自嫁黔娄百不如，晨餐一饱只清疏。剧怜豆蔻含胎日，犹自焚香伴著书。

剪水吴淞暂寄家，横窗花影月初斜。多卿解念相如渴，夜汲清泉为煮茶。

泪湿青衫未忍挥，无端物是怅人非。嘉肴旨酒难常得，犹记珍藏待我归。

琴弦断续已堪伤，况值中年再悼亡。凄绝夜深人静后，儿啼女哭断人肠。

贫贱夫妻剧可怜，伤心重赋百哀篇。只今差幸能温饱，底事先予赴九泉。

其诗刊出后，文坛同人亦有和诗，如史慕山的《慰刘豁公丧耦并挽欧阳夫人》[1]四首、顾兆璜的《悼纫兰女士并唁刘豁公先生》[2]等，史慕山诗中曾有句云："贫贱夫妻最可怜，况教死别值中年。欲裁诗句搣君痛，一度寻思一惘然。"与其同在昭明女学校任职的欧阳纫秋是其妻妹。欧阳纫秋是当时投稿较多的女诗人，她曾为其《上海竹枝词》题词，题词中说"豁公姊丈，近著《上海竹枝词》一卷，庄谐杂进，妙绪环生"[3]。

不过早年刘豁公在《豁庐杂志》中曾云：

姚君穉生，余妻之长兄也。生平有掌故癖，每与亲友会谈，辄述遗闻轶事以为乐。[4]

---

[1] 史慕山：《慰刘豁公丧耦并挽欧阳夫人》，《崇善》1929年第57期。
[2] 顾兆璜：《悼纫兰女士并唁刘豁公先生》，《学生文艺丛刊》1930年第6卷第1期。
[3] 欧阳纫秋：《新竹枝有引》，《小说季刊·夏之花》1926年第1期。
[4] 刘豁公：《豁庐杂志》，《自由杂志》1913年第2期。

则其妻乃是姚稚生之妹。他大约在1913年间，有妻姚氏，当为其前妻，后姚氏去世，刘豁公又娶妻，即继室欧阳夫人。刘豁公子女颇多，或者也正因此。

《戏报》上曾刊《刘豁公赴京为的安顿家小》小文一则，文中称："《戏剧月刊》编者刘豁公，供职招商局，住在吕慧君老板家里，可是最近因为'小刘豁公'太多，不十分便利教养，特地把女人与小孩送到南京。"① 此亦可为证。许瘦蝶晚年曾回忆说："刘豁公之文孙昌华，幼颖敏，善属对，友人试以联云：'风送云行星似走'，昌华应声云：'水推舟去浪如飞'。友大奇之。"② 实则许瘦蝶所记乃当年刘豁公发表在《游戏杂志》上的《豁庐杂志》内容，只是原文中说"余侄昌华，年十一，颇聪敏，余极爱之，尝携至金陵"③。但不知刘昌华是其哪位兄长之子。

刘豁公排行第四，他前面有三位兄长。长兄为刘龙眠，他在为豁公所作的《上海竹枝词序》文末署有"民国十四年春龙眠刘炯公序"④ 的字样。又，严芙孙在刘豁公的小传中说"那时他的老兄炯堂先生在广东第一标标统"⑤，盖其长兄亦是军界中人。他的仲兄为刘蜇叟，亦曾在军界，后来也转向文坛发展（详见下文）。他的三兄名哀时，《上海竹枝词》扉页附有刘豁公与其兄长蜇叟、哀时及豁公小女的合照。刘哀时的生平资料可见的不多，只知他亦曾为昭明女学校的任课老师。《申报》上曾刊有欧阳纫秋的《绣余随笔》一文。文中说：

> 予不善填词，然见词之佳者，未尝不回环朗诵，爱如拱璧。沈生祖芬，年十七，诗古文词，渊源家学，均有可观。近复问道于刘哀时先生，文学益孟进。偶作一二小词，哀感顽艳，几夺易安之席。⑥

则知刘哀时曾为沈祖芬的诗文老师。故此，刘豁公兄弟四人皆是能文者，

---

① 《刘豁公赴京为的安顿家小》，《戏报》1936年第4期。
② 许瘦蝶：《蝶窠偶语》，《永安月刊》1947年第102期。
③ 刘豁公：《豁庐杂志》，《自由杂志》1913年第2期。
④ 刘炯公：《刘炯公先生序》，《上海竹枝词》，上海雕龙出版社1925年版。
⑤ 严芙孙：《全国小说名家专集·刘豁公》，上海云轩出版社1923年版。
⑥ 欧阳纫秋：《绣余随笔》，《申报》1926年8月5日第17版。

而其中尤以豁公在文坛的时间最长、名气最大。

2. 蛰叟

蛰叟，名刘泽沛，安徽桐城人，为刘豁公的仲兄，军旅出身，有书斋曰"还读斋"（其在《说部精英·甲子花序》的末尾署曰："甲子仲夏桐城刘泽沛蛰叟序于京师还读斋"，故知）。清朝末年，曾为贡生，在江南陆师学堂学习，因成绩优异被擢升为通判选用。

1903年至1904年间，刘蛰叟曾被多次奏请奖励。《申报》上曾有江苏巡抚端方的"奏为恳恩俯准将通判衔廪贡生刘泽沛以通判不论双单月选用"[①] 折子，文中称：

> 今刘泽沛由通判衔保举，以通判选用，系按异常劳绩请奖。查本案内，该员名次已逾准奖异常劳绩四员之额，应令另核奏明请奖黏单、知照等。……该生刘泽沛在堂肄业三年，于西学武备确有心得。历年堂考并毕业大考均皆取列一等第一名次，居一堂之首。功课亦较阖堂为最，遂于前次拟保折单内将该生名列第二，按照异常劳绩恳准给奖。南洋兵力不敷，饬令该生赴皖招募武威新军右翼勇丁一旗管带。来江训练，甫经数月，历经魏光焘亲往以及委员点阅。该旗勇丁队伍尚属整齐，技艺亦颇娴熟，是该生先后在堂在营勤劳倍著……特旨允准。有案今该生属二班毕业，取列一等第一，情事相同，前署督臣未及具奏，留交前来合无。仰恳天恩俯准，将通判衔廪贡生刘泽沛以通判不论双单月选用。

由此可知，刘蛰叟虽接受的是传统科举教育，有廪贡生之衔，但也曾接触新式军师学堂。江南陆师学堂由张之洞创立于1895年，许多革命将领及维新人士都出自该学堂。刘蛰叟以优异的成绩从该校毕业，并有到乡招募新军的经历，这些都是他日后在军界效力受用的基础。

刘豁公在文章中曾记述其兄长的大致行迹：

> 余仲兄蛰公，风雅士也。生平足迹遍天下，所至之处青楼人辄以护花铃目之。其实余兄别有怀抱，盖深恶前清官吏之专横，鱼肉吾

---

① 《申报》1904年12月31日第12版。

民，惨无人理，缘是耻入宦途，满腹牢骚无从发泄，辄假醇酒妇人以自遣。……迨欧风东渐，国政维新……余兄纵观大势以为国事尚有可为，遂决计投笔从戎，以备干城之选，自隶军籍，由宁而苏而湘而黔而赣而燕而闽，转徙数千里，大小百余战，短衣匹马，艰险备尝，出死入生者十余年。……今夏由参谋本部派随陆军中将戈公来闽，委任警备队总司令参谋，旋改委统带南路警备队，各营值安溪等邑。上匪蠢动，兄遂督军进剿，有近作数章纪其事。①

由其可知，刘蛰叟年轻时亦是一位倜傥风流的文人，但其"投笔从戎，以备干城之选"应该不仅仅因为"国政"与时势，主要还与他在陆军学堂学习的经历有关。自其在陆军学堂学习至中年时期，刘蛰叟曾辗转各地参加战役，做过陆军中将等职务。严芙孙在刘豁公的小传中亦称"他的次兄蛰叟做贵州兵备处暨陆军学总办的时候，有个向充军官的王某屡次求豁公向他老兄面前赏一个差缺"②，则刘蛰叟在各地主持兵备、军旅等事务的经历着实不少，如他在民国成立前曾在云贵一带为将官、1912 年曾任南京陆军文牍科科长，1917 年又在湖北为官等。在从军的过程中刘蛰叟曾因各种原因被人弹劾过，《申报》上就曾刊载《护滇督奏覆疆臣被参情形》新闻一则，文中有"查刘泽沛系江苏人，报捐候选通判，经庞鸿书奏调来黔，委办陆军学堂，迄无成绩，物议滋多"③之句。

不过，虽然刘蛰叟一直处在军旅之中，但其实他很早就开始撰述。早在 1896 年间，《益闻录》上就曾刊载过他的诗作。1915 年至 1916 年间，《兵事杂志》上亦有其军旅诗词，若《督战安溪夜寒不寐》《乙卯解兵留别刘笃生大令》《满江红·武胜关感事》等；而《游戏杂志》上也有其弟刘豁公代其投稿的《胡姬雅仙小传》《纪庆春妓院》《故妓花金玉传》诸篇，及《蛰叟余墨》中亦杂有诗作数章。至 1917 年前后，刘豁公因结识王钝根而往《新申报》副刊上投稿，刘蛰叟也慢慢地成为《新申报》副刊的常客。特别是其幼弟刘豁公常驻《新申报》副刊并出任各刊编辑之后，他的创作也愈加丰富起来，一度成为《新申报》副刊的主要供撰人，即成

---

① 刘豁公：《蛰公余墨》，《游戏杂志》1915 年第 12 期。
② 严芙孙：《全国小说名家专集·刘豁公》，上海云轩出版社 1923 年版。
③ 《申报》1909 年 11 月 29 日第 4 版。

为王钝根在主编《新申报》时期重新组合起来的创作队伍成员、早期《新申报》副刊的主要小说家。

刘蛰叟在《说部精英·甲子花序》中称赞当时的小说:"虽不能抗衡汉魏,接踵古人,然必有造于近今之社会。余老而椢敝,不敢执笔为文,甚欲得名人著作而读之。"① 他虽自称老朽,"不敢执笔",但其实军旅余暇的创作是相当丰富的。按其曾在《新申报》发表小说十余篇,皆为短篇小说,其中与其幼弟刘豁公合译有《钟尳语》,独立撰有《爱河潮》《香车》《鹦鹉媒》等言情小说。这些作品都是蛰叟初作小说的成绩,笔法上近似笔记,小说开头常常先交代人物、时间与地点,读来常有"真实事件"之感。这大概是因为刚开始创作小说,尚无法摆脱传统的写作习惯。但也正因这种写法,他的小说语言简洁清峻,读来饶有味道。

小说之外,蛰叟在《新申报·自由新语》上还发表过不少笔记、剧谈类文章,如描写北京风情的《北京社会铸形记》,记录当时梨园故事的《观孙化成客串武家坡感言》《翻戏大王陈老八》等都是他当时的代表性文章。而他观剧、评剧应该是受到其弟刘豁公的影响,如前文所述刘豁公曾有大量的剧评文章,而他曾与豁公合撰《历史歌剧:陈圆圆》,因此两兄弟在戏剧方面应该有过深入的探讨和相对一致的观点。

进入 20 年代之后,刘蛰叟凭借着《新申报》的创作逐渐进入文坛,特别是随着刘豁公创办各类刊物、编写剧本,刘蛰叟也开始在各类刊物上发表小说、笔记、剧评等作品,他的小说创作也越加成熟起来。其中,他在《心声》半月刊上刊载的小说作品最多,如《云破月来》《乱离思痛记》《舞榭疑云记》《情场历劫记》等,以言情小说为主。《心声》之外就是《礼拜六》《社会之花》《小说月报》《戏剧月刊》《红玫瑰》以及刘豁公编辑出版的《说部精英》等诸多刊物,如《红玫瑰》中刊载的《赛马情波》《迷离香梦》《情丝操纵记》,《小说月报》上的《盗媒》《青年镜》,《说部精英·甲子花》中的《珠还》、《乙丑花》中的《海棠泪》、《丙寅花》中的《如此家庭》等,大体上都是通俗的言情小说题材。故此可知,刘蛰叟虽为军人,但在小说创作上并没有太多以军旅生涯为背景的内容,而仍是以当时流行的情节、模式等固定套路为主。仅有的《沙场奇遇》一篇虽有战争背景,但亦是言情的故事情节。

---

① 刘蛰叟:《说部精英·甲子花序》,上海五洲书社1924年版,第2页。

《申报》《新申报》小说家述考(1907—1919)

小说之外，1917年之后刘蛰叟撰述中最多的要数剧评文章，而这也与其弟刘豁公成为剧作家并创办《戏剧月刊》有较大的关系。如他写的《戏曲沿革》《论戏剧改造社会之能力》等，对于研究我国戏剧的发展都有一定的参考价值。此外，他还有笔记《蛰庐杂记》《蛰庐杂志》等数篇，杂记时事，逸闻及诗话等内容。

总体来看，刘蛰叟进入文坛主要是受了其幼弟刘豁公的影响，而其正式的创作则从向《新申报》投稿开始。即使碍于公牍繁忙，他仍依靠撰述进入了当时的通俗流行文坛，并靠着作品成为各刊的重要撰稿人。只是30年代之后，刘蛰叟的作品变得极少，而其名姓亦随之在文坛湮没。其实，豁公的长兄刘炯公也有一些创作，他虽然在军界的官职比较高，但却不如两位幼弟在文坛有声名。炯公的作品发表在《新申报》上的不少，小说就有十余篇，其余诗文之类也常常见于《新申报》副刊。另外，他还为其弟豁公创办的数种刊物题过词或写过序言，如刘豁公主编的刊物《甲子花》上载有他的《破镜重圆记》，《乙丑花》上亦有他创作的《热心之三变》等数篇作品，可以说亦是一位积极的小说创作者。他们三兄弟在民初文坛算得上是少有的均能进行撰述的"兄弟文人"，只有其三哥哀时未见作品问世。

蛰叟生平至少有两位妻子。1926年，他曾在《申报》发表《悼亡》诗，诗题云"悼继室王淑人"，且诗中有句云："老泪纵横无洒处，伤心南北两孤坟。上年两度哭亡妻，艳福难消已可知。"① 此后他是否再又续弦，则未知。《悼亡》篇中有句云：

> 弥留忍泪呼娇女，垂死春蚕尚有丝。帘幕沉沉滞落晖，柔魂欲共晚霞飞。自知泉路须臾近，手选齐纨制殓衣。殓衾如雪里冰肌，夫哭儿啼总不知……我妇年才三十二，却留青冢卧斜阳。彩云易散月难圆，那得鸾胶再续弦。②

则其妻王淑人育有"娇女"，但蛰叟具体有子女几人尚无从查考。前文刘豁公所言侄儿昌华，不知是否为蛰叟之子。

---

① 刘蛰叟：《悼亡》（下），《申报》1926年8月22日第17版。
② 刘蛰叟：《悼亡》（中），《申报》1926年8月21日第17版。

·136·

依上所述，刘蛰叟 1903 年在江南陆师学堂学习，而其弟刘豁公又出生于 1889 年，则刘蛰叟可能也出生于 19 世纪 80 年代。只是他一生大部分时间都在军旅之中，只有闲暇之时才能进行撰述。刘蛰叟逝于何时未知，但 1946 年《励行月刊》上曾刊其诗作，诗序云：

> 新锐先生，前游渝蓉，比接贻书，谓将远役。间关浮海，过沪入吴，冒锋镝于重围，效驰驱于万里，性命危于虎口，尘影迷于鸿痕。泽沛倾盖鉴江，斑荆筑国，怅骊驹于仓卒，恨淮鹦之啁啾。而况洞庭湖畔尚接锋烟，勾漏山前又开壁垒。抚时感事，忆远伤离。爰成三章，藉抒五内。①

则当时他仍在军中，应该是参与国共战争。另外，1947 年《正风月刊》第 2 期上刊其《治乱国用重典》一文，则此时他尚在世，而此后情形，则未知。若其弟刘豁公真的离开大陆赴台，刘蛰叟因为长期效命于国民党军队的缘故，晚年也有很可能赴台生活，但具体情形究竟如何，尚待新的史料出现。

3. 舍我

张舍我，民国时期的翻译家、小说家、小说评论家和律师。时辈同人王钝根、赵苕狂、严芙孙均为其作过小传。

他生于 1896 年，"名建忠，又名子芳，②自号舍我，江苏川沙（今上海浦东）人"。③"初肄业于上海城内棒苓小学，一九一五年秋来本校入二年级，盖当时新创之学级也。一六年春，被选为级中汉文书记。是年秋任级长并《天籁报》汉文主笔。翌年任副级长，青年会副司库，主日学校司库，英文演说会司仪员，社会服务团教育部部长。"然在他进入沪江大学之前，已经在许多地方谋职。赵苕狂在其小传中称其："家赤贫，访员之职不能谋一饱，乃转而习商业，转而为小学教员，最后转而为商务印书馆

---

① 刘泽沛：《寄怀刘新锐先生》，《励行月刊》1946 年第 2 卷第 2 期。
② 赵苕狂在《本集著者张舍我君传》中称其"名建中，字子方"，应是误记。按《一九一八年预科毕业生小史》乃其同学鲁存忻（贤焘）所撰，故其所写的材料应该更为准确，《沪江大学月刊》1918 年第 7 卷第 3 期。
③ 鲁存忻：《一九一八年预科毕业生小史·张舍我》，《沪江大学月刊》1918 年第 7 卷第 3 期。

之校对。"① 盖张舍我家境比较贫困，他辗转各处工作，在进入沪江大学后更是勤奋刻苦，不仅擅长中英文，还积极参与各类社团活动，并做各类兼职赚钱养家。

王钝根亦曾提到他"少孤家贫，受教育于耶稣教学校，升转入沪江大学，学费无所出，乃学作小说，投《新申报》文艺栏，月终向余取酬金，偿学校焉"②。其实早在向《新申报》投稿之前，他在学校求学时就已然显出了文学方面的才华与能力。他的同学四明鲁存忻在为其所撰的小史中说：

> 时《天籁报》适有征文之举，题为"我之学校生活"，与赛者凡蕙兰、晏成、浸会暨本校预科四中学，君得第一，奖银杯一。旋举行全校国文月考，君列甲等第二。入秋，任正级长兼公民学会副会长。值《天籁》改组，君遂任新闻部部长。今年复当选正级长，并任自治会副会长。君为人强恕坚毅，家贫好学，喜笔墨，常从事小说，以所获充学资。同学辈戏呼之曰"将来之小说家"。实则君之志固未尝尽于此也。君又好演说，每有竞赛，议论风生，听者忘倦。③

虽然《天籁报》是沪江大学的校内刊物，但是张舍我因为参与此刊的各类事务而积累了不少编辑经验，至于所谓"将来之小说家"，后来之情形正是不出所料。

然而因为家境贫寒，他并不能以"文学"或"小说"为谋生的职业。1918年，他从沪江大学毕业前后曾在老北门外浸会堂友谊英文夜学担任"监督常驻办事"④。特别是1919年他的父亲去世⑤之后，"一家数口赖君橐笔为活。时君适出沪江大学，就职保险公司"⑥。王钝根也言他"毕业后入英美烟公司服务，继复改入金星保险公司，今则为友邦人寿保险公司职

---

① 赵苕狂：《本集著者张舍我君传》，《舍我小说集》，上海世界书局1926年版。
② 王钝根：《本旬刊作者诸大名家小史》，《社会之花》1924年第4期。
③ 鲁存忻：《一九一八年预科毕业生小史·张舍我》，《沪江大学月刊》1918年第7卷第3期。
④ 《友谊夜学开学》，《申报》1918年9月11日第11版。
⑤ 张舍我在《亡弟建民传略》一文中曾说"建行三，以光绪丙午年之十一月十七日生于沪之金家牌坊……十四岁先君弃养"，故知其弟建民生于1906年，而其父逝世于1919年。
⑥ 严芙孙：《全国小说名家专集·张舍我》，上海云轩出版社1923年版。

员，生计裕如矣"①。不过也正是在沪江大学学习之际，他的文学之路亦随之开启。

他1917年年初开始在《新申报》副刊上发表小说作品，有《风雪之盗》《枵腹》等数篇，译有《狼人》《狱中人语》，另与闻野鹤合译有《裴伦航海记》等。此时张舍我的撰述尚显稚嫩，译作也主要是当时较为流行的侦探及言情题材。

1918年他开始向《申报·自由谈》投稿。王钝根称他"君体健硕而性勤敏，故课余所作甚多，既亦分投瘦鹃主编之《申报·自由谈》，文名渐著"。而严芙孙对其自毕业至1923年的文学成绩亦有所总结：

> 暇时好弄翰墨，与瘦鹃友善。作短篇小说，富有理想，不落恒蹊，文学界咸许为确有见地。单行本著有《小说作法》行世……短篇小说约近百篇，以《半月》及《快活》刊布最多。君精蟹行文字，译稿甚富，瘦鹃私叹弗如。②

盖张舍我在小说方面的成就，主要有翻译、创作及小说理论三大方面。其中在翻译上主要是侦探小说的翻译，在创作上为短篇小说作品，而评论上则有一系列探讨小说概念、创作、思想等问题的理论文章。

严芙孙说张舍我的翻译"瘦鹃私叹弗如"，因为张舍我在沪江大学学习过外文，外语基础较好，不仅能够翻译小说作品，还有《舍庐译剩》等记载欧美逸事的笔记。他的译作多为侦探小说，如发表在《半月》上的《皇冕宝石》，发表在《心声》杂志上的《亚森罗苹探案》，发表在《侦探世界》上的《陷网》《不测之祸》等。侦探小说之外，所译则以言情及家庭伦理题材居多，如《伯爵夫人之爱情》。另外，1920年《申报》上有其翻译小说的广告，曰："瑞典文豪斯屈恩白A. Strindberg有短篇小说集《婚媾》之作，传诵全欧。其名剧《父》（*Father*）一书，刻由川沙张舍我译为汉文。"③则此又是张舍我翻译剧本的例证。

因为受到译作的影响，张舍我的小说作品也有不少属于侦探题材，如

---

① 王钝根：《本旬刊作者诸大名家小史》，《社会之花》1924年第4期。
② 严芙孙：《全国小说名家专集·张舍我》，上海云轩出版社1923年版。
③ 《文坛消息》，《申报》1920年4月7日第14版。

他在《侦探世界》杂志上发表的《实事侦探录》。不过他自作的小说仍以婚恋、言情主题居多。按张舍我有"张问题"之号：

> 张舍我先生善作问题小说，近著《自由恋爱的究竟》，思想新奇，别辟蹊径，殊堪令人玩味。①

徐碧波在文章中也曾用这一称呼："张问题先生在城外发的信说'弟于今晨到苏，寓三星旅社某号'。"② 盖他一度尝试在小说中探讨婚恋自由的话题及由此而产生的各种问题，如他的小说《我的新婚》《恋爱的界限》《妻镜》等作品就是对家庭婚恋问题的直接讨论，他还曾专门撰文《我与中国之婚姻》来说明自己的观点。1920年他在《申报》上发表《怨巧记》《剖心记》，1921年发表《怜新记》，1922年发表《窥楼记》《检书记》，这些小说都体现了他对恋爱自由、婚恋幸福等问题的思考。

至于他的小说文论成果，则集中发表于1921年至1923年。其中如《申报·自由谈》上发表的《短篇小说作法》《短篇小说泛论》《短篇小说之定义》《短篇小说之要素》《小说中情节之次序》《小说作法大要》等，在《最小》杂志上发表的《关于小说之文》系列，都比较典型地反映出当时的通俗小说家对于小说的普遍理解与认识。其中，更为重要的是他在《最小》杂志上发表的关于"礼拜六派""黑幕小说"等问题的看法：

> 他们以为《礼拜六》里发表的小说，足以代表我们十几人的个性、文风、特点和主张，以为要看我们十几个人的作品，或者要观察我们十几个人著作的个性、文风、特点和主张，只要费小洋一角，买一本《礼拜六》一翻便够了。所以我们费尽了心血，或自信也许有人赞许于文艺上有价值的作品，他们也决不肯一看。③

这既是对当时将各位通俗小说家简单划归"礼拜六派"的一种嘲讽，又是对当时"新派"批评的直接回应，对于研究当时的文坛具有一定的参

---

① 《编辑余沈》，《快活》1922年第10期。
② 徐碧波：《程小青持杖降魔，张舍我骑驴伤腿》，《最小》1924年第6卷第180号，第3张。
③ 张舍我：《什么叫做"礼拜六派"?》，《最小》1923年第1卷第13号，第3张。

考意义。而从这里我们也可以知道，至 20 年代所谓的"礼拜六派"已经成为一个比较稳固的十余人同人团体，这较之早期《申报·自由谈》的百余人小说家群体已是天壤之别，经过十余年的筛选，一个基本固定的"名小说家"团体最终在 20 年代诞生。

也正是在 1921 年前后，张舍我真正在通俗文坛立足。他通过在《申报》《新申报》副刊及各流行杂志上投稿，结识了当时声名斐然的一批小说家，并成为当时"名小说家"团体中的一员。比如，他是各同人主编的《半月》《侦探世界》《快活》等杂志的主要撰稿人，又如他曾与诸作家同人撰写"同题"小说：

> 点题"梦里"区为十类，舍自撰外，特请诸同志分任之。瘦鹃喜言哀情，结习难除，作哀情小说；天虚我生老于社会，世故饱经，作社会小说；程瞻庐善写家庭琐事，作家庭小说；朱鸳雏方主学校教席，作教育小说；陈小蝶富理想，作理想小说；徐半梅工滑稽，作滑稽小说；程小青好谈侦探，作侦探小说；张舍我昌言爱国，作爱国小说；张碧梧时念庭闱之恩，作伦理小说；张枕绿方享新婚之乐，作艳情小说。题曰《梦里》，而十人之梦各不同，读者作痴人说梦观可也。瘦鹃识于尊闻阁。①

1922 年，他与王钝根、周瘦鹃等同人一起参与成立青社，并为该社刊物《长青》的主要撰稿人。1923 年，他又参加由袁寒云、包天笑、周瘦鹃等人发起的"中国文艺协会"，被选为干事员。故而在 20 世纪 20 年代初，张舍我已凭借自己的撰述与翻译而成为当时通俗小说家团体的核心成员，他的文学生涯也于此达到顶峰。

1923 年秋，张舍我又创办小说函授学校，自任校长。王钝根言："然君不乐休暇，仍以余力经营小说专修学校，闻其所得函授弟子极多云。"②函授学校在民初颇为流行，小说函授学校除了张舍我办过之外，文坛同人徐哲身也经营过。张舍我因为从小求职养家的经验，颇具经营头脑，故他的小说函授学校办得也颇具章法：

---

① 《文艺俱乐部》，《申报》1920 年 6 月 13 日第 14 版。
② 王钝根：《本旬刊作者诸大名家小史》，《社会之花》1924 年第 4 期。

《申报》《新申报》小说家述考（1907—1919）

> 小说家张舍我氏，近创办一大规模之小说函授学校，定名为"上海小说专修学校"。凡受过中学教育或有同等学力之男女，均可入学。该校每月编发讲义及学生练习题三次，每学期学费十二元，四学期卒业，给予毕业证书。学生试作之佳者，送交著名报章杂志，代为发表，以资观感。闻该校现聘大学教授土纯农担任"小说修辞学"，大学教授胡怀琛担任"小说与哲学"，江红蕉、张枕绿批改课卷，程小青主任侦探小说科，赵苕狂任小说译学科，校长张舍我自任小说解剖学。现定阳历十一月一号开学，十月二十号以前为报名缴费之期云。①

从上述广告可知，与张舍我合作的均是当时文坛的名小说家，而他们的课程似乎偏重于小说理论，但最吸引人的应该是可以"代为发表"作品。而小说函授学校之所以能够出现，一定程度上也因为当时"小说家"已经成为一种可以"赚钱"的职业，同时也是一种颇受尊崇的"名誉"头衔。

张舍我没有主办过什么期刊，但是当时较有名的《心声》《半月》《快活》等杂志上多有他的作品。一些新办的杂志也常常向其邀稿，如并不出名的《盍簪》月刊。郑逸梅曾记此刊的内容曰："白克路登贤里七二五号盍簪社发行，第一期出版于一九二三年。封面袁寒云书，丁慕琴画。内容有小说，舍我、卓呆、放庵、泪鹃、述禹执笔。有笔记，琴影、蝶醒、富华、娱萱执笔。其他如菊蝶、幻音的杂作，郁郁生的评剧。一期止。"②该刊仅出一期，而张舍我就是其供稿人之一。

1924年，上海世界书局编选张舍我在各刊发表的小说，集成《舍我小说集》一书（共七篇）出版，而此集也是张舍我这一阶段小说成绩的代表。在小说及小说批评之外，他还有其他各类笔记及文章，如1920年他在《申报·自由谈》上发表的《沪滨随感录》系列，就是描写上海一地人文、风尚的作品。

张舍我闲暇时除了译、撰小说，专心著述之外，还曾涉足电影界。

---

① 《小说界消息》，《申报》1923年10月7日第19版。
② 郑逸梅：《民国旧派文艺期刊丛话》，《鸳鸯蝴蝶派研究资料》，上海文艺出版社1984年版，第435页。

1924年，贝兰电影传习所在上海成立，张舍我曾在该所供职。《申报》上曾有《贝兰电影传习所之创设》广告一则，文中云："美国贝兰女士（Miss Naomi Bailly）为霍莱华电影明星之一，自去冬来沪后拟在沪摄制影片。现因需用演员甚夥，特组织电影传习所于福煦路二百二十一号，招收男女学员，教以种种电影学术，以便实行摄演。现已编排剧本，贝女士并聘张舍我君为襄助员。嗣后摄制影片，其剧本说明，概归张君担任云。"①然1926年初，因为贝兰女士去世，贝兰电影传习所也随即倒闭，张舍我在电影界的工作也就此止步。

到了20世纪30年代，张舍我基本上舍弃了"文学"和小说，很少再有著述，而是改行当起了律师，《申报》上就曾刊载过多起张舍我担任律师的官司事件。1932年《申报》上曾有"著作家兼法学家张舍我等创办之中华人寿保险协进社"②之消息。同年12月6日，《申报》上刊有《两律师执行职务》一文，文中对张舍我的介绍曰：

> 张舍我律师，江苏川沙人。秉性诚笃，初肄业沪江大学，兼长中西文，在校时即为《东方杂志》《小说月报》著译文稿、说剧，未几即为申新两大报及各杂志特约撰述。先后不下数十万言，以是蜚声于文艺界者有年，而其字里行间处处流露作者对世对物所怀抱之诚恳忠实态度。故知张君者，莫不许为诚笃君子。张君早年即有志于律，乃复入东吴大学法律学院苦习数年。现已学成，得法学士学位，经司法行政部许可，执行律师职务，设事务所于江西路二一八号四楼，电话一三九三九号。与伍守恭律师等合作，张律师表示为人谋必忠信之态度，当永久不渝。③

张舍我是1932年毕业于上海东吴大学法学院（此时东吴大学法学院院址在上海昆山路146号），该院的"历届毕业生名录"中曾记载他是第十五届毕业的法学学士。④自此以至40年代，张舍我都主要致力于"律师"方面的工作，没有新的文学作品发表。至40年代末，他刚50余岁，

---

① 《贝兰电影传习所之创设》，《申报》1924年6月8日第19版。
② 《吴市长提倡人寿保险》，《申报》1932年11月9日第15版。
③ 《两律师执行职务》，《申报》1932年12月6日第13版。
④ 《私立东吴大学法学院一览》（中华民国二十五年秋至二十六年夏），民国刊本，第73页。

此后的迹遇情况则未见相关记载。

张舍我"兄弟四人，妹一"①，知名于文坛的只有张舍我一人。他在《亡弟建民传略》一文中曾言："予兄弟四人，予最长。建民行三，以光绪丙午年之十一月十七日生于沪之金家牌坊……今年丙寅八月，二弟建华病伤寒，三旬而殁。家人方深悲哀，不谓越七日而建民亦病……时民国十五年十一月十四日即丙寅年十月十日也。建民别字惟我，享年二十一岁，未娶。"②则知其三弟建民生于1906年，其二弟建华生于1897年至1905年之间。1926年，其二弟建华，三弟建民皆因伤寒而殁。其四弟及小妹情况如何，未见叙述。因为家累太重，特别是"先君既弃世，一家五口，生活教养，悉属予责"③。张舍我一直没有婚娶，严芙孙曾言他"年二十七，尚未娶。尝立愿，欲得一健全之内助。询之，则谓我侪文丐，所入宁有几何，倘娶一病妻，则心血之代价岂敷药饵之需用云"④。或许也因为张舍我自己对婚恋的想法与思考，他在蜚声文坛时尚未婚配，至于后来情况如何，则不得而知。

综上所述，刘氏兄弟及张舍我都是《新申报》副刊初创时期的代表小说家，主要通过《新申报》副刊而与文坛"结缘"。按当时向《新申报》投稿的小说撰稿者亦有百余人，但能够结识主编王钝根并脱颖而出的则仅数人而已。这些小说家与从《申报·自由谈》崭露头角的同人在20年代进行了"合流"，最终在市场的筛选与自由结合中形成一个松散的"旧派"小说家团体。

四 两报重叠小说家：剑秋、野鹤、天白

前文曾述"小说家"群体由《申报》副刊向《新申报》副刊的转移，其中有像刘豁公、张舍我等主要从《新申报》副刊开始起步的小说家；也有像孙剑秋、闻野鹤等一开始为《申报·自由谈》撰稿，后来则由于主编王钝根的转移等原因而同时将作品在《申报》《新申报》两报副刊发表的小说家。他们与张舍我等人的不同之处在于：张舍我等人是成名前主要向

---

① 赵苕狂：《本集著者张舍我君传》，《舍我小说集》，上海世界书局1926年版。
② 张舍我：《亡弟建民传略》，《申报》1926年12月15日第13版。
③ 同上。
④ 严芙孙：《全国小说名家专集·张舍我》，上海云轩出版社1923年版。

《新申报》副刊投稿，成名后在《申报·自由谈》上发表稿件时，"自由谈"的主编已非早期的王钝根。他们一方面是民初《申报》《新申报》两报的"重叠"撰稿小说家，另一方面其创作过程也基本反映了民初"小说家"由撰稿群体向"名家"团体、由"投稿狂欢"向"近亲组稿"的筛选过程。

1. 剑秋

民国年间，名为"剑秋"者甚多，但常在《申报》《新申报》副刊发表作品的小说家，只有孙剑秋一人。

孙剑秋，江苏昆山人，名炯，字孙山，又字剑秋，以字行，斋名思正斋。① 他虽为民初通俗文坛同人，但未见有人为其撰写小传，故目前能见到的其生平相关资料极少。可以判定其籍贯姓字的文献主要有以下两条：

①1915年《礼拜六》周刊第38期上曾刊出"本社编辑部同人合影"②，合影之下人名注释中有"剑秋孙炯"字样。

②孙剑秋所编《清朝官场奇报录》有书前自序，序末署名曰"庚申立夏后五日，玉峰孙孙山自序"。

其中"玉峰"乃昆山县的别称（因该县之玉峰山而得名）。此外，《苏州民国艺文志》中称其"别号楞伽庵主"③，按他曾撰有《楞华庵随笔》，却未见有以"楞伽庵"署名者，故其别号或应为"楞华庵主"。1902年10月，《申报》上曾刊《光绪壬寅补行庚子辛丑恩正两科江南乡试官板题名全录》，④"孙炯，昆山"在此名录之中。另外，他在文章中亦曾记："壬寅八月应试赴金陵，寓秦翁家。"⑤故知1902年他曾往金陵参加科考。同时，从《礼拜六》杂志上所刊的"同人合影"来看，他当时30岁左右的样子，另参考其应试的时间，可以估算他大约出生于19世纪80年代。

1903年至1904年，孙剑秋可能曾在上海格致书院学习，《申报》上曾

---

① 潘寄梦：《著作家之斋名对》，《红杂志》1922年第19期。
② 《礼拜六》1915年第38期。
③ 张耕田、陈巍主编：《苏州民国艺文志》（上册），广陵书社2005年版，第194页。
④ 《申报》1902年10月20日第2版。
⑤ 剑秋：《楞华庵随笔》，《游戏杂志》1914年第4期。

刊《上海格致书院夏季课案》，① 其中有"夏季格致书院课卷业已由宁绍台道评定甲乙，发案揭晓。超等十六名：范祖培奖洋银八元，单毓元奖洋银六元，肇麟奖洋银四元，程云、章法善各奖三元，唐颐寿、孙炯、夏联培、王洽海、殷征各奖二元……"之情况介绍。

1912年年底，孙剑秋开始向《申报·自由谈》投稿，他最先发表的作品即《楞华庵随笔》系列，内容主要叙述各朝史实佚事及平日的经历和听闻，篇中多有考证及对个别诗、文的辑录。如其中一篇云："吾邑城东三江口向有玉柱塔一座，洪杨之乱毁于兵燹。塔帝有一大塚，邑志谓之仁缘塔。所葬者，皆明末殉难之人民也。……今于友人处得张立廉《全城义士墓志铭》一首，亟录之，以见吾昆当时屠杀之惨亦不下于江阴、嘉定也。"②其余诸篇记史录文，亦大抵如此。

孙剑秋既向《申报·自由谈》投稿，故当年许瘦蝶所撰之《文字海·全篇嵌自由谈投稿人名》中也曾录有"剑秋"之名。但是，"自由谈话会"同人发起的印制小像活动他并没有参加，故《自由杂志》中没有收录他的作品。不过，后来"自由谈话会"同人创办《游戏杂志》时，孙剑秋积极参与投稿。1914年1月19日，他加入王钝根发起之"俭德会"，同年又逐渐成为《游戏杂志》的主撰（该刊1914年第3期扉页刊有其小像）。

孙剑秋在向《申报·自由谈》及《游戏杂志》投稿时期，他的作品以谐文、笔记及短篇小说为主。其中笔记是前文所讲的《楞华庵随笔》系列，而短篇小说则以"滑稽"作品为主，多寓讽刺时事、世风的旨意于其中。1914年夏，《礼拜六》小说周刊创刊，孙剑秋曾协助王钝根编辑前一百期。《礼拜六》上曾多次刊载投稿同人的"题钝根、剑秋两先生所编《礼拜六》""题王君钝根、孙君剑秋所编《礼拜六》"之类的题词。该刊前一百期结束时，剑秋曾做《纪念小说：话别》一文以示纪念：

> 在这一百个《礼拜六》内，每一次见面必定把所见所闻的和诸君谈谈，大之如国家政治、小之如男女爱情，近之如社会风俗，远之如海外的奇闻轶事。茶余酒后，津津而道，有拍手惊奇的，有点头赞叹

---

① 《上海格致书院夏季课案》，《申报》1903年9月5日第3版。
② 剑秋：《楞华庵随笔》，《游戏杂志》1915年第11期。

的，人人都把在下当做一个无上的良友，只要迟到了一时半刻，便殷殷盼望。交情的亲密，可称无以复加了。①

1917年，孙剑秋在《申报·自由谈》上的作品渐少，他转而将文学的阵地放在了《新申报》副刊。此时他的创作习惯与思路并未改变，仍以游戏文与短篇小说为主，不过发表的短篇小说数量也不如在《申报·自由谈》时期的多。但是，相比于《申报·自由谈》，《新申报》副刊对他的意义更大，因为他曾为代理编辑。《新申报》上曾刊王钝根的启事云：

> 前者因故返乡，请假七日。方复视事，足病忽剧，僵坐寓中，步艰于国，不得已又托孙剑秋君代理多日，诸友赐书歉多未洽。今日起，自由新语编辑事务仍由钝根亲理。敬希投稿诸君鉴之。②

由此则知，孙剑秋曾多次帮助王钝根代理编辑事务，则他与主编王钝根的亲密关系便可想而知了。

孙剑秋在《申报》《新申报》《礼拜六》等报刊上发表的作品多为短篇，且滑稽讽世者居多。但其实，他亦擅长历史演义及武侠小说的编撰，而且他还通习外语，故也有译作出版。《苏州民国艺文志》中曾著录其编撰作品如下：

> 《廿五朝艳史大观》，上海群民书店1920年版，中国国家图书馆存。
> 《清朝官场奇报录》，上海望云山房1921年版，中国国家图馆存。
> 《清朝奇案大观》，上海华东书局1921年版，中国国家图书馆存。
> 《神怪剑侠》上下册，北京益新书社1925年版，苏州图书馆存。
> 《女侠十三妹演义》上下册，新华书局1925年版，苏州图书馆存。
> 《剑侠吕四娘演义》清朝第一女侠，上海益新书社1936年版，上海图书馆存。

---

① 剑秋：《纪念小说·话别》，《礼拜六》1916年第100期。
② 《钝根启事》，《新申报》1917年7月4日第4张第2版。

《爵士夫人及其它》世界名剧译丛，译著，上海正谊出版社1948年版，苏州图书馆存。

《新哲学讲话》，上海正谊出版社1949年版，上海图书馆存。①

其中，《清朝官场奇报录》最早为1920年5月出版，由"枥老"校订，上海望云山房发行（枥老曾编《绿窗绮语》，由上海中华图书馆发行，署名"珠溪枥老"，序言中则自称"古甪里枥老"，则为上海青浦朱家角人）。《清朝奇案大观》，王钝根校阅，最早为中华图书馆1919年出版，《申报》上曾有中华图书馆的出版书目广告，其中云："向例每逢夏令特将小说等可以消遣之书发售消夏品，以为诸君纳凉遣兴之助。"② 故此书乃是当年中华图书馆的推介图书，同年又由东华书局出版（并非"华东书局"）。在此书的出版广告中，编辑介绍此书说：

> 剑秋先生为当今文学界之巨子，先生见坊间所出中国侦探小说及笔记之类，阅者生厌。因竭三年心血辑为此书，都三十万言，共有三大特色。③

此外，他还有《古今美人轶事大观》之辑。该书是他与杨尘因合编，20世纪20年代上海宏文图书馆印行。前有他与杨尘因的序言，杨尘因序中说剑秋先生"牺牲三载之心血，搜辑历代绮事"④。按该书的内容主要是周朝至隋朝期间的美女逸事逸闻，与《廿五朝艳史大观》或有重复之处，然而《廿五朝艳史大观》笔者并未找到，故具体是否有重复情况不得而知。

从《苏州民国艺文志》所著录的情况来看，孙剑秋编纂的书籍集中在1920年代。实际上到了20年代，孙剑秋的撰述已较之前有所下降。他除了在复刊的《礼拜六》上曾发表《断指记》《苦女子》《荒年泪》等几篇作品，在《中国商业月报》上刊出《侦探小说：双尸案》之外，其余刊物上再难见到他的作品。当时有小说评论家大胆书生，曾评其为"小尉迟孙新"，其赞语曰：

---

① 张耘田、陈巍主编：《苏州民国艺文志》（上册），扬州广陵书社2005年版，第194页。
② 《申报》1919年7月22日第14版。
③ 《申报》1919年4月13日第14版。
④ 杨尘因：《古今美人轶事大观序》，《古今美人轶事大观》，上海宏文图书馆1920年版，第1页。

剑光腾，秋气高，当年善战著勋劳。将军不老，解甲归田亦足豪（剑秋昔年著小说甚多，亦文坛健将也。今则归隐衡门，久已弃小说不为，急流勇退，实行解甲。今之武人，视之当有愧色）。①

依其所说，孙剑秋在当时已"弃小说不为"了，此说虽不准确，但某种程度上也说明孙剑秋在文坛已渐趋沉寂。另外，有署名"孙炯"者，曾在《知新》杂志上连载《家庭小说：悭儿镜》，此篇也可能是孙剑秋的作品。

三四十年代，孙剑秋几乎完全从文坛消失，仅见《爵士夫人及其它》一篇署名为"孙剑秋"。这篇是翻译外国作家巴雷的戏剧作品，署名"孙剑秋"者在序言中只介绍了剧作的内容梗概，却未讲清楚此"孙剑秋"是否即当年编辑《礼拜六》的孙剑秋。如果是，那么此即其晚年最重要的文学成就了。

因尚未见到相关史料，故孙剑秋逝于何时、子女情况如何皆未知。

2. 野鹤

闻野鹤，名宥，字在宥，南社社员，生于1901年10月5日，尝以"野鹤"或"泗滨野鹤"为笔名，有时亦署为"闻在宥"，书室名为"落照堂"。因其1949年后长期在各大高校教书，所存著述史料较多，故其生平较之民初时期的大多数小说家都更为详细。上海市松江地方史志编纂委员会所编的《松江县志》，《松江文化志》编写组所编的《松江文化志》中都有其生平介绍，而2013年台湾"中研院"文哲所发行出版的《落照堂集存国人信札手迹》中附有"闻宥先生生平"，对其履历记述也比较详细。不过这些已有的史料对其早年的文艺活动介绍尚有遗漏。目前常见的主要讨论其文学活动的文献有魏绍昌《鸳鸯蝴蝶派资料》中收录的郑逸梅所撰《闻野鹤》②一文，林香伶《南社诗话考核》中对他的介绍（台北里仁书局2013年版，第253页），李海珉《南社书坛点将录》中对他的评述（苏州大学出版社2012年版，第501—503页）等。

闻野鹤为江苏松江泗泾镇人（今属上海松江区），幼年在家随父学习，

---

① 大胆书生：《小说点将录》，《红杂志》1923年第15期。
② 袁进所编《活在微笑中》一书（上海东方出版社1997年版，第163—164页）称此文见于郑逸梅所撰的《小品大观》（上海校经山房书局1935年版），然查该书并未见到此文。

他在《我之小史》中曾记儿时听父亲讲解《三国演义》等书的经历。其友燕子（奚燕子，名囊，曾主编《销魂语》等杂志）曾言："泗泾闻野鹤少有神童之目，年十四即主编《申报·自由谈》，舆论翕然。貌清癯，性静穆，与朱鸳雏、杨澄心（即了公之侄）称南社中之少年三杰。文学桐城，诗宗闽派，一时为风靡。云间几园老人评近代词人，独推鹓、鹤。"①《神州吉光集》在刊其"书例"时亦曰"闻野鹤，名宥，江苏泗泾人，诗古文词无所不能，为南社文坛健将，更长小说"②。不过奚燕子所说他"十四岁主编《申报·自由谈》"一事乃是误记，按他十四五岁时初到上海，闻野鹤自己在《江楼秋病图记》中曾言：

> 余家夙贫薄，饘粥不给，童年丧母，疢息频仍。既不能安乡里，十五之岁，中表某君挈之来沪，自是侨居海壖，且十稔矣。③

因此，闻野鹤应该在1914年前后来到上海，其开始向《申报·自由谈》投稿亦在这个时期。

最初在《申报·自由谈》的投稿群体中有署名"百恨"者，其号亦为野鹤。1912年《申报》上就有署名"野鹤"者开始发表作品，从时间上看此"野鹤"不太可能是闻野鹤。但至迟到1914年，闻野鹤已经开始了文学活动。因其署名"泗滨野鹤"1914年在《申报》上已发表了多篇文章。从1914年至1916年是闻野鹤初入文坛的时期，他此时主要通过《申报·自由谈》结识了王钝根、胡寄尘、李东垫、姚鹓雏等人。他曾发表《寄东垫索和》一诗，李东垫以《与泗滨野鹤初识荷诗来索和次韵报之》一诗回之，诗中有"结得岁寒三友在（谓君与觉迷与下走也），长松翠竹与孤梅"之句。而在文学创作上，他的《春在轩见闻录》系列笔记已经出现，小说《南柯记》《苌虹碧血》《古井波澜》《绝塞奋椎记》等已经开始在《申报·自由谈》上连载，《悃簃诗话》也在《民国日报》上刊载，《女子世界》《礼拜六》上也偶尔出现他的小说或诗歌。特别是《苌虹碧血》《古井波澜》并非翻译小说，而是将人物的姓字设定为外国的人物，

---

① 燕子：《骚坛逸事：闻野鹤新婚之夜》，《社会月报》1935年第1卷第11期。
② 《书画家小传润格》，《神州吉光集》1925年第8期。
③ 闻野鹤：《江楼秋病图记》，《国学周刊》1924年第41期。

口吻亦仿外国人语气。而《绝塞奋椎记》更由姚鹓雏评阅，此时闻野鹤尚不足20岁，确如其友杨尘因所评价的那样：

> 友人闻君野鹤，幼年即极聪颖，能诗能词，而为小说亦甚佳。……野鹤亦松江人，与鹓雏为同乡，而年辈稍后，故为小说专学鹓雏，即间接学琴南也，其佳处亦能乱真。然野鹤之思想更比鹓雏为佳，又兼能作近人所为之短篇，文言、白话皆所擅长，虽有时用林琴南式之文言为之，而命意、布局绝似近人所作短篇名著，此又一变也。①

1917年，闻野鹤开始同时在《申报·自由谈》和《新申报·自由新语》等报刊上发表作品，并逐渐成为两报重要的撰稿小说家。同年，他亦开始翻译小说，其中有与张毅华合作翻译的《狮栏艳影》，有前文提到的与张舍我合译的《裘伦航海记》，这两种小说都发表在1917年的《新申报·自由新语》上。除此之外，他1917年之后的译作还有与张舍我合译的《噬脐》（发表在《小说月报》上），与王仲群合译的《鬼史》等。由此来看，闻野鹤似乎以与人合作的译作为多，他在《鬼史》一书的序文中也曾说"鬼史者，盖出于王君仲群口述而仆为之涂饰成文"②，因张舍我、张毅华等皆习过外语，故而这些合译作品闻野鹤负责的主要为"撰述"工作，而非翻译。不过，《申报·自由谈》上曾刊载他所翻译的《蛾眉鸩毒》（美国撒特司原著），则由他独自完成。

按闻野鹤在《申报·自由谈》上所发表的小说虽较多，但为《新申报》副刊所撰的《警弦破梦记》《雪藕连丝记》两稿亦是其小说作品中的代表。闻野鹤虽曾经翻译小说，善于将人物及背景设置为"外国"的情境，但实际上他的小说仍不脱"言情"小说的窠臼。《警弦破梦记》题曰"哀情小说"，是以第一人称叙事，记述"我"与"凤儿"相恋而不得相聚之事；《雪藕连丝记》写孤女爱丽斯姗司与未婿夫华而夫之事，这些与当时《礼拜六》等刊物所发表的作品大抵类似。这一时期，闻野鹤初入文坛，又长期在《申报·自由谈》与《新申报》副刊等发表作品，故而他的

---

① 尘：《闻野鹤之小说》，《民众文学》1926年第13卷第4期。
② 闻野鹤：《〈鬼史〉自序》，上海东阜兄弟图书馆1919年版，第1页。

《申报》《新申报》小说家述考(1907—1919)

小说不可避免地带着早期"自由谈"式,甚至可以说是所谓的"礼拜六派"式的味道——其实就是民初"旧派"小说家的普遍风格,而这也是他能够进入"小说名家"之列的原因。后来有人作《文坛点将录》,将其比作地阔星摩云金翅欧鹏,并述赞语曰:"野鹤闲云,翛然意远,来去自如,蕾声艺苑(野鹤为古文甚佳,惟不常握管,以野鹤闲云自况)。"①

1917年前后,他还帮助好友奚燕子编辑过《新世界报》,吴绮缘在《技击汇刊》序言曾说:"旧岁老友燕子主《新世界》笔政,余与野鹤、襟亚诸子得暇时往襄助。"②而吴绮缘所说的《技击汇刊》正是他们《新世界报》的几位主撰合辑编汇的一部短篇文言小说集,共四卷,奚燕子、闻野鹤、吴绮缘、平襟亚的作品各一卷,其中闻野鹤所撰为《推仔第二楼笔记》,而"推仔第二楼"正是闻野鹤在《新世界报》上常用的名号。此外,他还参与编纂了《上海游览指南》一书。此书是由青浦鲁云奇发起,既是一本"旅游指南书"——介绍民初上海的交通、古迹、物价、旅店等内容,同时也是揭露上海各类"内幕"的警戒指导书,1919年③由中华图书集成公司印行,1926年增订再版。

同时,1917年还发生了因他与柳亚子论诗而引起的南社"风波"。闻野鹤1916年5月23日由姚锡钧介绍加入南社④,1917年3月参与《民国日报》的编辑工作⑤。因他发文称赞郑孝胥的诗作,柳亚子作《质野鹤》一文(《民国日报》1917年6月28—29日)对其"迷信西江派"的观点提出了质疑,随后闻野鹤做《答亚子》一文回答质疑(《民国日报》1917年6月30日至7月3日),继而姚鹓雏、朱鸳雏、成舍我、王无为等纷纷加入辩难,竟而导致南社内部的纷争。虽然闻野鹤并没有取得论辩的最后胜利,但是这场风波客观上还是增大了他的知名度,使其年仅17岁就可以成为报刊的主撰和招牌。

1918年,闻野鹤编选《古井波澜》《我之小史》《红鹃啼血记》《恫

---

① 莽书生:《文苑点将录》,《金钢钻》1925年9月21日第2版。
② 吴绮缘:《技击汇刊·序四》,上海商务印书馆1918年版,第4页。
③ 1919年,《申报》上曾刊有《上海游览指南》的出版广告,如1919年8月28日第14版。《上海方志提要》中录该书"1961年4月上海中华图书集成公司铅印",不知何据(上海社会科学院出版社2005年版,第566页)。
④ 杨天石、王学庄编:《南社史长编》,中国人民大学出版社1995年版,第418页。
⑤ 同上书,第444页。

籁诗话》等其在各刊已发表的文章、小说，成《野鹤零墨》一书，分为稗萃、艳薮、笔札、谐乘等四卷，由上海清华书局出版。前有姚鹓雏、刘豁公等人的序言。郑逸梅称此书为"稗粹一类，有《玄珠》《补黻案》《我之小史》《古井波澜》《春莺絮梦录》《雹碎春红记》《鸠鹊移巢记》《红鹃啼血记》，皆君之杰作也"①。其实，此集是闻野鹤创作初期的一个"总结性"成果。虽然此时他仍在求学阶段，但已经有了如此丰厚的文学成绩。

"民国九年（1920），闻宥于松江中学毕业，考入上海复旦大学，学习成绩优异。"②进入20年代，闻野鹤继续着自己的文学创作，而且随着通俗刊物的出版热潮及其"声名"的扩大，他的投稿范围也扩大到《民众文学》《礼拜六》《半月》《小说月报》《国学周刊》《国学汇编》等杂志。同时，在诗文及小说创作之外，他还开始了报刊编辑活动，甚而学术研究的工作，特别是因为与"新文学"的接触，其文学视野得以扩大，其对文学的认识与理解也开始发生改变。

在报刊编辑方面，他主要创办有《礼拜花》杂志和《中国画报》。《礼拜花》创刊于1921年（今见两期），供稿者皆为他前一期结识的好友同人姚鹓雏、胡寄尘、朱鸳雏、张舍我等。该刊的内容主要分为小说、诗歌、戏剧和文学批评四类，其中小说主要有野鹤与鹓雏合著之《荆驼泪史》（重刊），散因馆主的长篇小说《学界现形记》等。《中国画报》创刊于1925年，第1期于1925年8月8日出版，为三日刊。《申报》上刊布的广告词曰：

> 编辑主任为南社巨子闻野鹤君，摄影主任郎静山君，图画主任谢之光君，执笔者有潘毅华、顾肯夫、胡旭光、张振宇等君，特约撰绘者有严独鹤、王钝根、周瘦鹃、姚鹓雏、钱病鹤、陈寿荫、张光宇、任矜苹、唐世昌以及各大名家。③

而该刊的实际内容也确如广告词所列，撰稿者皆为他前一阶段结识的

---

① 郑逸梅：《闻野鹤》，魏绍昌编《鸳鸯蝴蝶派资料》，上海文艺出版社1984年版，第564—565页。
② 柳无忌、殷安如编：《南社人物传·闻宥》，社会科学文献出版社2002年版，第497页。
③ 《中国画报出版先声》，《申报》1925年7月27日第15版。

南社社友及《申报》《新申报》等投稿同人。该刊曾因国内战事，数次停刊，今共见40期。另外，他1928年还做过《持志年刊》的顾问，当时他在持志中学教书。按《持志年刊》创刊于1926年，是持志中学编辑发行的刊物，中间曾经辍止，1928年庚续复刊时特请闻野鹤为顾问，并请其为该刊作序。①

在对文学的"研究"方面，这一阶段闻野鹤主要有《白话诗研究》《中国文学小史》等著作问世。因"五四"及新文化运动的高涨，闻野鹤一方面继续着"旧文学"的创作与钻研，另一方面在新的形势下又不得不正视"新文学"所带来的变革，他的《白话诗研究》便是在这种情形下出现的。该书著于1920年（因其书前小叙末署曰"九、九、十二，作者闻宥"，故知此叙作于1920年9月12日），又题为"《白话诗入门》"，新文化研究会发行。其实早在1919年，闻野鹤与叶楚伧、张东荪等人就发起成立了新思潮学社，闻野鹤任社长②。同时他还与同人创办了《新思潮》③杂志，在该杂志上曾发表《白话诗研究》一文，探讨白话诗的问题，文末署"八年十二月九日"，即此文作于1919年12月9日。而《白话诗研究》一书即在此文基础上进行的增改，闻野鹤在此书的小叙中说："这一册小书的根本意思，在引起初学诗的研究的兴味。"④ 他书中所亟欲论证的就是文学的革新，但其主要的引证材料和讨论对象其实还是旧诗，因为当时新诗尚没有多少可供参考的材料。此后的1921年，他还参与编辑了沈雁冰、刘贞晦合撰的《中国文学变迁史》（上海新文化书社出版）。虽然闻野鹤只任该书的编辑之职，但这亦是他在20年代与"新文学"接触互动的又一例证。而与此同时，他对于"小说"的创作与研究热情也没有消退，如1921年《礼拜花》上就曾发表他与海栗合译的《小说作法》（日本小说家田山花袋著），此书乃讨论小说的创作、性质等。至于他的另一研究成果《文学小史讲义》，则是他1926年至1929年在商务印书馆任职时所编。当时商务印书馆创办函授学校，教授的科目主要有英文和国文，闻野鹤在其编译所任编辑并同时担任国文函授部教员，《文学小史讲义》即是其国文

---

① 闻宥：《闻序》，《持志年刊》1928年第3期。
② 闻野鹤：《闻野鹤启事》，《新思潮》1919年第1期。
③ 关于《新思潮》杂志的创办时间，"全国报刊索引"未注明，实则《申报》1919年9月5日曾刊布《新思潮学社简章》，该学社成立之后不久就由社员投议而创办此刊。
④ 闻野鹤：《白话诗研究》，1920年刊本，第1页。

函授部印发给学员的教材。

虽然囿于创作习惯，闻野鹤还不能摆脱"旧文学"的习气，但他的这些"研究"与编著都已显示出其逐渐向"新文学"靠拢的倾向，特别是创立"新思潮学社"尤其反映出他思想与文学方面的显著。不过，因为与南社诸子的交往，他在《国学周刊》上发表的旧诗文又似乎在不断地将其拉回"传统"。在这种情况下，他的语言、文字学研究开始萌芽，他对于文学的热情讨论逐渐转变成他对学术研究的渴望与执着，他开始关注方言、甲骨文，关注造字法"转注"等学术问题。

整体来看，闻野鹤在20年代的文学创作活动较前一时期更为频繁，但也因编辑事务及教职而更加繁忙，文学编辑与创作活动至20年代末逐渐呈下滑态势。按他1922年起就在学校任教，如曾做过上海谷人中学、爱国女学、国学专科学校等学校的职员，到1929年之后则在全国各大高校任教。

这之后虽然他在《斯文》《珊瑚》等刊物仍有诗文作品发表，如1932年还在《珊瑚》杂志上发表一系列的"野鹤近词"，但进入30年代之后，他的文学创作锐减，特别是几乎再也没有小说作品问世。他早年的"小说家"之名渐被遗忘，取而代之的则是他在语言文字学等研究上的"飞速前进"。

依《落照堂集存国人信札手迹》中所附"闻宥先生生平"，1929年之后他的履历主要如下：

一九二九年秋至一九三二年夏，广州国立中山大学文学院中国语言文学系副教授、教授。

一九三二年秋至一九三三年夏，青岛国立山东大学文理学院中国文学系教授。

一九三三年秋至一九三五年夏，北平私立燕京大学文学院中国文学系副教授，兼北平大学女子文理学院讲师。

一九三五年秋至一九三六年冬，青岛国立山东大学文理学院中国文学系教授。

一九三七年春至一九三七年冬，成都国立四川大学文学院中国文学系教授。

一九三八年春至一九三九年冬，昆明国立云南大学文法学院文史学系教授兼系主任，兼国立西南联合大学文学院中国文学系名誉讲师。创办《西南研究》，并自题刊名。

一九四〇年春至一九五一年夏，成都私立华西协合大学文学院中国文学系教授，曾兼系主任，创建中国文化研究所兼所长，并创办《中国文化研究所集刊》，任主编，自题刊名。联合创办金陵、齐鲁、华西三大学《中国文化研究汇刊》，并自题刊名，设计封面，又曾兼国立四川大学文学院讲师。

一九五一年秋至一九五二年夏，成都华西大学文学院中国文学系教授兼系主任，并兼古物博物馆馆长，又兼川西行署古物保管委员会委员。

一九五二年秋至一九五四年冬，经院系调整，任成都四川大学文学院中国文学系教授，重庆西南民族学院兼任教授。

一九五五年春至一九八五年去世，北京中央民族学院教授。①

由此大致的履历来看，闻野鹤在三四十年代曾辗转各地任教。由于抗战的全面爆发，他1937年也与其他高校教师一样流落到西南地区。1937年《申报》上曾刊有《川大教授由沪飞蓉》的消息，消息称："国立四川大学教授闻宥氏日前来沪，下榻愚园路友人宅中。兹以该校业已开学，于昨日乘欧亚机直航成都。闻氏为知名之西南语学专家，经任校长敦聘前往者。此次在沪订购书籍及用具多种，闻到川后对于西南各族语文将为有系统之调查与研究。"②则此是他1937年来往川沪的小插曲。而在高校任教过程中，他还与同事创办学术刊物，发表多篇学术论文并偶尔为学生做报告演讲。如他在山大时，《国立山东大学周刊》上曾载其演讲消息：

本大学中国文学系同学组织之国文学会，规定每两星期举行学术讲演一次。……第二次于上月二十六日（星期六）晚七时，在科学馆大礼堂举行。主讲者为该系教授闻在宥先生，讲题为《印支语族里几种新材料》。③

---

① 闻广、蒋秋华主编：《落照堂集存国人信札手迹》，台湾"中研院"文哲所2013年版，第899—900页。
② 《申报》1937年2月25日第11版。
③ 《国文学会举行二三两次学术演讲》，《国立山东大学周刊》1935年第132期。

又如，他 1940 年在四川华西协合大学成立中国文化研究所时，曾创办研究"集刊"与"论丛"：

> 闻宥任所长，吕叔湘、韩儒林、刘朝阳等任研究员，陈寅恪、董作宾、刘咸、李方桂等为特约研究员。接着该研究所先后出版了《华西协合大学中国文化研究所集刊》与《华西协合大学中国研究所论丛》。①

另外，中华人民共和国成立之初因留在四川，他还积极参与当地的文物保护工作，如"一九五〇年十二月十五日正式由川西人民行政公署核准成立川西文物保管委员会，聘请谢无量、李劼人、蒙文通、芮敬干、徐中舒、闻宥、冯汉骥、陈翔鹤等九人为委员，并推选谢无量为主任委员"②。

总之，30 年代之后，他几乎完全脱去了前一阶段的"作家"头衔，在学术上则取得了极丰富的成就。至中华人民共和国成立之初，他主要的学术著作有《四川大学历史博物馆所藏古铜鼓考》（1953）、《铜鼓续考》（1953）、《古铜鼓图录》（1955）、《四川汉代画象选集》（中国古典艺术出版社 1956 年版）《汉语鸥鸭鹭三词的层次》（中央民族学院出版社 1982 年版）等，经后人编选出版的有《闻宥论文集》（文物出版社 1985 年版）、《闻宥落照堂藏青铜器拓本》（闻广、张长寿编，文物出版社 2010 年版）等。

另外，《落照堂集存国人信札手迹》中所附"闻宥先生生平"及李海珉所撰的《南社书坛点将录》都提到他 50 年代被划成右派及之后受到不公正待遇的事。

李海珉在《南社书坛点将录》说："十一届三中全会后，闻野鹤的'右派'错案得到平反。"③

1985 年闻野鹤逝世，1986 年《中国历史学年鉴》中载："中央民族学

---

① 申晓虎、计志宏：《抗战期间华西协合大学对西南民族语言的认识与研究——以〈中国文化研究所集刊〉为例》，《曲靖师范学院学报》2013 年第 2 期，第 67 页。
② 川西文教厅：《四个月来的川西文物保管工作情况》，《文物》1951 年第 11 期，第 92 页。
③ 李海珉：《南社书坛点将录》，苏州大学出版社 2012 年版，第 502 页。

院教授、民盟成员闻宥因病于9月27日在北京逝世,终年八十四岁。"①而据李海珉言,闻野鹤死后"安葬于八宝山革命公墓"②。

闻野鹤一生其实是早年痴迷于诗文、小说创作,中年之后专注于学术研究。1929年进入高校教书是他创作与学术研究之间的主要分水岭,而成为《申报·自由谈》撰稿人则是他步入文坛、结识诸友同人的第一步。《申报·自由谈》《新申报·自由新语》以及其他所谓的"礼拜六派"刊物给了他一展才华的机会和平台,而与南社诸子的交往及时代的变革则促成了他思想与人生道路的重要转变。在文学创作与学术研究之外,闻野鹤还擅长书法,他曾为一些刊物题写刊头。郑逸梅曾说过闻野鹤"喜作龟甲文,予曾见其书联,蚪曲瘦劲,别有致也"③。

1924年《申报》上的《艺苑清音》栏目还曾刊登他的鬻书广告:

> 上海著名文学家闻野鹤先生夙工书法,秀动活泼,深入晋人堂奥。近更泛览魏碑,参酌篆籀,纵横变化、奄有众长。其草挺悍,尤能与康南海神似。惟平时不轻应酬,遂为文名所掩。今秋战事起后,所藏书画悉成煨烬。友人遂劝其鬻书取值,以为补购之赀。书价特廉,楹联每对仅取一元,屏条每堂仅取三元。收件处为本馆黄宝昌君及海宁路锡金公所斜对门中华图书集成公司。闻该项廉值,仅以三百件为限云。④

或许,闻野鹤对于甲骨文、民族文字的好奇就源于他对书法的热爱,并由此促成了他日后的语言、文字研究成就。

闻野鹤幼年丧母,他在《我之小史》中记:"九岁,七月下旬某夕……我乃惊曰'此鬼啼也'。时吾父方窜改课卷,吾弟在侧,把笔写书,亦尽闻之。下月吾母竟逝世。"⑤ 其弟姓字未知。

---

① 中国史学会《中国历史学年鉴》编辑部编:《中国历史学年鉴1986》,人民出版社1986年版,第244页。
② 李海珉:《南社书坛点将录》,苏州大学出版社2012年版,第502页。
③ 郑逸梅:《闻野鹤》,魏绍昌编《鸳鸯蝴蝶派研究资料》,上海文艺出版社1984年版,第565页。
④ 《艺苑清音》,《申报》1924年11月10日第18版。
⑤ 闻野鹤:《我之小史》,《野鹤零墨》卷一,上海清华书局1918年版,第40—41页。

他有子名闻广，是地质考古学家、古玉专家，任职于中国地质科学院地质研究所，曾与人整理编选闻野鹤的生前著述成《闻宥落照堂藏青铜器拓本》及《落照堂集存国人信札手迹》两种。

3. 天白

卢天白[①]，名美意，字幼仝，又字天白，号忆珠楼主，安徽庐江人，生于1884年。其家世代书香，祖上多有在朝为官者。他在《忆珠楼笔记》中曾说："余家庐江城南，居宅为先九世祖烈愍公（公讳谦明，万历中官副都御史）所置，世守至今，盖三百余年矣。宅中厅事即公殉难（崇祯中，献贼来犯，公守城遇害，事详《明史》本传）处。"[②] 其父卢国华"字筱湘，安徽庐江人。光绪二十三年甲午举人，官湖北枝江知县，有《潜园集》"[③]。卢国华亦是书法家，庐江冶父寺有何海峰所撰长联，即为卢国华所书。[④]

卢天白30岁之前的情况，他在《十年游记》中曾有详细记述。他说："余生二十有九年矣。此二十九年可析为三期，由今而上溯壬寅，凡十年为余游学奔走时代……由壬寅而上溯丙申为余涉猎文学时代，由丙申而上溯丁亥为余受家庭教育时代，其第二期为吾书之星宿海，而其第一期则吾书之初源也。"[⑤] 由此知，在1902年（壬寅）之前，他主要靠着家庭教育及自己的涉猎和兴趣读书学习，他说：

予生三年，即受书于先大父。

余十龄已谐声律，试帖颇工丽，诸老宿辄奖誉之，然古近体诗则发祥于十三龄时也。

余十一龄应童子试，倖博一衿。

年十四而先大父见背，余家綦贫。

余年十八，朝议罢科举……时江南诸郡立学最先而规则完善者金

[①] 民国时期另有"包天白"者，亦是旧派文艺界人物，曾参与编辑不少报刊，读者应注意与"卢天白"区分。

[②] 天白：《忆珠楼笔记》，《申报·自由谈》1916年2月12日第14版。

[③] 钱仲联主编：《清诗纪事》（十九），江苏古籍出版社1898年版，第13840页。

[④] 陈诗编纂：《冶父山志》（卷六），白化文、张智主编《中国佛寺志丛刊》（12），广陵书社影印2011年版，第227页。

[⑤] 天白：《十年游记》，《游戏杂志》1914年第2期。

陵为之冠……余父遂赁扁舟携余首途，时端阳节后之五日也。①

因此，他幼年主要跟随祖父学习旧体诗文，后因朝廷准备废除科举，1902 年农历五月，卢天白首次离开家乡到南京求学。据《十年游记》所说，他在南京许氏亲戚家苦读准备秋考，然未能中选。在备考期间他曾到附近的英文私塾中学习外语，其后又投考江南高等学校，中间历经学校停办复开等多种转折，1903 年终于考中并入该校读书。第二年春节期间，他与表姐成婚。

卢天白在江南高等学校学习四年，至 1907 年从江南高等学校毕业，名列优等。1907 年 2 月 7 日的《申报》上曾登录《江南高等学堂学生毕业名单》：

> 江南高等学堂开办已及四载，至去腊届第一次毕业之期。当经江督端午帅札饬，提学司陈伯陶学使于十二月初八日起逐日考验中西科学，至十五日试毕。学使复遵照学部新章考试毕业……于二十三日发出榜示，于是日十点钟行毕业礼。由江督会同学使缮就毕业证书，发给各生。江督及陈伯陶学使、本堂监督校务长均以次演说奖励诸生，礼毕而散。兹将各生姓氏录后，最优等二十名：（东文）毛洪勋、吴肇璜、方俊琦，（英文）卢殿虎、卢美意、刘树圻……②

1910 年清政府核准给予该校毕业生奖励，卢天白获优等③。当时他曾有机会到日本留学，但其父及长辈缪荃孙均阻其行，认为他"习英语而留学东邦，犹南辕而北其辙，不如俟本校卒业后再游学英伦以图深造，庶取径较为直捷"④，卢天白因而失去了出国的机会。从江南高等学校毕业之后，他一度到安东高等小学教书（安东为今江苏淮安市涟水县）。

1908 年卢天白的母亲与妻子相继去世，他归家休养，与同邑李野民诸友相往还。1910 年，李野民预定迁往上海居住，卢天白随行偕往，此后往来于上海、武昌、芜湖等地。1911 年间，卢筱湘任职枝江县，卢天白携弟

---

① 天白：《十年游记》，《游戏杂志》1914 年第 2 期。
② 《江南高等学堂学生毕业名单》，《申报》1907 年 2 月 17 日第 9 版。
③ 《高等豫科生业已核准给奖》，《申报》1910 年 11 月 29 日第 11 版。
④ 天白：《十年游戏》，《游戏杂志》1914 年第 10 期。

妹等到枝江同住。武昌起义爆发后，又重回上海赁屋居住，自此开始了在沪渎的文字生涯。他在《初夏忆家》一诗中曾有句云："千里吴江水，三年游子衣。天涯无梦到，客里又春归。"① 诗中所述即是此次离乡后的思乡之情。

向各类报纸杂志投稿，是卢天白真正投身于"新媒体"文学的开始。1912年年初他开始在《申报·自由谈》上发表作品，最初以旧体诗词作品为主，也有少量的文章。其诗作有《申江冶春词》《题桃花扇》《春宫怨》《香妃行并序》《长春宫词·悼清后》等，哀怨婍妮，各体皆有。他在"自由谈"撰稿同人中不是特别活跃的人物，没有参与当时"自由谈话会"组织的印制小像等活动，不过在1914年1月30日加入了王钝根及《申报·自由谈》同人发起的"俭德会"。当时"自由谈"撰稿同人中与其交好的有李生、嚣嚣等人。他们与卢天白常常唱和酬赠，唱和之作在"自由谈"登出的也很多。如卢天白有《送李嚣嚣君入都》，1915年年初李生新婚，天白曾撰贺诗并"乞自由谈同人赐和"；而李生亦有《和天白式微歌》《重作秋兴四首和嚣嚣并柬天白、亦侠》等诗，他在文章中也常常提及与天白一起看戏游赏之事，如《梦史》一篇写与天白同游南京采石矶②，《新民民鸣之空谷兰》一文中写与天白一起观新剧；等等③，嚣嚣的情况亦大抵如是。李生即前文所述之李野民，天白在《春晚感事七律一章录呈尊闻阁主人斧正》诗末曰"附录鄙人弟子李生七律一章呈正，敬乞赐刊以励初学。"④ 1908年，卢天白家居时曾教授其英文，他在《十年游记》中曾说："野民之尊人为郊云先生，本余父执，寓吾邑城西，距余家里许。先生风流儒雅，有超世才，惜中道殁谢，而野民昆弟皆颇聪颖向学，其母夫人课子綦严，有和丸画荻之风也。"⑤ 故卢天白与李野民是亦师亦友的关系，李野民亦曾在《申报·自由谈》发表不少诗文，并且撰有《华山梦》《笛中血》，译有《棘宫花》等小说作品。但他撰写小说较早，而天白发表小说则始于1915年。

---

① 天白：《初夏忆家》，《申报·自由谈》1913年7月27日第10版。
② 野民：《梦史》，《申报》1914年6月17日第14版。
③ 野民：《新民民鸣之空谷兰》，《申报》1915年1月24日第13版。
④ 天白：《春晚感事七律一章录呈尊闻阁主人斧正》，《申报·自由谈》1912年5月27日第10版。
⑤ 天白：《十年游记》，《游戏杂志》1914年第13期。

《申报》《新申报》小说家述考(1907—1919)

《申报·自由谈》上共发表卢天白的小说20余篇，均为短篇。其中《空中岛》《双指环》《灵魂世界》《峭壁双鸳》《狼吻余生记》诸篇皆以外国人事为背景与内容，《仙河泪影》写拿破仑情史，《条纳黎宫人琐语》写"拿破仑轶事"，皆似翻译之作（没有注明翻译，故不能完全断定）。而另外描写中国人事的《长沙生》《一耳僧》《翠娘》《解五狗》诸篇则是一个笔记小说系列——《忆珠楼笔记》。该笔记系列为文言体，共有10篇作品，刊于《申报·自由谈》1916年2月至3月间。内容主要为奇人逸事，有时又托言从朋友处听来，文章写得流畅自如，颇似古人手笔，没有丝毫民初新文风的习气。不过《忆珠楼笔记》没有在"自由谈"上登完，"后来大部分进了独鹤的《快活林》"。①

这些之外，卢天白还有《我之新年》一篇，为"悬赏征文"的获选之作（下文所述吕韵清、李东野所撰的《我之新年》皆是此次征文的选录作品，天白名列第二）。这篇小说以宫女的角度和口吻来写皇宫的没落与衰败，通过她的回忆及今昔对比来表明旧日"皇朝"一去不返的事实，虽然篇幅短小，但作者的意旨已表达得清楚，而且通篇用白话体，比较简洁明白。

在《申报·自由谈》发表作品的同时，他在王钝根主编的《游戏杂志》《礼拜六》等刊物上也刊登了不少小说及诗文作品。其中《游戏杂志》上连载的《十年游记》是其对自己29岁之前经历的回忆和总结，而《礼拜六》前一百期中刊有他的近30篇小说作品（1914年第30期上还曾登载他与女儿穉兰的合照），可以说民国初年他是《礼拜六》周刊的核心撰稿人之一，他的大部分作品都"贡献"给了"自由谈"撰稿同人及王钝根编辑的刊物。正如他自己后来回忆时所说：

> 二十年前，小子也是上海新流行杂志小说界里和新闻纸尾巴栏里一个小小投稿家（先生太客气了）。最初的时候投几首歪诗到自由谈里去，承那位钝根先生居然接受登载起来，于是那一般大词坛蝶仙、了青、瘦蝶坛坫之间也被小子占了小小一席。后来钝根主编《游戏杂志》，小子的《十年游记》也就滥厕一栏。不久钝根又编什么《礼拜六》，蝶仙（又号天虚我生）、瘦鹃、小蝶、常觉、小凤都是这小册子

---

① 卢天白、豁然注：《写实小说：二十年前之上海（我之小说）》，《枕戈》1932年第10期。

里头健将,小子第一篇童男作(非童男,处女作也)叫做什么《花间人影》,钝根也大圈特圈(圈而又圈)的登载出来,小子从此高兴做小说。第二篇是什么《予为皇帝》……①

他在《游戏杂志》《礼拜六》上发表的小说涵盖游戏、言情、爱国、冒险、历史等各类题材,均为短篇,且大部分是白话体,与其同时期的《忆珠楼笔记》系列的文言体不同。由此可见卢天白文言、白话均较擅长,整体上采用白话进行撰述的尝试更多一些。

1917年之后,卢天白的小说创作大幅减少。《礼拜六》停刊后,他又继续向王钝根主编的《新申报·自由新语》投稿,只是发表的小说不多,仅见《最后之花》一篇,而诗文倒有一些。此篇《最后之花》为言情侦探小说,人物、背景皆外国名,与之前在《申报·自由谈》所发表的作品没有太大差别。因其在江南高等学校本是英文专业出身,所以这些以外国背景人物展开的故事总让人有"译作"之感,但也可能是卢天白阅读外国小说较多,不自觉地将其特点及套路化入了自己的创作之中。

总的来说,民初前十年间,卢天白主要的文学阵地就是《申报·自由谈》及与其相关的撰稿同人所编辑的刊物。这十年间,卢天白没有特别地发挥他在江南高等学校学到的专长,反而是重起炉灶的"小说创作"、向报刊投稿为其打开了新的人生方向和思路,而他不仅成为《申报·自由谈》《礼拜六》等流行报刊的撰稿人,还成功跻身当时的"小说家"之列。

然此后不久,卢天白又离开上海回到庐江。据《庐江县志》载,1922年"县立初级中学校长卢美意(卢幼全)组织进步学生和社会青年在庐城集会游行,成立'检查日货小组',抵制日货,迫使庐城日货销售大减"②。则20年代,卢天白已经回庐江教书,并任县立初级中学校长。盖整个20年代,卢天白的创作骤减,《民国日报》《快活》《最小》等杂志偶尔还会见到他的文章,如《小说季刊·春之花》(1926)上还曾载其

---

① 卢天白、豁然注:《写实小说:二十年前之上海(我之小说)》,《枕戈》1932年第10期。
② 庐江县地方志编纂委员会编:《庐江县志·大事记》,社会科学文献出版社1993年版,第7页。

《悼亡》诗四首，但小说作品是没有的。

　　1927年，他的父亲被人枪杀，据《庐江县志》载："6月，宋笏臣伙同自称三十三军招兵委员张品三、县长汪浩如，将卢筱湘逮捕枪杀，筱湘之子卢幼仝上控省法院，张品三、汪浩如先后被捕，宋逃至福建。至此，持续十年之久、左右庐江政局的卢宋两派斗争始息。"① 此后，卢天白四处求援，希望能尽快惩处凶手，并最迟在1928年年初回到上海。在1928年的安徽旅沪同乡会上，卢天白就曾"请求援助其父国华被冤杀案"②。但嫌犯直至1930年方才进行审判，蔡元培在写给曾友豪律师的信中曾提到卢美意致函恳请其"设法矜全"③一事，可知卢天白当时曾为父亲之事四处奔走。

　　按，当时他已入上海商务印书馆供职。他在《我在商务印书馆四年见闻》一文中曾言："我是一九二八年春应商务印书馆编译所招考录取进馆的"④，卢天白在商务印书馆主要负责编译、校阅编译所的文牍事务，他在文中曾详细记述自己馆中的见闻及经历。在其父亲逝世之后，他一直过着"笔耕"的生活。他在《赠拔可师》⑤一诗中曾写道：

　　　　忽雷斋寂鉴园空，坛坫天留夒铄翁（光绪壬寅，意侍先君子于吴鉴泉丈座上，始见师。明年癸卯，师与先君子暨刘聚卿年伯同游日本，今惟师康健逾昔）。
　　　　岂为苦吟搔鬓短，非关醉酒驻颜童。怕论旧梦沧桑后，喜接春风杖履中（丁卯先君子遇难，遗孤辟地，依师以笔耕为业）。
　　　　坡老与公同丙子，灿然牛斗古今同（师以光绪丙子生）。

　　因此知，他在上海期间除了在商务印书馆供职之外，主要与李拔可等人相往还。

---

① 庐江县地方志编纂委员会编：《庐江县志·大事记》，社会科学文献出版社1993年版，第8页。
② 《安徽同乡会昨开联席会》，《申报》1928年2月27日第14版。
③ 蔡元培：《致曾友豪函》，高平叔、王世儒编注《蔡元培书信集》（下），浙江教育出版社2000年版，第1087页。
④ 卢天白：《我在商务印书馆四年见闻》，《江苏文史资料选辑》第10辑，江苏人民出版社1982年版，第230页。
⑤ 天白：《赠拔可师》，《青鹤》1935年第3卷第18期。

1932 年，因为日军炸毁了商务印书馆的东方图书馆，全馆职工均被解职。卢天白说："那年二月份，我应同乡父执刘先生之约，教他的儿子学习中国文学，从此我永远脱离了商务印书馆。"① 所谓"父执刘先生"或即刘锡之，按他曾有《寿刘锡之世丈六十双庆》一诗，诗中云"四十年前谒北平，儿时风物想芝城（四十年有谒丈于无为州）"，当时两人同在上海，卢天白应该就是去他家任西席。

进入 30 年代以后，因为没有繁忙的工作，卢天白的创作又日渐增多。1932 年，《枕戈》杂志在上海创刊，由刘豁然编辑，天白是该刊的主撰之一，曾撰写《枕戈之真谛》一文，并以幼全、天白之署名在该刊上发表大量的诗作及一些小说作品。其中，诗作有《雁游杂诗》《读史》等，多为他平日的习作，同人范九有《读天白诗集题二截（己巳春中）》，称其"睥睨乾坤须有事，皋夔孔墨日皇皇。无端洒泪成高咏，此事穷时且勇当"②。以此足见他作诗甚多，且以成集。另外该刊还曾特辟专栏，刊载他所辑录的"现代名家诗选"，入选者皆陈石遗、李拔可、黄秋岳等当时名家的诗作。也正是因为辑录当时的名家名作，他还撰有不少诗话，对有清一代及"当代"的诗家、诗作进行点评，如其《师黎阁诗话》一篇就辑录点评了不少古时名篇及长辈朋好的可圈可点之作。而他在《枕戈》发表的小说主要有《长安新梦记》、"写实小说"《二十年前之上海》及署名为"忆珠楼主"的笔记小说《冯孝子》《瀛国公印》等。但《二十年前之上海》其实并非小说，而是天白回忆当年在《申报·自由谈》《礼拜六》《快活林》发表作品的情形，是对自己 20 年前境况的一份记录。而《冯孝子》《瀛国公印》等又介于笔记与小说之间，似乎亦是"记实"，因此真正的小说作品其实只有《长安新梦记》。《长安新梦记》题曰"长篇小说"，共刊出十回，末题"初集完"。也许作者还计划创作续集，但并未见到。该篇前两回似是前传楔子，至第三回才开始"正传"。全篇以黄邦杰的人生经历为主线，写其"亲历党狱"、出洋留学及父亲被杀诸事。主人公黄邦杰似以作者自己为原型，虽然文中人事与卢天白的经历并不完全相同，但觉处处有作者的影子。

---

① 卢天白：《我在商务印书馆四年见闻》，《江苏文史资料选辑》第 10 辑，江苏人民出版社 1982 年版，第 245 页。
② 范九：《读天白诗集题二截（己巳春中）》，《枕戈》1932 年第 10 期。

而除了担任《枕戈》杂志的撰述，30年代卢天白与当时名流学者亦有甚密的交往。1934年农历三月初三，曹经沅等组织同人在玄武湖举行修禊大会，共87人参加，其中就有卢天白。① 盖此一时期，他与萧公权、赵元任及《学衡》中人皆有来往。

此后，他一度在上海光华大学教书，抗战中光华大学迁至成都，卢美意亦在"蓉校"的教职员名单中②，另外1945年《光华大学同学会成都分会庆祝母校廿周年纪念特刊》中也曾刊有他的祝词。在40年代，他除了在高校任职教书外，仍然笔耕不辍，曾辑《四十五年间咏梅集录》在报刊上发表③。此外，他还曾研究过湘西文化，在《青年之声》上发表过《湘西历史文化之新发见》一文。

中华人民共和国成立之后，卢天白到南京生活，并于1953年进入江苏省文史研究馆工作，该馆的35周年纪念册中列有其名，并称其"解放后曾任南京市政协委员"④。此后，他或亦曾在安徽学院教书。

卢天白约逝于1965年，亦有称其逝于1967年者，《江苏省文史研究馆建馆三十五周年纪念册1953—1988》中标其卒年为1958年，莫衷一是。因尚未找到确切的证据，不知何年为确。

卢天白有两任妻子，第一位妻子名青娘，1908年去世，婚后未育子女。他在文章中曾说："余生而有妇，妇长余二岁，盖先大母所最爱之外孙女儿也。"⑤ 青娘逝后，天白极为沉痛，当年他们结婚时，天白尚在南京读书，三年之中聚少离多，故此天白心中不免有愧。青娘逝世后的第二年，家人为其续娶赵氏，名纫兰，是"太湖赵氏外舅骞叔先生即介山殿撰（清嘉庆中状元）之曾孙，亦即野民之舅氏"⑥。赵纫兰亦能诗，在《申报·自由谈》《礼拜六》等刊物上发表过诗作，另有小说《情海鸳鸯》乃是天白与她的合撰。他们婚后育有二女，一子。长女稚兰，生于1911年年底。稚兰长大后于大学预科毕业，天白说"她的妹妹弟

---

① 沈卫威：《"学衡派"编年文事》，南京大学出版社2015年版，第357页。
② 张钦楠、朱宗正编：《张寿镛与光华大学》，华东师范大学出版社2010年版，第202页。
③ 卢美意天白：《四十五年间咏梅集录》，《资风》1947年创刊号，第48页。
④ 《江苏省文史研究馆建馆三十五周年纪念册1953—1988》，江苏省文史研究馆1988年版，第41页。
⑤ 天白：《十年游记》，《游戏杂志》1914年第7期。
⑥ 天白：《十年游记》，《游戏杂志》1914年第15期。

弟，也要摇笔做小小说（是的小小说，我曾看过，且还在敝刊上发表过）"①。

五 其他主要供稿小说家简述

除上述数位小说家之外，长期为《申报·自由谈》及《新申报》副刊供稿的小说家还有很多。他们或一直坚持创作，或后来转行经营其他，或因创作锐减而被文坛遗忘，或因赚得大名而成为独立的报人作家，而他们之中的大部分人都"起步"于《申报·自由谈》或《新申报》副刊。其中像周瘦鹃、陈蝶仙等人已被学界研究得较为充分（这里略而不谈），但有些小说家的资料则尚可以简要补充，有的则因长期遭到忽略而亟须挖掘整理。

1. 鸳雏

如果说，孙剑秋与闻野鹤的投稿经历只是一定程度上反映了早期《申报·自由谈》与《新申报》副刊的渊源关系，那么朱鸳雏闻名于文坛的过程则更清晰地说明了民初"小说家"撰稿群体的转移与变化。目前关于他的生平资料，常见常用的主要有郑逸梅所作的《朱鸳雏》（《南社丛谈：历史与人物》，中华书局2006年版），平襟亚所撰的《朱鸳雏死后成名》（《社会之花》1924年第1卷第1期），王钝根所撰的《朱鸳雏小史补》（《社会之花》1924年第1卷第2期），柳亚子所撰的《我和朱鸳雏的公案》（《越风》1936年第1期），朱星曲所撰的《朱玺》一文（收在柳无忌、殷安如所编《南社人物传》）及时希圣所编的《朱鸳雏遗著》一书等。不过虽然这些资料对于朱鸳雏的生平事迹已记述得较为全面，但其中所述多为亲友的回忆，难免有遗漏及舛错之处。

1913年5月14日《申报·自由谈》上曾刊其小像及简短的小传：

> 朱翻原名紫贵，号鸳雏，年十六岁，江苏华亭人，现寓上海法租界嵩山路救国社本部。②

---

① 卢天白、豁然注：《写实小说：二十年前之上海（我之小说）》，《枕戈》1932年第10期。
② 《申报·自由谈》1913年5月14日第10版。

又有其《自题小影》两首曰：

  吾本飘零一稚子，誓将颈血洗神州。寻常莫说头颅好，忍辱偷生戴亦羞。
  自怜消瘦自怜贫，橐笔生涯误此身。欲化精禽填恨海，不教国士共沉沦。

  由此知他约生于1897年，而非郑逸梅所言的"生于一八九四年"①，吴灵园1921所作的《杭湖小驻记》中称"鸳雏死之年，仅二十五岁"②亦可做为佐证。他投稿撰文时常题"鸳雏"，故以字行，原名反被所掩。有时亦署"孽儿""鸳"，另有别号"银箫旧主"。郑逸梅曾言"他是松江人，名玺，字尔王，为某姓家弃儿，朱氏拾之，松江音读拾如孽，因号孽儿"③，其"孽儿"之名即由此而来。

  朱鸳雏少年时家境贫寒，年幼弱质即到上海打工。王钝根在《朱鸳雏小史补》中曾言："余识鸳雏最早，时鸳雏方为上海南市一小店之学徒，洒扫扛抬，不胜劳重，甚至为师傅涤溺器，心焉耻之，乃潜作书投申报馆，欲一见余，余许之。"④自此他与《申报·自由谈》，与当时报界文坛的交往便开始了。

  他最早以"孽儿"的名字向《申报·自由谈》投稿，不仅常在"自由谈话会"栏目发表短评，还参与了印制刊布小像的活动。自1912年秋至1914年年底，他常在"自由谈"上发表游戏文章、诗词，并撰有小说《杜鹃魂》。这是他初入文坛时的创作尝试，王钝根称此时"鸳雏文学极幼稚，然自修殊奋，间以数十字短篇笔记，要余实《自由谈》，读者亦不措意"⑤。但他此时的志向并非"著述家"或"诗人"，却是想投笔从军。王钝根曾记自己与他的谈话：

---

① 郑逸梅：《南社丛谈：历史与人物》，中华书局2006年版，第134页。
② 吴灵园：《杭湖小驻记》（十二），《申报·自由谈》1921年9月1日第18版。
③ 郑逸梅：《短命诗人朱鸳雏》，《郑逸梅选集》第二卷，黑龙江人民出版社1991年版，第217页。
④ 王钝根：《朱鸳雏小史补》，《社会之花》1924年第1卷第2期。
⑤ 同上。

问其意何欲,答言愿助资斧,投军北伐。时为辛亥之冬,海上义师云集,投笔从戎者大半少年学子也。余劝鸳雏不宜以孱躯任战役,鸳雏默然,怏怏而去。未几,又来告,章水天组织大同民党于白克路,丐余为之先容。余乃作书,荐鸳雏于水天,为学习书记。①

"投军"的想法实际即他《自题小像》中所说的"誓将颈血洗神州"。只是朱鸳雏并未真去参军,王钝根说"后闻鸳雏随章水天他往"②,但这只是听闻,朱鸳雏应该没有在章水天处待多久,因为章水天1913年曾被政府列为内乱要犯而被捕③,此后朱鸳雏应该是自寻去处了。

1914年,朱鸳雏与同乡姚鹓雏、杨了公等人往还渐密。据时人说,杨了公是朱鸳雏的寄父,或言"听说(朱鸳雏)是一个孤儿,经杨了公先生抚养长大的"④;或言"他幼失怙恃,由杨了公主办的松江孤儿院鞠育长大",这一信息虽然没有完全的佐证,但朱鸳雏与姚鹓雏、杨了公开始互相唱和,其作品并见诸报刊则明确始于1914年。比如,《江东杂志》上就曾发表他们之间的酬赠诗或唱和诗,《小说丛报》上亦载有他与杨了公的联句诗。⑤ 王钝根在《朱鸳雏小史补》中也曾说他"颇与云间名士杨了公、姚鹓雏诸君游,文学大进,名亦渐噪,所作见诸报章杂志者,今已有人为之纂辑"⑥。他自己也曾言"三年来学词于姚先生之门"⑦,他当时在《江东杂志》《织云杂志》就发表过大量的词作。不过他与姚鹓雏所学的不仅仅是词,还有小说,而且模仿得极像,所以时人曾言:"鸳雏、野鹤皆和鹓雏同里,年纪又稍轻,所作小说都以鹓雏为法,弄到后来三人的作品几乎分不出谁是谁的。"⑧

在朱鸳雏与姚鹓雏、杨了公两人交往的过程中,他应该是离开上海(民国时期的上海县),回到了松江老家。1915年间,朱鸳雏没有在《申

---

① 王钝根:《朱鸳雏小史补》,《社会之花》1924年第1卷第2期。
② 同上。
③ 1913年12月,《申报》上曾刊有"缉获党魁章水天""章水天被拘后种种"等消息,至1916年章水天才得出狱。
④ 柳亚子:《我和朱鸳雏的公案》,《越风》1936年第7期。
⑤ 《小说丛报》1915年第8期。
⑥ 王钝根:《朱鸳雏小史补》,《社会之花》1924年第1卷第2期。
⑦ 朱鸳雏:《双凤阁词话》,《申报·自由谈》1916年7月12日第14版。
⑧ 胡寄尘:《说海感旧录之四·朱鸳雏》,《半月》1923年第2卷第23期。

报·自由谈》上发表作品,向其他刊物的投稿也很少,而且发表的作品基本为诗词。不过,1915年11月9日经杨了公、姚鹓雏等人介绍,朱鸳雏加入南社①,由此结识了许多南社同人。而由1915年年底至1918年,朱鸳雏又逐渐恢复了小说创作,如1916年他在《礼拜六》上发表了小说《黄金地狱》,在《申报·自由谈》上发表了《血影》《飞机病》,1917年在《小说丛报》上发表了艳情长篇《桃李因缘》(与刘铁冷合撰)等,这些都是他重启小说创作的不俗成绩。同时,这一阶段他还在《申报·自由谈》上发表了《双凤阁词话》,所论以辑录、讨论时人词作为主,可为近代词作史料之一种。

大体说来,1915年年初至1917年年底是朱鸳雏文学生涯中由暂停创作到恢复创作的一个过渡时期。他1916年作品渐多,还曾在家乡协助杨、姚二公创办松江剧社。《申报》上曾有消息云:

> 前年春间,松地曾有"乐歌集""移风集"两新剧团发现,经人干涉而止。自共和复活后,本地士绅杨了公、费剑石、沈受百、张破浪、吴识时、朱鸳雏、沈晋之诸君创一松江剧社,以补助教育、振兴商业、协助公益、维持风化为宗旨,业已禀请县公署准予立案,并拟筹建剧场,以便开幕。②

朱星曲曾在文中记其演《双鸳碑》的情形并及其与某女郎恋爱事③,则当时朱鸳雏在松江剧社的演出足有可观者。至于他的恋爱逸事,朱星曲在文中说他曾撰有《剧社》一诗以为纪念,而王钝根在《朱鸳雏小史补》中所说的"艳情小说"一事或亦与此有关:

> 阅二年,忽以艳情小说一篇寄余,中述松江诸少年假缙绅宅第演

---

① 杨天石、王学庄编:《南社史长编》,中国人民大学出版社1995年版,第404页。
② 《地方通信:松江》,《申报》1916年8月7日第7版。
③ 朱星曲:《朱玺》一文中曾记"某校寒假前开恳亲会,邀剧社演出话剧《双鸳碑》,朱饰剧中女主角,扮相秀丽,娴雅如大家闺秀,引起台下某女郎爱慕,朱亦钟情,经寄父了公撮合,为订朱陈,往来甚密,惟不及乱。不料朱误信青蝇之逸,终未成眷属。后朱有《剧社》一首回忆其事:'喜剧哀情意度深,无端歌泣幻花身;如今剩粉零脂地,不见年时洒泪人'"。柳无忌、殷安如编:《南社人物传》,社会科学文献出版社2002年版,第109页。

新剧,卒与缙绅女偕遁事。余知鸳雏亦尝投身新剧团,窃虑其覆丧,乃还书讽之。自是鸳雏不复以一字畀余。①

从时间上看,此段"轶事"可能发生在松江剧社成立后的1916年至1918年,而朱鸳雏"不复以一字畀余"的情况基本属实。当然,朱鸳雏在王钝根主持《新申报》副刊期间还是投过稿的,如1916年年底的《杏儿曲并序》,但此时大概王钝根尚未"遗书讽之"。1919年年底,他也在《新申报》副刊上发表过作品,但当时王钝根已从《新申报》离职。

经由1916年的恢复创作,到1917年朱鸳雏的创作却又重新停滞——1917年他因卷入南社的"唐宋诗之争"而减少了作品的产量。前文在讲闻野鹤时已经谈到这场"南社风波",此事虽因野鹤而起,但对鸳雏的影响却最大。柳亚子后来回忆此事时曾说:

> 鸳雏既然碰了我一个顶子,他也只好不作调人了。野鹤呢,也从此翛然退隐,置身事外。只有鸳雏仍是当仁不让,勇往直前,我自然也不肯就输。于是原来是闻柳因论诗而启衅,到此却弄成了朱柳之争了。这样闹了一个多月,把《民国日报》的文艺栏闹得乌烟瘴气,一塌糊涂。……于是鸳雏一怒而脱离《民国》,却在《中华新报》上觅到了他的新营垒,攻击更加激烈了。有几首歪诗,说我少年美貌,和冯春航、陆子美如何如何。诗做得很蹩脚,不像是鸳雏的手笔,也有人讲并不是鸳雏做的……驱逐鸳雏的启事,最初是在《民国日报》上面登载广告的。②

朱鸳雏虽然年少,但"小说家"之外,他亦有诗名。1916年,吴遇春在《小鹿樵室诗话》曾赞其"丰姿绰约,一似十五女郎,而诗亦类是"③。南社的唐宋诗之争本是文学问题的讨论,所以当初朱鸳雏亦是出于对诗词的一点理解而参与到论辩之中。由整个事件的经过来看,1917年朱鸳雏主要在《民国日报》和《中华新报》与柳亚子辩难,最后惹出了被柳

---

① 王钝根:《朱鸳雏小史补》,《社会之花》1924年第1卷第2期。
② 柳亚子:《我和朱鸳雏的公案》,《越风》1936年第7期。
③ 吴遇春:《小鹿樵室诗话》,《申报·自由谈》1916年6月11日第14版。

亚子及南社"驱逐"的结果。①

经此一番波折，1918年之后朱鸳雏的文学创作又回归正轨并进入了一个全新的阶段。此后他不仅作品数量增多，作品水平也有了极明显的进步，特别是在小说创作上。盖1918年之后他一直有新的作品出现，直至去世。

1918年《小说丛报》上刊有他的《玉楼蛛网》，为言情之作。《小说画报》上刊有他创作的《峰屏泖镜录》，该作连载至1919年第22期，共刊出十四回，兼有社会及言情小说的性质。内容主要以杨鸳文为主角写世情风俗及儿女情爱之事，作品之中还附有逸民、书范所画的插图，但从情节上看，全书似未完成。同时，这一年他与姚鹓雏的合集《二雏余墨》由小说丛报社发行出版，书中收录了他的笔记、文章及短篇小说数章。当时的评论家曾评价该集说："云间姚鹓雏、朱鸳雏合刊《二雏余墨》，余读其文，旖旎风流，妩媚澹定，击节不寘。"② 此外，《申报·自由谈》上还刊有他的《续尚友录》数篇，内容是依古人《尚友录》体例而撰写的数位明清时人小传。

这一年除了创作增多之外，他还曾在学校教学。《申报》上刊有《上海学生联合会开会纪闻》，其中有"朱鸳雏（两江）"③字样；又有《并纪各界对外之表示》消息一条，其中讲到两江公学的情况时说："两江公学师生对于国事，除学生组织'五人宣讲团'外，复由全体教职员组织'救国十人团'。两团第一团为李硕林、沈佑祥、朱贞白、吴企彭、朱鸳雏、范丽生、区书年、谢六生、陈鹤仙、沈晋之。"④ 另外，他还曾参与好友同人的"点题"短篇小说创作，该命题作文以"梦里"为题，发布于《申报·自由谈》的《文艺俱乐部》一栏，其中有言曰"朱鸳雏方主学校教席，作教育小说"⑤。由此可知，朱鸳雏当时应该在上海两江公学教书。

依靠教职及撰述，朱鸳雏在上海渐渐立足，也渐渐拥有了"小说家"之名。1919年，除了继续撰写《玉楼蛛网》和《峰屏泖镜录》，他还在

---

① 《南社史长编》"（1917年）8月1日柳亚子以社长名义，布告驱逐朱玺出社"。中国人民大学出版社1995年版，第464页。
② 寂寞余生：《小说丛谭》（二十），《申报·自由谈》1921年8月7日第18版。
③ 《上海学生联合会开会纪闻》，《申报》1919年5月18日第10版。
④ 《并纪各界对外之表示》，《申报》1919年5月19日第10版。
⑤ 《文艺俱乐部》，《申报》1920年6月13日第14版。

《小说新报》上发表了讽世小说《吴柳移根记》，在《申报·自由谈》上发表了小说《曾德女士临终记》《私儿沥血记》，在《全国公民和平协会周刊》上发表了讽刺女家政学家的《家政学》，在《新申报》副刊上发表了小说《比较的》。另外，在《申报·自由谈》上发表有《谷音余呓》笔记，在《世界画报》上也发表过一些游戏短文。但是1920年，朱鸳雏却肺病复发，他只好回乡养病。养病之暇，他仍专注于撰述。可以说，在他去世之前，朱鸳雏迎来了创作成绩最好的一年。周瘦鹃等人撰文说："自由谈的篇幅，时有增减，编制方面也时有变更，在某一时期，曾刊登朱鸳雏先生的几十篇笔记，文情并茂，最所心折。"①其中所指大约就是朱鸳雏逝世前一年的作品。

从1920年4月至1921年4月，《申报·自由谈》上曾刊出他的《坠玉记》《乾蝶记》《炙骨记》《散学记》《怨始记》《惨讹记》《离京记》《司书记》《病因记》《自媒记》《返璞记》《感逝记》《战瘢记》《游艺记》《衾谶记》《拾遗记》《栽桑记》《碎窗记》《生还记》《汉水记》《芳时记》《天刑记》《妆楼记》《书慧女李四和》《卧雪记》《归莳记》共26篇短篇小说。这些作品大部分为言情小说，也有讨论社会问题者（如讨论妓女问题的《返璞记》，讨论学校游艺会的《游艺记》等）。而关于"言情"，朱鸳雏还有自己的一番道理。他说："吾每每不期而然立于情场之第三者地位，过后思量，弥增趣味。吾文续续而出，得不须向壁虚造，有以哉。"②除了以"言情"为主之外，这些作品的性质常常介于小说与笔记之间，有时故事又似有所本。如在《散学记》一篇之末，他附言曰："鸳雏率记其事，又微涉言情矣。使鹿樵先生见之，必且见怒。幸吾备有至陈美之鼻烟，当以谢先生。"③则篇中之事，实本于鹿樵先生。又如《感逝记》一篇，他曾道："余欲造一有统系而叙述近古之小说，患无佳材，复苦摹拟。盖读英国哈葛德氏所造，辄能摹及千年以上之人物，成为巨著，以震奋国人，知返古亦难矣哉！曩在故乡于旧家书簏得清道光时人马晋之笔记，晋之参与洪杨之巨役，记出暮年，语多自悍。玩其词意，似牵涉女祸者，兹节其意而叙之。愧乏结构，然读者群公将仍以为鸳雏之文也，鸳雏自视则

---

① 周瘦鹃、黄寄萍：《本报六十年来之鳞爪》，《申报·自由谈》1932年4月30日第12版。
② 鸳雏：《芳时记》，《申报·自由谈》1920年9月12日第14版。
③ 鸳雏：《散学记》（下），《申报·自由谈》1920年4月19日第14版。

不尔。"① 则此篇又是依据前人的作品而重撰。

朱鸳雏养病期间一直在摸索好的创作素材及形式,然而囿于种种原因,他虽然所作颇丰,但在形式和内容上并无太多突破。他自己在《近感录》中曾说:

> 余自夏初养病,还松江故居,笔墨遂疏。然身囿义字劳工文,未尝不辗转思,惟欲以求一当也。若余数月来所为记文,因欲以起迄之意归纳于尺幅之中,故觉局促,而运用旧文字取其色采,愚意为文言较白话能简括耳。②

正是因为这些想法,他才不断地进行尝试。除了小说,这一年他还撰有《吊梦记》,专写游历皇宫的一段感慨,还有《近感录》《中国婚礼奇谈》《辽东茧丝录话》《奖券话》(刊于 1921 年)等系列笔记发表。然而这些笔记文章似乎并不能真正描述并呈现他的撰述"理想",他想要创作有"统系"的作品,但常常遭到失败。他曾说:

> 余去年尝作《上海闲谈》,略同张舍我之《沪滨随感录》,终恨无统系耳。瘦鹃兄曾督余作之,余拟作《上海冥行记》,继思限于上海一隅,未免太狭,故以《社会冥行记》为当也。待精神稍复,即当为之。近以感触纷来,思拉杂达余微意而着笔先及此节,人若以吾言为是,有先吾作此种最缺乏之文字者,则余所尤喜。③

其实,《中国婚礼奇谈》《奖券话》就是他所说的《上海冥行记》中的章节,但他不并满意。然而,他"以感触纷来"而写的几则《近感录》仍限于琐碎的感想,对于时事的关心、国事的讨论也流于表面,他自己也在每日纷乱的思绪中病得愈加沉重。

即便如此,直到 1921 年朱鸳雏仍有作品问世。1921 年年初《礼拜六》上刊有他的《童心》《待时》《兄弟》(与姜家汉合撰)等几篇小说及《樱

---

① 鸳雏:《感逝记》,《申报·自由谈》1920 年 5 月 30 日第 14 版。
② 朱鸳:《近感录》,《申报》1920 年 8 月 4 日第 14 版。
③ 同上。

唇语堕》系列"碎语"和"摘句"。此外,《申报·自由谈》上还刊有他的《李义山诗续笺》,此篇是1920年他所发表的《李义山诗新笺》续篇,主要是摘录李商隐的一些诗句进行笺证、解释及评论和鉴赏。

1921年7月,朱鸳雏去世。他自1920年夏天开始病情就极不稳定,"先固咳嗽、咯血,寻已愈,而神衰志弱长日如是"①。吴东园在《杭湖小驻记》(十一)曾言:"今岁四月间,鸳雏病肺已亟,寓沪上新苏台旅馆求医,余与禹钟日往视之。"②沈禹钟在《还乡日记》中亦曾言:"一周复购《申报》读之,见封面登有友人朱鸳雏之讣告,为泫然者久之。鸳雏前二月在沪就医时,余恒至其寓省之,谈论文章至相契合。君知余嗜酒,又时时欲留余饮,不图其强死之速乃至此也。"③其实,朱鸳雏幼年即有肺病,王钝根曾言:"一夜鸳雏竟来,躯干瘦小,形神委顿,语时常作咳嗽。盖年才十五而不幸罹肺疾矣。"④因为朱鸳雏当时对病情没有多加留意,再加上当时的医疗条件限制,最后致其英年早逝。他去世后,其子曾在《申报》刊登《与松江朱鸳雏相交者鉴之》之布告:

> 先父鸳雏以肺痨病终,准于今日大殓。凡诸君子与先父生前有旧者,不肖因年幼不甚稔悉,未免有疏忽,讣报处乞赎罪。⑤

诸友得此消息后,多有挽诗相送,《申报》上就曾刊沈禹钟、挹芬所作数首。同时,他留存的遗稿,好友也各处搜罗刊布,以为纪念。

平襟亚说:"鸳雏既死,其名益彰,有征集其旧作者,有臆造其遗稿者,即《申报》所登诸作亦再刊于《半月》中,今将三见于《红蚕茧集》间矣。"⑥鸳雏去世后,周瘦鹃主编的《半月》上刊其遗稿最多。其中有他报已刊者,也有如《为谁嫁》《善堂惊梦》等未刊之作。周瘦鹃在《银箫集》的识语中说:

---

① 朱鸳:《近感录》,《申报·自由谈》1920年8月7日第14版。
② 吴东园:《杭湖小驻记》(十一),《申报·自由谈》1921年8月31日第18版。
③ 沈禹钟:《还乡日记》(十一),1921年8月4日第18版。
④ 王钝根:《朱鸳雏小史补》,《社会之花》1924年第1卷第2期。
⑤ 《松江与朱鸳雏相交者鉴之》,《申报》1921年7月17日第1版。
⑥ 平襟亚:《朱鸳雏死后成名》,《社会之花》1924年第1卷第1期。

夫人蟾仙女士尝手录其旧作，纂为两卷，嘱再刊之《半月》，以免散佚。……以鸳君笔记一卷入《半月》，颜之曰《银箫集》，因君尝自号银箫旧主也。另一卷专写情爱，曰《红蚕茧集》，拟附入情库。①

则《半月》上所刊者主要以《银箫集》和《红蚕茧集》这两种最为重要，其中《红蚕茧集》中所收的多为朱鸳雏1920年在《申报·白山谈》发表的小说作品如《战瘵记》《感逝记》等，也有《申报》上没有的《劳工记》《汉水记》等数篇。另外，"红蚕茧"本是朱鸳雏的诗集之名，姚鹓雏在《红蚕茧录序》一文中曾言："红蚕茧者，朱孳儿纂其香奁无题诸作为一编，而余为之定其名者也。天地之大可以自遣其生者夥矣，胡必为诗？诗之道又广矣，胡必绮丽之作？"②由此可知，周瘦鹃刊其遗作时，乃是借用此名。

《半月》之外，《小杂志》《紫罗兰》等刊物上也多有其遗作。其中平襟亚主编的《小杂志》上刊有署名"银箫旧主"的《自跋情诗三百首》及《巨灵记》《绝粮记》《诛情记》笔记小说三种，《紫罗兰》上重刊其《上海闲谈》《游艺记》《妆楼记》等作品。《自跋情诗三百首》是朱鸳雏为自己所作的诗作加注跋语，原来的三百首情诗是他"在四五月内先后虚构"而成，而此跋语则完成于1920年初，朱鸳雏在文末曾注明"庚申第五日银箫旧主纵笔于玉梅香气中"。③该文作为朱鸳雏的遗作进行刊布，文后附有平襟亚的识语。另外，《申报》上亦曾刊有《朱鸳雏遗诗序》一文，文中称："鸳雏既亡之八阅月，其友张破浪检阅旧稿，得鸳雏所作《春痕集》一卷，暨旧赠零稿一束。"④此又是朱鸳雏诗作的搜罗成绩。

1936年，其生前好友为朱鸳雏举行公葬，《申报》1936年6月15日曾录《公葬诗人朱鸳雏》这一消息：

枢厝萧寺已届十六载。兹为其生前至友姚鹓雏、李子韩等纠资谋葬，于十四日举行公葬于云间公墓。仪仗甚盛，并由各界推蔡仲瑜主

---

① 周瘦鹃：《〈银箫集〉识语》（题目为笔者所加，此段识语题于《银箫集》刊布之前，下同），《半月》1922年第1卷第13期。
② 姚鹓雏：《红蚕茧录序》，《江东杂志》1914年第3期。
③ 银箫旧主：《自跋情诗三百首》，《小杂志》1922年第1期。
④ 破浪：《朱鸳雏遗诗序》，《申报》1922年3月31日第18版。

祭，平襟亚、李子韩、沈瘦狂、汤茗君襄祭，旋由亲友扶柩登穴，葬事告成。本邑《茸报》特出专刊附送。①

在计划公葬的同时，他们还辑录朱鸳雏的作品，编成《朱鸳雏遗著》（时希圣编辑）一书，由上海大通图书社出版，前有姚鹓雏、沈浸之等人的题词。按此书所收分小品文、手札、诗歌、纪念文四类，而"小品文"中所收录的《巨灵记》《诛情记》《离京记》等14篇作品及诗作等内容或生前已发表，或死后已由好友刊出，真正尚未刊布者不多。

朱鸳雏死时年仅25岁，但却从15岁起就开始了文学创作。虽然囿于没有受过良好的教育，但是因为杨了公、姚鹓雏诸同乡前辈的提携，以及后来与王钝根、周瘦鹃的交往，他用十年的时间使自己从当初众多的"自由谈"撰稿人中脱颖而出，所以时人亦曾将其归为"《礼拜六》一派"：

> 王钝根所编《礼拜六》等一派，陈、周而外，又有李东垔、孙剑秋诸人，各有表见。姚鹓雏好效其师林畏庐，闻野鹤、朱鸳雏又从之。……野鹤译迭更司之《鬼史》，可乱林译《贼史》之楮叶，鸳雏则于《自由谈》所为各记，颇能构思，终惜词多于意耳。②

而关于他的"小说家"地位，有人将其比作短命二郎阮小五，称其"雕肝缕心，荡气回肠，才人命短，千古同伤（朱鸳雏君好为哀情小说，文多哀艳，读其著作者，大有回肠荡气之慨。然朱君卒以此不寿，言为心声，至足伤已）"。③

其妻名王蟾仙，在朱鸳雏去世后不久亦离世。据周瘦鹃言，她"于古历十二月十三日溘逝矣。闻自鸳君亡后，女士日夕饮泪，痛逾断肠，邑邑遂至于死"④。张破浪也曾说："鸳雏既亡，其妇许蟾仙阅五月亦下世"⑤。1936年，她与朱鸳雏一起被亲友公葬于云间公墓。

---

① 《公葬诗人朱鸳雏》，《申报》1936年6月15日第9版。
② 凤兮：《海上小说家漫评》，《申报·自由谈》1921年1月23日第14版。
③ 大胆书生：《小说点将录》，《红杂志》1922年第11期。
④ 周瘦鹃：《〈银箫集〉识语》，《半月》1922年第1卷第13期。
⑤ 破浪：《朱鸳雏遗诗序》，《申报》1922年3月31日第18版。

朱鸳雏有子、女各一人，在当年《公葬诗人朱鸳雏》的消息中有"遗孤子女各一……闻李氏等并为遗孤妥筹善后办法，扶植自立，藉慰幽灵"①之语。按其子名星曲，女名回春，《朱鸳雏遗著》中附列的"纪念文"曾言及朱星曲、朱回春参与朱鸳雏公葬的情况，而鸳雏诸友既言"遗孤妥筹善后办法"，则他兄妹二人由诸亲友扶植自立，可知也。

2. 独鹤

严独鹤是民国时期重要的报人作家，不仅民国时期蜚声文坛，中华人民共和国成立后亦在文化、新闻部门担任职务，所以关于他的生平史料比较详细。目前，关于他的研究，常用的几种史料为严独鹤的《我之儿童时代》（《半月》1922年第16期）、严芙孙的《全国小说名家专集·严独鹤》（上海云轩出版部1923年版）、王钝根的《本旬刊作者诸大名家小史·独鹤》（《社会之花》1924年第2期）、赵苕狂的《严独鹤传》（附于《独鹤小说集》，上海世界书局1926年版）、郑逸梅的《清末民初文坛轶事·严独鹤的斋名及其他》（学林出版社1987年版）、张缮的《"快活林"中的忧世客：严独鹤评传》（《通俗文学评论》1994年第2期）、严祖佑的《父亲严独鹤散记》（《档案春秋》2006年第5期）和《相濡无沫：父亲严独鹤的最后岁月》（《上海采风》2014年第8期）、桐乡市政协文教卫体与文史委员会编的《严独鹤杂感录》（上海远东出版社2009年版）以及两三篇研究《新闻报》或严独鹤小说的硕士论文等。

严独鹤，名桢，字子材，别号独鹤，浙江桐乡人，生于1889年重阳节。早年曾经科举入泮，后入上海广方言馆学习。因他民国期间长期担任《新闻报》副刊的编辑，故一般讲到严独鹤的报刊生涯首要谈及他1914年进驻《新闻报》任职。其实在任职《新闻报》之前，他进入报界的最初体验和经历是向《申报·自由谈》投稿。

1913年4月24日，《申报·自由谈》上刊载有严独鹤的小像及小传，小传中云：

> 严桢字子才，浙江桐乡人，寓上海高昌庙制造局新公所西首。

这是他参与"自由谈话会"的印制小像活动。他自1912年就开始向

---

① 《公葬诗人朱鸳雏》，《申报》1936年6月15日第9版。

"自由谈"投稿,主要是一些"游戏文章",同时在"自由谈话会"栏目也写过短评文章。当时"自由谈话会"诸同人发起印制小像、互通信息的活动,1913年3月开始将各位的小像及传记在"自由谈"上刊登,严桢还是其中较早的投稿者。《申报·自由谈》的早期主编王钝根后来曾说:"胜清末年,余为《申报》编辑'自由谈',独鹤与李君常觉合译长篇小说《铁血男儿》来投,余亟为刊布。读者咸称善,是为独鹤蜚声小说界之始。后二年,《新闻报》主者震其盛名,延为《快活林》主任,以迄于今。海内文人谈独鹤者,莫不誉为中西淹贯,新旧兼长,庄谐并妙之老手矣。君今年三十五,兼任务本女塾教员,《红杂志》总编辑。"① 王钝根所说的《铁血男儿》正是严独鹤在早期"自由谈"的主要投稿作品。

前文讲述李常觉时曾谈到,他与严独鹤合译的《铁血男儿》连载于1912年12月6日至1913年6月22日,他因为在广方言馆学习过英文,而李常觉亦是通习外语的,两人合译的这个长篇政治小说又获得了读者的好评,所以王钝根称这是他"蜚声小说界之始"。1914年他被聘任为《新闻报》编辑,其实在这之前,严独鹤还参与了《游戏杂志》的编辑工作,是众位编辑中的一员。《游戏杂志》的创刊主要是"自由谈"投稿同人共同努力的结果,该刊第2期上刊有他的照片,另外他在《游戏杂志》上还发表有《泼辣货》《床笫戒严》《四书演义》等小说,可以说他正是从《申报·自由谈》走出去的一位小说家。只是在他主持《新闻报》副刊"快活林"之后,大家忘了他与《申报·自由谈》的这一段渊源。

1914年8月,他开始编辑《新闻报》的副刊"快活林",主要以"知我"为笔名发表短评文章,一似王钝根在"自由谈"发表"游戏文章"。因为他一直在《新闻报》工作,经"快活林"变为"新园林",直至抗战胜利之后依然坚守在《新闻报》的编辑岗位上。而编辑"快活林"的同时,他还参与过《红杂志》《红玫瑰》等杂志的编辑工作,在20年代文坛声名鹊起,成为"旧派"文学的核心编辑与作家。1946年报刊上有《严独鹤身兼四职》一文,称:"《新园林》副刊仍然由他担任编职,此外《立报》'花果山'也仍请他主编,再加《大英夜报》他是总编辑,最近复刊的《商报》又拉拢他必须帮忙,不得已就担任了副刊

---

① 王钝根:《本旬刊作者诸大名家小史》,《社会之花》1924年第2期。

《大街》的职务。"①由此可知严独鹤在整个民国报界文坛的工作成绩与地位。

然而，即便他进入《新闻报》之后"文名"越来越大，他仍一直与早期"自由谈"诸位撰稿同人保持着密切的联系，特别是与周瘦鹃、王钝根等人，不但是对方所主持刊物的供稿人，而且还是以《礼拜六》成员为核心的"狼虎会"成员。比如，汪珠曾在《狼虎会艳话》中写道："蝶仙、常觉、小巢伟岸如虎，瘦鹃、小蝶、慕琴、树人诸君狼耳。……巨狼巨虎犹未至，谓独鹤、钝根也。"②又如，他的别号"槟芳馆主"源自许瘦蝶的"打趣"，原来他刚刚续娶再婚之时，"许瘦蝶君作《劝独鹤更名》谐文一篇，为瘦鹃刊诸《快活林》（予婚假中，《快活林》编辑职务倩瘦鹃庖代），戚友皆资为谐谑。"③其中许瘦蝶是当年"自由谈"撰稿群体中较活跃的成员（前文已述），而周瘦鹃、小蝶、丁慕琴等又都是"自由谈"撰稿群体的核心人员。另外，他还是《心声》半月刊的特别撰述，该刊曾刊其小像，而《心声》半月刊又是刘豁公与王钝根合办的刊物。因此严独鹤当年在《申报·自由谈》获得的不仅仅是渐起的小说家之名，还有在文坛的主要交际圈子。后来他与诸位同人一起组织成立"青社""中国文艺协会"，经过民初小说家群体的筛选而成为20年代基本固定的"名小说家"群体中的一员。

严独鹤主编"快活林"及其他编辑工作的情况可参考学界同人的研究文章，这里不再赘述，此处所要补充的主要是他与《申报·自由谈》的关系。另外，因为他与周瘦鹃都在中华人民共和国成立后担任文化职务，亦有过"主流的声音"，如《人民日报》1959年5月7日第14版所载《在号角声中再跃进：严独鹤、周瘦鹃委员的发言》一文。但1968年他仍然在"文革"中受迫致死。

关于严独鹤的家庭生活，其子严祖佑在关于他的回忆文章中已有所记述，不过仍有可以补充的内容。如严独鹤一生曾有三任妻子，他"初娶上饶卢氏，生一女，产后疾作，误于医药，遂卒"④。1917年续娶表妹钟氏，不幸的是，1927年钟氏去世，如其文中所言："数年后乃奉母命聘夫人为

---

① 田公：《严独鹤身兼四职》，《扬子江》1946年第1卷第5期。
② 汪珠：《狼虎会艳话》，《半月》1921年第8期。
③ 独鹤：《我之新年趣事》，《半月》1922年第28期。
④ 独鹤：《悼启》，《浙江》1927年第1卷第5期。

继室，夫人之于吾母为姨甥女，中表至戚，常相往还，儿时竹马，曾共嬉游……岁丁巳来归，事吾母能尽孝，处妯娌甚相得，抚长女尤如己出……夫人初生一子一女，俱不育，恒太息不怡。壬戌生子祖祺，癸亥又生女芷生，始稍自喜……死之日为阴历六月三十日，年才三十有五。……自夫人来归以至溘逝，先后凡十年。"①1928 年，严独鹤再娶陆蕴玉女士，即严祖佑之母亲。严祖佑尚有一兄祖福，然不幸夭折，严独鹤 1946 年在《我的太太》一文中曾述"在去年秋间……我的次子祖福竟不幸夭殇了"②。当时报刊上曾载文，称严独鹤"大公子祖祺，已从重庆交通大学毕业回沪，现在是中纺公司的工程师；次女公子汝珍小姐，犹在东沪大学读书，复在《益世报》任外勤记者，半工半读"③。此汝珍或即为芷生。

严独鹤有两位弟弟，二弟天倖，三弟畹滋。但他三弟早逝，故其侄儿、侄女亦由他养育成人。其侄严芙孙（估算年龄更可能是天倖之子）即发起成立"青社"者。严芙孙，名辉，别署黛红，在其编写的《全国小说名家专集》的扉页有其小像，小像下附有简介，而此集中的严独鹤小传亦是严芙孙所撰，他在文末还曾明确表示严独鹤"是芙孙的老叔"。

3. 便便（钱一蟹）

1913 年 3 月 26 日，《申报·自由谈》上刊载撰稿同人"便便"的小像，像下注简介曰："钱一蟹，江苏青浦人，年三十七，现寓上海白克路永年里四百七十二号。"故此"便便"即钱一蟹，即泖东一蟹，亦即后来在中国古典小说研究史上颇具大名的钱静方。上海市青浦区文化广播影视管理局主编的《青浦前贤著作经眼录》（上海人民出版社 2015 年版）一书中曾对其有简单的介绍。

钱静方，生于 1875 年，名学坤。1898 年参加科考，取为附生④；1904 年松江岁试中被录取为廪生⑤；1905 年松郡院试中列为一等⑥。早年他曾在家乡办竞新学堂，1906 年《申报》上刊有《志士东游》一文，文中曾载其办学情况：

---

① 独鹤：《悼启》，《浙江》1927 年第 1 卷第 5 期。
② 独鹤：《我的太太》，《伉俪月刊》1946 年创刊号，第 24 页。
③ 竹生：《严独鹤一门四杰服务社会》，《风光》1946 年第 27 期。
④ 《松试志要》，《申报》1898 年 4 月 17 日第 2 版。
⑤ 《松江岁试七志》，《申报》1904 年 5 月 5 日第 2 版。
⑥ 《松郡院试一等案》，《申报》1905 年 9 月 6 日第 9 版。

> 青浦钱静方学坤、吴县邹谱笙尊莹两志士于去年纠集同志在青浦建立竞新、崇本两□学堂各一所。办理一年，成效虽属可观，学科终虞未备，爰于今春均自备资斧，请咨游学东洋，考察教育管理诸法。学务处批青浦优廪生钱学坤、吴县优附生邹尊莹均自备资斧，游学东京，有志向学，志趣均佳，候详抚宪核示，现已核准给咨。[①]

而由此消息亦知，钱静方1906年曾自费游学日本，获得学务处批准。1912年，民国初立，他曾为青浦城的自治新议员[②]。《青浦前贤著作经眼录》中言其曾主持《青浦报》[③]，而王钝根亦曾在乡主持《青浦自治旬报》，也许此时二人即已相识，故而钱静方在《申报·自由谈》创办不久便开始刊发稿件。1920年《申报》刊有"青浦县商会呈请阻止沪青汽车公司"[④]一事，钱静方是主要的参与者。由此可知，钱静方是热心公共事业的、颇具先进思想的志士。

然而在公共事务之外，钱静方亦专注于撰述。1913年，他的小像与小传刊于《申报·自由谈》即是明证。盖他曾以"便便"之名在《申报·自由谈》上投稿，积极参与"自由谈话会"的活动，虽不像嘉定二我、许瘦蝶等成为"自由谈"的活跃分子，但是一直都有投稿。他在《申报·自由谈》所发表的作品以戏剧考证为主，而小说、诗词等其他体裁作品则极少，仅有的一篇短篇小说《无师传授之魔术家》发表于早期的"自由谈"（1913年7月15日）。不过他的《剧本考实》系列却非常丰富，该系列作品自1913年2月28日开始连载，主要考证《泗州城》《喜崇台》《马鞍山》《焚绵山》《五彩舆》《打严嵩》《明末遗恨》等剧作内容，一直连载至同年6月11日（中间偶有中断），共计七十余篇。此"剧本考实"基本上是对旧戏的考证，也有一篇《新新舞台未来戏自由恨之考实》是考证新剧。

而与此同时，他在《小说月报》上以"柳东一蟹""钱一蟹"之名发表《小说丛考》，并连载其长篇小说《鹣鲽姻缘》。《鹣鲽姻缘》1917年由

---

① 《志士东游》，《申报》1906年4月11日第17版。
② 《青浦城自治之新议员》，《申报》1912年7月6日第6版。
③ 《弃政从文钱学坤》，《青浦前贤著作经眼录》，上海人民出版社2015年版，第212页。
④ 《沪商会调查沪青汽车之呈覆》，《申报》1920年5月6日第14版。

商务印书馆出版单行本,《小说丛考》1918 年也是由商务印书馆出版单行本,且《小说丛考》前有"琐尾生"之序,此琐尾生亦是《申报·自由谈》的投稿者,曾在"自由谈"发表《奇女子》《蛮方风俗记》等小说,并为嚣嚣牛译述的《排伦君子》、兰因子译述的《英王之三问》润辞,"自由谈"同人创办《自由杂志》时还曾选入他的作品。故此琐尾生乃是钱静方在"自由谈"所结识的文坛同人。后来署名"风兮"的小说评论者在其《海上小说家漫评》中曾说:"一蟹为青浦钱静方,作《小说丛考》后,作《鹣鲽姻缘》,述清初钱虞山等事,大致颇楚楚。"①

钱静方除了《无师传授之魔术家》《鹣鲽姻缘》两篇小说之外,《希社丛编》还收录他的《金四姐》一篇。同时,他还是民国诗坛的一位重要作家。1914 年他加入希社,"同人诗文钞"中录有其诗并小传云:"钱学坤,字静方,一字便便,江苏青浦人。"② 1929 年前后他又加入虞社,在该社社刊《虞社》中亦发表大量的诗作。1931 年,《虞社》特刊第二号中有《虞社社友录》,录中列有其名,注曰"钱学坤,静方,别署一蟹,五七,青浦公堂街"③,当时他已 57 岁,住在青浦县公堂街。另外,"己巳唱和集"中亦录有其诗,署名"钱学坤,静方,青浦"。④ 30 年代,他还在《兰言晶报》《虞社》中发表大量的诗词作品,其中多有他与诗社诸友的唱和之作,故此知钱静方在民国诗坛亦有一席之地。此外,他还留意关注家乡文献的纂辑与整理,1930 年曾纂辑《青浦闺秀诗存》,1934 年又参与编纂《青浦县续志》,1940 年 2 月因病去世。

他一生曾有三位夫人,原配夫人为宋氏,继室为夏氏,然都早逝。1929 年他曾作《中元前一日为先室宋氏十周,后十日为继室夏氏五七,因并唪梵经四日以资超度,纪之以诗》⑤悼念两位妻子;1932 年他又作《古历六月二十二日为继室夏氏三周年忌辰感赋》⑥,中有"衰病五年尝独侍,

---

① 风兮:《海上小说家漫评》(一),《申报·自由谈》1921 年 1 月 16 日第 14 版。
② 钱学坤:《同人诗文钞:题南汇于香艸先生所藏前明靖难遗臣王公守信遗诗后(戊申岁作)》,《希社丛编》1914 年第 2 期。
③ 钱南铁编校:《虞社社友录》,南江涛主编《清末民国旧体诗词结社文献汇编》第 15 册,国家图书馆出版社 2013 年版,第 518 页。
④ 钱学坤:《和南铁五十自述》(原无标题,为笔者所加),《虞社》1929 年第 152 期。
⑤ 钱学坤:《中元前一日为先室宋氏十周,后十日为继室夏氏五七,因并唪梵经四日以资超度,纪之以诗》,《虞社》1929 年第 158 期。
⑥ 静方:《古历六月二十二日为继室夏氏三周年忌辰感赋》,《兰言晶报》1932 年第 51 期。

别离三载可重逢"之句,则可知夏氏逝世于 1929 年。夏氏去世后,他又娶张氏。1930 年《希社丛编》中有其《暮春续娶松江张槎仙女士请汉阳赵半跛先生证婚启》一文,文中称"坤命实不犹,及身多故,十更裘葛,两损丝桐。此生分作僵蚕,遑云三起。……有泗滨淑女,淞右良家……兹诹某月某日假上海某大旅社礼堂结婚,惟是合二姓之好,固藉蹇修;证百年之盟,端资耆宿"①。由此知十年之内,他先后有两位夫人去世。

另外,他曾作《祝徐伯匡姻兄五十寿》②一首,诗中有"座中论长应兄事,剡又松萝旧谊联"之句,似乎他与徐伯匡有姻亲关系。此徐伯匡为青浦徐公辅,是当地的名流,曾在高淳为官,辞归乡里后与其弟徐慎候开办诗社。《文艺杂志》主编雷瑨为其好友,尝在该刊中赞赏其人其诗:

  青浦徐伯匡学博,与其弟慎侯孝廉招致名流,互结吟社,时承以新咏寄示,琳琅满目,美不胜收。会当次第,择尤登录,与海内吟坛相印证也。伯匡五旬寿诞时,同人多以诗词祝嘏。③

  青浦徐伯匡广文、慎侯孝廉,皆词坛健者也。埙篪唱和与苏家轼辙、宋氏郊祁相仿佛焉。又时与远近名流互结吟社,拈题分韵,各斗尖叉,所著有《苔岑唱和集》《来复联吟集》等,琳琅满目,美不胜收。④

钱静方既为徐伯匡的同乡,称其为"姻兄",又讲二人有"松萝旧谊",则徐伯匡应该是他亲家的兄长。而且两人又同在希社和虞社,有社友之谊,由此可知钱静方与青浦文人及诗界吟坛都有紧密的交往,他亦是当时上海文坛关系网络中的一员。

钱静方之兄为钱学乾,字仰乔,晚字息竞,1869 年生,亦为虞社社员,曾任青浦县民政长。钱静方虽然年轻时亦参与过公共事务,但不像其兄长一直从政,他更关注于文学文献的纂辑工作。至于其子女的情况,则未知。

---

① 钱学坤:《暮春续娶松江张槎仙女士请汉阳赵半跛先生证婚启》,《虞社》1930 年第 165 期。
② 钱学坤:《祝徐伯匡姻兄五十寿》,《希社丛编》1914 年第 3 期。
③ 雷瑨:《文艺俱乐部》,《文艺杂志》1914 年第 3 期。
④ 雷瑨:《文艺俱乐部》,《文艺杂志》1914 年第 7 期。

4. 率公（汪鸣璋）

汪率公，名鸣璋，字品人，生于1883年，浙江杭县人，祖籍苏州。1898年在杭州府属县试中名列前茅，《申报》上曾刊考试消息云："杭绍共取一百四十五名，前列汪原恂、王鼎、汪鸣璋、章学濂、曹谦、陈其璋、杨学浚、孙金绶、杨珂。"[1] 1910年他又考取贡生，在《优贡朝考等第名单》中列为一等二十二名[2]。不久科举废除，他赋闲在家，以撰文自娱。

民国初立，汪率公即在《申报·自由谈》上发表作品，其所撰主要为游戏文章及笔记《试砚斋随笔》，亦时有短篇小说见诸报端，是早期"自由谈"主要撰稿人之一。在诸位撰稿同人发起成立"自由谈话会"之时，他曾被推举为该会的评议员之一。[3] 1913年5月11日，《申报·自由谈》上刊登率公的小像及小传，传中云："汪鸣璋字品人，年三十一岁，浙江杭县人，寓苏州南采莲巷七号"。同时，还刊登了他作于1912年的《自题小影（壬子旧作）》四首，诗云：

入世于今三十年，一无成就最堪怜。纵教留得形骸在，争奈魂归离恨天。

留真妙术竟如斯，绝胜团沙与绣丝。可惜愁怀难着影，满腔心事有谁知。

苦海沉沦岂夙因，镜中人是可怜人。时艰无补真偷活，负此头颅负此身。

顾影凄其只自怜，斗生哀乐苦忧煎，容颜已觉渐非昔，岂为多情损少年。

他因"一无成就"，所以对于撰述便甚为留意，而在《自由谈》中常以"游戏文章"对时事加以关注和讥刺。他曾撰《戏拟请复科举意见书》，虽是戏谑之作，但"愚以为欲图补救，莫如重复科举，以八股策论取士之为愈也"[4] 之言也隐含着他对自己科举命运的一种哀痛。另外，当

---

[1] 《杭试再志》，《申报》1898年4月9日第2版。
[2] 《优贡朝考等第名单》，《申报》1910年9月5日第26版。
[3] 瘦蝶：《自由谈话会简章》，《申报》1912年8月24日第9版。
[4] 率公：《戏拟请复科举意见书》，《申报》1913年12月25日第13版。

时《申报》有"驻京通信员率公",不知是否就是汪率公。若果真是他,则可能是其在撰文之余的一种谋生途径。

除了在《申报·自由谈》发表作品,因是"自由谈话会"的主要成员,他还曾参与《游戏杂志》的编辑工作,并是该刊主要的撰稿人,同时在"自由谈"同人陈蝶仙、王钝根等编辑的其他刊物《女子世界》《礼拜六》《消闲月刊》等上面也发表过一些作品。基本上,他民初十年间的撰述成绩主要是游戏文章、数篇短篇小说及《试砚斋随笔》。《试砚斋随笔》乃汪率公发表最早内容最多的作品,许瘦蝶曾为其撰《试砚斋随笔序》,在序中说:

> 士君子生当斯世,怀瑾握瑜,以期用世。然不获尺寸之柄展厥嘉猷,于是退而杜门,潜心著述,以发挥思想、警策社会,吾友汪率公先生《试砚斋随笔》之作即此意也。先生为钝翁裔孙,吴门奇士,品端学粹,博古知新,于教育法律尤有心得。居恒尝慨然有澄清天下之志,顾才丰遇啬,所如辄左,又目击政途之黑暗,吏治之窳败,矫矫黄鹄殊不愿与鸡鹜争食,甘自韬晦,藉文字以自娱。生平足迹遍天下,爱就见闻所及,勒之成书。信手白描,自绕生趣。而于满清亲贵之淫佚,亡国之本源,凡可资为借鉴者,尤不惮烦而详载之,盖欲使读者之憬然悟也。夫以先生之品学才识犹不能达其揽辔之志愿,则余子碌碌固无足道矣。虽然,先生宁甘以著述终老哉,其以试砚名斋者,实有深意存焉。①

许瘦蝶称他为"钝翁裔孙",是指汪率公为清初名士汪琬的后人,而《试砚斋随笔》的内容也一如他所言,主要记录清朝"亲贵之淫佚,亡国之本源",虽其中不乏逸闻,但亦可见汪率公想通过此篇予以世人"警戒"的目的。盖他曾在《申报》上发布征集题词的活动:"鄙人所著《试砚斋随笔》一种,倘蒙诸大文豪贶以题词(并求将姓名见示),曷胜感纫,汪率敬求。"②"自由谈"同人对此多有响应。

至于他的小说作品,虽然不多,但"自由谈"上就刊载有《江阴狱》

---

① 瘦蝶:《试砚斋随笔序》,《申报·自由谈》1914年4月19日第14版。
② 《申报》1913年4月12日第10版。

《掘窑藏》《陈卯姑》《女侠》等六篇。另外，他还在《礼拜六》上发表了历史小说《无名之英雄》。这些均为文言短篇，涉及言情、武侠、逸闻等多种题材，而用传统的叙史记闻手法写成，与其所撰笔记近似。故其小说虽不多，但据此亦可对其撰文特色窥之一二。

1915年之后，汪率公的撰述急剧减少。20年代，他曾在苏州教书。郑逸梅在文章中说："汪率公是著作界的老前辈，近在苏州工业学校掌教务。他是很肥硕的，所以人家称他为汪胖。"① 他的弟子姚赓夔曾代其向《申报·自由谈》投稿，在稿件前序中说："汪率公师，蜚声文坛已久，曩王钝根先生辑《游戏杂志》时，刊师滑稽文及诗词至多。今得其制谜数百则，择其尤工者录寄自由谈，勾心斗角，亦雅亦隽。"②姚赓夔即姚苏凤，苏州人，参加过星社，在民国各大报刊上发表过诗文、小说作品，还做过电影编剧和导演，郑逸梅曾记他"娇小玲珑，确有三分女性。他又自署曼云女士，所以吾们星社社友常常要把他调谑"③。

到了30年代，率公年过五旬，闲余之时仍以吟咏为乐。1938年，江苏常熟吟坛同人成立梅社，由季辛庐发起，金病鹤编辑。汪率公亦是梅社中人，《梅社月刊》"年韵唱和诗"中有其《杭县汪品人鸣璋和诗》④一首。

汪率公逝于何时未知，而其原配妻子则早亡。他在《申报·自由谈》上曾发表《哭内》《哭内（续）》诗数首，其中一首云："鹿车鸿案忆从前，十四年来乐比肩。识字娱卿还误我，坠欢如梦更如烟。海枯石烂精魂在，骨化香消血泪鲜。尘世姻缘原若此，鸳鸯同命即神仙。"⑤他后来应有续娶，但具体情况尚未得知。

5. 东埜（东野）

李东埜，早期"自由谈"的重要作家，亦曾参加"自由谈话会"及其相关活动。1913年3月25日，《申报·自由谈》曾刊其小像并小传云：投稿者东埜，"李方溁，字企胡，江苏宝山人，年二十八。江苏高等暨铁路学堂毕业生，现住上海龙华镇味饴花园"。故此知其生于1886年。

---

① 郑逸梅：《著作家小轶事》，《半月》1924年第4卷第1期。
② 姚赓夔：《率公六才谜语》，《申报》1926年8月22日第17版。
③ 郑逸梅：《著作家小轶事》，《半月》1925年第4卷第8期。
④ 《梅社月刊》1938年第11期。
⑤ 率公：《哭内》，《申报》1912年7月26日第9版。

1911年，申报上曾载《路界同人联合会成立》消息一则，消息中称苏浙路各职员成立路界同人联合会，其中被推举为编辑员的有"李企胡"①等人；1913年7月，苏省铁路学校毕业生成立"路校同学会"，李企胡被推举为评议员之一②；又，1918年5月，《申报》上载沪杭甬铁路部门的上海同人举办"苏路开车十周年纪念会"的消息，消息中说此次纪念会"在座者有车务处之缪镛楼、刘升如、李企胡……"③由这些情况可知民国初年李东野一直在铁路部门任职。实际上，李东野还一度当过沪杭铁路龙华站站长④，所以他是在铁路工作的闲余时间进行文学创作的。

李东野1913年初开始向《申报·自由谈》投稿，作品以游戏文章和短篇小说为主。虽然就读的是铁路学堂，但他却是早期"自由谈"撰稿同人中小说创作成绩较好的一位。他所作的游戏文章多为讥刺时事的戏谑文，也有发表在"自由谈话会"栏目中的短评，而小说则共有十篇，其中包括两篇译作、一篇弹词。

他的两篇翻译作品，一为短篇侦探小说《我子之一》（One of My Sons），未题原作者姓名；一为长篇奇情小说《秘密汽车》，共十五章，自1915年5月29日连载至1916年1月6日。这两篇皆译自英文小说，所以可以推知李东野学习过英文。他的弹词作品为《侠女花弹词》，题曰"写情小说"，连载于《申报·自由谈》1914年4月19日至8月19日，共十六回，所写乃男女相恋离合之事，最后有情人终成眷属。谭正璧所编《弹词叙录》予以收录，1915年上海锦章图书馆还曾出版单行本。钱香如在《〈侠女花弹词〉跋》中赞其"以燦花之笔写大侠之文，奇幻迷离令读者不可测度。更喜其言情而不溺于情，实为弹词小说别开生面"⑤。此评虽或过誉，但亦可知李东野并非一般的业余文学爱好者，而是可以进入著述之林的小说家。除了这三篇作品，他的其余诸篇作品也极有可观之处，如《画中人》写陈文姑与同里秦生事，借以讨论"吾国婚制之弊"并讥讽欧风东渐之后以恋爱自由为借口而"荡检踰闲、不修边幅"⑥者；又如《我

---

① 《路界同人联合会成立》，《申报》1911年7月6日第18版。
② 《路校同学会成立》，《申报》1913年7月9日第10版。
③ 《苏路开车十周纪念会纪事》，《申报》1918年5月1日第11版。
④ 《建设模范村之筹备会》，《申报》1919年5月2日第10版。
⑤ 钱香如：《〈侠女花弹词〉跋》，《香如丛刊》1916年第1期。
⑥ 东埜：《画中人》（十三），《申报》1913年7月17日第13版。

之新年》乃是"自由谈"的一次悬赏征文,李东野以原名"李方漾"参赛,小说内容是以第一人称叙事所写的短篇小说,通过新妇"我"之口吻讲述婚前之种种阻隔与遭遇。这篇作品获得了"第一名"(其中天白的作品为第二名,韵清女士的作品为第三名,徐卓呆与陈蝶仙也各有同名作品前后发表,以示参与),由此亦可知李东野不但创作水平较高,同时也获得了"自由谈"撰稿同人的诸多肯定。

其实,在《侠女花弹词》之外李东野还有另一篇弹词小说《孤鸿影弹词》。这篇作品曾连载于《新闻报》的副刊"快活林"(1916年4月3日—1916年10月6日,1917年4月22日—1917年11月9日),共三十六回,内容比《侠女花弹词》更加曲折离奇,1919年上海新民图书馆出版单行本,书前有姚民哀的序,1935年还曾印发第二版,谭正璧的《弹词叙录》中亦有收录。[1] 当时文坛对此篇作品的评价很高,不但有同人赋诗感怀,如徐韵芬女士的《阅〈孤鸿影弹词〉感赋》(《东方月刊》1924年第30期),刘豁公在《〈风流罪人〉弹词序》也评价说:"近人所作视昔进步已多,李东埜之《孤鸿影》,张丹翁之《女拆白》其尤著也。"[2] 而事过多年,1948年许瘦蝶还有《谈〈孤鸿影弹词〉》一文,称其"情节曲折,文词斐亹,音调谐婉,思想新颖,洵一绝妙弹词小说也"[3]。此外,李东埜在《新闻报》《繁华杂志》等刊物都发表过小说作品,特别是"自由谈"各撰稿同人所编的刊物,如《游戏杂志》《女子世界》《礼拜六》等。按,李东野因常在"自由谈"发表作品,又"自由谈话会"组织中的成员,故1913年末诸同人创办《游戏杂志》时,他亦是编辑之一,该刊第2期扉页还印有他的照片。正是他与"自由谈"撰稿同人的这种亲密关系,使其在这些刊物上发表作品时相对便利,如他在《游戏杂志》上就连载过《五千镑》《酒令》两篇作品。而就其所刊的小说作品来看,主要是游戏短篇、写情小说、记事小说等,不过他最擅长的是"写情"小说,如他在《礼拜六》上发表的《商人妇》《情书》《棠影录》《速死之药》诸篇,皆缠绵悱恻,不亚于文坛写情老手之作。所以有评论家曾将其列入"海上小说家"之林,评曰:"又有李东埜、孙剑秋诸人,各有表见。"[4]

---

[1] 谭正璧、谭寻编:《弹词叙录》,上海古籍出版社1981年版,第203—204页。
[2] 刘豁公:《〈风流罪人〉弹词序》《申报》1926年7月26日第17版。
[3] 许瘦蝶:《谈〈孤鸿影弹词〉》,《永安月刊》1948年第109期。
[4] 凤兮:《海上小说家漫评》,《申报》1921年1月23日第14版。

大体来看，李东野的创作主要集中于民初几年，从1913年至1916年，他先是参与"自由谈话会"组织，并加入王钝根及"自由谈"诸撰稿同人发起的"俭德会"，又与诸同人一起编辑《游戏杂志》，但到了1916年年底，他的创作便急剧减少。不过1916年前后他仍有作品在《申报·自由谈》上发表，如长篇游戏文章《税务杂谈》《岁尾年头杭州游记》以及小说《我之新年》等。《税务杂谈》发表于1915年11月，讲"印花税""人头税""所得税"等，评论政府的"敛财之策"。《岁尾年头杭州游记》一篇作于1916年2月，写作者到杭州一行的见闻和经历，内容如其所言："是行也为时不满三日，而经行之路凡七百里有余。所见城阙、人民、山川、道里与我国前途多有关系者，□特删繁择要，濡笔记其始末，以志鸿雪也"①。然而，就在这次杭州之旅之后，李东野的文学创作也似乎走到了终点。

整体而言，李东野的文学创作主要围绕着"自由谈"及相关同人刊物，主要集中在民初五六年间。虽然他的成绩不算太多，但对铁路专业出身的李东野来说，能够获得文坛同人的肯定，能够有两部弹词小说出版单行本，他便称得上民初数以千计撰稿者中的"突围者"。另外，《希社丛编》中曾录有他的《贺陆润瑜世兄合卺（八首录四）》，刊于"蕃釐集"一栏，该刊"专收同社庆贺之作间及社外和作"，而在1914年的社友录中没有李方溁之名，故知李东野并未加入希社，但他亦是一位能诗者，而且和希社同人的交往密切。

李东野逝于何时未知，只知他1937年曾得疟疾，在上海铁路医院住院一月有余，后来病情痊愈。② 1937年之后的情形及其婚配、子女情况均待考证。

6. 颂斌

金颂斌，《申报·自由谈》的早期撰稿人。1913年9月8日，"自由谈"版面曾刊其小像及小传云："金锵字颂斌，又字翼仍，又署掩耳，二十六岁，江苏青浦人，前为《自由谈·海外奇谈》编译者，现任沪杭铁路办事。"③

---

① 东埜：《岁尾年头杭州游记》，《申报》1916年2月29日第14版。
② 李企明：《卧病上海铁路医院杂记》，《京沪沪杭甬铁路日刊》1937年第1864期。
③ 《申报·自由谈》1913年9月8日第10版。

由此可知，颂斌生于1888年。他自1912年初即向《申报·自由谈》投稿，王钝根说他是《自由谈·海外奇谈》的编译者。"海外奇谈"是"自由谈"的早期板块之一，自1912年至1913年间，该板块基本由颂斌负责撰稿，其主要内容为介绍国外的风土、民情、逸事、趣闻，其中有相当一部分是翻译而来的文章，故此又知颂斌熟习外文。因为颂斌直接担任"自由谈"的撰译者，所以他也是"自由谈"早期撰稿人中较核心的一位，不仅参与"自由谈话会"印制小像的活动，同时也是《自由杂志》《游戏杂志》的供稿者和编辑人员，而这两种杂志上不仅发表他的诸多作品，同时均刊有他的照片。

颂斌的作品主要集中于"海外奇谈"栏目，但除了这些编译文章之外，他还创作有数篇小说，如《蔗镜》《不竭之藏》《戆而黠》《尤美》《难兄难弟》《秘密室》等，均为短篇，题材涉滑稽、侦探，并全部以外国人物为角色，以海外故事为内容，与其"海外奇谈"中的笔记文章比较相近。此外，他还有翻译小说《多疑郎》《待明日》两篇，《多疑郎》题"家庭小说"，讨论男女相恋、相妒以及猜疑之事；《待明日》为法国枫丹纳原著，题"教育小说"，乃是警戒世人做事不可拖延、懒惰。盖颂斌的小说作品篇幅均皆短小，然常常寓说理于其中，常常在文末通过议论来与读者商讨"事件"的是非曲直及"问题"的解决对策。

在这几篇小说之外，他还曾与王钝根合作撰译小说《动物之爱》。按该篇的署名为"钝根、翼仍同译"，连载于"自由谈"1911年8月24日至9月17日，中间曾因事偶停数日。其中前三日刊载的内容由王钝根撰译，自8月27日至完结的内容则由翼仍，即颂斌撰译。该篇题曰"丑情小说"，写小白菊与红橘郎、莱哇先生之间的狎昵纠葛，但故事并不完整，情节也刚刚展开，并未译完。然而虽然只是一个残篇，但也是颂斌译作长篇的一次尝试，而且从他与王钝根合作的情况来看，可知二人交往也是比较亲密的。

颂斌除了与王钝根合译《动物之爱》，他们还曾同为不定期刊物《戏考》的撰者。《戏考》本是"自由谈"中的一个板块，自1911年9月就开始刊载戏剧考证类文章，至1912年积攒了大量的稿子，故申报馆自1912年开始不定期出版刊物《戏考》。该刊的撰稿人，其实也是"自由谈"中"戏考""剧评"等栏目的撰稿人，主要有王钝根、吴下健儿、颂斌、德福、志强、王大错等人，其中颂斌所撰、所校的集中在1912年。另外，此处要说明的是吴下健儿、王大错并非一人。盖《戏考》因先后由申报馆、中华图书馆、大东书局等机构出版，所刊出的内容越来越多，撰述者及其署名也都发生了变化。其中申报馆版《戏考》的撰述者署为"吴下健儿"，而中华图书馆版《戏考》的撰述者则多署为"王大错"，但他们并非同一个人。其一，两人的名姓不同，不存在其中一个是"捏造"的可能。《自由杂志》1913年第1期上曾刊有吴下健儿的照片，并注有小传云"顾乾元，字健行，别号吴下健儿，又号玄郎，江苏昆山人。"而王大错，本名王鼎，《礼拜六》1915年第38期上所刊的"本社编辑部同人合影"中有其照片，照片下注曰"大错王鼎"，他亦曾在各种刊物上发表作品。其二，两人的籍贯不同。吴下健儿为昆山人，而王大错则是苏州吴县人。1920年，《申报》上曾载《志谢》消息一条："吴县王大错先生新编《尺牍函海》一种，内分十余类，各体咸备，极合各界人士作函揣摹之用，昨承惠赠一部，特此志谢，并为介绍。"[①] 其三，《自由杂志》和《申报·自由谈》（1913年6月24日）上都刊有"玄郎"的照片，对比《礼拜六》中王大错照片，看两人的长相，显然不是一人。不过，吴下健儿和王大错也都是《申报·自由谈》早期的撰稿人，只是他们以撰写剧评等文章为主，小说作品很少，故这里对其生平事迹不作赘述。

颂斌离开《申报·自由谈》似乎不再进行撰述。王钝根称其在"沪杭铁路"部门工作，但后来他的情况如何则未知，其家庭及子女情况亦待考。

7. 玄甫（尤玄父）

尤玄甫，亦称尤玄父，名翔，原名志庠，字玄甫，又字墨君，生于1888年，苏州吴县人，1915年《小说海》第1卷第7期扉页曾刊有他赠的画稿一幅，注曰"苏州尤玄甫赠稿"。而张耘田、陈巍主编的《苏州民国艺文志》（广陵书社2005年版）中同时录有"尤翔"与"尤墨君"的小传及著述[②]——误将这两个名字视为两人，实际上他们是同一个人。

尤玄甫儿时的经历较为详细，主要见于他的《我的中学生时代》《我的学生时代》两文。他幼年随母亲受教，学习《三字经》《千字文》等开

---

① 《志谢》，《申报》1920年7月17日第14版。
② 张耘田、陈巍主编：《苏州民国艺文志》，广陵书社2005年版，第79—80页。

蒙读物；八岁时跟随塾师学习《论语》《孟子》，学习四声、作诗及八股文；不久，政府议废科举，他入苏州第一民立小学堂读书，并已开始学习英文，时已十五岁。① 1905 年前后尤玄甫考取苏州府中学堂，两年之后又考取苏州府设立的"游学预备科"，有了预备出洋的资格。② 1908 年，他从游学预备科毕业，《申报》上曾报道《游学预备科举行毕业》的消息，在该消息中"尤志庠"名列英文优等生之列。③ 然毕业之后，似乎并未出洋，因此文章中并未见到他出国的信息。

1911 年前后，尤玄甫在家乡。因他好古成癖，常在苏州护龙街搜罗访求，"辛亥之冬……天鉴予颠，竟以贱值得东坡琴砚，喜极欲狂，因颜予楼曰'捧苏'，并拓砚形多页，分赠友朋，以志古懂而结古缘。"④ 同年，他又得一砚，友人曾为其题短铭，铭末有句云"问谁作周旋，吴下一黑子"⑤，故其又有"黑子"之号。后来，郑逸梅在《著作家之斋名》中就曾录有"尤玄甫：捧苏楼"⑥，而《南社诗集》中收录尤玄甫的诗作时则署为"尤翔黑子诗"。

尤玄甫大约是在辛亥革命之后加入的南社，他的社号为 205。《南社社友录》中有其小传曰："尤翔，原名志庠，字墨君，号黑子，江苏吴县人，205。"⑦ 其入社介绍人不知为谁，而且他参与的南社社友活动也不多，柳亚子所编的《南社诗集》中仅录有他的《台州遇雨》《寄凭岩并示三台诗社诸子》两诗，此外他与南社的交集更多的是与某些社员的私人交往，如蒋箸超、王钝根、李叔同等人。

民国初年，他开始向文艺报纸杂志投稿，在诸多流行刊物上发表有诗词、文章及小说，如《小说月报》《民权素》《小说海》《文星杂志》《生

---

① 尤墨君、尤且介、丰隆：《我的学生时代》，《江苏教育》1942 年第 3 卷第 4 期。尤墨君在《我的学生时代》中称其十五岁时入的是"中西蒙学堂"，而在《我的中学生时代》中说是最初在"苏州第一民立小学堂"，因"中西蒙学堂"校址在常熟，故以《我的中学生时代》中所说为准。
② 章克标、尤墨君、丏尊：《我的中学生时代》，《中学生》1931 年第 16 期。
③ 《游学预备科举行毕业》，《申报》1908 年 1 月 28 日第 11 版。
④ 尤翔：《捧苏楼墨屑·东坡砚题咏》，《双星杂志》1915 年第 3 期。
⑤ 尤翔：《捧苏楼墨屑·石子砚》，《双星杂志》1915 年第 3 期。
⑥ 郑逸梅：《著作家之斋名》，《红杂志》1922 年第 11 期。
⑦ 柳亚子：《南社纪略·南社社友姓氏录》，柳无忌编《柳亚子文集》，上海人民出版社 1983 年版，第 182 页。

活》等杂志上均有他的作品。这些杂志多为南社社友所主编创办，这也说明尤玄甫早期的文学活动与南社文人圈有着不可分割的联系。不过虽然他的创作包含各类体裁，但以小说的成绩最为突出，如《双星杂志》中的《一曲为卿歌》，《妇女杂志》中的翻译小说《女权国》，《小说海》中的《拾箱奇遇》《酒狂搏虎》《暴死奇案》《七贤党》《趾环印》诸篇，《小说月报》中的《百龄女郎》《盗约记》及"小说俱乐部"栏目征文活动等，涵盖言情、侦探等多种题材，皆是他民初数年间的成绩。

尤玄甫向《申报·自由谈》及《新申报》副刊投稿主要在1919年，此外1912年4月27日发表在《申报·自由谈》上署名为"黑子"的《苦儿院》也可能是其作品。目前所见，他以"玄甫"之名发表在两报上的小说有《飞矢韶华》和《战争之赐》两篇，皆是翻译法国毛柏霜（今译莫泊桑）的作品。其中《飞矢韶华》刊于《新申报·自由新语》1919年1月1日至8日，是短篇言情小说，内容主要感慨时间对人事的摧残；《战争之赐》发表在《申报·自由谈》1919年9月1日至7日，内容写普鲁士士兵的残酷。两篇均用文言体翻译，颇能保留莫泊桑简洁凝练的语言特点。由前文所述，我们可知尤玄甫的英文是极佳的，但他的英文译作却很少见，而且整体上他的外文翻译作品也不多，这在当时的翻译小说家中是很可惜的。

在这两篇译作之外，1919年尤玄甫还与张冥飞、蒋箸超等人合撰了《古今小说评林》，由民权出版社出版；1920年他的长篇小说《碧玉串》被收入《说部丛书》第3集，由上海商务印书馆出版。这两种作品可算是他民初十年间的一大成绩，也可以说是他小说创作的最后成绩。当时大约他没有在上海居住，所以虽然其小说成绩颇佳，但一直没有挤进更核心的小说作家群体中。而此后，他很少再有文学撰述，这些也成为他未被列入民国小说名家行列的原因。

除了小说，尤玄甫还有发表在《妇女杂志》上的译作《学艺门：蚊虫与疟疾》，发表在《双星杂志》上的《捧苏楼墨屑》等文章，大体说来不如小说作品丰富，但亦可见作者在古物玩好、史地人文等方面的涉猎与研究情况。

20年代之后，尤玄甫尚在《大夏周报》《浙江省立第八中学校师范部季刊》等刊物上发表过诗文作品，但已逐渐淡出文坛。特别是到了30年代，他不再倾心撰述，而是辗转各地教书，先是在衢州、台州等地做中学教员，后来又在浙江省立高中和杭州师范学校做过国文教师。1930 年《申报》上曾载佩玖所撰的《春宴拾隽》一文，文中言："迪刚倩尤子玄父题诗，以志鸿爪。玄父即席成一绝云：'怪石嶙峋势欲飞，修篁掩映相依依。自知难合时人眼，且买青山种蕨肥'。玄父曩曾为稗官家言，蜚声说界中有年'。今读其诗，似有满肚皮不合时宜之概。酒将阑，玄父出程少川氏《红树青山好放船图》见示，用笔规抚唐子畏，闻系饯玄父浙台家子之行者。"① 由此知尤玄甫乃于 1930 年奔赴浙江台州。

他在衢州、台州停留的时间不长，1931 年他已在上海浦东中学任国文教席，而"翌年秋，编者改应浙江杭州省立杭州师范学校聘"②，此后主要在杭州师范学校教书。1934 年曾有人撰文称："他年纪已很大了，脑袋也颇冬烘。他现在杭州师范教书，是很被学生不欢迎的一个。"③ 不过，不管他是否受到学生的欢迎，在其教书期间，尤玄甫一直是笔耕不辍的。如 1932 年秋，他开始辑录《国学述要》一书，1933 年春该书完成出版，他在《国学述要编辑大意》中说"本书可供初中三年级及高中二年级教授之用"，故知此书乃是他教书之余随手所编的讲义。他还常在各类刊物上发表教学、国文学习、英文翻译等方面的理论研究文章，如 30 年代，他在《中学生》杂志上发表探讨国文学习的《论用字》《论造句》《写作公约》；40 年代，他在《新学生》及《江苏教育》杂志上发表的《英文举例》《我们的导师：字典》等。同时，这一时期他也向《申报》投稿，发表过《关于青年底就业问题》《漫谈挽联》《也谈润笔》之类涉及社会问题及学术问题的小文章。当时有人写文章说：

> 去年和今年二度为浙省中等学校会考国文批阅委员，他不但于国学很有根底，就是英文也不差，平素治学甚勤，喜写作，他除前数年在《中学生》杂志上登载的《国文讲话》和最近在《自由谈》上发表为吴稚晖爱读的一篇《从中学生写作谈到大众语》是用真姓名外，其他用笔名在《春秋》发表。④

---

① 佩玖：《春宴拾隽》，《申报》1930 年 2 月 11 日第 17 版。
② 尤墨君辑：《国学述要编辑大意》，《国学述要》，杭州新新文经印刷公司 1933 年版，第 2 页。
③ 阿发：《文坛画虎录：记四作家》，《十日谈》1934 年第 34 期。
④ 蓉：《文坛画虎录：再记尤墨君》，《十日谈》1934 年第 38 期。

由此，便知他在三四十代主要专注于教育，特别是语言教学，甚至对于"大众语"的推广也有参与，如1934年鲁迅在《中华日报·动向》上发表的《奇怪》一文中就说"尤墨君先生以教师的资格参加着讨论大众语，那意见是极该看重的"①。

除了讨论教学与语言学习之外，三四十年代尤玄甫还曾编纂《新苏州导游》一书。该书完成于1938年冬，1939年由苏州文怡书局出版，书前有其序言，署"民国二十七年冬月尤玄父识于白塔寓所"，则此时尤玄甫或已回到苏州居住。总之，从20年代之后，尤玄甫就剥去了文学创作者的身份，而是专注于教书。特别是，在前一阶段的撰述时期他常以"玄甫"或"玄父"署名，而教书期间则以"尤墨君"示人，这或许也是他对于自己"身份"转变的一种特定标识。

尤玄甫的好友，20年代之前主要是蒋箸超、王蕴章等南社中的编辑作家，而后一阶段则有浙江马公愚、李叔同等人。1929年，《大夏周报》第65期上曾载有他与马公愚的赠和诗，如《答马公愚用原均集阮石巢句》《再答马公愚集阮石巢龚定盦句》等。至于他与李叔同的交往，尤玄甫在《追忆弘一法师》一文中曾有较详细的介绍。他们原来均为南社中人，故神交已久，后来"在一九二〇年初次相见于浙江衢州祥符寺，一九二七年再度相逢于杭州云居山常寂光庵"②。1921年，尤玄甫曾搜集李叔同的旧作，集成《霜影录》；而且他还曾向李叔同募资，李叔同在1931年5月写给质平居士的信中说"尤居士在台州，不易集资，且彼家境不丰，难以资助"③。而由此也可知，在二三十年代尤玄甫的生活并不丰裕，所以他才四处任职教书。后来又战事频仍，想来他的生活更加拮据。

据《民国苏州艺文志》载，尤玄甫逝世于1971年，不知他晚年是否受到国内政治运动的波及。不过1963年，他曾与叶圣陶通信，商讨《景物词类辑》一书的出版事宜，《叶圣陶集》中录有叶圣陶给他的回信④，

---

① 白道（鲁迅）：《奇怪》（二），《鲁迅全集·编年版》第8卷，人民文学出版社2014年版，第197页。
② 尤墨君：《追忆弘一法师》，《弘一大师全集》编辑委员会编《弘一法师全集》，福建人民出版社1993年版，第125页。
③ 管继平编：《李叔同致刘质平书信集》，东方出版社2014年版，第133页。
④ 叶圣陶：《致尤墨君》，叶至善等编《叶圣陶集》第24卷，江苏教育出版社1994年版，第307页。

故至耄耋之年，他依然专注于艺文之事。

尤玄甫有弟名植仁，1948 年他在《卖书》一文中说，"最近舍弟值仁亦动卖书之想"①，然尤植仁的生平事迹已难查考。尤玄甫有子名尤敦谊，曾在杭州师范读书，民国间有人撰文称："尤先生很爱他的大儿子尤敦谊……在二十二年度下学期杭州师范高师科二年级国文讲义附录里，他曾编入尤敦谊《我投考中大之经过》一文，发表于四十六号《中学生》。"②尤敦谊还曾撰《庄子天下篇所述惠施学说十事解》一篇，发表于 1936 年的《国风半月刊》，此外关于他的相关史料则未见。

第三节　两报女性小说家

《申报》及《新申报》副刊虽然皆创于民初，但女性撰稿人却已不少。其中不仅有诗文、小说俱能的陈小翠，也有享誉海内吟坛、曾为《新申报·自由新语》撰写题头的吕碧城，不过因吕碧城少有小说作品，这里不作考述。《申报》《新申报》副刊上刊载的女性作品以诗词居多，像《新申报·自由新语》还曾一度专门刊载女性的诗词，而刊载的女作家小说作品也有一些，不过数量尚无法与男作家抗衡。但即便女性小说作品不多，所刊出的部分已能够说明民初以小说成家的不仅是男性，女性作家也在小说地位上升、小说市场繁荣的情势下试图描摹时代、表现才情，甚至期望成为小说家。在向《申报》《新申报》副刊投稿的女性小说家中，作品较多、名气较大的是姜映清和吕韵清，另外亦有秀英女士、佩兰女士等小说创作者通过作品表达了自己对社会人生的理解与思考，表现了自己的创作欲望与才华。

一　映清女士

姜映清，民国时期著名的弹词小说家，谭正璧所撰《中国女性文学

---

① 尤墨君：《卖书》，《申报》1948 年 11 月 29 日第 6 版。
② 蓉：《文坛画虎录：再记尤墨君》，《十日谈》1934 年第 38 期。

史》的最后一节即为《映清和〈玉镜台〉》，其《弹词叙录》中收有姜映清的《风流罪人》及《玉镜台》两种，但文中对姜映清的生平叙述均有诸多遗漏。姜映清生平主要见于王钝根所撰的《本旬刊作者诸大名家小史·映清女士》(《社会之花》1924年第4期)、《〈风流罪人〉序》(《风流罪人》，上海大陆图书公司1926年版) 及其作于1935年的《陈姜映清女士开篇集序》(上海家庭出版社1936年版) 等。

  映清女士，原名姜琏，字映清，"别号象乾，东鲁人，适陈佐彤"，《申报·自由谈》1913年6月30日曾刊其小影及小传，然后来王钝根在其小传又称她为"上海人"①，大约其祖籍东鲁，但一直在上海居住生活。她生于1886年8月，其夫陈佐彤在为她的《映清女士弹词开篇》所题诗作的诗前小序中曾说："丙寅八月，为室人映清四秩初度，俗例有称觞之举。"②丙寅为1926年，姜映清40周岁，由此知其生于清末。但虽然她生长于旧时代，却是一位擅长撰述的新女性。1911年世界女子协会成立，"会场书记为陈姜映清女士"③，当时她才20余岁。后来该协会发布联名章程，欢迎新会员加入，其中上海通信处为"西城小学堂隔壁陈宅姜映清女士"④。由此可见，她是一位具有"新知"且有社会活动能力的女性。

  她向《申报》投稿始于1911年初，当时"自由谈"栏目还未创立，但她已有少量诗文在《申报》发表。1913年之后，她向"自由谈"投稿渐多，诗词如《佐彤外史乱后返家，集唐三章，夜凉多暇亦检唐人诗撦拾率赓二绝》《秋夜即事·调寄点绛唇》《闺怨》《偶成》《感言》诸作，文章如《戏拟庸医开联合会抵制病家启》等都是《申报》上少见的女性作品。1914年，她还曾在《申报》上发表与其夫陈佐彤的联句诗，由此亦可见其夫妻乃是一对赌书泼茶的佳偶。王钝根在她的小传中称：

    女士幼承家学，博通文艺，所做诗清真雅正，卓然大家闺秀风度。⑤

---

① 王钝根：《本旬刊作者诸大名家小史·映清女士》，《社会之花》1924年第4期。
② 陈佐彤：《〈映清女士弹词开篇〉诗序》(扉页)，《映清女士弹词开篇》，家庭出版社1936年版。
③ 《世界女子协会成立》，《申报》1911年2月12日第19版。
④ 《世界女子协会联名章程》，《申报》1911年3月3日第19版。
⑤ 王钝根：《本旬刊作者诸大名家小史·映清女士》，《社会之花》1924年第4期。

第三章 清末民初《申报》《新申报》小说家考述

从她的诸篇诗作来看，王钝根的评论并非过誉，而她的作品也偶尔流露出对于"女权"和"时代"的思考。如其1913年9月22日发表在"自由谈"中的《本城顾某弃妻重娶，绝少顾忌，清与张氏谊属世交，目击此种野蛮之事，发现于自号文明之显者家，窃为张女士深抱不平而尤为共和前途三叹息焉，爰成七律章以慰女士》一篇，其诗曰："文明公道两何存，薄幸如斯海内惊。尤物自然甘作□，□妻无奈意忘卿。姻缘未断情先断，声势虽赢理岂赢。耻逐寒蝉非亦是，为他人作不平鸣。"① 作为一位女性，她这种公开替别人抱不平的做法在当时社会所受到的"侧目"是可想而知的。

映清女士的作品没有收到《自由杂志》之中，她也没有和"自由谈"诸同人一起参与《游戏杂志》的编纂与创办。但是，她的丈夫陈佐彤却是《游戏杂志》的撰稿人，这在某种程度上也能反映姜映清对于"自由谈"同人活动有一定的参与度。毕竟，她的小像其小传曾在《申报·自由谈》上刊载，即使"自由谈话会"的讨论她很少参与，但是她与诸撰稿同人的接触，特别是与主编王钝根的交往还是非常紧密的。王钝根曾说：

> 岁辛亥，予为《申报》创《自由谈》，女士即以诗稿见报，间亦为小说。予深致叹赏，亟为刊布，读者无不称美。无何，女士偕陈君过访，倾谈之下，相见恨晚。自是往来渐频，遂成通家之好。②
>
> 逊清之季，即以诗词小说投余所主《申报·自由谈》，读者颇称誉之。迨余去《申报》，女士夫妇亦辍笔不作杂文。民国六年，余佐同乡席子佩先生创《新申报》，女士始复投稿。③

由此可知她跟丈夫陈佐彤与王钝根关系之亲密。不过，她在《申报·自由谈》上发表的小说却未能查到，大部分都是诗词。而且1915年之后，姜映清的确不再向"自由谈"投稿，而是自1917年改在《新申报》副刊上发表作品。

---

① 姜映清：《文字因缘》，《申报》1913年9月22日第13版。
② 王钝根：《〈风流罪人〉序》，《风流罪人》上海大陆图书公司1926年排印本，卷首。
③ 王钝根：《本旬刊作者诸大名家小史·映清女士》，《社会之花》1924年第4期。

· 199 ·

《申报》《新申报》小说家述考（1907—1919）

1917年初，姜映清在《新申报·自由新语》上发表《赠青浦诸同学卒业》《课余游青浦垦植公司观桃花偶占》等诗，后一首还有姚东木、项涵公、吕野鹤及其丈夫陈佐彤等人的和诗。当时她在青浦县教书，王钝根在1924年曾撰文说她"曾任吾乡青浦县立女子小学校长，现为上海民立女中学学监兼教员"[1]。由此可以猜测她当时应该住在青浦县，而这也可能是她与王钝根相熟的原因，因为王钝根就是青浦人。同时，我们也可知道她从事的是教育行业，撰述只是她闲暇时的爱好，王钝根说这是因为陈佐彤的收入有限，所以"女士遂亦投身教育界，以舌耕所得佐菽水"[2]。而她能够在新式学堂中任职校长，也是其颇具社会活动能力和时代新思想的表现。

不过，映清女士在《新申报》上的投稿主要是诗词作品。大约是平日课业太忙的缘故，加上1919年王钝根再次从《新申报》离职，虽然她还在诸如《中华妇女界》等其他刊物上发表过作品，但在1915年至1919年间她的创作主要以诗词为主，而且刊出的也并不多。

到了20世纪20年代，映清女士的创作进入了旺盛期，不但有诗词作品，同时还创作了不少小说，如1923年至1924年在《商报·商余》上刊出的《玉镜台弹词》，1924年发表在《社会之花》上的《风流罪人》弹词、发表在《说部精英·甲子花》上的《可怜》，1925年在《申报》上发表的短篇小说《吾害了他》，1926年发表在《小说季刊·春之花》上的《春衣》、发表在《小说季刊·夏之花》上的《烈妇魂》以及《红玫瑰》上的《薄命花》等，都是这一时期重要的小说作品。其中两篇弹词小说为长篇旧制，而其余皆为短篇，短篇之中又以白话体者居多，不过成就其大名的主要是《玉镜台弹词》与《风流罪人》。

《玉镜台弹词》最早连载于《商报》副刊"商余"，题为"旧体小说"。1923年1月3日，《商报·商余》上曾刊王钝根为《玉镜台弹词》所撰识语，他说：

> 十年前余为申报创编《自由谈》时，映清女士即以诗词小说见投，读者争致酬和。今女士执教鞭于民立中学，课余多暇，乃撰《玉

---

[1] 王钝根：《本旬刊作者诸大名家小史·映清女士》，《社会之花》1924年第4期。
[2] 同上。

镜台弹词》。造事构辞,深合旧体,盖已得此中三昧者也。亟为分日录登,以饷同好,钝根识。①

《玉镜台弹词》自1923年1月3日开始在《商报》副刊《商余》上连载,当时《商报·商余》的编辑正是王钝根。他们自《申报·自由谈》时期就相识,20年代王钝根再次主编报纸副刊,故姜映清又以新稿见投。此篇弹词的内容是以杨彩霞为主人公,写男女婚恋离合之事,同时张扬女性的才华与能力。故谭正璧依据前数回内容猜其"下半部的情节几和《再生缘》全然相同"②。不过,虽其内容有模仿、重复古代弹词名作的嫌疑,但整体上的创制和词句笔意还是很值得肯定的。姚文枬就曾在序中称赞曰:"其体仿兰陵令《成相篇》,而语葩谊正,颇不失风骚遗旨。卷首两叶,大有龙门自叙笔意,尤见文章有神,不必免似也。至清词丽句,络绎毫端,秀韵天成,别饶风致,犹其余事已。"③

而谭正璧之所以要猜测下半部的内容,是因为《玉镜台弹词》并非完篇。这篇弹词小说在《商报·商余》上连载至1923年9月17日即止(非每日刊载,中间偶有停顿),共刊出15回,此后没有再续。姚文枬的序言亦刊于1923年1月3日的《商报·商余》,他在序言中称:"映清女士尝母事先慈,间有唱酬,近以所撰《玉镜台弹词》两册见示,都凡六卷。屏读一过,似为未竟之稿。"④则映清女士当时交给诸亲友及《商报》的稿子应该就是"未竟之稿"。王钝根在其小传中曾言"及去年,余为《商报》辑《商余》,女士刻意作长篇弹词,惜未终篇而余辞职。余虽荐之于继任者陈小菊先生,然女士以《商报》节费减酬,废然而止"⑤,则刊出时映清女士也并没有将其续补完成。

1924年11月,该弹词曾由有威书室出版单行本,为一卷五回。谭正璧称:"《玉镜台》的印本,仅一卷五回,为有威书室所刊行,全书未完。"依该书书前姚文枬的序言,谭正璧又说:"弹词往往以一卷为一回,所以我起初以为六卷即六回。但现行本为一卷五回,如已成六回,决不会

---

① 王钝根:《〈玉镜台弹词〉识》,《商报·商余》1923年1月3日第4张第4版。
② 谭正璧:《中国女性文学史》,百花文艺出版社2001年版,第429页。
③ 姚文枬:《姚子让先生序》,《商报·商余》1923年1月3日第4张第4版。
④ 同上。
⑤ 王钝根:《本旬刊作者诸大名家小史·映清女士》,《社会之花》1924年第4期。

无端少刊一回的，所以继乃测定原书当已写成六卷三十回，惟仍没有结束。"①然而，姚文枬作序时此作尚未刊行单行本，他看的只是手稿，故而他所说的六卷不太可能是谭正璧所说的六卷三十回。而谭正璧先生是因为没有见到《商报·商余》上的连载内容，故有此推测。所以依据《商报》所刊内容及姚序来看，当时姚文枬所见到的可能只是前六回的内容。另外，1924年10月《申报》上曾刊有《玉镜台弹词》的出版消息，消息中称：

> 姜映清女士善著弹词小说，曾著有《玉镜台弹词》刊登《商报·商余》，清词丽句，络绎毫端，识者莫不赞赏，后因事中止。今已由夏君仲威及海上漱石生孙玉声君担任印行，业已付梓。女士复将内中词句加以修饰，益臻完美。有王禹铭君之题词，姚子让及孙玉声两君之序文，封面用三色版为天台山农君题眉，颇艳丽云。②

故可以确定的是此刊本内容并未超出《商报·商余》所刊载的范围，而且《申报》消息中所说的"孙玉声序"在刊本中也是没有的。

《玉镜台弹词》出版的同一年，映清女士的另一篇弹词小说《风流罪人》也开始在《社会之花》杂志上连载，而《社会之花》又是王钝根主编的刊物。

《风流罪人》弹词以贾昙花为主人公，写上海的世风及青年男女在魔都虚荣场中的婚恋问题。《社会之花》上共刊出32回，但并非完篇，编辑者在当日刊出的《时事弹词：风流罪人》之后曾加有注释说："本期以稿未齐，不克登完，但不久稿竣，敝社拟即另出单行本，仍托大陆图书公司代售。"③果然，1926年上海大陆图书公司出版了《风流罪人》弹词排印本，全篇仍是32回，题"时事弹词"，封面标题为王钝根所书，正文前有王钝根与刘豁公的序言。同时，1926年的《申报》上也曾发布出版广告，而刘豁公的《〈风流罪人〉弹词序》亦曾刊于《申报·自由谈》，他在序言中说：

---

① 谭正璧：《中国女性文学史》，百花文艺出版社2001年版，第428页。
② 出版界消息：《玉镜台弹词》，《申报》1924年10月4日第15版。
③ 编辑：《编者启事》（标题为笔者所加，原文附于《风流罪人》第三十二回之后），《社会之花》1925年第18期。

> 余与映清女士无一面缘，顾其文则尝读之。觉文笔奔放，有天马行空之慨。本书为女士最近得意之作，余窥豹一斑，见其写家庭琐屑、儿女私情与夫社会之怪状，几如水银泄地，无孔不入，足令人百读不厌。虽遣辞间有浅俚处，然香山之诗期于老妪都解，文固有以写实见长者，浅俚不足为病也。大陆同人属为序，辞不获已，因书此以塞责焉。①

他还将该作与李东野的《孤鸿影弹词》、张丹斧的《女拆白弹词》相提并论，可见对其评价之高。

可以说，正是《玉镜台弹词》《风流罪人》两篇作品铸就了映清女士在民国小说界的地位并使其成为弹词名家。而她在民初二十年间的创作，也基本上是以王钝根编辑的刊物为平台，故而也可以说正是因为她与王钝根的相识与交往，才促成了其弹词作品的发表以及她的弹词小说家地位。《申报·自由谈》是她发表作品的起点，她最后靠着自己的作品从众多的小说撰稿者中脱颖而出，王钝根可称之为其文学创作上的伯乐，而她亦是王钝根编辑生涯中的好友知己。正如王钝根在《〈风流罪人〉序》中所言："予历任《申报》《新申报》《商报》及《礼拜六》《社会之花》诸杂志编辑，女士无不以诗词小说相助。及予辍笔就商，女士亦遂不复著作。"②故在《风流罪人》弹词之后，映清女士很少再在报刊上发表作品，但也并非"不复著作"、完全辍笔。盖至1936年，她又有新著《映清女士弹词开篇》由家庭出版社出版，故知其闲暇之时仍是不忘撰述的。

《映清女士弹词开篇》是姜映清闲余之时所作的弹词前奏之唱词韵文，共一百篇。书前有王钝根、陈范我、陈达哉等人的序言，严独鹤、周瘦鹃、潘公展等人的题词。其中，王钝根的序作于1935年，序中说姜映清女士"每于绣余之暇，挥其锦心绣口之笔，发为移风易俗之辞，谱之弦索"③。其实早在1929年，姜映清就曾在《申报》上发表过《牛女新开篇》《新秋景开篇》《辟谣新开篇》，这些作品虽然没有收录到《映清女士弹词开篇》中，但由此可知映清女士的"弹词开篇"是早已开始的写作实

---

① 刘豁公：《〈风流罪人〉弹词序》，《申报》1926年7月26日第17版。
② 王钝根：《〈风流罪人〉序》，《风流罪人》（卷首），上海大陆图书公司1926年排印本。
③ 王钝根：《陈姜映清女士开篇集序》，《映清女士弹词开篇》（扉页），上海家庭出版社1936年版。

践。另外，同一年陈范我的《蓬莱烈妇弹词集》撰成出版，前有映清女士的序言，她说"范我有同嗜焉，造庐问讯，彼此方知非泛泛"①，可见她"嗜好"弹词，私下与同好也时有切磋，故其弹词作品的创作才会持续不衰。而所谓"弹词开篇"，陈达哉在该作序言中曾解释说：

> 弹词之前奏曰开篇，不拘一格之通俗文也，尤为听者所嗜。旧例每即一则，今则播音台中常著特例，有前后各唱一则者，甚且有纯唱开篇者。甚矣，开篇魔力之伟大也！顾音不高尚，文不雅驯，则影响于风俗者弥深。②

故弹词开篇为一篇主体内容的前奏唱词，而映清女士正是既擅吟咏又精通弹词者，故而"弹词开篇"也是她的专长。特别是，当时"弹词开篇"又极为流行，其子陈云在《〈映清女士弹词开篇〉序》中说她："自沪市无线电风行，听弹词说部，不禁见猎心喜，常作开篇以自遣，集之成帙，其中正多亦庄亦谐可歌可泣之作，谱之成调，别饶风味。"因此，映清女士撰写弹词开篇与"收听"弹词开篇的流行密切相关，即亦与无线电广播的技术进步相关，而此时映清女士已年至五旬。

1936年前后，她大约已从学校离职，陈达哉称她是在"含饴弄孙之暇"写作，但即或"产量"不如从前，她仍能笔耕不辍。1941年，《申报》上曾登消息云："姜映清女士善吟咏，工弹词，曩曾手撰《杨贵妃》唱篇，交由沈、薛开唱，抑扬顿挫，富丽堂皇，闻者重之。今复编著《玉梨魂》全部弹词，请薛筱卿择日播送。"③沈、薛开唱的《杨贵妃》弹词说部，除此条消息外，未见其他关于姜映清为其作者的记载。沈是沈俭安，薛是薛筱卿，均为民国上海的弹词唱家。1936年《申报》上曾登二人因《杨贵妃》弹词诉讼吴简卿一事，消息中称"自诉人等在沪说唱弹词有年，去春撷拾唐天宝历史编著弹词说部，题名《杨贵妃》，一部分编成后，即

---

① 姜映清：《陈姜映清女士序》，陈范我《蓬莱烈妇弹词集》，上海元昌广告公司出版1938年版，第1页。
② 陈达哉：《〈映清女士弹词开篇〉序》，《映清女士弹词开篇》（扉页），上海家庭出版社1936年版。
③ 《简讯》，《申报》1941年9月9日第14版。

欲于十月一日起每晚在国华电台播唱"①。其中并没有映清女士撰写《杨贵妃》弹词的说法，不过《申报》上有《书坛缀语》一文称："（映清女士）惟所编《长生殿》，自与吴简卿涉讼后，久不闻其播音，大约别有原因乎？"② 则基本可以断定《杨贵妃》弹词（或曰《长生殿》弹词）确为映清女士所撰。特别是沈、薛二人与映清女士确为相识交好，他们的照片曾附在《映清女士弹词开篇》的扉页中，而且他们诉讼的代理律师是映清女士之子陈云，故此篇弹词亦为映清女士的晚年作品，只是现在难以见到原作，不知其具体的内容词句究竟如何。至于《玉梨魂》弹词，具体内容亦未见，不过该作弹唱的情况曾出现在1941年《上海各广播电台播音节目表》中。据节目表所列，该作的弹唱者为薛筱卿和庞学卿，播出电台为中华XHHK，周率940，电话931169，播出时间为子夜零点③，故此映清女士确实曾撰《玉梨魂》弹词，而且曾一度在广播电台传唱。

　　1941年之后，未知映清女士是否还有新作，至少目前所见到的资料中未能查到她1941年之后的创作情况。映清女士的家境不好，民初她靠着在学校任职补贴家用，1929年《申报》上曾有"陈姜映清与姜寿根因请求返还财产涉讼上诉一案"④，1932年《申报》上又有"陈姜映清与萧有金欠租案，声请销案，由状悉应准销案，此批"⑤ 的消息，虽具体情况未明，但从"欠租"一事来看，姜映清的生活应该一直都比较困窘。到了三四十年代，由于战事频仍，其处境亦可想而知了。在《〈映清女士弹词开篇〉序》中，其子称她"迩以精力渐衰，潜心佛学"⑥，故可知当时映清女士在家居笔耕之外，还潜心敬佛以慰藉自己的晚年生活。

　　映清女士逝于何时未知。她为家中的长女，自小没有兄弟姐妹。她在《玉镜台弹词》的开篇自序中曾云：

　　　　椿庭早谢户萧条，弟妹终鲜子职祧。碌碌无奇权奉母，痴生愧乏

---

① 《弹词家涉讼》，《申报》1936年1月17日第12版。
② 燕子：《书坛缀语》，《申报》1938年11月6日第14版。
③ 《上海各广播电台播音节目表》，《广播无线电》1941年第18期。
④ 《公布栏：上海租界上诉院》，《申报》1929年6月30日第16版。
⑤ 《公布栏：上海第一特区地方法院》，《申报》1932年5月17日第14版。
⑥ 陈云：《〈映清女士弹词开篇〉序》，《映清女士弹词开篇》（扉页），上海家庭出版社1936年版。

报劬劳。……长男周岁玉楼招,凄凉触目愁眉锁,累我高堂首独搔。幸获次儿差茁壮,哇哇膝下慰无聊。感苍天,来年更把明珠赐。果然是,特地聪明异样娇。得失穷通天数定,庸医耽误又倾抛。昙花变幻情难舍,半为心伤半积劳。……去岁竟遭萱萎绝,背人常自掩鲛绡。风萧瑟,雨飘摇,罔极深恩付去潮,设帐课徒非得已,篝灯教子勉冲霄。幸喜那,慈姑强饭儿夫健,也算莲门幸福叨。

由此开篇词亦知,她除了自小孤单无援之外,婚后又有长子周岁夭折、娇女夭亡之痛。其夫陈佐彤1913年曾撰《悼亡女山圭作》① 两首,诗云:

  自怜生女亦开眉,额手呱呱坠地时。磨蝎连绵禁肉食,罡风残酷萎兰枝。不谈病势防伊忌(谚云天花宜说吉语),惨听弥留唤父迟。旦夕暂离犹悒审,那堪相见永无期。
  难将禄命问穹苍,棺盖何来续命汤。阿母空教方寸断,庸医误尽药偏凉(痘已齐布,殷受田仍与凉剂下,加温补以致无力上浆,卒遭惨变)。迎门欢跃千般好,学语咿哑一载忙。检点遗衣玩物在,能禁触目不心伤。

由此可知,她的女儿是因为出天花,遇庸医不治而亡的。不过,好在她后来又育有次子,此子能够茁壮成长、伴其终老。

她有子名陈云,为律师,曾为其母《映清女士弹词开篇》作序,署名"颍川云溪",云溪或为其小字。1935年陈达哉在《姜映清开篇集序》中曾云"我友陈云律师之母夫人姜映清女士,夙擅文章,含饴弄孙之暇,恒以无线电播音机为遣。以开篇文义之未能尽善也,则戏挥翰为之"②。1938年,有署名"燕子"者撰《书坛缀语》一篇,文中亦云:"筱卿之琵琶,熟极而流,几无抗手,唱马调如'重迭金''凤皇三点头'调门,颇觉娓娓动听。所唱新开篇,皆出陈姜映清所撰(即陈云之

---

① 佐彤:《悼亡女山圭作》,《申报》1913年3月3日第10版。
② 陈达哉:《〈映清女士弹词开篇〉序》,《映清女士弹词开篇》(扉页),上海家庭出版社1936年版。

母），声调谐而不俗，求之现代女界中，固难能而可贵者。"①则陈云为映清女士之子无疑。

但陈云是否即其次子则难以确定，因映清女士似另有子名"姜熙"者。1924年映清女士曾患臂病，她在《病臂记》中讲自己当时听说某处有位神医，正在迟疑之中，"乃外子好奇心切，熙儿复跃跃欲试"②，她的丈夫和儿子熙儿都劝她去这位神医处看病。1936年，陈佐彤曾为她的弹词开篇题诗，在诗序中曾说："小儿姜熙自幼善病，室人留意饮室、篝灯教读无微不至，故毕业民立，文字斐然。微母氏督率有方，岂易臻此？"③则知此子姜熙毕业于上海民立中学，固不可能是周岁夭折的长子。因此，映清女士或有三子，长子夭折，另有陈云、陈姜熙二子；或者陈云与姜熙为一人，姜熙为陈云的小名或字号。另外，1939年《申报》上曾刊有一则捕查案犯的消息，消息中提到陈佐彤被匪徒恐吓敲诈50元，并注曰："查系前伪地方法院院长陈云律师已被人枪杀者之父。"④但1939年被人枪杀的上海南市伪地方法院院长为屠振鹄，另一被枪杀职员为警局书记高鸿藻，并非陈云，故陈云被杀之消息可能存在舛误。但陈云律师之生平如何，因无其他资料可查，暂时只能付之阙如。

附：陈佐彤

陈佐彤为姜映清的丈夫，亦是《申报·自由谈》的早期撰稿人，《新申报》副刊的重要撰稿人。1913年6月29日《申报·自由谈》及1913年第1期的《自由杂志》上均有其照片及小传云："陈德桓，字佐彤，别号铭彝，一字恂恂，又字亚东恨物"，上海人，其妻映清女士能够在刊物上发表作品多少是受了他的影响和支持。

陈佐彤生于书香门第，其母名王范贻，1936年曾为儿媳姜映清的《映清女士弹词开篇》题诗，诗后注曰："时年八十有五。"⑤故知陈佐彤的母

---

① 燕子：《书坛缀语》，《申报》1938年11月6日第14版。
② 映清女士：《病臂记》，《社会之花》第17期，第2页。
③ 陈佐彤：《〈映清女士弹词开篇〉诗序》，《映清女士弹词开篇》（扉页），家庭出版社1936年版。
④ 《匪徒高永康专以吓诈为业》，《申报》1939年6月5日第11版。
⑤ 王范贻：《〈映清女士弹词开篇〉题诗》，《映清女士弹词开篇》（扉页），家庭出版社1936年版。

亲亦通文墨，所以他从小应受到过良好的教育，起码在传统诗文方面自小就有家庭的熏染和影响。1901年，他曾参加上海县的县试，名在录取之列①；同一年，又参加了由江苏提督学政李大宗师主持的奉贤、金山、上海三县的文童考试，名亦在上海县考取名单之列。②此后，未见他科考的相关信息，而且不久科举废除，他旧日所学已非时用所需，故在清末民初时期他弃文而另谋他职。王钝根曾在文章中说："先生历充英领事署义案，巡捕房教习，而所入不丰。"③由此可知他在清末民初时期充任过英领事署的文案，进而可以猜测他可能学过英文，有一定的外语基础。他与姜映清约成婚于1906年，他曾在文章中说"丙寅八月为室人映清四秩初度……夫映清来归忽忽二十载，谗佞中伤，境遇逼迫直至于今"。④丙寅为1926年，故20年前正为1906年，当时映清女士大约20来岁。

陈佐彤于1911年秋开始在《申报》上发表作品，当时"自由谈"栏目刚刚创立，他所发表的作品多为文章笔记及诗词作品，如《初游狮子林》《遣怀偶成》等。陈佐彤相比于映清女士，与《申报·自由谈》的撰稿同人有更多的互动，如相互唱和的诗词、为同人作品所写所写的题词等，特别是他还曾在"自由谈话会"板块发表过短评，参与"自由谈话会"的诸多活动，并在诸同人创办编辑的《游戏杂志》上投稿。1914年3月17日，他曾在《申报·自由谈》上发表《漫兴·嵌用自由谈投稿诸君尊字》一诗，将数位投稿同人的名字嵌入诗中："拜花潄玉定夷犹，红树天声出爱楼。栩栩蝶仙钦涤骨，铮铮铁汉浪悲秋。蘧园息影闲人乐，钝剑无言嫉俗留。芙镜太痴成二我，陶然常觉觉迷不。"⑤故此来看，他在早期《申报·自由谈》的撰稿同人中也是比较活跃的一位。

不过，陈佐彤的诗篇常常流露出抑郁苦闷、怀才不遇的伤感。如他在《赠范养吾》一诗中曾道："夜阑□静病中身，梦想金陵柳色新。万古乾坤照明月，卅年风雨瘦诗人。名花有味非关貌，天性工愁转怕春。

---

① 《上海县试正案》，《申报》1901年4月7日第2版。
② 《松江十一志》，《申报》1901年6月13日第2版。
③ 王钝根：《本旬刊作者诸大名家小史·映清女士》，《社会之花》1924年第4期。
④ 陈佐彤：《〈映清女士弹词开篇〉诗序》，《映清女士弹词开篇》（扉页），家庭出版社1936年版。
⑤ 陈佐彤：《漫兴·嵌用自由谈投稿诸君尊字》，《申报·自由谈》1914年3月17日第14版。

世事茫茫难自料（用句），莫教攒首苦伤神。"① 既是评价友人，亦是诗人自况。因其生活中的不得志，所从事的职业又或非所愿，家庭又常遇窘境，大约正如王钝根所称："陈君性耿介不合流俗，故其文愈工而境愈穷。"② 盖在民初数年间，他发表了不少诗词作品及游戏文章，其中尤以忧怀不遇、感时伤事者居多，像《时事感怀》《秋日即事》《闲情四首》诸篇皆是他此时心境的写照。1913年间，陈佐彤曾外出客居，姜映清在其诗中曾多次表叙离思之情，如《闺怨》中有句云："为郎憔悴减容光，别后相思欲断肠。"③ 而此次外出，他正好身经上海战事。当年，上海因反对袁世凯宣布独立，上海制造局一带发生枪战，陈佐彤曾在战事前后创作不少诗文，寄托自己的忧时情怀。故当时姜映清曾有《慰外子佐彤》二首来宽慰其心：

忧可伤人好自宽，得开怀抱且加餐。漫嗟世乱干戈热，生怕民贫气节寒。风雨有声添客感，文章无用误儒冠。塞翁祸福原难定，荣辱何妨一例看。

丈夫奚事带啼痕，德泽分明萃此门。末劫虫沙名器滥，神交车笠布衣尊。参天竹劲咸钦节，寿世松贞独固魂。父尚壮年儿渐大，青灯味永课黄昏。④

除了撰写诗词及游戏文章，陈佐彤还撰有一些短篇小说，如《诗丐》《吊膀贼》《势力鬼》《买冬笋》《牛衣语》《嫁小姐》《戒指违禁》之类，基本上均为滑稽短篇，笔法活泼，文字戏谑，常寓讽刺于其中。此外，1915年至1916年间他还曾在《中华妇女界》上发表中篇小说《双花斗艳录》，题曰"家庭小说"，共29章，写英国克氏公爵二子遇困再到获救、恋爱成婚之事。全篇虽托事外国，但曲折之情节与传统才子佳人小说略似，整体来看并无多少奇特之处，然由此篇可知陈佐彤并非只会创作游戏式的短篇小说，他也能够进行长篇式的描写和叙事。

民初陈佐彤主要在《申报·自由谈》上发表作品，此外如《中华妇女

---

① 陈佐彤：《赠范养吾》，《申报·自由谈》1913年4月26日第13版。
② 王钝根：《〈风流罪人〉序》，《风流罪人》（卷首），上海大陆图书公司1926年排印本。
③ 陈姜映清：《闺怨》，《申报·自由谈》1913年10月15日第13版。
④ 陈姜映清：《慰外子佐彤》，《中华妇女界》1915年第1卷第10期。

界》，以及其他如《女子世界》《小铎》《善导报》等刊物上亦有他不少作品。1917年，陈佐彤开始向《新申报》副刊投稿，此时由于王钝根从《申报》离职，他在《申报》上发表的作品急剧减少，反而是《新申报·自由新语》上多有他的诗作。但此时，陈佐彤的职业与生活仍没有多少起色，1917年2月5日，他曾有《咏怀》诗四首刊于《新申报·自由新语》。其中第一和第四首云：

> 谋生生计愈相差，掠鬓熏衣只自夸。词客襟怀楼一角，酒家旗帜路三叉。青山宁改千年骨，玉树偏矜二月华。沪渎久居无出息，拟寻良友走天涯。
>
> 晓起看花逐出城，岂知节又过清明。一天飞絮忙于蝶，几处垂杨老却莺。梦去佳期差作准，时来竖子望成名。书生饿死寻常事（用句），转为头颅恨不平。

他在诗中感叹自己依然在沪渎久居蹉跎岁月，总想壮游出行，另觅良图。1917年3月18日，《新申报》上刊其《丙辰春日寄映清内子》四首，乃是其客居在外而作，其中有句云："客里春韶异样妍，自然方寸贮瑶篇。离怀莫惹愁千缕，艳福曾消过十年。所虑出门非尔惯，幸亏随处有人缘。梅开远屋香成海（青浦女校有梅花颇盛），好赋清平谱管弦。"陈佐彤此时的诗作较之前两年并无多大变化，诗词的内容仍以感时抒怀为主，倒是在小说译作上，与祝平合译过一篇长篇小说《潜艇战争》。

《潜艇战争》发表于《新申报·自由新语》1917年3月4日至18日，题曰"理想小说"，英国男爵哥难达尔原著，德国海军少将斯丹颛尔译补，日本男爵宫家寿评译，更有数位评校者，《新申报》所刊乃由陈佐彤与祝平合译。关于此作的主旨及内容，译者曾在译文前作按语云：

> 此书为英国大著作家哥难达尔所著，当欧战开始之前一月（即一千九百十四年七月）载入七月份之伦敦斯脱兰特杂志。盖哥君逆知战端将兆，自审祖国兵备之弱点，恐德人恃其潜艇，狡肆奸谋，冒不韪而绝粮运，遂急集其□为敌所乘。复由海军重镇之七提督与三数知名之士，宠以评语而证实之。迨开战后，此书流传至德，译于德海军少将斯丹颛尔之手，未几德国潜艇轰沉商船之事，果哗传于寰宇。今竟

宣布封锁之政策，限定危险之区域矣。此种事实，哥氏固一一前道，诚有先见之明，然亦未始非此书为阶之厉。两国军事当局者尝有言曰：英国因此书而知自警惕，德因此书而得其计划，语绝非虚，其关系盖重且大矣。①

故知此作乃切近时事之小说，而1917年欧战尚在进行中，陈佐彤、祝平译作此篇大约也有预审时局、警示国人的意思。只是全书仅翻译了八章，并未译完，《新申报》也并非对此作停刊的原因进行说明。本来此作或能成为陈佐彤的译作代表，然而由于种种原因，他的长篇译制尝试却就此搁浅了，此后他也再没有小说方面的创作或翻译作品出现。

20年代之后，陈佐彤发表的作品大幅减少，虽偶有诗文刊出，也多是因事而作，如悼念毕倚虹的诗作《哭倚虹》，评论时事的《谋事遇骗谭》等。1928年，《申报》上曾刊布松江县的《公安局委任警吏》消息，中有陈佐彤任江苏松江县属"五库公安支局长"②的字样，则较之之前的巡捕房教习，似乎职务有所提升。1929年，他曾作《新都三日记》一文，文中说："上星期因职务关系，曾被命往新都一行，勾留三日，距昔佣笔江苏财厅时，恰已岁星十周。旧地重游，耳目顿新。"③则此时他的职务较之从前要繁忙许多，而若如他所言，1919年前后他还曾在江苏财厅任职，可见撰文写诗乃是他闲暇时间里的"余事"，并非他的正务。但他在《申报·自由谈》早期的撰稿人中仍是较固定的一位，特别是能够跟随王钝根而转移到《新申报》上发表作品，这些都足以说明他对于当年"自由谈"撰稿群体的认同感。

另外，如前文所述1939年《申报》上曾载有陈佐彤被歹徒敲诈五十元一事，当时陈佐彤应该年近六旬。此后境况如何，尚未见到相关的资料与论述。

陈佐彤逝于何时未知，其子女情况已见前文。1915年《申报》上曾载有他的《哭世清胞妹》④一诗，知其有妹名世清。诗中有句云"盖棺忽

---

① 陈佐彤、祝平译：《潜艇战争》，《新申报·自由新语》1917年3月4日第4张第2版。
② 《松江：公安局委任警吏》，《申报》1928年11月2日第10版。
③ 佐彤：《新都三日记》，《申报》1929年7月7日第21版。
④ 佐彤：《哭世清胞妹》，《申报·自由谈》1915年4月17日第14版。

忽六旬经,每睹遗雏暗涕纷",则其妹陈世清已于1909年去世,且生前育有子女。

二 韵清女士

韵清女士,名吕逸,字韵清,一字逸初,又字碧城,别号韵清女史,又号友芳旧主,室名"梅花韵轩",浙江桐乡石门镇人①,工诗擅画,有才名,为明末学者吕留良后裔。2004 年《桐乡文史资料·桐乡巾帼专辑》一书中曾辑录其史料;2011 年《嘉兴日报》上又曾刊沈惠金所撰《绝妙风华笔一枝》一文,再次对其生平经历进行介绍。2013 年台湾中正大学黄锦珠教授在《吕韵清、高剑华生平考辨:兼论清末民初女小说家的形成》②一文中对其生平考述得至为详细;而近年薛海燕所撰《民初女性小说作家研究》一书又对其生平及创作进行了钩稽,因而在清末民初的女性小说家中,韵清女士的资料是比较清晰的。不过,民国初年她亦曾在《申报·自由谈》上发表过小说作品,她与《申报·自由谈》撰稿同人的交集与联系学界尚未谈及,相关的其他一些资料亦可略为补充。

她幼年丧父,在忏慧词人徐自华家长大,为徐之伴读。两人以姐妹相称,韵清女士为姊,徐自华为妹(徐蕙贞有《和韵清姊寄怀元韵》与《和自华妹寄怀元韵》诗,以此可知吕韵清年长于徐自华),因徐自华生于1873 年,故吕韵清当生于1873 年之前,不过因两人年龄相仿,所以吕韵清应该出生于1870 年前后。徐自华在《寒谷生春记》中曾记:

> 友芳,余总角交也。三十年前嘘寒问暖、伴读联吟,几无片刻之离。先君视同犹女,暇辄教之度曲,自以碧玉箫倚声属之,月明凉露,往往夜午不休。余《忏慧词》中《意难忘》一阕,即感此事而作也,今忽忽十数年矣。美人迟暮,业洗尽其铅华;赁庑萧骚,终难忘夫结习。③

---

① 钱仲联主编:《清诗纪事》(二十二)中注其为"浙江石门人",江苏古籍出版社 1989 年版,第 16031 页。
② 《东吴中文学报》2013 年第 26 期。
③ 忏慧:《寒谷生春记》,《七襄》1915 年第 7 期。

关于吕韵清的幼年经历以及她为何会到徐家，目前所见史料均未论及，或称韵清与徐自华为亲戚，或言徐父是吕韵清的寄父，然则虽然"先君视同犹女"，但两人似并非亲戚关系，否则徐自华大可明言。薛海燕在《民初女性小说作家研究》一书中曾猜测其父可能是浙江石门吕序镛，然亦未能确定。① 实际上吕韵清曾撰小说《返生香》，其中有一主角凌馥馥，小说借其他人物之口叙其出身道：

> 馥为此间凌姓，乃父历任浙西教谕，仅有子女二。男名寿寿，女即馥馥也。孰知寿寿仅七龄，乃父遽殁于任，母夫人提携弱小，扶柩南归，而寿又失踪，遍访无着，母乃忧痛交集，病废于床，家事赖一老妪主持。妪识吾家陆妈，尝携至吾家，内子怜其孤弱，馥又慧辩绝伦，遂留伴静娴读书，邻居勿远，往返固甚便也。②

馥馥的伴读经历与韵清女士相同，凌馥馥似以作者自己为原型，故此推测韵清进入徐家的情形应该与小说中的凌馥馥一样——她在父亲去世后与母亲相依为命，因与徐家相邻，常有来往，故此成为徐自华的伴读。然而也正是在徐家伴读的过程中，吕韵清获得了较好的读书学习机会，不仅能吟诗度曲，还擅画梅，成为一时才媛。况周颐曾在其《餐樱庑漫笔》中对她的诗作评价道：

> 吕韵清女史（逸）（晚村后裔），《题缶庐画册》云："泼墨临池逸兴赊，偏从朴茂见风华。笔端自有金刚杵，画作人闲不谢花。三绝名高薄海倾，不徒铁笔寄遥情。最难一事无人会，熟笔挥来总似生。一卷吟红带露钞，为花写照不辞劳（元注，先生近编题画诗）。要求艺苑千秋誉，可少先生一宇褒"。花韵、生韵并警句。③

韵清女士在清末之际多有吟咏。1900 年前后，她与徐氏姐妹的唱和之作中常常提到西湖，如《徐自华诗文集》中就曾录有她作于 1889 年的

---

① 薛海燕：《民初女性小说作家研究》，中国社会科学出版社 2015 年版，第 40 页。
② 吕韵清：《返生香》第三回，上海竞智书局 1933 年版，第 11 页。
③ 蕙风：《餐樱庑漫笔》，《申报》1926 年 3 月 15 日第 17 版。

《和兰湘姊偕韵清女史游西湖诗原韵》《和韵清韵寄兰湘姊》，及徐自华作于1903年的《和云间词客偕韵清女史同游西湖镜清楼小酌题壁诗即次原韵》，作于1904年的《和云间词客留别韵清女史原韵》等，皆是写她们在杭州西湖同游的情景。另外，徐自华《和云间词客留别韵清女史原韵》第二首中有句云"延平双剑都神物，谁得仙人许状头。韵清女史有延平双剑句"①，则知韵清女士所作并非仅是闺阁之诗，其诗中亦有豪气。在清末之际，她亦是具有进步思想及强烈家国意识的一位女性。如她在《女子世界》上发表的诗作《忧国吟》《寄张竹君女士》，她纂辑的史传文章《女魂》等都充满了心系国运、慷慨奋发的豪迈之气。此外，她还曾与浣翠轩女史、绚春阁女史在《北京当日画报》"向海内大吟坛、女界之志士"征诗："新旧女界八咏"——所谓"观夜戏""逛厂甸""坐马车""斗纸牌""进学堂""习刺绣""吸烟卷""拜菩萨"②，希望海内善于吟咏之士能够借此对社会风气进行思考与反省。

据《崇福镇志》载，她"曾创文明女塾于城之北街，为开女界风气之先，时人都称美之。徐寄尘在南浔主办浔溪女学，聘吕为国学兼图画教员，与秋瑾在校同事，入同盟会，互相唱和，鼓吹民主革命于《女报》之上"③。石门文明女塾约创于1904年，1904年《女子世界》（第8期）杂志上曾刊有《石门公立文明女塾简章》及韵清女士的照片，照片题曰"石门文明女塾教员吕筠青女士小影"④。由此知吕韵清是近代中国最早的一批女校教员，而她与秋瑾则结识于1906年。1927年，秋瑾逝世二十周年，她作《丁卯六月六日，为秋先烈竞雄殉国之廿周年，爰赋六绝，应寄尘、小淑二妹政之》曾历述与秋瑾的往来。她在这几首诗的诗序中曾言：

> 丙午七月，秋侠创办《女报》于上海之厚德里，邀逸为之襄助。未几，秋侠忽病，盛热若狂。一日推枕得短刀，逸急夺之，掷于榻下。秋侠怒甚。既而叹曰："予不畏死，实不耐床褥之累。君之爱我，

---

① 徐自华：《和云间词客留别韵清女史原韵》，郭延礼编校《徐自华诗文集》，北京中华书局1990年版，第99页。
② 《征诗：新旧女界八咏》，《北京当日画报》1909年第86期。
③ 张冰华：《崇福镇志》，上海书店出版社1994年版，第393页。
④ "吕筠青"的写法应是笔误，《女子世界》1904年第12期。

实误我耳！"

丁未五月十三夜，秋侠自申来访，寄尘遣使速往谈，留徐氏三日。逸以母病告归，并询重叙之地。①

由此可知，1906年韵清女士曾参与《女报》的编撰工作，1907年她们曾在徐家叙谈三日。盖这一时期，韵清女士受徐自华、秋瑾等人的影响，热心于办学，特别关心妇女的就学与教育问题，而在文学创作上则主要以与同人好友的诗词酬唱为主。

1914年，韵清女士移家上海。她曾撰《正月望日移家海上率成二绝》②发表于《申报·自由谈》，诗曰：

浸天雨雪一车奔，海上重寻旧爪痕。打叠客装还一笑，行踪仿佛鲁滨孙。

劳劳橐笔海天涯，家具无多并一车。正是元宵好时节，春灯影里照移家。

她移家上海可能因朋友相邀，按当时徐自华与南社同人刚创办上海竞雄女校。又，1914年韵清女士曾到访其家，徐自华言："盖顷正与倦鹤、小凤、朴安诸子有《七襄》杂志之刊，兼与病倩相倡和，故兹特来访也。"③则知1914年间，韵清女士曾与南社诸子办《七襄》杂志，同时可能还要襄助徐自华的竞雄女校事宜。

正是自1914年韵清女士开始在各大报纸杂志上发表作品，特别是小说。依当时流行的小说刊物，1914年她在《七襄》杂志上发表《白罗衫》《凌波阁》《狸奴感遇》；1915年在《繁华杂志》上发表怨情小说《蘼芜怨》，在《香艳杂志》上发表《情殉》《血绣》，在《小说大观》上发表《花镜》，在《女子世界》上发表言情小说《秋窗夜啸》，在《小说丛报》上发表孽情小说《彩云来》；1916年在《春声》杂志上发表《红叶三生》《金夫梦》等。除此之外或者还有不少作品散见于各处，但她创作小说的热情与成绩于此已可见一

---

① 吕韵清：《丁卯六月六日，为秋先烈竞雄殉国之廿周年，爰赋六绝，应寄尘、小淑二妹政之》，郭长海、秋经武主编《秋瑾研究资料·文献集》上册，宁夏人民出版社2007年版，第356页。
② 韵清女士：《正月望日移家海上率成二绝》，《申报·自由谈》1914年6月10日第14版。
③ 忏慧：《寒谷生春记》，《七襄》1915年第7期。

斑,而当时的《香艳杂志》《小说丛报》还曾刊其小像。

当然,她之所以发表这些作品多少与《七襄》等杂志为同人好友编辑有关。虽然她未加入南社,但是南社中人像叶楚伧、吴梅等多与其相识。1915年,《妇女杂志》上就曾刊有叶楚伧所撰之《中萃宫传奇》,题曰"叶小凤填词,忏慧、韵清正谱",则韵清女士也参与了该传奇的创作。不过,除了像《七襄》这些有"人事关系"的刊物之外,韵清女士同时期还在《申报·自由谈》等其他刊物上发表过作品。

韵清女士向《申报·自由谈》投稿始于1914年,除了发表《新山歌·劝人仿造洋货》《新五更调》等游戏诗文曲调外,还撰有《债台物语》《新年进步》《露天教育》等数篇小说。她的这些小说作品多题为"游戏小说",主要对社会风气及时事进行一定的讽刺,与当时"自由谈"流行的滑稽短篇类似,或许是为了适应"自由谈"特定的文字风格。盖当时韵清女士已是向"自由谈"投稿的常客,她虽没能参与1913年间"自由谈话会"发起的印制小像小传等活动,但是1915年2月1日她加入了由王钝根及"自由谈话会"同人发起的"俭德会"。她与当时的其他投稿人一样是一位积极的小说创作者,在《新年进步》一篇之后还有王钝根的按语云:"此作投来已一星期,今始登出,甚歉。"[①]

1916年3月,"自由谈"上有《我之新年》征文,韵清女士以《我之新年》一篇得第三名(李东野获第一名,见前文所述)。此篇刊于《申报·自由谈》1916年3月3日、4日、6日,题曰"忆琴女史述,韵清女史著",然实是韵清女士自己创作撰述。全篇用倒叙的手法,通过"我"与婢女关于家中旧画的对话记述"我"与芹哥的一段往事,小说写"我"与芹哥虽互相倾慕,却因乡宦四太子的阻挠而错失良缘,芹哥入山隐逸,而"我"则徒留一段怅恨与伤感。全篇虽用文言,但叙述手法及对情感的细致描绘都是较为新颖的。韵清女士的小说除了上述的"游戏短篇"外,大部分皆为"言情"之作,并善用第一人称叙事,而且主人公似乎都有作者自己的影子。此《我之新年》即是如此,一如前文述及的《秋窗夜啸》《红叶三生》等篇。

1917年之后,韵清女士的创作渐少。不过这一年她又撰有《石姻缘》,题曰"哀情小说",由上海进步书局出版,1926年上海文明书局出

---

① 附于《新年进步续》后,见《申报·自由谈》1915年3月2日第14版。

版第三版。扉页有对此作的简要介绍：

> 此叙一女子与一男子同居同学，两小无猜，女貌郎才，两家父母已默许矣。已而为伯所迫，另字恶宦，嫁口自刎而死。书中前半写其憨，中间写其旖旎缠绵，后半写其慷慨激烈，而以石始，以石终。事实尤奇变可喜，通体有正笔，有反笔，有埋伏呵应。笔确当行，行文能事，不期于闺阁中得之。①

全篇用第一人称叙事，细腻描摹处常觉有作者自己的影子，黄锦珠教授即认为"所述故事似乎取材于幼时见闻，有真人实事为凭，其中所述韵清幼时家居情事，应属可信"②。

1919年，波罗奢主人所编《中国女子小说》（上海广益书局出版）曾收录她的《狸奴感遇》。然进入20年代之后，韵清女士年过五旬，其作品数量已大不如从前。不过她仍在一些刊物发表作品，如《克社》杂志上的《南洋游记》，《浙江道路杂志》上的《车辆谈话会》《特别会计》《探亲相话》及"纪事小说"《路史》。不过，《路史》并非小说，其内容是其"偶检旧籍得筑路轶闻数则，劝惩兼至，具见古人提倡路政之苦心。爰汇而录之，更参以旧日闻见续成数则于后"③。至于《南洋游记》一篇则是叙述她与好友至南洋任教职，却遭遣返一事，并记载了她来去一行的见闻经历。她在文中说："今岁六月二十四号，予偕方、陈二君自宁至沪，寓立群女校，办南渡手续……予与陈君则于下月三号，乘芝马诺南渡，同赴巴达维亚，就中华会馆教职……荷兰政府逼令返国，该校长校董于予等终日奔波，以冀挽回，报纸舆论亦主持公道，吾等亦往质理由，然终无效，即于八月三号，乘舟返国。"④ 由此可知她在20年代亦在各处谋求教职。而除了上述几篇文章之外，20世纪20年代韵清女士还撰有小说《返生香》，是其小说作品中篇幅最长、描摹最为细腻的一部作品。

《返生香》，题曰"言情小说"，共14回，1929年由上海竞智图书馆

---

① 韵清女史：《石姻缘》（扉页），上海文明书局1926年版。
② 黄锦珠：《吕韵清、高剑华生平考辨：兼论清末民初女小说家的形成》，《东吴中文学报》2013年第26期，第219页。
③ 筠清女史：《路史》，《浙江道路杂志》1924年第5期，第6页。
④ 韵清：《南洋游记》，《克社》1924年1月20日第2—3版。

出版，1933年5月再版。明末叶小鸾有诗文集《返生香》，而韵清女士所撰《返生香》乃小说，写清末贫士于丹初因身材矮小，常遭人讥笑。一日在一寺中偶遇杨公，杨公待之甚厚，并由此结识瑶叔、杨女静娴、静娴伴读凌馥馥及翠姐等人，其后静娴遇人不淑，丹初与馥馥设法营救，于丹初最后与翠姐成婚之事。文中所述似有所本，而时间背景即是作者所处之时代，因篇中提到辛亥革命及二次革命，另外凌馥馥之出身经历与作者韵清女士有较多相似之处（如前文所言），则在进入文坛数年后，她的小说创作仍然是以自己的生平见闻为模板，尚未能开拓出大的叙述范围与格局。当然这也是清末民初通俗小说的普遍特点或者说局限，尤其是在世情或言情小说中，小说角色常常是可以进行部分"人物索引"的，而女性小说家韵清女士在《返生香》里的描写也同样没能对其小说的"自传"特点有所突破。

《返生香》之后，再未见到韵清女士有其他小说作品。30年代，报刊上偶尔还会看到她的相关信息，如1930年《蜜蜂画报》上曾刊其梅花图及题词，词曰："膏泽满天下，停辛苦敢辞。人惟能则效，终有味回时。分功齐众力，济世自深心。莫谓鸣声细，清辞贯古今（报中诸君子论画今古皆备，无任心折）。"① 但此外具体的文学创作已基本没有了。

韵清女士逝于何时未知，据徐蕴华所作《春暮怀人·吕韵清女士》的诗注所云："君工诗词，兼擅丹青，久寓西湖，以文墨自遣。浙江沦陷后，竟不知君之行踪。"② 则知1937年抗战全面爆发之后，她便下落不明。

据《崇福镇志》载，她于"母辞世后，嫁与余杭王艺（字兰仲，别号无愁）为室，居杭城。王善书法，有汉魏金石气"③。另外，韵清女士在《倚修竹轩诗序》中曾说自己"年三十许，不离母，兰闺待字"④。则二人应在1900年之后成婚。其夫王艺曾参加科考，被录取为增生，1908年《申报》上曾刊其改良农田水器的消息，消息中称其曰"增生王艺"。王艺曾以笔名"无愁"在各报刊上发表作品，撰有笔记《无愁庐杂记》，小说《棠怨》《冶遇》《胭脂井》《雀恨》《孤雏泪史》《侍儿艳闻录》等。此外，他还曾著有《中代数讲义》，1906年由上海科学书

---

① 吕韵清女史：《题蜜蜂画报》，《蜜蜂画报》1930年第1卷第8期。
② 周永珍编：《徐蕴华·林寒碧诗文合集》，社会科学文献出版社1999年版，第49页。
③ 张冰华：《崇福镇志》，上海书店出版社1994年版，第393页。
④ 吕逸：《倚修竹轩诗草序》，见《倚修竹轩诗草》哈佛燕京图书馆藏稿本。

局石印出版。韵清女士婚后多居于杭州,然前述1924年她曾欲往南洋教书,则其二人生活境况如何、此时王艺是否尚在人世皆属谜团。《姚鹓雏文集》中曾记:"绍兴沈达先索王兰仲夫人韵清女士绘秋花便面,余题两绝句"之事,诗中有句云"谁知物议群香国,只道莲花似六郎"[1]似有所指,然其真实含义未明。二人子女情况不详,王艺《无愁庐杂记·洁癖》一篇中曾言"予女戚某氏,有洁癖……其人早寡无子"[2],则知他们有女,嫁与戚姓人家。

三 秀英女士

秀英女士原名毛秀英,籍贯及生卒年均不详,曾在《游戏杂志》《礼拜六》以及《新申报》副刊上发表小说及诗文作品,故亦是民国初年《申报》《新申报》撰稿同人群体中的一员。

她大约于1915年开始在报刊上发表作品,其中《游戏杂志》与《礼拜六》是她最主要的发表阵地。虽然这两种杂志与王钝根及《申报·自由谈》诸位主创有极密切的关系,但《申报》上却并未见到毛秀英的作品(或者因此时王钝根已从《申报》辞职,故她未曾向《申报》投稿,然而这只是一种猜测)。她所发表的作品以小说为主,其中《游戏杂志》上有《哀情小说:奈何》,《礼拜六》上有《社会小说:子骗》《侦探小说:邂逅缘》《哀情小说:死缠绵》《苦情小说:青楼恨》诸篇。这些作品皆为短篇小说,以"言情"者居多,主人公也基本为女性。不过,秀英女士通过女性视角及身份所表现的社会现实却是极为广阔的,其中既有离思情仇,又有家国之恨,且常常在文末加上按语,以讨论讽议小说所表现的时代社会问题。如其在《青楼恨》的篇末曾言:"是篇为吾戚李朵云女士所述,朵云之父曾与昭君有一面缘,睹其状落落有大家风。呜呼,以良家女而堕落风尘,其结果竟致如此,是果何世冤孽,我欲搔首问天也。"[3] 又如在《寻夫记》篇末言:"情天莫补,恨海难填。此次欧洲之战,寡人妻、孤人子者正不知其几百千万,而以爱丽君与其夫人为尤甚。语曰:闻伯夷

---

[1] 姚鹓雏:《姚鹓雏文集·杂著卷》,上海古籍出版社2012年版,第835页。
[2] 无愁:《无愁庐杂记·洁癖》,《小说新报》1915年第7期。
[3] 秀英:《苦情小说:青楼恨》,《礼拜六》1915年第70期。

之风者，顽夫廉、懦夫有立志；闻柳下惠之风者，鄙夫宽、薄夫敦。使吾中国人人能为国忘家，以爱丽夫妇为模范，则区区倭寇奚足灭哉？"①而从其议论来看，秀英女士应该是一位受到过良好教育且关心国家命运、社会时事的新女性，1915 年《礼拜六》杂志第八十二期上还曾刊有丁悚所画的"毛氏秀英学隶"图，画中俨然一副闺秀女学生的模样。

秀英女士应该通晓外语，至少学习过英义。《寻夫记》一篇即为翻译小说，此外《邂逅缘》一篇则译自英国尼古拉的原著。另外，她所撰的《义烈小说：杀妻记》也取材于外国，而她在《游戏杂志》上所发表的《海外异闻录》刊在"译林"栏目之下，记录的为外国异闻趣事，也是翻译作品。因此，毛秀英女士应该读过新式学堂，通晓外语，所以无论在创作还是在翻译上，她的作品及观点都是时新的，与姜映清、吕韵清在创作手法上都有所不同。

在《游戏杂志》《礼拜六》上发表作品的同时，1916 年《新申报》副刊创办伊始，她便在《新申报·自由新语》上发表小说作品。至 1918 年底她共创作近十篇作品，如游戏短篇《议员夫人》《新参议员》，翻译小说《鬼新郎》以及苦情小说《情场惨史》等，均为短篇作品。小说之外，《新申报》上还刊有她的《闲话》《片语解颐录》《戏仿申报家庭常识》及笔记《越南女子》等诸篇文章。另外，她还撰有《西湖杂诗》等诗作（《西湖杂诗》此为组诗，共四首），发表于 1916 年 11 月，写西湖的美景，故知作者大约 1916 年间曾到西湖游历。

除上述撰述之外，秀英女士 1919 年还曾在《中国商业月报》上发表"岁俗短篇"《钻石戒》，作品本身并无多少特别之处，但此时《中国商业月报》的编辑正是当年《申报》《新申报》副刊的主编王钝根（1919 年 7 月，王钝根在《新申报》上发布启事云："现惟编辑《商业月报》及与天虚我生经营家庭工业社，制造无敌牌牙粉发售，海内外文友赐书请改寄上海宝山路升顺里念五号敝寓，或上海西门内静修路家庭工业社为荷。"②）。由此亦可再次证明，毛秀英与民初《申报》《新申报》副刊的密切联系。只是由于其发表作品略晚，未能参与当年《申报·自由谈》及"自由谈话会"的诸多活动，故使其未能像映清女士一

---

① 秀英：《哀情小说：寻夫记》，《礼拜六》1915 年第 60 期。
② 《钝根启事》（题目为笔者所加），《新申报·小申报》1919 年 7 月 4 日第四张第 2 版。

样与诸位撰稿同人有较多的唱和与往来，然而她一直追随王钝根所编辑的刊物与映清女士却极为一致。

至民初三四十年代，上海又有戏剧名旦毛秀英，身世亦不明，然其与创作小说的秀英女士应为两人，因不曾听说秀英女士通晓戏曲，也并不曾听闻名旦毛秀英写过小说。

四　项佩兰

项佩兰，名项濬，字佩兰，浙江杭州人。1918年第4卷第5期《妇女杂志》上曾印有她的小像，题曰"爱读《妇女杂志》者小像，杭州项佩兰女士。"清末民初名为佩兰者极多，以至于很多作品我们都无法鉴别到底是哪位佩兰所作。然可以确定的是，在《申报》《新申报》发表小说作品的为项佩兰女士，因为署名基本上为其全名"项佩兰"。

项佩兰女士1915年间开始在《申报·自由谈》上发表作品，作品不多，仅有"劄记小说"《了和尚》及《柳枝》《盗媒》《竹叶青》《跛道》等数篇。实际上，这几篇作品皆属笔记体小说，行文似实写某人某事，然内容又有虚构的情节和夸张的描写，如《了和尚》一篇写一位洪杨党人在事败后避世为僧、传人武艺；又如《盗媒》写一位"昆仑奴"式的侠盗，帮助褚生挟某氏女私奔。其余几篇，亦皆此类，虽排在"笔记"栏目中，但实际上应作为"小说"看待。

除了这数篇短篇小说之外，民初项佩兰女士没有在《申报》上再发表其他作品，也没有参加《申报·自由谈》同人发起的"自由谈话会""俭德会"等相关活动。到1917年，她才又开始在《新申报》副刊上发表作品。她在《新申报·自由新语》上共发表《埋金记》《愿与郎绝》《窗中人语》《情鬼》《解语花》《凌春阁记梦》《秀青复仇记》等数十篇小说，其中《情鬼》《解花语》《秀青复仇记》三篇还于1918年在《国际协报》上重复发表过。这几篇作品皆为短篇"言情"类小说，或题"忏情"，或题"哀情"，即如《情鬼》一篇虽题为"神怪小说"，其实亦是"言情"之作。盖项佩兰女士的小说，开篇交代事情发生的地点及人物，多似史家的传记手法或拾遗笔记的文章格式，从而使得故事常在似虚似实之间，如在《解语花》的篇末，王钝根曾加按语曰：

吾入世渐深，益叹知己不可得。若陈超凡虽死犹乐，特恐世无李吟秋。小说家向壁虚造，足以陷读者于迷梦而已。①

其虽称"小说家向壁虚造"，但能"误导"读者于"迷梦"正是因为其"似真"的效果，而佩兰女士的小说正具有让人信以为真的能力。

除了上述《申报》《新申报》两报副刊以及《国际协报》之外，她可能还在《妇女杂志》上发表过《女士黄娴传》，然此篇署名为"佩兰女士"，当时《妇女杂志》的撰稿者尚有"李佩兰"女士，因而难以完全断定此篇就是项佩兰女士的作品。同样，还有署名"佩兰"或"佩兰女史"者在《小说新报》《妇女杂志》上发表作品，但因难以确定是哪位"佩兰"，故暂不列为项佩兰的作品。至于《家庭周刊》《伉俪月刊》等刊物上刊载的"佩兰"作品，因大部分为白话新式小说或文章，不似项佩兰女士的创作特点，故亦排除在项佩兰女士的作品之外。

项佩兰女士生卒年及其他情况不详，尚需发掘新的资料以进一步考证。

除了上文考述的四位女性小说家之外，《申报》《新申报》副刊的女性撰稿者还有漱馨女士、陈翠娜、顾影怜女士、忏情女士、佩筠女士、华璧女士、陈仪菊女士、忆鹿女士、悟心女士等人。其中漱馨女士为陈蝶仙之妻朱懒云，曾在《申报·自由谈》上发表《娇樱记》，在《女子世界》上发表过《他之小史》，不过韩南在其《中国近代小说的兴起》一书中认为这些作品都是陈蝶仙以妻子的语气撰写的②。而陈蝶仙之女陈小翠前文也已谈到，她的《薰莸录》《情天劫》等作也都有其父陈蝶仙的参与。关于她们母女，学界的论述相对较多，故此不再赘述。此外，顾影怜女士是小说家徐哲身的小妾，《申报·自由谈》1913 年 7 月 8 日曾刊其小像，然而她虽有作品在《申报》上发表，数量非常少，且皆为诗作，尚不能称为"小说家"或者"小说创作者"。至于忏情女士、忆鹿女士诸人，虽有小说发表，但一因其作品不多，又因与其相关的史料实在太少，致使她们的生平难以考述。

---

① 项佩兰女士：《哀情小说：解语花》，《新申报·自由新语》1918 年 5 月 30 日第 3 张第 4 版。
② [美] 韩南：《中国近代小说的兴起》，徐侠译，上海教育出版社 2004 年版，第 236 页。

整体来说，民初在《申报》和《新申报》副刊上发表作品的女性小说家有了一定的数量，但还不算多。相较于男性小说家，无论是与文坛的联络紧密度，还是对报刊编创的参与度，她们都无法与之相比。不过，因囿于时代与历史，所以对女性小说家不能苛求，毕竟在清末民初群起的小说创作者队伍中有她们的一席之地——她们可以自由投稿，可以与男性一样观察、评论时代，可以记录、虚构人物或情感，这足以说明女性创作意识的觉醒以及她们在文坛地位的崛起，或者说"已初步表现出群体化和职业化的倾向"[①]。姜映清、吕韵清、毛秀英等人在《申报·自由谈》《新申报·自由新语》的投稿经历，一定程度上也表明民初报纸杂志对女性作家的"欢迎"、王钝根等主编人员对女性小说家的支持、"自由谈"小说家撰稿群体对女性小说家的接纳与提携。

除了上述二十余位小说家之外，在《申报》《新申报》上发表小说作品的撰者还有不少，特别是像王无生、陈蝶仙、胡寄尘、朱瘦菊、程瞻庐、陆士谔等当时的小说名家均是《申报》《新申报》小说撰稿群体的重要组成部分。他们或与林纾、酒丐一样，曾为《申报》《新申报》撰稿，但又不以两报副刊为主要的阵地，仅仅是"受邀"撰稿、偶尔投稿；或与童爱楼、孙剑秋等人一样是构成两报核心撰稿群体的重要人物。但无论他们在《申报》《新申报》小说家撰稿群体中的地位如何，无论他们是否依靠两报的平台而进入"说坛"，其对于民初小说界整体格局及其走向都产生了不可忽略的影响。

就已经成名的小说家而言，他们在新创办的《申报·自由谈》《新申报·自由新语》上发表作品，既推动了新的文学刊物的发展，替它们作了"广告"和"代言"，同时也是清末小说创作的一种延伸，使清末与民初的小说创作在时间上呈现连续性，从而使我们能够更清晰地描述出中国小说从清末到民初的发展，特别是清末小说家格局到20世纪20年代小说家格局之间的变化及联系。就初出茅庐的投稿者而言，他们是民国"旧派"小说创作群体的主力，他们的成绩直接构成了民国"旧派"小说的水平与特点，同时他们自发形成的群体组织，他们与整个文坛的交往、与小说界的联系都预示了20世纪20年代小说界的发展与整

---

① 薛海燕：《民初女性小说作家研究》，中国社会科学出版社2015年版，第22页。

体趋势。而就女性小说家而言，在以男性作家为主体的时代背景下，她们能够找到表达自我的平台，能够在《申报》《新申报》中找到撰稿同人并参与一定的组织活动，也展现了"报刊媒体文学时代"到来之后的文坛新风尚。所有这些小说家的群体式出现、作品的骤增、女性小说家的不断诞生等情况都预示着清末民初，较之以往任何一个时代都将有更多的创作者，更多的来自普通文士的普遍表达，更多的水平参差不齐的作品——一个近于"创作狂欢"时代的到来。

第四章 《申报》《新申报》小说家群体的意义及价值

　　清末民初《申报》《新申报》副刊撰稿群体在当时的小说撰稿人当中是具有代表性的，这种代表性既是因为他们为20世纪20年代"旧派"小说家格局的形成做了充分的准备和预演，又因其各自的文学生涯展示了"旧派"小说家在整个20世纪的命运，展示了"旧派"通俗文学与政治的关系，就此两点而言，其存在之价值已不容忽视。

　　然就小说创作及小说创作者而言，清末民初《申报》《新申报》小说撰稿者首先是一个群体，其次是群体式的"写作生产"，他们与同时代的报刊小说及小说撰稿人在写作背景、思路及内容等方面大体一致，其不同之处在于：其一，他们是一批"无名者"通过投稿平台结识而形成的一个群体，又以"群体"的形式一起走进了读者视野；其二，他们虽然是一个群体，然而在撰稿中仍享有极大的随意与自由，他们是代表了小说由传统的记史、撰文到现代意义上的"创作"的全面展开。

第一节 "新媒体"支持下创作者的"群体性"爆发

　　《申报》《新申报》小说撰稿群的出现恰好始于民国的初立，虽然二者之间没有必然的直接联系，然而正是在民元前后，各报开启了创立"副刊"的决策，于是才有了"自由谈"，也才有了《申报》《新申报》这样一个撰写小说的"群体"。可以说，小说的创作过程及形态大约就在民元前后发生了一些变化——在这之前是晚清四大谴责小说，是"梁启超式"

的政治宣传小说，而在这之后则是小说创作的全面铺开。无论是继承传统式的写作，还是模仿欧美式的译作、仿作，均在民元前后有了成倍增长的趋势，并且在进入民国之后持续增长，而在这背后则是创作者的变化与增长，是报刊新媒体对小说创作进行的全面塑造与影响。

一 清末民初小说创作者的变化

关于清末民初小说创作者的变化，大体来说，主要是在创作者"身份"的变化、表达方式的变化以及读者群体的养成与变化等几个方面的背景下进行的。

首先，就创作者身份的变化而言，如果不是科举制度的废除，不是近现代以来的民主平权运动，不是学习西方的现代式学科细化与分工，不是新的商业发展及社会职业的出现，就不可能有如此多的小说创作者出现，更不会在一两种报刊的运营之下形成一个固定的"小说家"群体。科举制度的废除"解放"了一大批知识分子，虽然同时也给他们的"生计"造成了困扰，但是也促进了他们向"政途""耕读"以外的其他职业和生活方式分流。而社会的变革、民主运动的兴起又使得这批"流浪"的知识分子看到了自己的社会责任，使得更底层的民众意识到自己身份的"提高"并由此获得自信——他们意识到自己身份与其他一切人的"平等"，那么"表达"的权利更是平等的，即任何人都有进行"创作"的自由平等权利。至于现代学科的细化、新的社会职业的出现，在"小说""报人"等概念出现并被反复定义之时，其情形亦不难理解，而"小说家"正是被"分化"出来并重新加以"命名"的一类人。

李欧梵在其《中国现代文学与现代性十讲》中说："随着科举制度在1905年的终结，知识分子已无法在科举入仕之途中获得满足，参与办报撰文的大部分是不受重视的'半吊子'文人，但是我认为恰恰就是他们完成了晚清现代性的初步想像。"[①]清末以来小说创作者的身份大部分是"报人"，也即李欧梵所谓的"半吊子文人"，他们大多由传统的知识分子转变而来。其实最初的小说提倡者并不能被称为"半吊子文人"，像梁启超、严复、夏曾佑等人均是一时的文化"先锋"，只有那些具体的小说创作者

---

① 李欧梵：《中国现代文学与现代性十讲》，复旦大学出版社2002年版，第13页。

第四章 《申报》《新申报》小说家群体的意义及价值

才多是失意的文人。他们一方面求取功名无望，另一方面在新的时代局势下也不再只有"功名"这一条"归途"。汤克勤在《论晚清小说家的分类》一文中认为："士的近代转型可以具体分解为三个部分：一、传统士大夫向知识分子转型，二、普通士人向知识分子转型，三、近代新式学堂培养的学生（包括留学生）向知识分子转型。我们拟确定的三类晚清小说家：士大夫出身的小说家、以报人身份为主的职业、半职业小说家和新学生（包括留学生）小说家，恰好与士的近代转型三部分一一对应。"①然而虽然晚清的小说家有此三种类型，但成员最多的还是"以报人身份为主的小说家"，因为"士大夫出身"的常常还可以进入新的"仕途"，而（新学生）留学生出身的常常别具"先进"的思想而进入高校、学术界，并不屑于或者不会将主要精力都放在小说上。只有那些没有其他职业门路的"半吊子文人"才能成为小说界的中坚力量，特别是在清末民初描摹社会的通俗小说流行之时，只有那些普通的文士才能上通"高级"知识阶层，下达略有学识的市民读者。晚清没有仕途可走的李宝嘉、吴趼人等人如此，民初的王钝根、周瘦鹃等人更是如此。清末的一些知识分子在转身描摹社会、疏泄心中不平的时候较顺利地进入报界，而民初更多的则是只能在报纸杂志边缘"游离"、寻找机会的普通文士。

以民初《申报》《新申报》的小说家群体为例，其中徐了青、刘蛰叟、汪率公等人参加过科考，他们都靠着"投稿"偶然成为"撰稿人"，但并没有成为"报人"；尤玄甫、张舍我、陈小蝶等都是入过新式学堂的学生，不过没能进一步"留学"并成为学术研究型的"高级知识分子"。"自由谈"的早期主编王钝根是参加过科考而又成功进驻报界的一位，但他也因是《申报》经理席子佩的同乡，"夤缘"而成为"自由谈"的主编。即便如此，这数位都是"自由谈"中的知名者，此外既未"成名"，也没有在"自由谈"中取得一定地位甚至没能进入"自由谈话会"这一自由组织的撰稿者还有很多，他们是真正的所谓"半吊子文人"，是试图在报界文坛求职的新人，也是构成民初小说创作者群体的主体部分。如前文所述，民初共有百余位撰稿者涌入《申报·自由谈》，他们中间没有太多的"传统士大夫"，主要是普通的下层文人。他们大

---

① 汤克勤：《论晚清小说家的分类》，《中国近代文学研究三十年回顾与前瞻学术研讨会暨中国近代文学学会第十六届年会论文集》，湖南大学文学院出版 2012 年版，第 579 页。

多数都有传统的文化教育背景，可以撰写旧体诗文，好一些的家庭是书香门第，差一些的也基本上是"耕读世家"，故其在科举废除之后的职业选择仍主要倾向于"课馆授读"或新式学堂的教师，而开风气较早的京、津、沪、广一带则最早出现了以"撰稿"为职业的作家，特别是所谓的"职业、半职业"小说家。

在近现代知识分子转型的过程中，转向或者曾经转向"报界"及"职业小说家"的人最多。因为此时"作家"的门槛极低，基本上只要能够写诗撰文，能够"胡诌"一篇小说并发表出来，就可以进入这一行业，也因此"撰稿人"才可能成群地产生，而"小说家"也得以成批地出现。当然，也有相当一部分知识分子虽然同样跻身报界，但却并没有变成职业"写手"，而是仍然保持着传统士大夫的清高与矜持，并不与现代化的文学生产销售模式"同流合污"，比如一些晚清遗老，又比如南社中的一部分人。王钝根、陈蝶仙、朱鸳雏等也是南社中人，但他们是1916年前后才加入的，是有了"声名"之后靠着引介才被南社接纳的，他们并不具有南社的"革命性"，而只是纯粹的报人作家。更何况南社本身过于庞大，社员的类别、层次各不相同，王钝根之流只算是其中的通俗小说家，与柳亚子、朱少屏之辈的参与政治迥乎不同。而王钝根、陈蝶仙等人尚且如此，更遑论其他"自由谈"的投稿者。他们是够不上"指导""左右"国家命运的一群人，他们只是私下里"议一议"时代的普通知识分子，是要靠撰写诗文、小说"吃饭"的一般文人——文学杂志、报纸副刊即其归宿，"小说家"即其新的身份。

他们靠着这重身份，有时也能结交一些"权贵"或前辈名家，比如被"旧派"小说家拉拢入伙的袁克文，比如给后辈刊物撰稿的林纾等。林纾一直是后辈小说撰稿者的偶像，而袁克文则是当时各大"旧派"文艺刊物的常客。在民初以至20年代，袁克文曾参与1923年"旧派"小说家发起的"中国文艺协会"并担任审查员，1923年《申报》上刊载的《中国文艺协会之成立》一文曾云："海上文艺家袁寒云、包天笑、宣愚公、陈飞公、周瘦鹃、江红蕉、刘山农、余大雄、丁慕琴、毕倚虹诸君，前发起一中国文艺协会。专以研究文艺，砥砺道德，本互助之精神，谋文化之发展为宗旨。"[1]另外，朱瘦菊在《歇浦潮》中其实也有不少对上海文人"笼

---

[1] 《中国文艺协会之成立》，《申报》1923年11月23日第15版。

络"袁克文的描写。这些职业撰稿人结交"权贵"或"名家"的例子并不足以说明他们的势利或堕落,而是表明他们职业生涯的逐渐稳固,他们的"小说家"身份逐渐明确,他们逐渐被权贵与前辈名家所认可。

其次,就创作者的写作内容而言,清末民初开始有了由主要撰写诗文向重点创作小说的转变倾向。清末民初随着小说地位的上升、小说在全社会获得的广泛讨论,当时的文学风尚、文学创作的体裁都不由自主地向小说偏转。当然,清末民初的古诗文创作者还有很多,大部分的小说撰稿人也常有诗作在报刊上发表,但是此时更能为作者招揽声名和利益的并非诗文,而是小说;撰者创作与表达欲望的"疏泄口"不再仅仅是诗文,还有小说,且这种变化逐渐具有了普遍性。

而古人在小说创作上的"表达欲望"并不具有普遍性,他们更多地是以诗文来抒发自己的情怀与对社会人生的关注,特别是从未出现过"群体性"的小说创作与"联谊"。在近代以前,有文社、诗社、词社,从来没有过"小说家"社团。那时的群体写作事件,一般是诗文。但自清末民初开始,靠着小说创作、小说出版而形成的各类"小说社"慢慢出现,无论是"改良小说社""月月小说社""新世界小说社"这些专门出版小说的书局,还是依靠各个刊物自发结成的小说创作群体,如所谓的"礼拜六派"等,清末民初以来的小说创作逐渐成为与诗文同样重要的知识分子自我表达途径,而且还发展出了结社的倾向,有了近似"社团"的群体性组织。

以清末民初《申报》《新申报》的固定撰稿人为例,不管他们发表过多少诗文,小说创作一直都是重点。而他们为读者所熟知的原因也大多因为小说作品而非某篇诗文,从中脱颖而出的大多成为"小说家"而非诗家或古文家,即使像王钝根这种撰写谐文多于小说的作者,其标签也是"报人"或"小说家",而不会是"谐文家"。小说的锋芒完全掩盖了古诗文曾有的光辉,一个趋新的"讨伐"旧有传统的时代,留给"重新发现"的小说的空间大大超出了传统古诗文,于是成批的知识分子、下层文人也开始转变自己的创作思路和习惯,于是各类小说便应景而出。民初《申报》《新申报》副刊有一批撰稿者蜂拥而入,他们大部分人尝试在新的时代寻找或改变职业,他们想到的不是做一位古诗文家,更多地幻想成为林纾、吴趼人一样的小说家。而且,除了在具体的创作中常常以小说为体裁,民初《申报》《新申报》的"小说家"还曾利用小说进行创业,如当时的小说函授学校。按前文所考证的张舍我就曾创设小说函授学校，并任校长。①而据郑逸梅介绍："时轩主设小说函授社于西爱咸斯路（今永嘉路），公达得暇，辄至社中，斗韵联句，相得甚欢……轩主，以曾左彭说部蜚声于时之徐哲身也。"②按，徐哲身，名官海，浙江剡溪人，退出政坛后以办报、编创小说为生，王钝根曾为其撰写小传，称："余为《申报》创编'自由谈'时，君亦投稿健将之一也。"③ 不仅如此，在小说越加成为社会的新宠，而"旧派"小说家越加出名的同时，曾有评论者发表《说小说应列入学校国文课程中及其教授方法》一文，认为公立的学校也应该教授小说，不仅述其理由，还拟定了具体的小说课程：

> 要使一个学生不出学校，知道外面的人情世故，非依赖小说不可。因为小说能够将社会上的鬼蜮，历历绘出，使阅小说的人，如同身历其境一样，自然增了不少的经验。并且有科学的小说，能增加人的智慧；长文法的小说，能增进人的文理。
>
> 各种学校小说课程之分配：
>
> 国民小学　　童话
>
> 高等小学　　名人传略（如《少年丛书》等）、冒险小说（如《鲁滨孙漂流记》等）、滑稽小说（如《哑旅行》等）
>
> 中等学校　　侦探小说（如《福尔摩斯侦探案》等）、社会小说（如《黑幕汇编》等）、历史小说（如《三国志》等）、言情小说（如《迦茵小传》等）、滑稽小说（如《稽者传》等）
>
> 大学校　　　教育小说（如《孤雏感遇记》等）、文学小说（如《聊斋》等）、科学小说（如《环游月球》等）
>
> 禁止的小说　神怪小说（如《西游记》等）、污秽小说（如《隔墙红杏记》等）
>
> 流弊的革除：但是要防一件流弊，是什么呢？就是除功课以外，绝对禁止学生私自阅看小说，以防无人指点，自己误会，生小说会引

---

① 赵苕狂：《本集著者张舍我君传》，张舍我《舍我小说集》，上海世界书局1924年版，第1页。
② 郑逸梅：《前尘旧梦·文公达考证扶桑非日本》，北方文艺出版社2009年版，第141页。
③ 王钝根：《本旬刊作者诸大名家小史·徐哲身》，《社会之花》1924年第11期。

坏人的事。①

由此可知,清末民初小说无论在"职业转化"上,还是在流行度上都要优于古诗文,所以近代知识分子在转变"身份"的过程中也必然优先地选择成为"小说撰稿人",也因此才有了民初的《申报》《新申报》小说家群体。

另外,清末民初小说总体地位的提升,小说撰稿者的蜂拥而出还可通过当时大部分小说作品的"署名"予以证明。盖古典小说的作者往往是不确定的、使用化名的或未署名的,由于小说本身的"不入流"或者小说内容有所"违碍"、忌讳,所以作者往往不想让人知道撰者的姓名。到了清末民初,这种情况开始发生变化。虽然还有相当数量的小说作品是用笔名、斋名进行署名的,然而也有一部分撰者开始将字号及真名题在作品之上,即使用笔名、斋名题署的,多半也是固定的、为文坛所熟知的,而很少有作品无所归属的情况。而且民初已有不少文坛同人集中介绍这些"小说家"的别名、字号,已经争相为他们澄清身份,如郑逸梅的《著作家之斋名》,古叶的《别号索隐》,王锦南的《小说家姓名别号表》等,而"小说家"本身也乐于这些介绍和"澄清"。这种署名的"确定性"一方面说明清末民初"小说家"已经"成名",另一方面也表示其职业身份的确立。"小说"不再是"小道",而是普通文人用以"追名逐利"的工具。

再次,清末民初小说创作者的变化还由于大众读者的增长。清末最早提倡小说功用者都会谈到小说对读者的吸引力及影响力,即通俗易懂、描摹世情,甚而寄托理想并具有戏剧性的小说,自古就不缺少读者人群。而在小说被高调提倡、小说刊物充斥市面、阅读小说越加方便的时代,读者人群的增长亦是显而易见的。而读者的增长、读者对阅读小说的兴趣一来可以促进小说类刊物的销量,使得报刊业越发有兴盛之势,二来也带动了小说创作者的增加。因为小说刊物的"征稿"一般会根据读者的需求来进行调整,当时有不少刊物都设有类似"读者俱乐部"的栏目,刊物编辑平日的信件也不仅来自撰者,还有相当的部分来自读者。读者可以对文稿纠

---

① 余青心:《说小说应列入学校国文课程中及其教授方法》,《时事新报》副刊《学灯》1919年4月11—12日。

错，可以对小说的内容、作者等提出异议，也可以对某位喜欢的作者表达欣赏与赞誉。如《歇浦潮》在《新申报》副刊连载之时，时间过长且一直没有完稿，于是"海内读者欲见全稿之心奇渴，不复可耐，纷函怂恿发刊专本"①。又如，王钝根在主持《申报》《新申报》副刊时也曾常常给读者回信，有时不得已还会在编辑部会客：

> 冬日苦短，辑务蝟繁，恨无余晷从容见客，诸友赐教请以书札，必不得已于每日下午四时至五时，辱临本馆作片刻谈，钝根敬当论茗以待。②

如此情势之下，读者对小说、对刊物有高度的关注，编者与撰者自然也会随之"转移"而将更多的精力投向小说。这一方面拉近了刊物与读者的距离，另一方面也可促进刊物的销量。吴觉迷就曾撰写游戏文章描述争购《礼拜六》的火爆场面：

> 钝根自编小说周刊《礼拜六》以来，社会欢迎，万人倾倒，每至礼拜六日棋盘街之车马塞途，或询之，则曰：往中华图书馆购《礼拜六》小说也。又有一般家童馆役奔波劳苦，盖奉其主人之命来购书者，辄在中华图书馆门前窃窃咒詈曰：钝根造孽，钝根造孽。然以予所知骂钝根造孽者，犹不止此家童馆役也。③

因此，小说读者的出现与增长客观上也促进了小说的"生产"及小说撰者的增多。更何况，撰者本身就是最忠实的读者，而读者亦常常可以转化为撰者，一旦小说的上升之势形成，小说撰者与小说读者的增长之势也会随之而来。如小说家陈蝶仙，他本来只是"自由谈"的读者，虽然其在杭州一地早有诗名，也撰写过小说，但是其成就大名却在入驻《申报·自由谈》之后，而其与"自由谈"结缘最初就是靠着阅读、投稿与通信。王钝根曾说："辛亥夏，余为《申报》创编'自由谈'，广征文艺，君方在

---

① 王钝根：《〈歇浦潮〉序》，海上说梦人《歇浦潮》，上海古籍出版社 1991 年版，第 5 页。
② 《钝根启事》，《新申报·自由新语》1916 年 12 月 20 日第 4 张第 3 版。
③ 觉迷：《钝根造孽》，《礼拜六》1914 年第 10 期。

绍兴幕,以诗八律见投,余读之大为倾倒。旋后得其短篇小说,益叹赏不已,飞书报谢。君答函尤殷拳可感,自是邮筒往来无虚日。"① 除此例之外,《申报·自由谈》初期的大部分撰者多通过"邮筒"与主编结识,进而从读者成为撰者。

综合以上三点"创作者"的变化,其实是"表达主体""表达客体"及阅读群体的变化,他们共同造就了清末民初小说创作者的形态,特别是促进了小说家群体的形成和到来。

在小说家群体到来之际,小说作品数量急剧增长且品质不一;小说刊物不断出现,并且编撰者不断分化、聚齐,进而形成相互支援、互相供稿的局势。此时,既是创作群体的产生与到来,也是民初借助小说的"表达狂欢"的到来,而造成这种情况的原因除了创作者本身的变化之外,主要还因为报刊"新媒体"的出现与介入。

二 报刊新媒体对小说撰稿者的塑造

报刊在晚清的引入,无论是对于社会政治,还是对于艺术文学,都是一件大事,它整个地改变了中国社会的舆论空间,缩短了民众与政治的距离,同时也影响了文学的生产与传播,促进了小说市场的繁荣与增长,自然也成功地"塑造"了一批小说撰稿人。报刊新媒体主要从两点上改变了传统小说的形态:其一,它促进了"小说家"的近现代化,它使得小说创作从传统的个别人的表达诉求变为平台化、群体化的书写形式;其二,它为小说作品提供了更广阔、迅捷的传播渠道,它使小说能够快速地盈利并在一定程度上降低了作品的质量和水平。

就第一点而言,报刊主动为普通知识分子提供职业、稿酬、读者观众及交游平台等主要的生活内容,从而塑造了具有"现代性"的一群作者。当低层次的知识分子失去了"科举"这一生活重心,报刊正于此时来平复这种"失衡"。徐了青、嘉定二我等人多是赋闲无业者,而有志仕途或从事其他职业的普通文人也无不四处奔波,多有受挫,报刊给他们提供的不仅是发表作品的稿酬,还有将个人议论、心事与同人、读者分享的"福利"。"自由谈"让嘉定二我有机会与徐了青订交,让吴觉迷在贫病之际有

---

① 王钝根:《本旬刊诸大名家小史·天虚我生》,《社会之花》1924年第1期。

了生路,让映清女士因为丈夫"收入不丰"而投稿并成为弹词小说家,凡此种种都足以见出报刊对底层知识分子的无限吸引力,由此也使得投稿人越来越多,"小说家"越来越多。

当时好多撰稿者常常撰写投稿中的烦恼,如《投稿苦》《投稿乐》《投稿悲》《投稿小热昏》《论投稿》之类的文章,甚而有《投稿诸君之心理观》《戏拟投稿家日记》这样长篇的投稿心理分析。其中《投稿乐》一篇曾详细描摹投稿的经过与心理:

> 投稿究属如何乐法,听在下慢慢道来。吾于未投稿之前,细细将原稿复看,觉语不出众,平淡无奇,欲投而又止,欲止而仍投,不意明日自由谈上居然刊出,再读原稿,抑若翩翩欲仙,字字能飞舞,果然一登龙门,声价十倍,于是读一遍笑一遍,再读一遍再笑一遍,读之不止,笑之亦不止。夜郎自大,旁若无人,他人见我如此得意,猜度今日《自由谈》上又有钝根或爱楼之讽世妙文章,岂知吾所呼唔不辍者,正读我毫无价值之自己佳作也。①

另外,《投稿苦》一篇末尾有钝根的按语,他说:"热心投稿者多,《自由谈》容积少,天天登不完。编辑者瞧瞧这篇,瞅瞅那篇,雄蟹舍不得螯,雌蟹舍不得厣,一种左右为难的情形比投稿的还要苦呢。如今把尊稿担搁了多日,累先生耽了几天心事,先生又要怪我了,可不要苦死了人吗?"② 由此可见投稿者对稿件是否发表的担心和期望,他们欲求的已不单单是稿酬,更多的是发表后的"得意"与荣耀,而报刊的传播能量正足以提供这份"得意"。《申报·自由谈》曾期望投稿诸君寄送小像,以期登出,虽然此举并不能增加"名气",但是小像在报纸上刊出本身也是一种"荣誉"。比如,"自由谈"上曾刊有征求小像的"启事":

> 椒髡、醉红居士、红豆相思馆主、天白、李生、佐彤、太痴、酒丐、栖梧、豁公、定夷、定耕、□公、剑痴、一冰、署芸、懒渔、织

---

① 匹志:《投稿乐》,《申报·自由谈》1912年7月18日第9版。
② 钝根:《〈投稿苦〉·按语》(题目为笔者所加,王钝根的这几句话附于弱蚕《投稿苦》篇末),《申报·自由谈》1912年7月11日第11版。

帘、亡是公、侍仙、景骞、鹗士、荷僧、幻那、远香、蘧园、柚斧、蘅香、拜花、蜀西闲人、太宽、苏生、钝锥、小杜、觉道人、榴花轩主、蓬心室主、莽汉、虎痴、剑盦、剑秋诸先生，瘦红、碧梧、绿窗、倚桐、云珠、秋娘、兰贞、芝卿、庭珍、锦云、艺侠、潄馨、清芬、海珊、半梅、侍仙内史、卢善珍、魏锄月、姜映清、张曼君诸女士鉴：自由谈出现以来，蒙诸文家不弃，时以瑶章见惠，为本报生色，深感盛情，爰拟征求照片铸板排印以代买丝之绣，君等惠稿尤多，祈即赐寄玉照为幸。①

而除了"荣誉"之外，撰稿者还"有利可图"，虽然偶尔会有个别投稿者注明"不受酬"，但大部分的作者都会获得相应的稿费。当时《申报·自由谈》的《投稿润例》如下：

> 自由谈创行以来，蒙各处文家厚爱，投稿络绎，趣味浓深。本馆感纫之余，亟思有以酬答盛意，兹拟得投稿润例如左，希亟鉴焉。
> 自本月一号起，凡有关于时事之谐文、小说、笔记投交本馆登出者，分五等奉酬，头等每千字三元，二等二元，三等一元，四等、五等酌赠书报。
> 附例 头等二等三等四等五等之别，视篇末所注之一二三四五字样为定，投稿者请于月终向本馆账房计字取酬，来稿字迹不可太细，抄袭他报或旧书者不登，原稿恕不奉还。②

而后来《新申报·自由新语》的《征文润例》与"自由谈"也大致相同：

> 第一种 谐文，例分五等，一等每千字奉酬十元，二等七元，三等四元，四等二元，五等一元。
> 第二种 小说笔记（或著或译）等类，例分三等，一等每千字三元，二等二元，三等一元。特别加润者不在此例。

---

① 《无题》，《申报·自由谈》1913年5月27日第13版。
② 《投稿润例》，《申报·自由谈》1912年11月1日第10版。

第三种　诗词曲，不以金钱为酬，投稿较多者酌赠书籍物品。

第四种　图画，每幅奉酬五元至五角不等。

以上四种皆于月底结算。致送凭券，得券者随时可向新申报馆取酬或他书店取书。

来稿请附注通信处。

不受酬者亦请于稿尾注明。①

这样的稿费在当时已非常不错，据时人讲："民国初年，银元的价格虽增到两千文以上，而物价却涨了一倍，如小麦每斤卖到近五十文，馍头每斤四十五文，其他物价也随之上涨。民国五六年，我在曲阜求学时，学生每月三元津贴。"②虽然这是山东的物价，上海的可能略高，但是每千字一元到三元的小说已经足可让撰稿者糊口，因为当时上海"一般工人，每日每人所得的工资两角、三角、四角不等"③。《申报》当时的售价是"每份大洋三分，中国境内全年逐日寄大洋十二元，半年六元"④。又据许瘦蝶说，清末创刊的《娱闲日报》当时"每张仅售制钱八文，越半载，报价增为九文，至三十二年，乃改售大洋一分"⑤。由此可知，投稿所得的稿酬基本可以满足日常的吃喝及阅读需求。但也因此更致投稿人激增，报刊编辑部常常出现稿件积压的情况，"自由谈"主编王钝根就常常为此跟读者及撰稿人道歉："钝根按，此作投来已久，因小说稿积压，迄今始得登出，希作者与阅者共谅之。"⑥

也正是在报刊新媒体稿费制度的带动下，加上小说受到的热捧，小说撰稿者很快成为一个社会群体——他们成为依赖稿费收入生存的一群人，也是靠着"文字交"走出自己狭窄生活空间的一群人。同时，在逐渐熟

---

① 《新申报》副刊自1916年11月20日创刊，此《征文润例》只要版面尚有余空，几乎每日都登。
② 姚西峰：《清末民初的货币和物价》，政协巨野县委员会文史资料委员会《巨野文史资料》第4辑，1990年，第110页。
③ 袁实笃：《上海米贵各业罢工情况（节录）》，中国史学会、中国社会科学院近代史研究所编《北洋军阀（1912—1928）》（第1卷），武汉出版社1990年版，第662页。
④ 《本馆定报价日》，《申报》1912年1月1日第1版。
⑤ 许瘦蝶：《记王恩甫》，《永安月刊》1948年第105期。
⑥ 王钝根：《〈军办铁路〉按语》（题目为笔者所加），原话附在署名"井水"者所撰《短篇小说：军办铁路》之末，见《申报·自由谈》1913年12月24日第14版。

识、结交、通信的过程中，撰稿者之间又通过在同一平台上的稿件问答、诗文酬和、作品代笔与接续等方式完成了这一群体的整合与分组，即如前文所说的《申报》《新申报》副刊小说撰稿群、《时报》副刊撰稿群、《小说月报》撰稿群等。

就第二点而言，报刊的出现一定程度上也降低了小说作品的质量和水平，这从当时作品的总体数量与有影响力作品的数量比例即可得出大致准确的结论。清末民初二三十年间的中文小说"生产"总量远远超过了报刊出现之前的传统小说总和，而深为大众所熟知并能载入小说史的仅有数篇，特别是民初"旧派"小说在全盛之时"生产"小说的数量计不胜计，而其中的"名作"却寥寥无几。报刊登载小说使其具有了时效性、促进了小说业的繁荣，但同时也导致小说越来越"碎片化"。这与诗词在唐宋之后的碎片化一样，越来越多的人进行创作，但佳作也越来越少；小说创作的准入门槛越来越低，小说作品本身也变成琐碎、重复、趣味趋同，并进而影响到时代的审美追求。以民初《申报》《新申报》小说撰稿者为例，他们以报纸副刊为平台组成一个"集体"，而这个集体也在"平台"的驱动之下变成创作内容大体相同、作品趣味较为一致的"自由谈类型"。更进一步，到20年代"旧派"小说家格局的形成，其趋同的结果便是被"归认"为同一个"派别"。

以《申报》《新申报》副刊为平台的小说家群体，其总体成绩不能算少。他们既完成了相当数量的作品，还一起讨论创办了《自由杂志》和《游戏杂志》，他们反过来也增大了"自由谈"的影响力，提高了"平台"的吸引力。虽然像王钝根、周瘦鹃、许瘦蝶等数人也成功跻身20年代"旧派"自己评定的"名小说家"之列，但是《申报》《新申报》副刊的整体小说成绩却并不突出，特别是进入20年代之后大部分撰稿者被淘汰出局，不再撰稿，这些都与报刊媒体及小说市场的过度"催化"有关。小说家正是为了适应报刊的发表、传播速度才无暇细思作品的质量，才会出现作品的无限囤积、撰稿人队伍的无限拉长，进而再由小说发展及市场本身对此"过度的局面"进行调节。然而在新的时代及媒体条件之下，这也是必然的趋势。

社会革命的结果及报刊媒界的出现正在打破阶层的隔阂、塑造舆论的公开、建立"表达权"的平等，将众多的底层文人收归新的社会秩序与职能中。报刊媒体本身是依附于市场、大众而消解权威的，文学报刊尤其如此。清末民初，小说发展依靠报刊完成了其地位上升的第一步——"社会启蒙"，而到辛亥革命之后以至20世纪20年代，"启蒙"逐渐被单纯的"阅读需求"所取代，这种需求可以仅是娱乐休闲的，也可以带着求知的色彩，但相较于梁启超呼吁"小说界革命"时期的情形，此时市场、读者的需求因素对撰稿人的影响更大。因此相应地，此时的小说家已经模糊了"启蒙"的责任，而主要关注于小说的吸引力本身，即创作者已不再是早期的那批"启蒙"政治家或者以"警醒国人者"自居的儒士，更多的是一般的下层文人，这种责任的回避、创作权的"下放"直接影响了此一时期小说作品的形态与水准，而这种创作者态度的改变、小说内容的转移正是小说发展的趋势之一，可以说"小说家"的转移与小说形态的改变是互为因果的，而其前提则是报刊新媒体的介入与帮助。

如果没有后来的社会动荡及意识形态的高压批判的话，也许小说家群体会在报刊的承载范围内持续增长，那样一般的知识阶层、普通民众都可以成为小说家，亦即预示着个人叙述的全面解禁，或者可以称之为"表达的狂欢"。

而清末民初《申报》《新申报》的小说家群体只是"表达狂欢"的开始，其作品是碎片化的、水平参差的、迎合读者大众的创作。这种报刊媒体支撑下的写作变化其实可以与当下的互联网媒体相对照。当下的各类创作更加混乱、喧嚣、水平重复参差，当下的小说家不再依托于某个文学刊物，而是靠着互联网的连载平台进行小说的更新、销售与出版，故这个群体更加庞大，而且在读者更加多元的情况下也有更多的层次和群组。因而，清末民初的小说家群体正是在社会平权、新媒体诞生下的"表达狂欢"之开端和雏形，而由王钝根、童爱楼、吴觉迷、许瘦蝶等人组成的一群则是其中的代表。拿《申报》《新申报》小说家群体中任何一个单独的个体都无法衡量、标注那个时代的小说特征与成绩，但其群体却足以说明清末民初小说创作、"小说家"的具体形态，足以表露传统小说"现代化"的足迹，而这也正是这一群体应该获得正视的原因——它们不完全是小说质量水平的下降，不完全是小说家为了稿酬的猛增和"拥挤"，它们在无意中开启了一个全新的写作时代，它们或者正是当下的小说创作及小说市场形态的线索与源头。

范伯群就认为："民国时期的优秀的文艺作家跟现代的网络类型小说作家之间是有血缘关系的，因此从农耕时代到工商时代的所谓鸳鸯蝴蝶派的大众文学,以及现在的网络类型小说,实际上是一个市民大众文化的古今文学的链条。"① 这二者都有时代生活的变化,有媒体技术的革新,也都有读者与撰者的激增,但与其说它是"市民大众文化的古今文学",不如说是文学在政治的松弛之下回归了"本位",是撰者与读者均在"社会责任""价值要求"退却之后重获自由。王钝根、李常觉、吴觉迷、孙剑秋等百余人在民初《申报》《新申报》副刊上发表的作品共有一千余种,其中大部分是滑稽短篇,一部分是言情、侦探,还有一些是兼具政治叙事与通俗趣味的"爱国小说"。他们开始了集体式的自由表达,他们的主题多元而混杂,他们在"自由谈"标题之下开拓着文学叙述的边界,在延续"小说界革命"的意愿之中进行着小说创作。所以,他们仅仅是市民文学、"创作权力下放"的一个开端,而直到当下的网络小说创作,绝对的服务于大众与市场的文学才真正获得"解放",群体式的小说写作才得以完全实现。

中国社会近现代化的启蒙主题是民主与科学,是人的平等与自由;同样地,中国文学的近现代化是每位作者"表达权"的平等,是写作权利的共有。这种"表达权"的平等不仅体现在概念上,在实际的操作中亦是如此。这群小说家的出现正是清末以来每个个体都具有"表达权"的绝好体现,而他们之于中国近现代文学的意义也正基于此。

第二节 小说"现代化"进程中"创作型"小说的全面开始

清末民初中国小说开始逐步进入"现代化",其中既有在小说体裁、概念、特点上的"与世界接轨",也有在创作、传播、评论等方面上的"与西方同步"。特别是在梁启超提出"小说界革命"以后,我国小说的创作模式也发生了极大的变化,即纂辑琐屑逸闻的札记式小说、累世删润

---

① 范伯群:《网络小说如何实现华丽转身》,中国文联理论研究室、中国文艺评论家协会、中国文联文艺评论中心编《新形势下的文艺评论的责任与作为·第七届当代文艺论坛文集》,当代中国出版社2015年版,第16页。

完成的话本式小说等逐渐被真正的"创作"所掩盖和超越。尤其是在《申报》《新申报》等小说家群体出现之后,无论其作品质量的高低优劣,更符合现代小说定义的"创作型"小说已经成了小说作品的主流,且在小说家群体的表达狂欢之下得以全面展开。

一 小说价值的"现代化"

清末民初以来对于小说的看法其实一直存在矛盾。用传统的眼光来看,小说乃"小道",即使"或有可观者",然仍不免"劝百讽一"贻害青年;用西方的"先进"眼光来看,小说是可以熏陶大众、抚慰人心的,是具有改进社会的意义的。梁启超要改革旧小说、提倡新小说,无非是要去除旧小说的"缺点"而添以新小说的"优点",然而经过十来年的发展,即"旧派"小说兴盛之时,小说似乎仍然具有贻害青年的特质;即使它们已是具有"现代"特征的小说,却仍不免在"勾引"青年的道路上继续前进,小说的价值和意义似乎总是难以显现并发挥"社会作用"。因此评论者只好批评"旧派"小说本身仍是"旧的"、而非"新的",甚至发表"鸳鸯蝴蝶派"小说也应在被革除之列一类的言论。但事实上,这些看法之间是存在矛盾的,因为"鸳鸯蝴蝶派"或者说"礼拜六派"并非完全是"旧的",它们亦是"小说界革命"号召之下的产物,是秉持着小说的价值与意义进行创作实践的结果。

不管是清末以来《时报》《小说月报》的主要撰稿者,还是《申报》《新申报》撰稿群,他们都是热衷于研讨、宣讲小说价值的一群人。他们不但看重小说的影响力,同时也践行着这种价值之下的小说创作并取得了读者的欢迎。相反,梁启超等"小说界革命"的倡导者在小说创作上却不具备这样的影响力。那么,到底是梁启超等人的创作缺少了吸引读者的要素,还是清末民初的通俗小说家抛弃了"小说价值"?似乎二者皆有发生,但其实通俗小说家并没有"抛弃"小说的价值,而只是偶尔的"遗忘"。周瘦鹃晚年回顾《礼拜六》杂志时说:"当年《礼拜六》的内容,前后二百期中所刊登的创作小说和杂文等等,大抵是暴露社会的黑暗,军阀的横暴,家庭的专制,婚姻的不自由等等,不一定都是些鸳鸯蝴蝶派的才子佳

第四章 《申报》《新申报》小说家群体的意义及价值

人小说。"① 虽然这是他晚年"回护"自己的言语，但其表述的内容也是事实，《礼拜六》确实不是仅仅供人消遣和娱乐的，其中直接署为"爱国小说"的就有 16 篇，而最为评论家推重的"社会小说"有 30 余篇，因而《礼拜六》的撰稿者不可能是"抛弃"小说的社会价值和责任者。同时，王钝根在《自由新语发刊辞》中也说过：

> 自由新语何为而作也，盖以国步艰难，竟成瘫子，人心忧戚，若丧老公。……哀哀同胞，岂将长此蹲在大皮鼓里打盹耶？抑一辈子哭丧着嘴脸完事耶？窃谓正论不行，可以反论，竖说不得可以横说……管他三头六臂也要讥评，由我北调南腔只图爽快。夫聚七人而放屁，犹可巧协宫商，况集众秀以成班，怕不大杀胜会。②

既然谈到"国步艰难"，其撰稿者及相关作品就不可能只是"调侃"与"游戏"，起码其宗旨也包含着"为同胞发声"的意愿。

事实上，《申报》《新申报》副刊中的小说及小说家的言论时时处处有对小说意义的探讨和追寻，因为不如此，"小说家"根本无法确定自己的位置和身份。我们前文已经讨论过近代知识分子的身份改变，从文士到"小说家"，除了获取稿酬、名气之外，他们还需要赋予这种身份某种意义，其意义正是梁启超辈所强调的小说家的责任，是"小说家"之于社会的"义务"。即便这些小说家在实际的创作品中"漏掉"了责任，但在具体的讨论与发表意见时他们也绝不会表示自己没有打算承担这份责任。他们不仅与倡导"小说界革命"的前辈一样继续"吹捧"小说的价值，在探讨小说的概念、创作、影响力等颇具"现代性"的理论上也有很大的进步和发展。像张舍我 1921 年就曾在《申报·自由谈》上发表系列小说评论文章，探讨小说的界定、分类、要素等基本内容，这本身就是对小说"革新"的认同，他们并不完全是"旧的"，因此当时的小说评论者对"旧派"小说的挞伐也是一种简单粗暴的"定义"，是在一定程度上的混淆事实。

在清末民初中国小说"现代化"的过程中，其实存在一个小说价值的

---

① 周瘦鹃：《闲话〈礼拜六〉》，《拈花集》，上海文化出版社 1983 年版，第 95 页。
② 王钝根：《自由新语发刊辞》，《新申报·自由新语》1916 年 11 月 20 日第 4 张第 2 版。

起伏过程。最初是梁启超等人"赋予""提升"了小说价值,然后是"旧派"文人在自己的实际创作中消弭了这种价值,进而是新派小说家在对"旧派"通俗文艺的批评中再次"确立"了小说的价值。在这一过程之中,"旧派"通俗小说的成绩与影响被基本否定,因为清末以来所讨论的"小说价值"的核心始终停留在对小说的"开启民智""引领社会"等作用的追求上,很少顾及"旧派"作品对小说发展可能存在的促进意义。然而,即使大多数人对于面向市场大众的新兴"旧派"小说不予承认,甚至"旧派"小说在接下来的一二十年间又历经"劫难",但事实上,其"消弭价值"的意义正在于对小说进行了一次颇具效果的"祛魅"。

晚清由于过度强调、抬升小说的地位和"能力",无形之中也给予了小说许多"附加值"。特别是因为看到个别的外国小说在社会运动中的作用,也就极力鼓动小说创作者尽量去掌握这种超能力,但没有相配的社会与土壤,小说真正能起到的作用其实非常有限。像梁启超就极注重政治小说,而且身体力行地创作过政治小说,他说:"在昔欧洲各国变革之始,其魁儒硕学,仁人志士,往往以其身之所经历,及胸中所怀政治之议论,一寄之于小说,于是彼中缀学之子,黉塾之暇,手之口之,下而兵丁、而市侩、而农氓、而工匠、而车夫马卒、而妇女、而童孺,靡不手之口之。往往每一书出,而全国之议论为之一变。彼美、英、德、法、奥、意、日本各国政界之日进,则政治小说,为功最高焉。英名士某君曰:小说为国民之魂,岂不然哉?岂不然哉?"① 然而斯陀女士的《汤姆叔叔的小屋》或许可以引发美国的"废奴"运动,而清末国人期望某篇小说可以引发社会变革却几乎没有可能。林纾、魏易虽将此作译成《黑奴吁天录》,但其希望的"振作志气,爱国保种"② 也一时难以达成。清末民初的评论者总是赋予小说一些其自身并不具备的东西,即或有引发广泛议论或改革的可能,但这只能期之"偶然",却并不是政治小说、社会小说的"必然"。又如,黄世仲说:"各国民智之进步,小说之影响于社会者巨矣。《佳人奇遇》之于政治感情,《宗教趣谭》之于宗教思想,《航海述奇》之于冒险性质,余如侦探小说之生人机警心,种族小说之生人爱国心,功效如响斯

---

① 梁启超:《译印政治小说序》,《梁启超全集》(第1册),北京出版社1999年版,第172页。
② 林纾:《黑奴吁天录跋》,薛绥之、张俊才编《林纾研究资料》,北京知识产权出版社2010年版,第91页。

应。"① 其实这几部小说在其本国的"功效"并不如黄世仲所说的那样明显。而天僇生（王钟麒）所认为的"古先哲人之所以作小说者，盖有三因：一曰愤政治之压制……二曰痛社会之混浊……三曰哀婚姻之不自由"②均是清末小说家的"苦心"，并非古代小说家所能达到的"视野"。

  盖这种种期许和论述，都超出了小说本身，是小说以外的东西。正如觉我（徐念慈）在《余之小说观》中所言："所谓风俗改良，国民进化，咸惟小说是赖，又不免誉之失当。余为平心论之，则小说固不足生社会，而惟有社会始成小说者也。"③ 其所说"惟小说是赖"，正是晚清国人对于"小说"的过高期望，亦即评论者赋予小说的"魅"。而清末民初的"旧派"小说创作恰恰对小说进行了"祛魅"，他们将附加在小说身上的强大功能卸除，归还小说以本身的特点及文学本质。

  清末民初"旧派"小说撰稿人创作的小说大部分都是通俗而适于普通市民阅读的，即或是"爱国小说"也常常掺以恋爱的情节，"社会小说"也往往偏重于刺探"黑幕"，他们为了吸引读者的兴趣以实现小说的"价值"，却因此逐渐地掩盖、牺牲了小说的"价值"。无论是《申报》《新申报》副刊，还是"自由谈"同人创办的《自由杂志》《游戏杂志》，他们最初的意旨无不包含"针砭时弊""警示国人"，而他们的千余篇作品则在"戏谑""游戏"之中供读者消遣、打磨时光，似乎对于小说的"定性"又回归到了"小道可观"的传统时代。但其实这只是实际创作与意图愿旨之间的分离，之所以会出现这种分离，不是"旧派"小说家故意要"倒退"，而是小说在兴盛的市场面前，重新获得了它消闲、富于趣味性的一面。毕竟小说不是为了"改变时代"而产生的，其所谓"责任和价值"乃是"特定时代"强调和要求的。像王钝根、陈蝶仙、童爱楼等人因为受传统教育熏染很深，故而在文笔及写法上与旧小说比较相近，但张舍我、卢天白、闻野鹤等人其实是新生代的小说家，他们对于小说的理解及创作实践都与旧时代有很大的不同，但他们亦通过言情、侦探等通俗小说获得了读者的喜爱。反而是那些强求小说发挥"价值"的作品因失掉小说的自身特点而无法获得读者的青睐，进而无法实现"启蒙大众"的理想。盖小

---

① 世：《小说风尚之进步以翻译说部为风气之先》，《中外小说林》1908 年第 4 期。
② 天僇生：《中国历代小说史论》，《月月小说》1907 年第 11 号。
③ 觉我：《余之小说观》，《小说林》1908 年第 9 期。

说的"故事性"及戏剧化的人物冲突是吸引一般读者的要素和关键，至于作者的思想意图、说教议论等内容则必须依靠这些要素才能很好地"输出"；娱乐性、趣味性、修辞手法、叙事技巧等内容亦是小说的主体部分，而去掉"价值"的"魅惑"与过渡，小说才得以正常地、舒展地发展。黄厚生在《调和新旧文学进一解》中说，"新旧文学是异道同归，仅从两方面的感情上判断，其实都在一条直线上"，只不过旧文学"摸不着真正文学的门径"。① 但其实是"旧文学"在创作的过程中没有很好地完成小说价值的"社会输出"，反而将其不断地消解，所以新文学继起之后是再一次地强调小说的社会"价值"和责任。所谓"血和泪的文学"，只能是觉醒与反抗时代的要求，而不能是小说该有的常态。清末民初"旧派"小说家正是通过自己的作品对小说进行了"祛魅"，且其"祛魅"的程度在小说家群体出现之际进一步加深。

《申报》《新申报》小说家群体让"消闲""娱乐"的作品以更多的数量、更快的速度生产出去，市民的需求不仅得到很好的满足，并且还有所扩大。整个撰稿群体以巨大的能量推进了《申报·自由谈》等投稿平台的发展，固定的读者群在阅读之中也得以培养和产生。"旧派"文学在清末民初的高效推进与发展，无意之中也给了晚清以来刚刚提升的小说的地位和价值以极大的冲击。特别是，小说撰稿者的快速增长，使小说创作不再具有"使命性"。"下层"的知识分子将"小说"这种承担过分责任的表达方式从政治家、启蒙者手中夺过来，消解了其"庙堂式"的布道讲章特点，消解了"小说家"身上的附加值，使小说的"著作权"更加地平等化。晚清以来，评论界几乎一致认为小说家应该是"社会的喉舌"，应该担起警醒民众的应有责任，"小说家"正是在这种要求与期许之下，提升了自己的地位，获得了前所未有的荣誉。然而，在小说界不断扩大、小说撰稿者急剧扩张的民初，"小说家"很难再取得此前的"风光"。小说创作者不再是少数几位名家而是数个群体，与读者见面的不再是个别名家的作品而是某个刊物平台的群体创作，且读者本身也随时有变成创作者的可能。如此，"小说界革命"之初为"小说家"争得的荣誉和地位很快"下落"，"小说家"似乎可以不必是社会的喉舌，而连带着的小说价值也变得不那么确定。

---

① 黄厚生：《调和新旧文学进一解》，《文学旬刊》1921年第6期。

新派小说家总是批评清末民初通俗小说家的"腐朽"与"倒退",然而从整个中国小说的发展来看,这种对小说价值的消解恰恰是一种进步,是小说"现代化"过程中的重要一环。因为以当下的文学批评眼光来看,小说并不是推动社会改革的必要因素,小说可以对读者产生影响,甚至可以拿来做宣传工具,但其作用和功能都是有限的。小说本质上只是一种描写和表达方式,给读者以娱乐、消遣与思考亦是其题中之义,但却不便拿来做社会改革工具,让小说找回其"平凡真身"才是小说"现代化"的正确道路。清末民初《申报》《新申报》小说家体正是以"集体式"的创作参与了消解小说"无上价值"的文学进程,虽然这种消解是无意识的,但是客观上却重构了民初小说的形态,促进了小说的"现代化"。

二 "创作型"小说时代的到来

清末民初《申报》《新申报》小说家的作品总体质量虽然不高,但他们都是切切实实的创作者,他们还用其颇具"现代性"的创作态度助推了中国小说的"现代化"进程,因为传统小说常常是记录性的、纂辑式的,而非"创作"出来的;传统"小说"往往是累世删润而成的,有演绎底本的,绝少是"原创"的。

古今小说的不同既有定义、内容、观念上的不同,也有写法、撰写初衷、传播方式等方面的不同。在清末民初的文学评论者逐渐推翻旧有"小说"评价标准、重新审视梳理中国小说时,小说被依照西方文学的标准进行归类和评述。小说被分成短篇和长篇、白话和文言,被分为言情、社会、侦探等类型,被认为具有表现社会人生的崇高价值。而在传统的叙述语境中,小说是"街谈巷语",是"小道可观"的庞杂内容。现代的文学观念常把"虚实"当作评判小说的一个标准,倾向于将虚写的内容归为"小说",而把写实的作品定为散文或其他文体。然而在传统的观念中,《列异传》《神仙传》这类虚幻不实的作品是"小说",文史考证类的札记有时也算"小说",像胡应麟在《少室山房笔丛》中就将志怪、传奇、杂录、丛谈、辩订、箴规等内容均归为"小说",而以"现代"的小说观念来看,《颜氏家训》《梦溪笔谈》之类均不能划归为"小说"。同时,现代观念所认为的"虚构",在古人眼中也不一定就是"虚构",不然现代人也不会批判"迷信"、提倡科学。因而"虚构"不是传统小说的特质,

"小道可观"才是;"创作"也不是小说的标准,记录"街谈巷语"才是。古人将今日所认为之"小说"归在"史部"和"子部",《四库全书总目提要》分小说为"叙述杂事""记录异闻""缀缉琐语"三派,其反映的正是传统小说的形态与本质。即,所谓的古典小说其实大部分都是古人对所见所闻事件的直接记录和书写,是按照古文的规则将逸闻琐语纂辑成篇,或辅正史、或助谈笑,但却非靠着自己对历史人生的观察和体悟而进行的阐述和表达,即大部分都不是"创作"(虽然明清以来真正的小说创作逐渐增多),而只是记录、辑佚,是对世间传闻的整理,是史学的方法,而非文学的手段。

这种较少进行"创作"的情况正是在清末民初被打破的。小说从被赋予无上的社会价值、被列为"首屈一指"的文学体裁之时,真正的小说创作便多了起来。古人的《红楼梦》《儒林外史》等当然也是"创作",但这一类作品太少。而晚清以来描述社会、虚构未来、表述人生细节与体悟的"创作"之作则纷纷出现,即使其文学水平与价值并不足以超越古人,但在撰写小说的"态度"上却开始与西方世界接轨了。

既为"创作",作品大多在撰写之前已先有了"立意"和宗旨,清末民初的小说撰稿人在下笔之前已经知道要写一个什么"故事",要表达一种什么思想或道理,甚至可以预见主要的读者与受众是谁。因为他们在作品题目之前往往标注"社会小说""言情小说"等不同的类别,即对作品的意旨已做出了"规定"。像《申报》《新申报》小说家常常撰写"滑稽短篇",虽然所述仅为一件小事或假设虚构的某个场景,但却在行文之前已明确了自己的表达意愿,故该作品乃是作者独立"创作"的结果,并非简单地将某人某事记录下来。"立意"确定之外,清末民初的小说不再是史传性质的作品占主导,而是言情、武侠、侦探及社会小说等内容成了"创作"的主流。像魏晋时期的志人、志怪其实是史部的支流,唐代的传奇也基本是人物传记的余脉,宋明以来的"烟粉""杠棒""银字儿"等话本则是戏剧的底本。虽然清末民初的通俗小说内容古时已有,但就古人对小说的认识而言,其并不会深究"创作"的类型与过程,而只会在意记录下某些事件或人物,且很少主动去虚构、创造某些人物与故事来表达某种意旨和想法。而清末以来,小说撰稿者认识到的一个小说特质就是"创作"。

像古人研习撰文、作诗一样,清末以来的小说撰稿者特别注意小说的

第四章 《申报》《新申报》小说家群体的意义及价值

创作过程及撰写能力。虽然古人也曾将某些小说评为"才子书",也会评点小说的"好处"、作者的功力,但却多是从文章的角度、从史传的角度去评讲的,对小说本身的价值、小说如何按照自身的规律及特点去谋篇布局则较少顾及。因为古今小说的标准是不同的,所以在清末民初的撰稿者对小说这一文学体裁有了新的认识之后,新的研究与论述自然会影响到他们的创作。这时的小说家特别重视"天才"和创造力,如张舍我曾谈到小说与创作力,他说:"吾人若立志作小说家,与有作小说之天才者,必须深知创作之理想。西方著作名家有教言示其年幼之著作者曰:'容汝之思想萌芽'。……要有创作之思想能力,第一必须避庸俗……第二必须避重复。"① 而古人则没有"立志作小说家"者,亦无所谓"创作之理想",此即"有意识的创作",非古人"无意识的创作"——这便是古今小说主要的区别之一,也是中国小说"现代化"过程中的重要一步。由此"有意识的创作",清末民初的撰稿者才特别注重讨论"小说家的养成",注重如何才能撰写出极好的作品,能够使自己的创作意旨最大限度地表达出来并给读者以启示,像通俗小说家张碧梧就撰写过《小说家应当游历的必要》②,凤兮也谈过《我国现在之创作小说》,他认为:

> 以严格言,我国非无创作小说,惟足当创作而无愧者,盖亦鲜矣。且我国创作小说,只短篇而止,长篇则未之前闻也。③

虽然凤兮主要是批评清末民初的小说缺少创造性的新意,但他也同时对某些短篇小说作出了肯定的评价,而无论是他们所评论的作品还是这些评论本身都是"现代小说意识"的体现。

清末民初的小说撰稿者开始认识到了"创作"本身,但这种创作意识的觉醒并不一定就能产出好的小说作品,"创作"成绩的打磨也需要一个过程。清末民初小说家创作之初就是撰写了许多颇具"自传"性质的作品,而这亦是他们尝试真正"创作"、推动中国小说"现代化"的具体体现。

---

① 张舍我:《小说与创作力》,《申报·自由谈》1921 年 3 月 6 日第 14 版。
② 张碧梧:《小说家应当游历的必要》,《申报·自由谈》1921 年 4 月 24 日第 14 版。
③ 凤兮:《我国现在之创作小说》(上),《申报·自由谈》1921 年 2 月 27 日第 14 版。

《申报》《新申报》小说家述考（1907—1919）

"自述传"式的作品常常出现在小说家创作的初期，因写作手法及艺术技巧的不成熟，社会体悟的不深刻，小说家常常从描写、剖析自己开始。而无论是清末民初的小说作品，还是此时的小说撰稿者都具有这一"创作初始阶段"的特点。因为人的创作冲动往往起源于自我情绪的表达与释放，而古人常用的创作体裁是诗歌与文章，所以古人的诗文里有最多的"自我"叙述，像古典小说《红楼梦》《儒林外史》也可能是"自我表达"，但是当时这种情况并不常见。但自晚清"鼓吹"小说以来，小说就成了"疏泄自我"的主要方式，即具有"藏之名山，遗之后世"理想寄托的不仅仅是诗文集，还可以是小说，也因此小说便承载了"自述"的可能。再加上清末民初的小说家刚刚认识到"创作"的概念与价值，他们不再像大多数古人那样仅仅记录、纂辑逸闻趣事，他们渴望能通过自己的观察与体悟表现社会人生，渴望担负起"小说家"的重任，于是具有"原创性"的、带有自传性质的小说就不断出现在读者的视野之中。

晚清以来，带有"自述传"性质的小说有很多，其中以描摹、揭露现实著称的所谓"社会小说""狭邪小说"很多都是在叙述自己及自己周边的人事。像《孽海花》《海上繁华梦》《九尾龟》《广陵潮》等均以浓重的笔墨刻画了清末的旧式文人，其人物之众、酬接之多、场景之清晰、线索之明确，如果不是亲历其中的人，很难有如此真切的描绘。曾在《新申报》副刊上连载的《歇浦潮》亦是此类作品，虽然无法确认其中哪些人物是作者的化身，但小说中身份明确的人物也有不少，如方凯城喻袁世凯、方振武喻袁克文等，作者虽然巧妙地将自己掩盖起来，但许多出场人物都有作者的影子。又如，和包天笑、张毅汉等同在《时报》小说撰稿者阵营的毕倚虹，其《人间地狱》就是一部具有自传性质的小说，陈小蝶晚年曾记此书曰："书中人名皆隐托，柯莲孙是他自己，恋人秋波，则是会乐里的乐弟……而包天笑、姚鹓雏、郑丹斧（杭州人）都成了书中的次要主角。"[①]

"社会小说"之外，"言情小说"的"自述传"特点更为明显，像苏曼殊的《断鸿零雁记》《绛纱记》，徐枕亚的《玉梨魂》等均带有自传性质，而当时的读者也对主人公的身份有所揣测，有评论者就说："徐枕亚自为《玉梨魂》中之何梦霞，能不讳其中国不许有之情，意尚可取……姚

---

① 陈定山：《春申旧闻·〈人间地狱〉心影》，海豚出版社2015年版，第195页。

第四章 《申报》《新申报》小说家群体的意义及价值

鹓雏自为《恨海孤舟记》中之赵秋桐,及《夕阳红槛录》中之某某(偶忘其名)。两书皆写所谓雅人雅事,不免将自己写作此宗人矣。"①

在《申报》《新申报》小说家群体之中,通过"自述"以尝试"小说创作"的亦不在少数。如周瘦鹃的许多"言情小说",虽然对男女主角的身份描写常常不着痕迹,但多为自己的映射,所谓"紫罗兰"逸事更被时人传为美谈;又如,陈蝶仙的"自传体写情小说",韩南曾在其《中国近代小说的兴起》中就此专门进行论述,他所举的例子是陈蝶仙写于1912年前后的《黄金祟》和《娇樱记》②。除这些以外,《申报·自由谈》的主编王钝根也曾写过自传体小说《家庭地狱》③,而前文所考论的女小说家吕韵清同样常常在小说中将"自己"的经历添置在角色身上,她的《返生香》《石姻缘》等作品中都有以自己为原型的人物。

这其实是一种普遍的创作冲动的释放,"小说家"通过"小说"来演绎自己,并希冀可以进一步表现时代、改良社会,只是由于他们创作手法的不成熟,导致其实现"小说价值"的愿望受挫,使其产出的小说作品只能在"自述"的旋涡中挣扎。然而,毕竟小说从此成为一种普遍的抒写方式,它与诗文一样成了"创作"出来的而非搜集记录下来的文字,同时还比诗文的表达更加具象和充实。同时,这种"创作"的变化并非单一地出现在某位"小说家"身上,而是在清末民初的小说家群体中均有所体现,即真正的小说"创作"成了小说家的主导意识,"创作型"小说时代得以全面开始,中国小说的"现代化"又进了一步。

由此可知,清末民初运用"自述"来进行创作是小说家的"常态"。他们小说的主角常常是自己,场景是自己的日常生活,因为诸位撰稿者在艺术造诣上的不成熟,他们很难在描摹现实的时候将自己隐去,很难将现实的经历都"潜移默化"在一个虚构的小说世界中。然而这正是"创作"的开始,也即从传统小说写作到现代小说"创作"过程中的重要一步。中国小说的发展,开始从札记式的记录、合撰式的累世纂辑过渡到"现代"的个人原创阶段,而"自述性"的小说正预示着这种"原创"作品的开始。清末民初是笔记小说不再作为"小说主流"的时代,也是数十年巨制

---

① 凤兮:《我所见之自述体小说》,《申报·自由谈》1921年3月20日第14版。
② [美]韩南:《中国近代小说的兴起》,徐侠译,上海教育出版社2004年版,第216—238页。
③ 王钝根:《家庭地狱》,《半月》1923年第3卷第3期。

逐渐消亡的时代，小说生产的速度越来越快，短篇小说变得比长篇小说更有优势。虽然作品的质量无法保证，但是原创性的作品相较以往却大大增多了，而且这种增长还是普遍性的。因为《申报》《新申报》等小说家群体的出现，撰稿者在创作实践与批评讨论中提高了对小说的认识，他们凭借自己的"创作"去追求"小说家"之名。

由上文可知，清末民初《申报》《新申报》小说家群体之中的单一作者对于近代中国小说的发展可能并无特别的贡献，但整个小说家群体的产生却证明并推动了中国传统小说向现代小说的过渡，促进了中国小说的"现代化"步伐。无论是小说观念、小说地位的变化，还是小说家身份的变化，还是具体创作的内容与手段的变化，清末民初依靠通俗报刊而形成的小说家群体都为小说的这些发展演变做出了努力。特别是相较于其他群体，更加庞大、更加集中的《申报》《新申报》小说撰稿群靠着颇具影响力的《申报·自由谈》平台，靠着松散的"自由谈话会""俭德会"等组织开启了自己的"小说家"之路。

在"小说界革命"的背景与旗帜下，清末民初的小说家群体延续着实现"小说价值"的思路，但却在实际的创作过程中顺应了小说本身的发展特点，使中国近代小说在较短的时间内呈现出"娱乐""消闲"的特质。而将这些特质与当下"膨胀"的通俗文学相对照，我们会发现在报刊媒体与网络媒体之间有一条相通之路，网络小说家群体也更像是报刊小说家群体的一个升级版本。如果说当下的通俗小说繁荣局面是广阔市场与资本、商业的合谋结果，那么百年前的通俗小说创作热潮就是小说在进入文学行列又被拉下"神坛"后成为普遍的职业选择与表达出口的具体体现。嘉定二我、徐了青、刘豁公、卢天白等人的创作生涯见证了清末民初知识分子的改变与转型，亦是中国小说百年演化过程中绕不过去的道路。当大批失去"举业"、丢掉传统出路的文士进入新兴的报刊文学市场，新的文学创作机制与形态便会随之出现。"小说"作为晚清以来被"重新发现"、被特别重视的文学体裁，对其创造性的改造也由新的"旧文人"率先开始，而恰于此时出现的《申报》《新申报》小说家群体也正是在此基础上有了被讨论的意义。

结　语

清末民初小说家群体的出现是近代小说发展的一个节点，在这之前没有依靠"小说"而结成的文人团体，也没有一个文人群体是仰仗"小说"实现了对"名利"的追求。最自由、最平等的表达方式由诗文转化为小说，清末民初文人从"科举"的迷梦中醒来，在小说创作之中找得了新的归宿——无论是高级知识分子还是底层的教书先生，无论是进过新式学堂的"新学生"，还是科考落榜的落魄文人，大家都找到了清末民初的报刊平台，并在小说的创作中重拾自己的价值，甚而重新规划自己的职业道路。

在王钝根、孙剑秋、陈小蝶等本书所考证的20余位小说家之外，为《申报》《新申报》撰稿的"小说家"还有很多，其中不知名的如天汉、是龙、匹志、剑痴、逐客等，知名的如陆士谔、张春帆、姚鹓雏等。在《申报》《新申报》平台之外的"小说家"也有很多，其中有些名姓已经失考，有些无论如何称不上"小说家"，有些再次转行，有些在传统职业与"新式文人"之间挣扎。而"沦落"成为通俗"小说家"的文人仅在清末民初施展了20余年的功力，之后便风流云散、"荣光不再"。直到百年之后，他们才在一个新的媒体时代"死灰复燃"，才在新的大众阅读视野中与读者再次见面。小说家群体的出现、通俗小说市场的繁荣、小说作品水准的参差不齐等均是中国小说现代转型中必经的一个阶段，是"小说家""小说作品"逐渐适应并运用西方"文学评价体系"过程中的具体反映，是小说创作走进现代传媒、现代市场的应有内容。故如果像新派小说家及评论者所说的，清末民初"旧派"文学只是腐朽的、消闲的、不可调和的"才子佳人"文学、"黑幕"文学，是时代的"逆流"，那么就不会有"旧派"小说近20年的繁盛，也不会有通俗文学持久不息的生命力。

清末民初"旧派"文学或者说通俗文学需要新的、客观的定位，需要撇开政治、社会价值而单从文学自身出发进行评估。如果明清时期的通俗小说在新的评价体系之下被尊为"古典",那么与"古典小说"一脉相承的清末民初"旧派"小说为什么就不可以是具有"文学价值"的作品?如果当下的网络小说、通俗读物是多元社会不可或缺的文化产品,那么清末民初"旧派"小说为什么就不可以是研究百年前中国文学不可遗漏的重要材料和证据?与往古、当下进行对比,清末民初的"旧派"小说的复杂性还在于它不再是个别的、累世的通俗巨著,而是杂乱的、充斥报刊的大众水平作品;它不能完全抛开"社会价值""小说家责任"等时代"意识"与"觉悟",而是一面创作"消闲"的作品,一面又要在"消闲"中嵌入"价值"。"小说"价值的"立"与"破","小说家"身份的"得"与"失",在世纪之交的小说撰稿者身上同时发生、持续上演,同时也展示了一代知识分子文学命运的轨迹与历史。

  为《申报》《新申报》撰稿的作者是极大的一个群体,而其中的大多数又在中国文学及中国小说的历史中寂灭无闻,而他们作为清末民初通俗小说家却最具有典型性。首先,百余人的创作群体要大于《时报》《小说新报》等同时期的其他创作群;其次,他们这个群体不是主编"当政"管理的,而是多数撰稿同人自发讨论形成的,与其他撰稿群以几位主编为绝对主导不同;再次,他们又是为自己撰写了简易"小传"的一个群体,虽然当初仅是为了方便同人间的交流联络,是无意识的"留名"与"建群",但在客观上却为读者提供了确切的个人信息,也为清末民初中国小说留下了珍贵的"档案级"史料。这一群体"大而确定"的事实是学界对其进行研究的基础,我们不能因为徐了青、嘉定二我等大部分作者在文学历史中近乎寂灭就否定这一群体的研究价值,毕竟20世纪20年代的"旧派"小说格局是由此而开拓的。

  关于清末民初小说急需解决的问题还有很多,如完善的清末民初小说史的编纂,如上海之外地区的小说创作、小说刊物的搜集与整理等。即就文学杂志与小说创作这一问题而言,陈平原教授在讲"新小说的起点"时就曾说:"新小说并非先有了大致相同的文学主张和艺术趣味,然后组织文学社团,再由文学社团创办杂志作为发表阵地;而是以小说杂志为中心,不断吸引同道,也不断寻求自己独立的文学道路","这无疑是个以刊物为中心的文学时代,绝大部分的小说都是在报刊上发表(或连载)后才结集出版的。"① 清末民初的小说发展确实与文学杂志有不可分割的联系，然而在辛亥革命前后，《申报》《时报》《新闻报》等报纸也成为刊载小说的重要阵地。在梁启超呼吁"小说界革命"之际，小说的刊发主要依靠几种小说杂志；在民初三四年间，依靠《申报》《时报》等报纸及相关报社而创办的文学杂志又再次成为小说刊发的主要阵地，报纸短暂地成为小说家聚集地的情况与文学杂志有何不同，这种短暂的转换是偶然还是另有原因——这些疑问尚无多少人关注与尝试解决。因此，关于清末民初小说的研究仍是一个漫长而充满未知的过程，在《申报》《新申报》小说家之内及之外仍有极多问题有待学界同人的重视与讨论。

---

① 陈平原：《中国现代小说的起点——清末民初小说研究》，北京大学出版社2005年版，第17页。

附 录 一

《申报》小说家及其作品一览表
(1907—1919)

①此表以发表时间先后为序,作者相同者分列在同一组。
②此表共录1907年至1919年的小说创作者340人。译作前标"译"字。

小说家	发表作品	时间 (1911年8月24日之后者皆在"自由谈"版面)
僇(天僇、天僇生、王无生、无生)	新年梦游记 血泪痕传奇 照胆犀·海上之新党 照胆犀·东瀛之留学生 照胆犀·内地之志士	1907.02.17 1907.04.14—1907.12.10 1908.06.22 1908.07.03—1908.07.04 1908.07.29—1908.07.30
亚东破佛	(译)栖霞女侠小传 (译)双灵魂	1907.02.19—1907.03.05 1907.03.12—1907.04.09
庸	志士之小影	1907.04.01
译者不详	(译)侦探小说:杀妇奇冤	1907.04.10—1907.06.28
喋血生	(译)消露	1907.06.30—1907.08.03
肝若	人面兽	1907.12.11—1908.01.10

续表

小说家	发表作品	时间（1911年8月24日之后者皆在"自由谈"版面）
无术	滑头大会 寿头大会 拆字谈 蛮触争 考塾师	1908.01.11 1908.01.12 1908.01.13 1908.01.15—1908.01.22 1908.01.23—1908.01.25
寒蝉	滑稽谈	1908.01.14
晴雪	献土地	1908.01.26—1908.01.28
萧然老衲	讨彩头	1908.02.05
张春帆（春、帆、春帆）	情海波澜记 玉树花 博徒恨 衣冠贼 骏太守 缥缈观 某京卿 巨灵掌 飞虮 （译）投海孤儿	1908.02.06—1908.03.27 1910.02.15—1910.04.02 1910.04.03 1910.04.04 1910.04.05 1911.02.04 1911.02.05 1911.02.06 1911.02.07 1911.03.01—1911.08.16
泖浦四太郎（泖浦、泖浦四郎）	新水浒 剿匪 铁路 女学生 （译）烈女罗苏轶事 （译）潘杰小史	1908.02.12—1908.03.02 1908.03.03 1908.03.08 1908.08.08 1908.11.27—1908.12.21 1909.02.01—1909.08.21
亻广	说梦	1908.03.13—1908.03.16
非医生	尤翁	1908.04.05—1908.04.06
西泠悟痴生	（译）三捕爱姆生巨案	1908.05.01—1908.06.21

续表

小说家	发表作品	时间 (1911年8月24日之后者皆在"自由谈"版面)
贤	子之武城一章演义 王孙贾问曰一章演义 登徒子游上海记 滑稽生	1908.06.24—1908.06.25 1900.06.26 1908.06.27—1908.07.02 1908.07.05—1908.07.28
失	哲学士与旅客	1908.08.07
万	一梦十三年	1908.09.10—1908.09.13
选	(译)铁血姊妹 (译)奇童案	1908.11.23—1908.11.29 1908.11.30—1908.12.03
酉	斗	1908.12.04—1908.12.06
瞻庐（瞻）	追租 新谈判 铸错记 村学 火刀先生传 孝女泪 弃妇怨 独立	1909.01.02 1909.05.08 1909.07.04—1909.07.05 1909.08.05 1909.09.03—1909.09.04 1909.10.02 1909.10.27—1909.10.28 1913.07.30
尔	土地会议地方自治	1909.01.30
朗	结婚 苦婢 选举鉴 新发辫 穷途泪传奇 女骗 私塾暑天之状况 新嫁娘 七夕 风流案	1909.04.08 1909.04.18 1909.04.26—1909.04.27 1909.05.19 1909.06.18 1909.07.17、1909.07.20 1909.07.21 1909.08.18 1909.08.22 1909.09.17
鹤	章祥荪无礼取闹，陆小鱼将酒压惊	1909.04.30—1909.05.04
羼安	缦卿小传	1909.05.22—1909.07.14

续表

小说家	发表作品	时间（1911年8月24日之后者皆在"自由谈"版面）
瘦鹃	（译）美人虹	1909.07.15—1909.10.22
	（译）雾	1914.02.26—1914.03.06
	临去秋波	1914.03.24—1914.03.31
	三年	1916.11.15—1916.11.19
	（译）幸福	1917.02.22—1917.02.23
	（译）忏悔	1917.03.16—1917.03.17
	文字因缘	1917.05.14—1917.05.25
	贼媒	1918.08.11—1918.08.20
	是何世界	1919.06.02
	X光	1919.06.06
	晨钟	1919.06.11
	羊猴语	1920.01.01
青	奇异闻见琐记	1909.09.01—1909.09.02
	驯狮谈	1909.09.06—1909.09.08
	迷魂汤	1909.09.09—1909.09.10
惕	拆字先生	1909.09.25
	绅学界之人物	1909.10.07
寓隐	喇嘛西游记	1909.10.23
未署名	自由女	1909.11.16—1909.12.31
皞	新情史	1910.01.01—1910.01.05
	讹中讹	1910.01.06—1910.01.12
	一磅肉（皞、檠合作）	1910.01.13—1910.01.17
萧山湘灵子	爱国泪传奇	1910.01.18—1910.01.20
天涯芳草馆主亶中	（译）二十六点钟之大飞行	1910.01.27—1910.01.29
木儿	大罗天	1910.01.31—1910.02.05
蠢	红旗捷	1910.04.06
未署名	清夜钟	1910.04.07—1910.05.27
骝	某侍郎	1910.06.04
留	学生之怪现状	1910.06.12—1910.06.13

续表

小说家	发表作品	时间 (1911年8月24日之后者皆在"自由谈"版面)
奇	会场伎 小狮记 河阳花	1910.06.13 1910.06.14—1910.06.16 1910.07.04
黔南炎嗣刘炎	花蛱蝶	1910.07.06—1910.08.06
潇湘花侍	（译）玫瑰泪	1910.07.11—1910.08.23
稊云	（译）鹦鹉禅	1910.08.24—1910.11.18
老农	全福寿	1911.02.02
思蓼	五路财神	1911.02.03
希夷	（译）白梅花	1911.06.26—1911.06.28
钝根	新状元 （译）动物之爱（钝根、翼仍同译） 乡老游爱丽园记 （译）孝子盗 （译）矮人国 （译）铁丐 痴人梦 浦江潮 大倒账 风流老公使 财奴 富翁过年 文明结婚 瞌睡 影戏园 剧盗 摹西 辱国痛 米袋老公 我害他 钟馗	1911.08.17 1911.08.24—1911.09.17 1911.09.18 1911.09.26 1911.09.27 1911.09.28—1911.10.09 1911.10.19—1911.10.31 1911.11.05 1911.11.20 1912.01.26 1912.01.28—1912.02.05 1912.02.13 1912.04.22 1912.04.23 1912.04.29 1912.05.06 1912.05.19 1912.05.20 1912.06.11 1912.06.13 1912.06.19—1912.06.24

续表

小说家	发表作品	时间（1911年8月24日之后者皆在"自由谈"版面）
钝根	介末吥巧	1912.08.19
	垃圾桥相会	1912.08.20
	英雄颊	1912.09.03
	同命老鸟	1912.09.16
	光复大纪念	1912.09.29
	发财诀	1912.10.06
	外国便桶	1913.01.03
	火油箱	1913.01.04
	尉迟恭第二	1913.01.05
	鳏鱼梦	1913.01.06
	拍卖初选当选人	1913.01.07
	逆旅女子	1913.01.20
	救火新法	1913.01.30
	窘新郎	1913.02.27
	土人	1913.02.28
	义利团	1913.05.22
	支那人之颊	1913.06.17
	野蛮军	1913.09.04
	扦脚事业	1913.10.02
	登高	1913.10.08
	斯文扫地	1913.11.11—1914.01.05
	新荐店头	1914.03.08
	予为车夫	1914.04.08—1914.04.09
	两种天	1914.07.12
	臭虫的势力范围	1914.07.13
	续水浒	1914.07.14—1914.07.15
	新牌水浒	1914.07.15
	危机一发	1914.08.10
	王小二过年记	1915.01.01
	财神语	1915.02.20
	大绅士	1919.09.18
	结局	1919.09.20—1919.09.22

续表

小说家	发表作品	时间 (1911年8月24日之后者皆在"自由谈"版面)
钝根	火中女儿	1919.09.26
	闺房新酒	1919.10.02
	新旧女子	1919.10.06—1919.10.08
	彩票毒	1919.10.10—1919.10.16
	上海十年记	1919.10.20—1919.11.15
	冷暖阶级	1919.11.27—1919.11.29
	救穷会	1919.12.01—1919.12.03
	第二次	1919.12.05—1919.12.07
	闲死	1919.12.09
	李小姐的腿与脖	1919.12.11—1919.12.13
	十二月十七日	1919.12.15
	烟酒婆卖局	1919.12.17
	又一星球	1919.12.19
	微笑	1919.12.23
	藤荫余香	1919.12.25
	永念	1919.12.29
无名	无名罪人	1911.08.17—1911.10.21
天空	徐仲鲁	1911.09.03
迅雷	无米炊	1911.09.08
	猪八戒	1911.09.09
纫	无裤婆	1911.09.11
蓉芳	仙人跳	1911.09.13
寄重	无稽之谈	1911.09.16
定夷	风流案	1911.09.20—1911.09.22
	念秧余孽	1911.09.23—1911.09.25
	薄幸郎	1912.02.28
	金陵游记	1912.02.29—1912.03.03
钦钝	（译）织金草	1911.09.25
	鼠探亲	1911.10.18

续表

小说家	发表作品	时间（1911年8月24日之后者皆在"自由谈"版面）
翼钝（钝疑为翼仍、钝根合作者）	（译）情血	1911.09.30
张庆霖（庆霖）	钻石戒（庆霖译述、钝根润辞） 梦话	1911.10.14 1915.02.18
特公	黄金病（特公译述、钝根撰辞）	1911.10.15
琐尾	排仑君子（嚣嚣生译述、琐尾生润辞） 英王之三问（兰因子译述，琐尾生润辞） 奇女子	1911.10.16 1911.11.10—1911.11.12 1911.11.13—1911.11.18
柏身	银杏怪	1911.10.16
松隐庐	是非梦	1911.10.30
召愚	黄粱游记	1911.11.01—1911.11.02
渊渊	无名侠儿	1911.11.03—1911.11.04
金刚	顾洪明	1911.11.06
嘉定二我（二我）	先知人 零碎自由小说之一、之二、之三 十九日 阿弥陀佛 卓文君第二艳史 客窗闲谈 外国财神 未亡道 松江女杰小传 秦丐 方芷小传 武七第二 张乙	1911.11.07 1911.11.15 1911.11.16 1911.11.20 1911.11.23 1911.11.24 1911.11.27 1911.12.03 1911.12.04—1912.12.07 1911.12.14 1911.12.15 1911.12.16 1911.12.21

续表

小说家	发表作品	时间 (1911年8月24日之后者皆在"自由谈"版面)
嘉定二我（二我）	安乐窝软黑暗乡软	1911.12.29
	小说之小说	1911.12.30
	民族惨史：嘉定血	1912.01.10—1912.01.18
	棍徒筹饷会	1912.01.17—1912.01.18
	刘家庙双杰传	1912.01.20
	五虱大会议	1912.01.21
	灶君会	1912.01.22
	好头颅传奇	1912.01.23
	牺牲主义	1912.01.27
	雪美人	1912.02.07
	祝融氏遨游宝善街	1912.02.11
	明年会	1912.02.13
	新发明之避债台	1912.02.13
	开台酒	1912.02.21
	财帛星君	1912.02.23
	共和锣鼓	1912.03.03
	和气粪	1912.03.03
	文明拆字	1912.03.05
	丐话	1912.03.29
	长相思传奇	1912.04.06
	地方选举镜	1912.05.18
	蜗牛角传奇	1912.09.04—1912.09.10
	自由谈	1912.09.28
	谈话会	1912.10.01
	新升官图	1913.02.16
	放烟火	1913.02.19
	紫姑	1913.02.20
	不倒翁	1913.02.22
	泥美人	1913.03.03
	游戏炸弹	1913.03.05
	梅花村	1913.03.23
	叔接嫂	1913.03.26

续表

小说家	发表作品	时间（1911年8月24日之后者皆在"自由谈"版面）
天许生	佛国立宪	1911.11.0—1911.11.09
怪竹	童子军	1911.11.14
野民	华山梦 马僧 （译）棘宫花 笛中血 风送美人来 哀的美教书 七夕 北方之冰	1911.11.19 1911.12.09—1911.12.12 1911.12.18—1911.12.20 1912.03.07—1912.03.10 1914.07.26 1914.08.16 1914.08.31 1914.11.14
闽县西超子	周利亚（闽县西超子著述，青浦钝根润辞）	1911.11.21—1911.12.08
立三（何立三）	活罗汉 色界伟人 贼秃 奇男子 革命史 大少难 中国之福尔摩斯	1911.12.25 1912.05.15 1912.09.28 1913.04.05 1913.06.30 1914.01.15 1914.10.08
追往	催赋委员	1912.01.09
滌骨（嘉定二我）	黑海潮传奇 中国之福而摩斯侦探谈 穷神	1912.01.19 1912.03.11—1912.03.12 1913.02.13
孝公	新曹瞒之梦	1912.01.24
庚青	警民铎传奇	1912.01.25
醉墨	路毙老人	1912.01.29—1912.01.30
爱（疑即"爱楼"）	香阁围炉记 花和尚 万象更新	1912.02.01 1912.02.02 1912.02.21

续表

小说家	发表作品	时间（1911年8月24日之后者皆在"自由谈"版面）
爱（疑即"爱楼"）	红庙烧开门香	1912.02.22
	迎紫姑	1912.03.03
	湘游纪略	1912.03.19
	大跑马	1912.05.07
	富贵一梦记	1912.07.12
我我	梦游春	1912.02.06
青心程焕章	风雪健儿	1912.02.08
张树立（树立）	成立大会	1912.02.09
	梦游月宫	1912.02.26
乐君	送灶君之纪念品	1912.02.10
	鸳鸯泪	1912.02.27
	兄弟	1912.03.04
	电世界	1912.03.13—1912.03.14
	圆光	1912.04.04—1912.04.05
天汉	美少年奇遇	1912.02.12
	巫师技穷	1912.02.12
	美人影	1912.03.20
苏生	（译）鼠与白其	1912.02.23
勤百	守旧先生	1912.02.24
土登	东洋指挥刀	1912.02.24
颂斌	蔗镜	1912.02.25
	不竭之藏	1912.05.03
	戆而黠	1912.05.09
	尤美	1912.05.13
	难兄难弟	1912.05.23
	（译）多疑郎	1912.07.01—1912.07.05
	秘密室	1912.07.29—1912.07.31
	（译）待明日	1912.10.02—1912.10.04
越痴	幻镜写真	1912.02.25
	蠢公子	1912.04.21
爱楼	苦作乐	1912.07.29—1912.07.30

续表

小说家	发表作品	时间（1911年8月24日之后者皆在"自由谈"版面）
子序	签卜国都	1912.02.29
劣僧	贫贱交	1912.03.06
愿深	黄金国	1912.03.08
瘦蝶	孙行者	1912.03.14—1912.03.17
	霜天鹤唳	1912.04.13—1912.04.17
	百年后之八月一号	1912.08.01
	乡人快剪辫	1912.08.11
	牛女缘	1912.08.16—1912.08.20
	瑞澂还阳记	1912.08.23—1912.08.25
	虫议院	1912.08.26
	吃蹄子	1912.08.26
	同舟共济	1912.08.29
	拆字摊	1912.08.30
	运动家	1912.08.31
	平粜	1912.09.05
	甲报	1912.09.12
	党员	1912.09.18
	投稿心理	1912.09.24
	月宫会	1912.09.26
	鬼雄泪	1912.10.09
	幸福	1912.10.15
	剖心记	1912.10.21
	贾烈女	1912.10.28
	三熊会	1912.10.29
	华鬘劫	1912.11.06—1912.11.09
	新天文家	1912.11.22
	神鬼同悲	1912.11.27—1912.11.29
	童子锥	1912.12.18
	烟精上当记	1913.01.05
	公道大王	1913.01.08
	雪塑活佛	1913.01.13
	烟民泪	1913.01.15

续表

小说家	发表作品	时间 （1911年8月24日之后者皆在"自由谈"版面）
瘦蝶	党员之自由	1913.01.21
	画师	1913.01.26
	尼姑出嫁	1913.01.30
	接财神	1913.02.12
	绣囊记	1913.02.15
	童子血	1913.03.01
	醉翁语	1913.03.02
	文字妖	1913.03.03
	戒烟局现形记	1913.03.06
	赛灯	1913.03.11
	顽童	1913.03.17
	百花会	1913.03.19
	闲争	1913.03.22
	春在堂第二	1913.04.04
	醉吟梦	1913.04.19
	负心汉	1913.04.20
	土偶谈	1913.05.08
	抢亲	1913.05.21
	天雨荁	1913.06.01
	花果山	1913.06.02—1913.06.11
	钟馗	1913.06.24—1913.06.30
	钝根之笑	1913.07.26
	犯奸之价值	1913.07.26
	死鸳鸯	1913.08.02—1913.08.03
	乞丐谈	1913.09.06
	中秋节	1913.09.15
	重阳节物语	1913.10.08
	吃饼谈	1913.10.24
	叶子戏	1913.11.09
	黠贼	1913.11.17
	舅妈与炸弹	1914.01.09
	文明苦	1914.01.13
	送灶	1914.01.20
	王瓜观音	1914.03.17

续表

小说家	发表作品	时间（1911年8月24日之后者皆在"自由谈"版面）
疾侵	爱斯不难读（俗称世界语）	1912.03.18
六合孙雨林	皖江血传奇	1912.03.21—1912.04.22
龙（是龙）	黠盗	1912.03.26
	一搯狱	1912.03.28—1912.03.29
	滑稽狐	1912.04.07
	软足国	1912.04.08
	奇女	1912.04.18
	薄幸郎	1912.04.24—1912.04.26
	伦敦君子	1912.04.28—1912.04.30
	枕边匣	1912.05.08
	误解自由	1912.05.09
	渔翁利	1912.05.11
	贼不二色	1912.05.14
	遏婚	1912.05.16
	平等自由	1912.05.17
	旧宫人	1912.05.21—1912.05.22
	落花魂	1912.05.25—1912.06.08
	警察揩油	1912.06.02
	骗骗	1912.06.09
	恶奴	1912.06.12
	离婚捷径	1912.06.14—1912.06.15
	鞋匠大尉	1912.06.16
	鼠王	1912.06.17
	得其半	1912.06.26
	洗衣匠	1912.06.27
	遇骗	1912.07.06
	自由果	1912.07.16
	好儿子	1912.07.17
	一路哭	1912.07.19
	知县事特别放盘	1912.08.15
	司法署之肉鼓吹	1912.08.21
	结婚大王	1912.09.08
	梦游新民国	1912.09.14—1912.09.17

《申报》《新申报》小说家述考(1907—1919)

续表

小说家	发表作品	时间 (1911年8月24日之后者皆在"自由谈"版面)
龙(是龙)	自由女之新婚谈 引狼入室 妓女革命观 风流掌	1912.09.19 1912.09.29 1912.09.30 1914.07.25
穷汉	钱党	1912.04.12
黑子	苦儿院	1912.04.27
冷	镇山狐	1912.05.01
甫	逐臭夫	1912.05.04—1912.05.05
可民	桃花郎	1912.05.10
大联	游龙华	1912.05.12
朝鲜铁民	亡国魂	1912.05.16
瀑石	夫妻碰钉子 贫富交 月下老人辞职 半碗饭 汝投票去乎 蠹鱼与字典 帽之泪	1912.05.24 1912.06.15 1912.06.25 1912.06.29 1912.08.06 1912.08.12 1912.10.07
榴花轩主	追悼会	1912.06.03
铁血	守财奴 开会记 臭虫 妓女心理 家庭革命记 五十吊 军用钞票	1912.06.08 1912.06.12 1912.07.02 1912.07.04—1912.07.05 1912.07.13 1912.07.23 1912.07.26
炼则	爱国丐	1912.06.14
炎	龟与鹤	1912.06.17
醒吾	获盗新策	1912.06.18
有名	爱国捐	1912.06.19

续表

小说家	发表作品	时间（1911年8月24日之后者皆在"自由谈"版面）
龙去冬作①	民政署	1912.06.28
党员	新人物自述	1912.06.30
静观	毒虫大会	1912.06.30—1912.07.01
铁公	白衣女	1912.07.07—1912.07.09
	老学究保存国粹	1912.07.10—1912.07.12
	泥金扇	1912.07.22—1912.07.30
愤	饭桶会长	1912.07.10
冰盦	爱国者	1912.07.14
	投稿热	1912.07.22
	高妓	1912.07.31
阮狂	刑讯	1912.07.15
澍棠	留学生穷途坐馆	1912.07.15—1912.07.19
匹志	投稿乐	1912.07.18
	留影记	1913.03.29
	社会小说	1913.08.16
	蟋蟀	1913.11.05
炳	（译）捕虾谈	1912.07.20
望梅	改良四大金刚	1912.07.21
	文星找饭碗	1912.07.24
	么魔国	1912.07.25
	新梁山泊	1912.07.27
	演说家	1912.07.28
	大人倒帐	1912.08.02
	鼓吹文明	1912.08.05
	败子	1912.08.07
	志士魂	1912.08.08
	得子新法	1912.08.09
	做官热	1912.08.24
志云	狗溢浴	1912.07.21

① 见当日《申报·自由谈》，疑意思为"龙"去年冬所作。

续表

小说家	发表作品	时间 (1911年8月24日之后者皆在"自由谈"版面)
剑朴	改良西游记 闹厨房 婚娅奇谈	1912.07.24—1912.07.25 1912.10.20 1912.10.25
愚民	五色旗	1912.07.27
问津	上了钝根的当	1912.08.03
蝶	瓜分影 来！来谑 醉殴案 看戏热 神权谈话会	1912.08.04 1912.08.05 1912.08.06 1912.08.07 1912.08.10
越民	臭虫蚊子大会议 老渔翁	1912.08.06 1912.10.08
感时	瞎话	1912.08.08
梦娱	旧讼师	1912.08.12
愤时	夜花园之密语	1912.08.14
虎痴	毛病 借债谈	1912.08.18 1912.08.28
呆兄	牛女维新 忙里错	1912.08.20 1912.09.01
木舌	薄情郎	1912.08.27
祐康	热心公益者	1912.08.29
孙保根	酒色鬼	1912.08.31
徐剑痴（剑痴）	秋海棠女史 燕分飞 西湖艳迹 欢场泡影 情侠 青梅梦影	1912.09.02 1912.09.21—1912.09.22 1912.09.24—1912.09.25 1913.04.07 1916.05.14—1916.05.16 1916.05.22—1916.05.27
扼腕	家庭一夕谈	1912.09.13

续表

小说家	发表作品	时间（1911年8月24日之后者皆在"自由谈"版面）
赵文瑞	关门会	1912.09.18
曙岚	小老婆维持会	1912.09.23
了青	投稿痴	1912.09.24
	梦游蚁窟	1912.10.26—1912.11.01
	江舟侠女	1912.11.02—1912.11.05
	议员迷	1912.12.04
	覆选举	1913.01.09
	盗案	1913.01.10
	外国钢签	1913.01.19
	灶神冲突记	1913.01.29
	接财神	1913.02.12
	黄先生传	1913.02.17
	醉汉	1913.03.07
	孤坟泪	1913.03.18
	白巾缘	1913.03.29
	奇妒	1913.04.09
	女调查	1913.04.26
	穷酸奇遇	1913.04.27
	婢复仇	1913.07.03
	并蒂缘	1913.07.18—1913.07.19
	海国春秋	1913.08.25—1913.08.28
	地藏王菩萨	1913.08.31
	记梦	1913.09.16
	冤魂语	1913.09.22
	苦鸳鸯	1913.12.15
	卖卜者言	1913.12.29
	党人机关	1913.12.30
	知事迷	1914.01.07
	赚金术	1914.01.30
	寻开心	1914.04.24
笑容	中秋节	1912.09.25

《申报》《新申报》小说家述考(1907—1919)

续表

小说家	发表作品	时间 (1911年8月24日之后者皆在"自由谈"版面)
甘草生	车中记 孽缘记	1912.09.27 1913.10.03
天声	文明流氓 鬼话连篇	1912.10.02 1912.10.13—1912.10.14
一冰	共和(其一) 共和(其二) 共和(其三) 共和(其四)	1912.10.04 1912.10.08 1912.10.12 1912.10.17
痴萍	两面观	1912.10.10
酒丐	姊妹同郎(瘦鹤、酒丐) 九幽新国记	1912.10.15—1912.10.24 1914.07.24
青溪佩玉	情丝	1912.10.18—1912.10.22
剑啸(海上剑啸生)	镖师女 许烈姬	1912.11.10 1913.12.13—1913.12.18
率公(率)	江阴狱 掘窖藏 六百圆 王霸 陈卯姑 女侠	1912.11.12—1912.11.14 1913.01.14 1913.01.18 1913.01.31 1913.07.30 1916.02.23—1916.02.26
漱冰	琴园梦记	1912.11.15—1912.11.19
潜龙	六畜谈	1912.11.25
独鹤	戒严!戒严! 铁血男儿(常觉、独鹤合撰) 续风送美人来	1912.12.05 1912.12.06—1913.06.22 1914.07.22
秋庭	筠娘小史	1912.12.05—1912.12.29
天諲	洞庭波	1913.01.22—1913.01.25

· 272 ·

续表

小说家	发表作品	时间 (1911年8月24日之后者皆在"自由谈"版面)
襟恢	东林侠隐	1913.01.27—1913.01.28
蝶仙（栩、天虚我生、栩园）	忆奴小传	1913.02.10—1913.02.11
	丽绡记	1913.05.03—1913.06.04
	玉田恨史	1913.06.07—1913.06.26
	黄金祟	1913.06.27—1913.10.31
	新物语	1913.11.30—1913.12.02
	红丝网	1914.02.13—1914.02.19
	满园花	1914.05.14—1914.06.05
	风送美人来	1914.07.21
	花木兰传奇	1914.08.30—1914.10.23
	汝成为我命中之魔	1914.09.16—1914.09.17
	红蘩蒢别传	1915.12.18—1916.06.25
	我之新年	1916.03.07—1916.03.11
	敲骨求金记	1916.07.10—1916.07.15
	情场蠢史	1916.07.16—1916.08.31
	纸币案	1916.11.10—1916.11.14
	嗟乎贼	1916.12.11
漱馨女士	娇樱记（天虚我生润文）	1913.02.12—1913.02.28
热庐	兰亭雅集	1913.02.14
浮尘客	异丐	1913.02.16
	（译）惨情记	1913.02.23
	慈善童子	1913.03.13
剑	尸变	1913.02.17
罢了	戒严令	1913.02.26
幻那	凤珠小传	1913.03.04
可儿	监员威	1913.03.10
	爱神之魔	1914.12.15—1914.12.28
剑秋	新离魂记	1913.03.16
	梁鼎芬哭陵	1913.04.23
	还魂记	1913.07.25
	草庵和尚	1913.08.07
	八大爷	1913.09.12
	弹冠庆	1913.09.19

续表

小说家	发表作品	时间（1911年8月24日之后者皆在"自由谈"版面）
剑秋	强盗大会	1913.10.01
	折宁	1913.10.04
	伟人迷	1913.12.06
	狼虎斗	1913.12.31
	绅士喜	1914.02.10
	蔷薇架	1914.04.01
	老爷	1914.04.14
	丐王	1914.07.21
	裸人国	1914.07.28
	老农叹	1914.08.04
	求雨	1914.08.09
	旧官僚逃难	1914.08.12
	穷民泪	1914.08.26
	小车夫	1914.10.20
	行路难	1914.10.24
	孟嘉买帽子	1914.11.12
	大年夜出月亮	1914.12.31
	假面	1915.01.27—1915.02.02
	孟嘉买帽	1915.10.18—1915.10.19
	身外身之旅行	1915.12.29—1915.12.30
	灶君公公借礼服	1916.01.27
	官塾	1916.02.29
	一点钟之大少爷	1916.03.30
	流离之声	1916.05.06—1916.05.07
海宁无我（无我）	冤狱	1913.04.03
	学徒苦	1913.11.27
	薄幸郎	1913.12.24—1913.12.25
	党争	1919.12.25—1920.01.29
觉迷	油鱼摊	1913.04.06
	立夏称人记	1913.05.16
	科举害	1913.06.05
	虐婢记	1913.06.06
	医生	1913.07.23
	客串军	1913.08.03
	新游戏	1913.08.14

续表

小说家	发表作品	时间 (1911年8月24日之后者皆在"自由谈"版面)
觉迷	饭碗会	1913.09.09
	童子军	1913.09.09
	月饼中之炸弹	1913.09.16
	黄金狱	1913.09.23
	幼女劫	1913.09.28
	争自由	1913.10.02
	悍妇语	1913.11.14
	办寿礼	1913.11.22
	灶君晦气	1914.01.18
	求签	1914.03.23
	强奸	1914.04.05
	九十九年	1914.04.19
	风送美人来	1914.07.16
	杀风景	1914.07.25
	老学究	1914.07.27
	体面人	1914.08.13
	我爱郎君郎爱国	1914.09.06
	接财神	1915.02.18
	亏得刘师培	1915.05.05
	天雨金	1915.07.26
	灶婆语	1916.01.28
	车中客	1916.03.19
	（译）诳	1917.10.14—1917.10.18
寅伯	小颠传	1913.04.10
张禹门	奴性	1913.04.18
峡猿	蛙闹	1913.04.28
槁木子	黄包车	1913.05.04
	奇鸟	1913.09.06

续表

小说家	发表作品	时间（1911年8月24日之后者皆在"自由谈"版面）
丁悚	温柔苦	1913.05.18
	乳毒	1913.06.19
	新婚之夜	1913.12.08—1913.12.11
蠢儿	大写	1913.05.22
色色三郎	蚊	1913.06.23
粉蝶	聪明学生	1913.06.26
	虐婢记	1913.08.05
赘庑	股东会	1913.07.01—1913.07.02
东垒（东野、李方淡）	画中人	1913.07.04—1913.07.17
	侠女花弹词	1914.04.19—1914.06.26
	两地观	1914.07.18
	无遮大会	1914.07.27
	验契	1914.08.14—1914.08.15
	登高	1914.10.28
	偏心	1914.11.08
	（译）我子之一	1915.05.14—1915.05.23
	（译）秘密汽车	1915.05.29—1916.01.06
	孟嘉买帽	1915.10.27—1915.10.29
	我之新年	1916.02.28—1916.02.29
便便	无师传授之魔术家	1913.07.15
小蝶	秋风扇	1913.07.20—1913.07.22
	谢氏女	1913.08.16
	情网蛛丝	1913.10.10—1913.10.28
	（译）嫣红劫（常觉、小蝶合译，天虚我生润文）	1914.09.20—1915.12.15
	雄黄酒误我	1915.06.18
	（译）妍嫫镜（常觉、小蝶合译，天虚我生润文）	1916.10.08—1917.01.31
	老牧师	1916.11.22—1916.11.23

续表

小说家	发表作品	时间（1911年8月24日之后者皆在"自由谈"版面）
小蝶	汝	1916.12.02
	（译）意登镇之选举（常觉、小蝶合译，天虚我生润文）	1916.12.20—1916.12.25
	（译）红蘩蕗轶事（太常仙蝶合译）	1917.02.04—1917.02.06
	化鹤奇谈	1917.02.07—1917.02.08
	（译）一百万金之竞赛（太常仙蝶合译）	1917.02.10—1917.02.14
	无名之女英雄	1917.02.24
	（译）榆庄影事（常觉、小蝶合译，天虚我生润文）	1917.03.22—1917.04.14
	（译）金河之王（鹃魂译、小蝶撰辞）	1917.04.26—1917.05.03
	（译）柳暗花明录（常觉、小蝶合译，天虚我生合译）	1917.05.04—1917.08.24
	（译）贪嗔小史（常觉、小蝶合译，天虚我生合译）	1917.08.25—1917.12.03
	（译）二城风雨录（常觉、小蝶合译，天虚我生合译）	1917.12.04—1918.05.14
	（译）冰山奇侠传（常觉、小蝶合译，天虚我生润文）	1918.05.15—1918.09.13
	五分钟（常觉、小蝶合撰）	1918.09.28—1918.10.15
奚悲秋	独立声中之冤鬼	1913.08.04
哀吾	七夕鬼	1913.08.15
剑虹	妓女矿师	1913.08.21—1913.08.23
	托尔斯泰之外孙	1915.05.25—1915.05.28
松筠	盗女传	1913.08.23
来	极乐洞	1913.08.25
负负（或为"徐了青"）	探子	1913.08.29
	牛衣泪	1913.10.01
啸庐	双烈碑	1913.09.19
吴悲秋	月蚀	1913.09.24

续表

小说家	发表作品	时间（1911年8月24日之后者皆在"自由谈"版面）
佐彤（陈佐彤）	诗丐	1913.09.26—1913.09.29
	吊脐臃	1913.11.26
	势力鬼	1913.12.21
	买冬笋	1913.12.23
	牛衣语	1914.01.03
	佛口蛇心	1914.01.12
	嫁小姐	1914.03.07
	戒指违禁	1914.10.12
常觉	（译）商界之贼（常觉、觉迷合译）	1913.10.07—1913.12.12
	（译）火焰珠	1914.05.01—1914.05.11
	（译）爱尔兰古屋中之人鬼	1915.06.09—1915.06.24
	（译）黑珠（常觉、觉迷合译）	1916.12.12—1916.12.17
	（译）决斗（常觉、觉迷合译）	1917.01.13—1917.02.01
	（译）自杀党（常觉、小翠译，栩园润文）	1917.02.25—1917.03.21
	（译）剧场劫案（常觉、觉迷合译）	1917.04.19—1917.04.25
	醇酒妇人	1918.07.30—1918.08.02
	（译）侦探奇遇（常觉、觉迷合译）	1918.10.17—1918.11.12
铁锈	子规声	1913.10.09—1913.11.06
梦犊生	新衙门	1913.10.20—1913.10.23
陶然	寡妇	1913.11.10
	伤心语	1913.11.13
	妓女爱情	1913.11.18
乘桴	若兰恨	1913.11.15
陈留我公	孔方兄	1913.11.16
	投稿资料	1913.11.28
恨人	报界蠹	1913.12.03
	急智	1914.12.13
超然	拐匪案	1913.12.07
	釜底抽薪	1913.12.28—1913.12.29
	新官场现形记	1914.02.23—1914.03.04
晋侯	良民冤	1913.12.13

续表

小说家	发表作品	时间（1911年8月24日之后者皆在"自由谈"版面）
剑锋	军人祸	1913.12.16
朱鸳雏（孽儿）	杜鹃魂	1913.12.19—1913.12.31
渔郎	小滑头	1913.12.19
三畏	贪婪报	1913.12.21
静观子	马老二	1913.12.22
井水	军办铁路 （译）二万镑之世界名画	1913.12.24 1914.02.03
何卜臣	（意译）借马难	1913.12.26—1913.12.27
凡民	清乡	1913.12.29
嫒依	忤逆儿	1913.12.30
啸霞山人	狐道学	1914.01.04—1914.01.05
不才	（译）寄生树 拆白党	1914.01.06—1914.01.11 1914.11.18
徐州济航（济航）	观察使 军用学校	1914.01.09 1914.01.12
锋	吃粥上当	1914.01.11
景炎	买年货	1914.01.12
朱石痴	色迷迷	1914.01.12
语溪蠖屈	婢女苦 戏梦 短命儿	1914.01.13 1914.01.13 1916.03.28
善卿	七世冤家	1914.01.13
中华雪英	（译）玉女魂	1914.01.14—1914.02.22
逸鹃	献土地	1914.01.14
扬州小杜	金钱罪恶 乱党通信 幻装	1914.01.18 1914.03.17 1914.03.18
太原草儿	黑尾猫	1914.01.19
寄生	打学徒	1914.01.21

续表

小说家	发表作品	时间（1911年8月24日之后者皆在"自由谈"版面）
苏庵	画木虎	1914.01.29
何许人	议员哭妻记	1914.01.30
	子协	1914.05.05
苍水	昙花影	1914.01.31
瘦菊	剧场人语	1914.02.21
	阎罗王拒绝曾少卿	1915.03.06
扬州泣血	翁媳战纪	1914.02.22
警众	惨花魂	1914.03.07
仁后	牟尼珠	1914.03.08—1914.04.07
	双光缘	1914.04.10—1914.04.11
	侠绍介	1914.04.15—1914.04.17
梅梦	（译）慈善之少女	1914.03.10
江都啸虎	闺中惨剧	1914.03.13
	名词别解	1914.04.02
求是	双奇士	1914.03.16
青史	小说家	1914.03.18—1914.03.19
心根	老寿星	1914.04.01
	无耻	1914.04.18
天韵	虚惊	1914.04.09
	出险	1914.07.29
红杏	难为情	1914.04.10
韦士	争雌	1914.04.12
白生	遗腹子	1914.04.12
沪生	（译）厚利（沪生译述，觉迷润辞）	1914.04.13—1914.04.14
	一字书	1914.08.04
天乐	海岛记室	1914.04.25—1914.04.29
华璧女士	慧珠小史	1914.05.06—1914.05.10
蹬庐	跑马	1914.05.07
延陵	真画灵	1914.05.11—1914.05.13
浮生	浮生恨	1914.05.12—1914.06.03

续表

小说家	发表作品	时间（1911年8月24日之后者皆在"自由谈"版面）
翀天生	洋奴	1914.05.12
亦僧	（译）贵胄血	1914.06.04—1914.06.13
是吾	（译）北美妇	1914.06.06—1914.07.08
蔚云	自由梦	1914.07.10—1914.08.04
钱香如	催眠术	1914.07.16
卓呆	近墨者	1914.07.30—1914.07.31
	魔玉	1914.10.24—1914.12.07
	我之新年	1916.02.17—1916.02.21
泗滨野鹤（野鹤、闻野鹤）	南柯记	1914.08.03
	游月宫记	1915.09.23
	苌弘碧血	1916.04.25—1916.04.26
	后母	1916.05.10—1916.05.11
	古井波澜	1916.05.17—1916.05.20
	我有髯之我爱	1916.05.28—1916.05.30
	情爱	1916.06.18—1916.07.13
	红鹃啼血记	1916.07.23—1916.08.08
	匪纪	1916.09.05—1916.09.13
	绝塞奋椎记（姚鹓雏评）	1916.09.17—1917.04.02
	（译）蛾眉鸩毒	1917.10.31—1917.11.06
	影	1918.07.13
林竹贤	（译）芦中人（[英]乔治·艾略特原著）	1914.08.05—1914.09.15
补拙	体面盗	1914.08.17—1914.08.19
鸣公	烈女魂	1914.08.22
马二先生	奴隶之希望	1914.08.28
	（译）疑案	1914.10.18—1914.10.22
	乞儿国	1914.11.06
	鱼腹指环	1914.12.08
	密约	1914.12.29
王天一	奇狗	1914.09.12

续表

小说家	发表作品	时间 （1911年8月24日之后者皆在"自由谈"版面）
军人	旧历七月十五夕之大战	1914.09.13
扫绿	中立	1914.09.18
侍仙	聋哑获贼	1914.09.19
杏痴	广寒梦	1914.10.07
桐陂乙燃子	知事夫人之木偶警察	1914.10.17
禹甸	小学教员	1914.10.25
魏冰心	女检查	1914.10.26
天长豹隐	刘半仙	1914.10.29
科吾	同命鸳鸯	1914.10.31—1914.11.01
旅汉淑笙	卖果童	1914.11.17
梅郎	（译）黠儿犯（可可、梅郎合译） （译）美女花（小山、梅郎合译） （译）九万九千九百九十九 （译）最后之赦言 公司与爱情	1914.11.19—1914.11.21 1914.11.26—1915.05.22 1915.03.22 1915.05.24 1915.12.09—1915.12.12
椿年	趣报	1914.11.23
愁人	接吻奇谈	1914.11.24
跛者	美容术	1914.12.09—1914.12.10
损绝	烟化普及	1914.12.12
磨剑	珍珠岛	1915.01.18—1915.02.19
笑余	新马浪荡	1915.01.20—1915.01.26
韵清女士	债台物语 新年进步 露天教育 我之新年（忆琴女史述）	1915.02.17 1915.03.01—1915.03.02 1915.08.17 1916.03.03—1916.03.06
珮筠女史	勃莱特外纪	1915.03.28—1915.04.29

续表

小说家	发表作品	时间 (1911年8月24日之后者皆在"自由谈"版面)
小青	（译）医生之决斗	1915.04.04—1915.04.05
	（译）爱河一波	1915.08.07—1915.08.12
	魂兮归来	1915.10.01—1915.10.06
	复仇	1916.03.18—1916.03.26
	良心	1917.04.15—1917.04.18
曙峰	（译）滑稽审判官	1915.04.17
息游	炸弹	1915.04.21
陈翠娜（小翠）	劫后花	1915.04.30—1915.05.13
	（译）望夫楼	1917.02.15—1917.02.19
	美人影	1918.07.26—1918.07.27
醒榭	玉美人	1915.05.13—1915.05.22
	卖酒女儿	1915.11.09—1915.11.20
佩兰（项佩兰）	了和尚	1915.06.14
天白 （卢美意）	拿破仑轶事：条纳黎宫人琐语	1915.08.28
	冒险小说：空中岛	1915.09.28
	滑稽言情小说：双指环	1915.10.09
	幻想小说：灵魂世界	1915.10.31
	苦情小说：峭壁双鸳	1915.11.21—1915.11.26
	冒险小说：狼吻余生记	1915.12.16—1915.12.17
	仙河泪影	1916.02.08—1916.02.09
	一耳僧	1916.02.12
	长沙生	1916.02.18
	翠娘	1916.03.01
	我之新年	1916.03.01—1916.03.02
	解五狗	1916.03.02
	河间道人	1916.03.05
	毅皇后	1916.03.09
	玉儿	1916.03.11
	折狱	1916.03.14、1916.03.17
	圆圆墓	1916.03.21
	田文镜幕客	1916.03.23
	绮罗毒	1916.06.30—1916.07.03
	血与花	1916.11.10—1916.11.11
	不幸	1917.01.05—1917.01.06

续表

小说家	发表作品	时间（1911年8月24日之后者皆在"自由谈"版面）
稚童振铎	琴云劫	1915.08.31—1915.09.29
雨翁	皁纸与印化税	1915.12.04
新	情天之决斗 （译）召鬼术 （译）罕登返魂记 赖胸自述日记	1916.01.10—1916.01.16 1916.01.18—1916.01.24 1916.03.14—1916.03.17 1916.04.22—1916.04.28
谢叔瑞	书中美人	1916.01.17
达奇	脱龙袍软剥衣裳软	1916.02.06
顽童	寻开心	1916.02.14
绿衣郎	短篇小说	1916.02.16
痴侬	儿之病	1916.04.01
姚鹓雏	星期六矣 自由谭部者谭话会 电扇语 鬼雄情泪 断雁哀弦记 国庆声中之一席话	1916.04.02—1916.04.03 1916.06.23 1916.06.24—1916.06.26 1916.06.28—1916.07.08 1916.08.10—1916.09.29 1916.10.10
小草	汉恩士传 狱中人语	1916.04.06—1916.04.15 1916.09.20—1916.10.06
胡寄尘	黄金美人 顽石 纸世界 荒冢	1916.04.16—1916.04.20 1916.04.29—1916.04.30 1916.09.15—1916.09.16 1916.12.17
王汝鼎	（编译）却瑟绕梁录	1916.06.03—1916.06.17
陈仪菊女士	忆媪语	1916.06.20—1916.06.22
古歙汪中明	（译）军旗与勇士 （译）天性	1916.06.27 1916.11.12

续表

小说家	发表作品	时间 （1911年8月24日之后者皆在"自由谈"版面）
茧翁	二十年	1916.09.01—1916.09.09
佑民	烟城漫录	1916.09.17—1916.09.19
寒松	爱国鸳鸯	1916.12.08
系铃人	行里去	1916.12.09—1916.12.10
九香	（译）可奈何 二百镑	1916.12.19 1917.03.19—1917.03.20
戊戌生	花球	1916.12.28
觉生	（译）带	1916.12.29—1917.01.01
顽铁	青年镜	1917.01.04
醒公	文明祸	1917.01.07
佩筠	蝙蝠	1917.02.02—1917.02.03
烟桥	一瞥	1917.02.09
刘凤生（凤生）	南斐洲脱险记 （译）马喜 （译）骷髅 （译）吉兆 （译）无上之夜 （译）邮长 （译）纳嘉与纳礼 （译）谜语猜中 （译）长姊	1917.04.19—1917.05.04 1919.11.03—1919.11.07 1919.11.08—1919.11.10 1919.11.11—1919.11.13 1919.11.14—1919.11.17 1919.11.18—1919.11.20 1919.11.21—1919.11.22 1919.11.23—1919.11.25 1919.11.26—1919.11.29
维廉	情花	1917.09.24—1917.09.28
陈承祖	一束疑云（栩园润文）	1917.11.21—1917.11.24
翰城	卖解小女	1918.07.14—1918.07.15
竹勿	茗上仙	1918.07.16—1918.07.17
莫鳌秋白	小室中事	1918.07.18—1918.07.19
贵僧	鼻	1918.07.20—1918.07.21
润涵	不识字之害	1918.07.22
旼子	童衣	1918.07.23—1918.07.24
莲依	愧	1918.07.25

《申报》《新申报》小说家述考(1907—1919)

续表

小说家	发表作品	时间 (1911年8月24日之后者皆在"自由谈"版面)
荣	灵魂	1918.07.28—1918.07.29
	金钱	1918.08.07
静一	（译）十镑之纸币（静一、病庵同译）	1918.08.03—1918.08.06
四缄	胡义仆	1918.08.09—1918.08.10
西巫时用	自尽	1918.09.14—1918.09.19
陈钺	怪信封	1918.09.20—1918.09.23
雨田	自由泪	1918.09.24—1918.09.25
杉园	丐遇	1918.09.26—1919.09.27
景	双十节	1918.10.10
蓉之	（译）殉情别录	1918.10.16
雄倡	（译）测字	1918.11.18—1918.11.20
	伦敦燃犀录	1918.11.21—1918.11.24
	（译）细君发	1918.11.25—1918.11.28
	（译）秘密车客	1918.12.27—1918.12.31
	（译）拾遗记	1919.01.09—1919.01.11
	（译）二男爵	1919.01.12—1919.01.14
	（译）中表	1919.02.20—1919.02.23
	（译）乳酪	1919.02.24—1919.02.26
	（译）五百磅	1919.02.27—1919.03.02
	飞行家失踪	1919.03.03—1919.03.07
	新妇失踪	1919.03.08—1919.03.13
	钦使失踪	1919.03.14—1919.03.18
	窗中死妇	1919.03.19—1919.03.23
	子钱家遇害	1919.03.24—1919.03.29
	市车秘手	1919.03.30—1919.04.03
	溺鬼复生	1919.04.04—1919.04.08
	五镑之悬赏	1919.04.09—1919.04.17
	呜呼！为情觅死	1919.04.18—1919.04.21
	少年旅客	1919.04.22—1919.04.24
	（译）老爱国者	1919.04.25—1919.04.28
	（译）婚诈	1919.05.03—1919.05.06
	壁上怪影	1919.05.07—1919.05.12
	（译）纳耳逊像	1919.06.01—1919.06.03
	（译）情诡	1919.08.28—1919.08.31

续表

小说家	发表作品	时间（1911年8月24日之后者皆在"自由谈"版面）
徐冷庵	为祖国故	1918.11.29—1918.12.01
珊	（译）无事自扰	1918.12.02—1918.12.06
冠宇	点金术	1918.12.07—1918.12.19
君玉	（译）囚人自述记 （译）医生自述记 （译）青年鉴 （译）一封书 （译）医士婚史	1918.12.20—1918.12.25 1919.01.01—1919.01.08 1919.01.19—1919.01.27 1919.05.13—1919.05.19 1919.05.20—1919.05.25
张励成	允矣	1918.12.26
朱鸳	曾德女士临终记 私儿沥血记	1919.01.12—1919.01.13 1919.01.15—1919.01.18
翠岑	童子破获德探记 非洲猎狮记	1919.01.23—1919.02.10 1919.02.11—1919.02.12
刘麟生	（译）独树庐新语 （译）贵妇失踪记	1919.02.04—1919.02.05 1919.04.29—1919.05.02
陈恨石	梦游火星记	1919.02.06
陈无我	（译）神圣之爱情（胡寄尘、陈无我同译）	1919.02.13—1919.02.19
碧梧	（译）骗术奇谈 （译）毕竟为何	1919.05.26—1919.05.30 1919.12.19—1919.12.24
九如	（译）俄乱中美人脱险记	1919.06.05
刘云舫	（译）北冰洋探险录	1919.08.24—1919.08.27
凭虚	（译）报复	1919.09.01—1919.09.07
尤玄甫	（译）战争之赐（毛柏霜原著）	1919.09.08—1919.09.10
春醪	（译）缇骑外史	1919.09.11—1919.11.02
逐客	试情	1919.10.31—1919.11.17
雏鹤	（译）西班牙之女贼	1919.11.30—1919.12.05

《申报》《新申报》小说家述考(1907—1919)

续表

小说家	发表作品	时间 (1911年8月24日之后者皆在"自由谈"版面)
仙籁	秋蝉脱壳	1919.12.06—1919.12.15
蒋梦芸	梦魂芸影室志艳 丽兰之圣诞节	1919.12.10—1919.12.11 1919.12.16—1919.12.18

《新申报》小说家及其作品一览表
(1916—1919)

①此表以发表时间先后为序,作者相同者分列在同一组。

②此表共收录小说撰稿者共129人,最新在《新申报》投稿的约有百人。译作前标"译"字。

小说家	发表作品	时间
王钝根	感遇记	1916.11.20
	心婚	1916.12.26
	老母	1916.12.27
	锣鼓会议	1917.01.26
	良心	1917.03.18
	复活节	1917.04.08
	沪军都督	1917.05.13
	锦瑟记	1917.05.22
	蛾眉谣琢	1917.06.10
	留声机	1917.07.21
	西瓜语	1917.08.12
	沃姆先生融化记	1917.08.13
	俞衡甫	1917.10.07
	元旦	1918.01.01
	灶君回銮记	1918.02.25
	驼穿针孔记	1918.12.26

续表

小说家	发表作品	时间
周瘦鹃	心血	1916.11.21—1916.11.26
	（译）前尘	1917.02.07
	（译）沙场絮语	1917.02.08
	（译）古椅	1917.02.10
	（译）母	1917.02.11
	（译）军人之梦	1917.02.12
	（译）二十年之阔别	1917.02.17
	（译）惩贪	1917.07.08
	（译）隐士	1917.07.26—1917.07.21
	（译）情诠	1917.09.14—1917.09.15
	（译）灯	1917.09.22—1917.09.26
	（译）墓志铭	1917.10.08—1917.10.10
	（译）天	1917.10.15—1917.10.18
	（译）银斧记	1917.10.19—1917.10.24
	（译）失车	1918.01.11—1918.01.25
	鸣呼情	1918.11.01—1918.11.02
	末路	1918.11.17—1918.11.18
	红樱	1919.01.01
	旧声	1919.04.01—1919.04.13
	（译）遗书	1919.04.20—1919.04.27
	（译）孝	1919.04.28—1919.05.06
	友	1919.05.07—1919.05.16
	（译）最后之课	1919.05.17—1919.05.22
	血斧	1919.05.23—1919.06.04
	小说家	1919.06.05—1919.06.25
张春帆	醉鬼	1916.11.22
海上说梦人（朱瘦菊）	歇浦潮	1916.11.23—1918.05.26，1919.02.07—1920.01.22
花奴	妒	1916.11.30
	耳聪之过	1916.12.05
瞿宣颖（瞿兑之）	（译）弦外余音	1916.12.01—1916.12.12
	五豆粒	1917.08.16

· 289 ·

续表

小说家	发表作品	时间
羞鸣	阴阳电	1916.12.03
陆士谔	小皮鞋 一夕暴富	1916.12.11 1919.01.11—1919.01.12
弃疾	（译）冰世界 （译）织女星	1916.12.13—1917.02.17 1917.07.04—1917.07.07
餐霞	延客趣闻	1916.12.15
老张	椅子…墨盒	1916.12.16
毛秀英（英）	议员夫人 新参议员 （译）鬼新郎 国庆日 恩怨 不当选之议员 国庆纪念 情场惨史	1916.12.23 1917.01.17 1917.07.24—1917.07.25 1917.10.10 1918.01.28—1918.01.30 1918.06.27 1918.10.10 1918.10.28—1918.10.30
笃志	浪子回头	1916.12.25
梅魂	给他们一个难过 定做大除夕 读经	1916.12.28 1917.01.04 1917.02.14
热	自由车	1916.12.29
阿甜	元帅出险 叶兰	1916.12.31 1917.02.16
愿圃	六年	1917.01.01
张亚庸	袁世凯之鬼 幻遇 心	1917.01.03 1917.02.03 1917.04.16
剑平	新念秧 金刚不坏身 瞑目	1917.01.05 1917.02.15 1917.02.27

续表

小说家	发表作品	时间
剑平	老门槛 悍仆 水浒拾遗 拆字摊 名捕 总统失踪	1917.03.21 1917.06.03 1917.06.07 1917.06.17 1917.07.23 1917.08.01
娴民	汤圆误车记 好命儿	1917.01.09 1917.01.13
孤鹤	怨鹃	1917.01.10
富士	鸿儒钜著	1917.01.11
剑秋	反马浪荡 吾妻 混帐 新登高 取零陵 盛杏荪害人	1917.01.15—1917.01.16 1917.04.03—1917.05.11 1917.06.18—1917.07.03 1917.10.25—1917.10.26 1917.11.15 1917.11.26
瞻庐	灶神做亲 壁角姑娘 孝女寻亲记 大律师 猛将独立 八	1917.01.16 1917.02.06 1917.02.25—1917.03.02 1917.05.31 1917.10.30 1919.01.01
误我	蜜	1917.01.18
陈无我	（译）宝石环 （译）上帝与金庙 （译）接近之机会 （译）孀妇之希望 （译）真实之遗传 （译）四十年前之血泪（天风、无我同译）	1917.01.28 1917.01.29 1917.01.30 1917.01.31 1917.02.01 1917.02.18—1917.02.21
刘豁公	我之罪 办报 造金术 懦夫出妻记 反目后之接吻 钟馗语 （译）鸳鸯离合记（豁公、蛰叟同译）	1917.02.05 1917.05.25 1917.05.28 1917.05.29 1917.06.25 1917.06.26 1918.04.19—1918.05.04

· 291 ·

续表

小说家	发表作品	时间
舍我（张舍我）	风雪之盗 梣腹 （译）狱中人语 （译）巫定数 （译）狼人 千年	1917.02.13 1917.03.24 1917.09.27—1917.10.07 1917.10.25 1918.06.01—1918.06.07 1918.11.26—1918.12.02
瞿安	镜因记	1917.02.21—1917.02.24（未完）
小蝶	蓄猫事业 钻石匣（仿科南达理）	1917.02.26 1917.12.18—1917.12.22
咏霓	黄花影	1917.03.01
小青	归魂	1917.03.03
陈佐彤	（译）潜艇战争（佐彤、祝平合译）	1917.03.04—1917.03.18
小孤山人	话匣 聋盲哑	1917.03.14 1917.06.14
梨魂	黑心符	1917.03.15
蛰叟（刘泽沛）	恩仇 天台泪 香车 苏半天 放盅 鹦鹉媒 爱河潮 陈三姑娘 云楼妖异记 张园鬼语 沙场奇遇 雀蝉影	1917.03.19 1917.03.20 1917.03.23 1917.03.25 1917.06.02 1917.06.05 1917.06.12 1917.06.13 1917.06.22 1917.08.05—1917.08.06 1917.08.15 1917.08.23
剡酕	黄氏女	1917.03.26
天白	最后之花	1917.03.29—1917.03.30
介士	不宜动土	1917.04.09
天悲	盲人语	1917.04.10
陶世	酒令	1917.04.11

续表

小说家	发表作品	时间
炯公	军人变狗 戎马书生 猴封翁 戍边艳史 淘枯井 情天劫 誉癖 盲矣 文字因缘	1917.04.13 1917.04.14 1917.04.25 1917.05.05 1917.05.06 1917.05.24 1917.05.27 1917.06.11 1918.12.14—1918.12.18
忏情（忏情女士）	情天遗憾 珠练 嫁 指环记	1917.04.15 1917.05.12 1917.05.23 1917.06.15
隐蝉	乡禁烟	1917.04.17
爱琴	一字通牒	1917.04.18
张景明	邱太太艳史（孙孙山润词）	1917.04.20
毅华	介绍职业公司 劳之果 （译）狮栏艳影（毅华、野鹤合译） 雨后花	1917.04.21 1917.08.15 1917.12.10—1917.12.13 1918.12.22—1918.12.23
庐江刘润生	（译）壁中人	1917.04.23
凤生	蛇	1917.04.26
亚云	不幸之幸	1917.05.03
丽寒	海盗遗嘱 （译）古堡（祝平、丽寒同译）	1917.05.04 1917.05.18—1917.06.17
孙孙山	某氏女 叫化会议 吴孝廉妻	1917.05.14 1917.05.19 1917.05.21
筱梅	自然主义之教育 不在家 绕个圈儿	1917.05.17 1918.12.03—1918.12.07 1919.01.13—1919.01.15

续表

小说家	发表作品	时间
朱方少年	老猫语 新骗术	1917.05.26 1917.06.16
宁波汪了烦	珍珠衫	1917.05.30
铁汉	内阁梦 鬼话	1917.06.01 1917.06.24
洗凡	一小间	1917.06.06
劲草	三约	1917.06.09
铁髡	病媒	1917.06.18
虞公	著作家	1917.06.19
邵拙荞	你…	1917.06.21
瘦蝶	钟馗选鬼	1917.06.23
亿鹿女士	吾妹死矣	1917.06.28
瘦	（译）家	1917.07.19—1907.07.22
半禅	女速记生	1917.08.07—1917.08.14
诛心	牛女之一夕话 唐明皇游月宫 烈士归魂记 参观自由新语周年纪念会记 牛女会	1917.08.24 1917.09.30 1917.10.11 1917.11.20 1918.08.13
彗光	梦何生	1917.08.26
达纾	有以报君	1917.08.27
吴次尾	丈人之头	1917.08.31
喋琐	西装少年 无稽之言 麻姑掌	1917.09.02 1917.11.25 1918.02.03
小白	鹃红惨史	1917.09.04—1917.09.11
了了	廉颇 亚鲁里	1917.09.09 1917.09.10

续表

小说家	发表作品	时间
闻野鹤（野鹤）	（译）裘伦航海记（闻野鹤、张舍我合译）	1917.09.16—1919.09.21
	警弦破梦记	1917.11.19—1917.11.26
	雪藕连丝记	1918.02.15—1918.02.25
铁樵	前事不忘	1917.10.11—1917.10.14
毅汉	（译）生趣	1917.10.27—1917.11.01
痴侬	（译）行路难	1917.11.06—1917.11.07
	飞灾	1918.07.30
市隐	还珠记	1917.11.09—1917.11.14
云夫	情话	1917.11.22
	明日中秋	1917.12.16—1917.12.18
	胖子成绩	1917.12.29—1918.01.10
	鼠祸	1918.09.10—1918.09.12
	活西施	1918.09.14—1918.09.19
	著作家	1918.10.09
	医生	1918.10.15—1918.10.16
	发财票	1919.01.25
眉痕	喋血鸳鸯	1917.11.27—1917.12.08
香港白幻影女士	恶作剧	1917.11.27
醉痴生	新婚趣闻	1917.12.01
项濇女士（项佩兰）	埋金记	1917.12.14
	愿与郎绝	1917.12.15
	窗中人语	1918.05.28
	情鬼	1918.05.29
	解语花	1918.05.30
	凌春阁记梦	1918.07.08
	菊姊哀史	1918.07.09
	渔家泪	1918.08.26—1918.08.31
	秀青复仇记	1918.10.07
	农家惨史	1918.10.17

· 295 ·

续表

小说家	发表作品	时间
云间姚鹓雏	情波电谢记 滑铁庐之一 科试艳史 鲛人余泪	1917.12.23—1917.12.28 1918.02.27—1918.03.02 1918.03.04—1918.03.17 1919.08.03—1919.08.25
虹侠	十九号	1918.01.31—1918.02.02
枫隐	群马大会议 尼姑生儿记	1918.02.14 1918.09.09
狮山颠石生	陌路姻缘	1918.02.26
冥飞	祝由科 鬼盗 闽县狱 青山忠骨记 女鉴	1918.03.18 1918.03.19—1918.03.20 1918.03.21—1918.03.24 1918.03.26—1918.04.11， 1918.04.15—1918.04.18 1918.09.25
雪山	文明外史 蛮烟瘴雨录（那楞口述，雪山笔录）	1918.05.06—1918.08.15 1919.01.20—1919.06.24
金木	新选鬼	1918.06.14
宋学文	感	1918.07.10
观钦	孤孀劫 孽海双禽 哭爱妹 羊	1918.08.05 1918.09.13 1918.09.23 1919.02.04
悟心女士	予友之夫	1918.08.17—1918.8.25
舍予	双叫喜	1918.08.30
全椒何筠	刘住	1918.09.01
午昌	香筠小史 女丐 一丸缘 鲁男子	1918.09.02—1918.09.04 1918.09.20 1918.09.21—1918.09.22 1918.10.25—1918.10.27
沃丘仲子	小学日夜馆 新十八扯	1918.09.05—1918.09.06 1918.09.24

续表

小说家	发表作品	时间
陈潮	战场花	1918.09.07
延陵仲子	春闺梦醒录	1918.09.08
藻藻	新议员笑史	1918.10.02
璧人	薄命女	1918.10.06
郭大中	一度缘	1918.10.08
明焘	琼娃	1918.10.11
剑亚	英伦奇侠记	1918.10.12—1918.10.14
平阳孔六庵	双十节	1918.10.14
邢琬	情天立志录	1918.10.20—1918.10.24
饲鹤生	意外缘	1918.10.31
达纾庵（纾庵）	珠儿日记 梅娘传	1918.11.03—1918.11.06 1919.01.16
佑民	三目镜	1918.11.07—1918.11.13
碧梧	柔肠侠骨录 金婚	1918.11.14—1918.11.24 1918.12.30—1919.01.08
许宗杰（宗杰）	劫 和 狐裘	1918.11.16 1918.11.23 1918.12.29—1918.12.30
半梅	惰力 二十年前之旧当票	1918.11.25—1918.12.03 1919.01.17—1919.01.19
雨田	情侠	1918.12.04—1918.12.05
程谷青	从征 我之旅沪日记	1918.12.06—1918.12.13 1919.01.10
欧阳予倩	断手	1918.12.08—1918.12.15
卓呆	寒夜客	1918.12.16—1918.12.29
律西	花长好	1918.12.17—1918.12.21
民哀	无双歌女	1918.12.24—1918.12.25
茸余	勋章语 书信与喜怒	1918.12.27—1918.12.28 1919.01.26
瞽丐	双义记	1919.01.01
尤玄甫	（译）飞矢韶华	1919.01.01—1919.01.08

续表

小说家	发表作品	时间
陈范我	白三小姐	1919.01.09
林琴南	《蠡叟丛谈》： 安娜（一至四） 玉纤（四至七） 李象升（七至十） 山魈两则（十一至十二） 荆生（十三至十四） 麦氏兄弟（十五至十九） 黄贞（二十） 古棺（二十一） 某武弁（二十二） 苏特（二十四①至二十五） 春荏（二十六至三十四） 和玉（三十五至三十七） 某藩司（三十八至三十九） 李琴寄（四十至四十三） 妖梦（四十四至四十八） 张曾歔（四十九至五十） 演归氏二孝子（五十至五十七） 闽县两奇人（五十八至五十九） 李疝（六十至六十九） 小四虎（七十至七十二） 周辛仲（七十三至七十五） 前左营狐魅（七十六至七十八） 李萍（七十九至八十四） 王薇庵（八十五至八十八， 5月4日后停数日， 自6月25日移到小申报第二版） 胡生（八十九至九十） 凶宅（九十一至九十三）	（先刊于第一版第三张） 1919.02.04—1919.02.07 1919.02.07—1919.02.11 1919.02.11—1919.02.14 1919.02.15—1919.02.16 1919.02.17—1919.02.18 1919.02.19—1919.02.23 1919.02.24 1919.02.25 1919.02.26 1919.02.27—1919.02.28 1919.03.01—1919.03.09 1919.03.10—1919.03.12 1919.03.13—1919.03.14 1919.03.15—1919.03.18 1919.03.19—1919.03.23 1919.03.25—1919.03.26 1919.03.26—1919.04.02 1919.04.03—1919.04.04 1919.04.05—1919.04.14 1919.04.15—1919.04.17 1919.04.20—1919.04.22 1919.04.23—1919.04.25 1919.04.26、 1919.04.28—1919.05.02 1919.05.03—1919.05.04、 1919.06.25—1919.06.26 1919.06.27—1919.06.28 1919.06.29—1919.07.01

---

① 按此篇应为"第二十三"，应是编辑错排。

续表

小说家	发表作品	时间
林琴南	吕云友（九十四至九十五）	1919.07.02—1919.07.03
	吴铁甲（九十六至九十七）	1919.07.04—1919.07.05
	张云岫（九十八至一百〇一）	1919.07.06—1919.07.09
	破靴党（一〇二至一〇五）	1919.07.10—1919.07.13
	七拐湾（一〇五至一〇六）	1919.07.13—1919.07.14
	四赭公（一〇七至一〇八）	1919.07.15—1919.07.16
	孙紫茸（一〇八[①]至一一五）	1919.07.17—1919.07.24
	谢胄（一一五至一二三）	1919.07.24—1919.07.31
	计玉雨（一二四至一二八）	1919.08.01—1919.08.05
	傅莲峰述异（一二九至一三三）	1919.08.06—1919.08.10
	鬼入影片（一三四至一三五）	1919.08.11—1919.08.12
	何枕玉（一三六至一四八）	1919.08.13—1919.08.25
	王慧珠（一四九至一五〇）	1919.09.04—1919.09.05
	李鱼珊（一五一至一五四）	1919.09.06—1919.09.09
	乩仙[②]（一五五至一五八）	1919.09.10—1919.09.13
	某生（一五八至一五九）	1919.09.13—1919.09.14
	叶生（一六〇至一六一）	1919.09.20—1919.09.21
	谢墨隐（一六二至一六四）	1919.09.22—1919.09.24
	王小乙（一六五至一六六）	1919.09.25—1919.09.26
	丁生（一六七至一七一）	1919.09.29—1919.10.03
	天齐庙（一七二至一七五）	1919.10.04—1919.10.08
	洋妇祈禳（一七六至一七七）	1919.10.09—1919.10.10
	周松孙太史（一七八至一七九）	1919.10.11—1919.10.12
	颜惜惜（一八〇至一九〇）	1919.12.27—1920.01.08
	梅茧（一九一至一九六）	1920.01.18—1920.01.24
	阿绣（一九七至二百）	1920.01.25—1920.01.28
	陆弁（二〇一至二〇三[③]）	1920.01.29—1920.02.02

[①] 按序号编错，应为一百零九。

[②] 《新申报》副刊1919年9月10日的版面未见，或已佚，故《蠡叟丛谈》第"一百五十五"节未见。从《乩仙》9月11日的内容来看，此篇应该起于9月10日。

[③] 1920年2月1号按顺号应为"二〇四"，错标为"二〇三"，故1920年2月2日应为"二〇五"。

《申报》《新申报》小说家述考(1907—1919)

续表

小说家	发表作品	时间
林琴南	跛道士（二〇四①至二〇九②）	1920.02.04—1920.02.07
	陆红醉（二〇九至二一四）	1920.02.10—1920.02.15
	陈攒湖（二一五至二一五③）	1920.03.09—1920.03.10
	庐腾（二一六至二一六④）	1920.03.11—1920.03.12
	刘五小姐（二一七至二一九）	1920.03.14—1920.03.16
包天笑（吴门天笑生）	《非洲毒液》	1919.03.01—1919.12.01（中有暂停）
	《降城痛语》（天笑、毅汉译）	1919.12.06
王大觉	大慈善家	1919.08.26—1919.09.04
胡冠天	镜台隽语	1919.10.10—1919.10.11
姜华	永恨	1919.10.22
止水	明月	1919.10.26—1919.10.28
逐客	试情	1919.10.31—1919.11.16
鸳雏	比较的	1919.11.06—1919.11.10
病侠	为国仇情记	1919.12.02—1919.12.05

---

① 按顺序应为第"二〇六"，不知何故错标为"二〇四"。
② 1920年2月4日、5日标"二〇四"及"二〇五"，2月6日忽标为"二〇七"，2月7日又标为"二〇九"，错误迭出，不知是否为补前错。
③ 应为"二一六"。
④ 序号排错。

附录二

《申报》《新申报》主要小说家别名、字号、籍贯一览表

（以生年先后为序。未知生卒年者列于最后，按音序排列）

常用署名	本名	其余字号	籍贯及生卒年
酒丐	邹弢	字翰飞，号瘦鹤词人、薄湘馆侍者、司香旧尉、守死楼主	江苏金匮（今无锡）人，1850—1931
林畏庐	林纾，林群玉	字琴南，号冷红生，晚号践卓翁、蠡叟	福建闽侯（今福州）人，1852—1924
爱楼	童苍怀，又名童侃	别署童隐，又署石甊岷，号仲慕、仰慈、湖山无恙楼	浙江鄞县人，1863—卒年不详
韵清女士	吕逸	一字逸初，又字碧城，别号韵清女史，又号友芳旧主，室名"梅花韵轩"	浙江桐乡石门镇人，约1870—卒年不详
了青	徐岱祥	字泰云	江苏嘉定（今上海嘉定区）人，1874—1914
便便	钱学坤	字静方，号一蟹，别署泖东一蟹	江苏青浦（今上海青浦区）人，1875—1940
天虚我生	陈栩，原名陈寿嵩	字蝶仙，号栩园，别署惜红生等	浙江杭县人，1879—1940
瘦蝶	许泰	号仲瑚，晚年又号悼飞室主	江苏太仓人，1881—卒年不详
率公	汪鸣璋	字品人	浙江杭县人，祖籍苏州，1883—卒年不详

《申报》《新申报》小说家述考（1907—1919）

续表

常用署名	本名	其余字号	籍贯及生卒年
天白	卢美意	字幼全，又字天白，号忆珠楼主	安徽庐江人，1884—约1965
蛰叟	刘泽沛	蛰公	安徽桐城人，约1884 卒年不详
剑秋	孙炯	字孙山，又字剑秋，号楞华庵主，斋名思正斋	江苏昆山人，约1886—卒年不详
东垩	李方溁	字企胡，又署为东野	江苏宝山（今上海宝山区）人，1886—卒年不详
映清女士	姜琎	字映清，别号象乾	上海人，1886—卒年不详
常觉	李家驷	字新甫	江苏上元（今苏州）人，约1887—卒年不详
钝根	王晦，原名王永甲		江苏青浦（今上海青浦区）人，1888—约1951
颂斌	金锵	又字翼仍，又署掩耳	江苏青浦（今上海青浦区）人，1888—卒年不详
尤玄甫	尤翔，原名志庠	字玄父，又字墨君，号黑子	江苏苏州吴县人，1888—1971
觉迷	吴中弼	号匡予、蕉轩、如是我闻室主人	江苏川沙（今上海浦东）人，1889—1931
独鹤	严桢	字子才	浙江桐乡人，1889—1968
豁公	刘达	字覃敷，别署哀梨室主	安徽桐城人，约1889—1946年之后
立三	何奇，又名何骧	别号壶隐庐主人	浙江诸暨人，1890—卒年不详
丁悚		字慕琴	浙江嘉善人，1891—1969
瘦鹃	周国贤	别署紫罗兰庵主人	江苏吴县人，1895—1968

续表

常用署名	本名	其余字号	籍贯及生卒年
舍我	张建忠,又名张子芳		江苏川沙（今上海浦东）人,1896—1949年以后
小蝶	陈蘧,原名祖光,后名陈定山	一字肖仙,号醉灵轩主人,永和老人,七层楼主	浙江杭县人,1897—1976
鸳雏	朱釀,原名朱紫贵,又名朱玺	字尔玉,别署孽儿,别号银萧旧主	江苏华亭人,1897—1921
野鹤	闻宥	字在宥,别号泗滨野鹤,室名落照堂	江苏松江（今上海松江区）泗泾镇人,1901—1985
陈佐彤	陈德桓	别号铭彝,一字恂恂,又字亚东恨物	上海人,生卒年不详
嘉定二我	陈其渊	号石泉,又号涤骨	江苏嘉定（今上海嘉定区）方泰镇人,生卒年不详
佩兰女士	项潜	字佩兰	浙江杭州人,生卒年不详
秀英女士	毛秀英		不详
野民	未详	别署李生	安徽庐江人,生卒年不详
渔郎	邹鲁	字敬初,又号小酒丐	江苏无锡人,生卒年不详

附录三 《申报》《新申报》主要小说家小像及出处

图 1　王钝根
照片来源：《半月》1922 年第 2 卷第 1 期。

附录三 《申报》《新申报》主要小说家小像及出处

自由雜誌編輯者

愛樓

童蒼懷 字仲慕 別號又署愛樓 又署石傖山民 浙江鄞縣人

图 2　童爱楼
照片来源：《自由杂志》1913 年第 1 期。

《申报》《新申报》小说家述考(1907—1919)

天虚我生

陈栩字
蝶仙别
号天虚又
我生署
栩园主
人年三
十五岁浙江
杭县人

图3 陈蝶仙
照片来源：《自由杂志》1913年第1期。

附录三 《申报》《新申报》主要小说家小像及出处

畫家丁悚

丁悚 字慕琴 年二十歲 浙江嘉善人

图4 丁悚
照片来源:《自由杂志》1913年第1期。

故小說家雲間朱鴛雛先生遺像

图5 朱鸳雏
照片来源:《半月》1922 年第 2 卷第 7 期。

附录三 《申报》《新申报》主要小说家小像及出处

闻野鹤先生
MR. Y. H. WEN
Chinese Adviser

图 6　闻野鹤

照片来源:《持志年刊》1928 年第 3 期。

《申报》《新申报》小说家述考(1907—1919)

玉台泪史著者

天白庐美意及其爱儿穉兰

图7 卢天白

照片来源:《礼拜六》1914年第30期。

附录三 《申报》《新申报》主要小说家小像及出处

士女清韻呂溪語

图 8 吕韵清
照片来源：《香艳杂志》1914 年第 4 期。

《申报》《新申报》小说家述考（1907—1919）

(吕女清韵)

图 9　吕韵清
照片来源：《小说丛报》1915 年第 10 期。

附录三 《申报》《新申报》主要小说家小像及出处

映青女士

姜瑾 字映青 别号青象 乾东人 鲁人

图10 映青女士
照片来源：《自由杂志》1913年第1期。

《申报》《新申报》小说家述考(1907—1919)

陈姜映清女士

图11 姜映清

照片来源:《映清女士弹词开篇》上海家庭出版社1936年版扉页。
姜映清,有时也写成"映青",不知孰是,姑且依图片上字样标注。

附录三 《申报》《新申报》主要小说家小像及出处

图12 瘦蝶　天虚我生　了青　率公　钝根　爱楼　梦犊生
照片来源:《游戏杂志》1913年第1期。

图 13 《游戏杂志》诸编辑合照

照片来源：《游戏杂志》1914 年第 3 期。

图 14　东埜、独鹤、瘦鹃、我恨、扬州小杜

照片来源：《游戏杂志》1914 年第 2 期。

红树

周红树原名彬
三十以前别署
萬花一蝶又署
蝶巢字乾慶浙
江海甯人現住
杭州太平門刀
茅巷私立浙江
法政專門學校

天聲

張承基字
詠南年二
十四歲江
蘇甓山人
現住嘉定
南翔鎮

嘉定二我

陳其潤字
石泉又號
潄骨江蘇
嘉定人住
方泰鎮

图15 红树、天声、嘉定二我
照片来源:《自由杂志》1913年第2期。

附录三 《申报》《新申报》主要小说家小像及出处

图16 了青、瘦鹤词人

照片来源：《自由杂志》1913年第1期。

图17 吴下健儿、瘦蝶

照片来源：《自由杂志》1913年第1期。

图 18　颂斌、朗生、毋意、觉迷
照片来源:《游戏杂志》1913 年第 1 期。

附录三 《申报》《新申报》主要小说家小像及出处

图 19 颂斌、小蝶、立三
照片来源：《自由杂志》1913 年第 2 期。

图20 钝锥、红树、莽汉、徐哲身
照片来源:《游戏杂志》1913年第1期。

图 21　徐哲身、陈佐彤

照片来源：《自由杂志》1913 年第 1 期。

《申报》《新申报》小说家述考(1907—1919)

图 22　拜花、佐彤、天白、李生
照片来源:《游戏杂志》1914 年第 3 期。

附录三 《申报》《新申报》主要小说家小像及出处

覺迷

吳中弱 字匡子 又號如 是主人 室我人 二十五歲 江蘇吳江 川沙人

匹志

蔡奉琮 少蘭又號 匹志浙江 嘉善縣 渢人現廁 上海新聞 路中華法 政大學

金潛盦別號問天生浙江吳興南潯人

图23 觉迷、匹志、问天生
照片来源:《自由杂志》1913年第2期。

图 24　常觉、丁悚、豁公
照片来源：《游戏杂志》1913 年第 1 期。

参考文献

一 著作类：

［日］樽本照雄编：《新编增补清末民初小说目录》，齐鲁书社2002年版。
阿英：《阿英全集》，安徽教育出版社2003年版。
包天笑：《钏影楼回忆录》，生活·读书·新知三联书店2014年版。
陈大康：《中国近代小说编年》，华东师范大学出版社2002年版。
陈定山：《春申旧闻》，海豚出版社2015年版。
陈定山：《春申旧闻续》，海豚出版社2015年版。
陈定山：《春申续闻》，海豚出版社2015年版。
陈洪主编：《民国中国小说史著集成》，南开大学出版社2014年版。
范伯群主编：《中国近现代通俗作家评传丛书》，南京出版社1994年版。
范伯群：《中国现代通俗文学史（插图本）》，北京大学出版社2007年版。
范烟桥：《鸱夷室文钞》，海豚出版社2013年版。
范烟桥：《中国小说史》，苏州秋叶社1927年版。
方汉奇：《中国近代报刊史》，山西人民出版社1981年版。
韩伟表：《中国近代小说研究史论》，齐鲁书社2006年版。
姜国：《南社小说研究初探》，吉林大学出版社2012年版。
林明德编：《晚清小说研究》，联经出版事业公司1988年版。
林薇选编：《畏庐小品》，北京出版社1998年版。
刘永文编著：《民国小说目录（1912—1920）》，上海古籍出版社2011年版。
刘永文编：《晚清小说目录》，上海古籍出版社2008年版。
柳无忌、殷安如编：《南社人物传》，社会科学文献出版社2002年版。
鲁迅：《鲁迅全集》，人民文学出版社2005年版。
潘薇薇：《从〈申报〉广告看中国近代小说运动》，东方出版中心2015

年版。

《中国近代文学大系》总编辑委员会编：《中国近代文学大系》，上海书店出版社 2012 年版。

任访秋：《中国近代文学作家论》，河南人民出版社 1984 年版。

宋声泉：《民初作为方法：文学革命新论》，南开大学出版 2015 年版。

魏绍昌主编：《民国通俗小说书目资料汇编》，上海书店出版社 2014 年版。

魏绍昌编：《鸳鸯蝴蝶派研究资料》，上海文艺出版社 1984 年版。

吴俊、李今等编：《中国现代文学期刊目录新编》，上海人民出版社 2010 年版。

薛海燕：《民初女性小说作家研究》，中国社会科学出版社 2015 年版。

薛绥之、张俊才编：《林纾研究资料》，福建人民出版社 1983 年版。

严芙孙：《全国小说名家专集》，上海云轩出版社 1923 年版。

袁进：《鸳鸯蝴蝶派》，上海书店出版社 1994 年版。

张芳：《民国初期戏剧理论研究（1912—1919）》，吉林大学出版社 2013 年版。

张旭、车树昇编著：《林纾年谱长编》，福建教育出版社 2014 年版。

张振国：《晚清民国志怪传奇小说集研究》，南京凤凰出版社 2011 年版。

赵孝萱：《"鸳鸯蝴蝶派"新论》，兰州大学出版社 2004 年版。

郑逸梅：《南社丛谈》，上海人民出版社 1981 年版。

郑逸梅：《清末民初文坛轶事》，学林出版社 1987 年版。

郑逸梅：《人物品藻录》，日新出版社 1946 年版。

郑逸梅：《书报话旧》，学林出版社 1983 年版。

郑逸梅：《文苑花絮》，中州书画社 1983 年版。

郑逸梅：《艺坛百影》，中州书画社 1982 年版。

周瘦鹃：《花前新记》，江苏人民出版社 1958 年版。

周瘦鹃、骆无涯编：《小说丛谭》，大东书局 1926 年版。

朱联保编撰：《近现代上海出版业印象记》，学林出版社 1993 年版。

朱瘦菊：《歇浦潮》，上海古籍出版社 1991 年版。

邹弢：《三借庐剩稿》，文瑞楼铅印本 1914 年版。

邹弢：《三借庐剩稿续刊》，文贤阁铅印本 1923 年版。

左鹏军：《晚清民国传奇杂剧考索》，人民文学出版社 2005 年版。

二 论文类：

董智颖：《陈蝶仙研究》，硕士学位论文，华东师范大学，2005年。
杜新艳：《近代报刊谐文研究：以〈申报·自由谈〉（1911—1918）为中心》，博士学位论文，北京大学，2009年。
范伯群：《网络小说如何实现华丽转身》，中国文联理论研究室、中国文艺评论家协会、中国文联文艺评论中心编《新形势下的文艺评论的责任与作为：第七届当代文艺论坛文集》，当代中国出版社2015年版。
胡萱：《论"礼拜六"小说创作》，硕士学位论文，苏州大学，2008年。
李强：《晚清上海小说家总体特征研究》，硕士学位论文，华东师范大学，2008年。
李志梅：《报人作家陈景韩及其小说研究》，博士学位论文，华东师范大学，2005年。
林香伶：《清末民初文学转型期的标志——南社文学研究》，博士学位论文，台湾师范大学，2003年。
刘莉：《周瘦鹃主持时期〈申报·自由谈〉小说研究》，博士学位论文，复旦大学，2010年。
鲁卫鹏：《〈小说时报〉研究》，硕士学位论文，华东师范大学，2008年。
牛绿洲：《朱瘦菊论》，硕士学位论文，苏州大学，2012年。
钱琬薇：《失落与缅怀：邹弢及其〈海上尘天影〉》，硕士学位论文，台湾政治大学，2007年。
阮东升：《邹弢小说研究》，硕士学位论文，安徽大学，2009年。
沈庆会：《包天笑及其小说研究》，博士学位论文，华东师范大学，2006年。
沈玉慧：《姚鹓雏小说研究》，硕士学位论文，华东师范大学，2012年。
苏亮：《近代书局与小说》，博士学位论文，华东师范大学，2015年。
汤克勤：《论晚清小说家的分类》，《中国近代文学研究三十年回顾与前瞻学术研讨会暨中国近代文学学会第十六届年会论文集》，湖南大学文学院，2012年。
汤克勤：《晚清小说家和"士"的近代转型》，博士学位论文，武汉大学，2009年。

陶春军：《俗中之雅·雅中之俗·雅俗合参：〈礼拜六〉、〈小说月报〉（1910—1920）、〈小说世界〉期刊风格研究》，博士学位论文，苏州大学，2012年。

田若虹：《陆士谔小说考论》，博士学位论文，华东师范大学，2003年。

王进庄：《二十年代旧派文人的上海书写》，博士学位论文，华东师范大学，2007年。

王润：《胡怀琛小说理论研究》，硕士学位论文，淮北师范大学，2014年。

张广兴：《民初骈体小说文体学研究》，硕士学位论文，苏州大学，2008年。

张洪良：《〈游戏世界〉研究》，硕士学位论文，吉林大学，2013年。

赵健：《晚清翻译小说文体新变及其影响：以晚清最后十年（1902—1911）上海七种小说期刊为中心》，博士学位论文，复旦大学，2007年。

赵庆：《"〈时报〉系"及其集团化研究》，硕士学位论文，南昌大学，2015年。

周渡：《海派市民文人的典型：周瘦鹃民国时期文学活动研究》，博士学位论文，苏州大学，2011年。

三 报刊类

陈蝶仙主编：《女子世界》，中华图书馆发行1914—1915年。

李定夷、许指严主编：《小说新报》上海国华书局发行1915—1923年。

刘豁公主编：《小说季刊》，上海山东路青青社发行1926年。

申报馆编：《申报》，上海申报馆1872—1949年。

申报馆编：《最近之五十年——申报馆五十周年纪念》，上海书店1987年影印版。

申报年鉴社编：《申报年鉴全编》，国家图书馆出版社2010年版。

童爱楼主编：《自由杂志》，上海申报馆发行1913年。

王钝根、刘豁公主编：《说部精英》，上海五洲书社1924—1926年。

王钝根主编：《礼拜六》，广陵书社2005年影印版。

王钝根主编：《礼拜六》，上海中华图书馆发行1914—1923年。

王钝根主编：《社会之花》，上海藜青社1924—1925年。

王钝根主编：《游戏杂志》，上海中华图书馆发行1913—1915年。

新申报馆编：《新申报》，上海新申报馆1916—1927年。
严独鹤主编：《红杂志》上海世界书局发行1922—1924年。
严芙孙、孙纬才主编：《小说日报》，上海小说日报社出版1922—1923年。
余大雄主编：《晶报》，上海晶报馆发行1919—1940年。
俞颂华主编：《申报月刊》，上海申报馆出版1932—1945年。
张枕绿主编：《最小》，良晨好友社刊行1922年版。
郑留主编：《永安月刊》，上海永安公司发行1939—1949年。
周瘦鹃主编：《半月》上海大东书局发行1921—1925年。
周瘦鹃主编：《游戏世界》，上海大东书局发行1921—1923年。

索 引

(1) 书名、刊名、篇名索引

A

《哀梨室随笔》 130
《哀梨室谈往》 130
《哀梨室戏谈》 130
《爱楼笔记》 102
《爱楼吟稿序》 102
《安娜》 76,77

B

《白话诗研究》 154
《稗品》 16
《半月》 7,47,109,125,128,139,141,142,153,169,175-178,180,187,249,304,308
《包天笑、周瘦鹃、徐卓呆的文学翻译对小说创作之促进》 9
《包天笑及其小说研究》 11
《雹碎春红记》 153
《报人作家陈景韩及其小说研究》 11,49
《本旬刊作者诸大名家小史》 7,16,113-116,120,123,125,138,139,141,179

《冰世界》 42
《并蒂缘》 88,89
《伯爵夫人之爱情》 139
《不懂外文的翻译家——林纾》 9
《不了缘》 89,90

C

《彩票毒》 66
《沧桑记》 128,129
《茶寮小史》 24
《拆白伟人传》 126,128,129
《长安新梦记》 165
《长福》 68
《苌虹碧血》 150
《陈蝶仙研究》 11
《陈冷血的时评》 49
《持志年刊》 154,309
《钏影楼回忆录》 8,49
《春痕集》 176
《春苼》 69,71
《春秋》 119,195
《春申旧闻》 8,113,117,118
《春申旧闻续》 118
《春申续闻》 8,118
《春水江南》 118

《春莺絮梦录》 153
《从〈春秋〉与〈自由谈〉谈起》 7

D

《答顾虚谷》 56,67
《答金抱璞世祁》 87,88
《答客问本报附刊小说》 20,21
《大华晚报》 118
《悼飞室杂缀》 92,97,98
《德齐小传》 68
《滴粉搓酥录》 102
《滌心碎录》 40
《点石斋画报》 61
《电影杂志》 127
《蜨野诗存》 115
《蝶窠偶语》 92,93,96,97,132
《蝶梦花酣》 118
《蝶衣金粉》 94,96
《定山草堂诗》 115
《定山草堂外集》 119,121
《定山词》 118,120
《独鹤小说集》 178
《对"名士派""鸳鸯蝴蝶派"的斗争》 8

E

《儿时顽皮史》 7
《二雏余墨》 172
《二十年代旧派文人的上海书写》 10
《二十年前之上海》 165
《二我居杂缀》 80

F

《反饾饤的王钝根》 50

《返生香》 213,217,218,249
《方芷小传》 81
《粉城公主》 61,62,64
《风流罪人》 198-200,202,203,209
《峰屏泖镜录》 172
《讽世歌剧：新空城计》 172
《父》 139
《妇女时报》 18
《妇女杂志》 194,216,221,222
《富贵一梦记》 101
《覆梦庐主人书》 61,62

G

《高尔基》 51
《歌台趣话》 124
《工商新闻》 7,110,111,114,125,126
《孤坟泪》 88,89
《孤鸿影弹词》 189,203
《古今名人家庭小史》 102
《古井波澜》 150,152,153
《广陵潮》 248
《闺中剑》 23
《国货指南》 125
《国学汇编》 153
《国学周刊》 150,153,155

H

《海派市民文人的典型：周瘦鹃民国时期文学活动研究》 11
《海上尘天影》 54,61
《海上繁华梦》 248
《海棠泪》 135

《害群马》 82
《寒谷生春记》 212，215
《汉书·艺文志》 1
《好白相》 64
《好头颅传奇》 82
《和玉》 68
《盍簪》 142
《黑海潮传奇》 81，82
《恨海鹃声谱》 21
《红蚕茧集》 175，176
《红鹃啼血记》 152，153
《红杂志》 7，15，16，41，93，96，98，107，145，149，177，179，193
《胡怀琛小说理论研究》 11
《沪滨随感录》 142，174
《花前琐记》 8
《花前新记》 8
《华鬘劫》 95
《画师》 95
《黄金世界》 117，118
《慧珠传》 23
《豁庐杂志》 123，131，132

J

《技击汇刊》 152
《技击余闻》 74，75
《家庭常识》 107
《家庭地狱》 249
《家庭琐事录》 107
《嘉定血》 81
《嘉兴日报》 212
《鹣鲽姻缘》 182，183
《检书记》 140
《剑侠吕四娘演义》 147

《江东杂志》 169，176
《江上青峰记》 41
《江苏教育》 193，195
《江舟侠女》 88，89
《绛珠叹》 61
《浇愁集》 54
《浇愁续稿》 59，62，63
《蕉轩随笔》 107
《蕉轩杂译》 107
《觉迷丛刊》 106，107
《劫余草》 87，88
《金钢钻》 16，94，96，126，152
《近代报刊谐文研究：以〈申报·自由谈〉(1911—1918)为中心》 10
《京剧考证》 128
《荆生》 68，69，77
《荆驼泪史》 153
《竞立社·小说月报》 23
《鸠鹊移巢记》 153
《九峰樵子谈画》 23
《九尾龟》 24，248
《九幽新国记》 59，63，66
《剧本考实》 182
《剧社》 170
《绝塞奋椎记》 150，151
《爵士夫人及其它》 148，149

K

《科凷艳史》 42
《恐怖窟》 111
《苦鸳鸯》 88
《苦作乐》 101
《快活》 128，139-142，163
《快活林》 41，96，162，165，179，180

《窥楼记》 140

L

《蓝鹿洲先生》 73
《楞华庵随笔》 145，146
《梨香阁剧谈》 124
《蠡叟丛谈》 67－70，72，74，76，77，298，299
《礼拜六》 7，18，37，38，41，45－47，61，62，64，66，68，93，105，107，110－112，114，115，122，126，135，140，145－151，153，162，163，165，166，170，174，177，180，186，187，189，192，203，219，220，232，240，241，310
《李平书先生遗事》 106
《李象升》 68
《李义山诗续笺》 175
《李矗》 69
《历史歌剧：陈圆圆》 124，135
《励行月刊》 137
《怜新记》 140
《联合报》 117
《烈女罗苏轶事》 23
《林纾研究资料》 9，242
《林译小说及林纾其人》 9
《林植斋》 74
《刘家庙双杰传》 81
《留声机》 105，124
《留台新语》 118
《龙争虎斗》 118
《陆弁》 69
《陆士谔小说考论》 11
《论"礼拜六"小说创作》 10

《论包天笑及其流派归属》 9
《论今日改良文学之必要》 22
《论晚清小说家的分类》 227
《论戏曲改良与群治之关系》 22
《论中国当注意实业教育》 22
《骆驼画报》 127
《落照堂集存国人信札手迹》 149，155－157，159

M

《麦氏兄弟》 72，73，77
《蛮岛》 64
《美》 117
《梦罗浮馆词钞》 94
《梦中梦》 62
《迷津梦醒》 64
《迷离香梦》 135
《民初骈体小说文体学研究》 10
《民国日报》 150，152，163，171
《民国通俗小说书目资料汇编》 10
《民国小说目录（1912—1920）》 10
《民权报》 17，18
《民权素》 18，41，193
《民众生活》 125，127
《某公事略》 88
《某生》 68

N

《南社人物传》 167，170
《南社诗话考核》 149
《南社书坛点将录》 149，157，158
《南社小说研究初探》 10
《逆旅老人》 75

《拈花集》 8，49－51，240
《廿五朝艳史大观》 147，148
《孽海花》 248
《宁波周报》 101
《农夫泪》 95
《女侠十三妹演义》 147
《女学生》 23
《女子世界》 18，45，81，107，111，115，150，186，189，210，214，215，222

P

《潘杰小史》 23
《泡影录》 23
《捧苏楼墨屑》 194
《贫贱受恩多》 84
《平报》 24
《剖心记》 140
《浦东旬报》 107

Q

《七襄》 212，215，216
《栖霞女侠小传》 21，23
《杞菊山房诗词抄》 94
《泣珠日记》 89
《潜艇战争》 42，210，211
《樵庵诗语》 94
《且楼随笔》 49
《青浦闺秀诗存》 183
《清朝官场奇报录》 145，147，148
《清朝奇案大观》 147，148
《清末民初文坛轶事》 9，19，23
《清末民初文学转型期的标志——南社文学研究》 10
《清末上海地区书局与晚清小说》 17
《清史歌剧：杨翠喜》 124
《清廷轶事》 89
《情场趣史》 41
《情海鸳鸯》 166
《情丝操纵记》 135
《裘伦航海记》 139，151
《全国非小说名家专集》 15
《全国小说名家专集》 7，15，128，181
《劝业场日报》 100

R

《人名五更调·集自由新语撰述者别号》 39
《人物品藻录》 7
《壬申国难记》 93
《如此家庭》 135
《如是我闻室随笔》 104，106

S

《赛马情波》 135
《三国之鼎峙》 21
《三借庐剩稿》 54，56－58，64
《三借庐剩稿续刊》 54，64－66
《三借庐赘谈》 54
《三日画报》 125，126
《珊瑚》 155
《商报》 15，125，128，129，179，200－203
《上海滩》 130
《上海文艺之一瞥》 7
《上海游览指南》 130，152
《上海游艺》 130
《上海掌故谈》 106

《佘山小志》 23
《社会冥行记》 174
《社会之花》 7，16，38，47，113－116，120，122，125，126，135，138，141，167－169，171，175，178，179，198－203，207，208，230，233
《申报》 1－14，17－25，31，37－39，41－48，50，52－59，64，65，67，78，79，87，88，93－96，100－104，106，111－114，116，122，123，126，129，130，132－134，136，138－145，147，148，150，152－154，156，158，160，161，164，169，170，172，174－179，181，182，185－190，192，193，195，197－200，202－208，210，211，213，218－225，227－232，236－241，243－246，249－254，272，301，304
《深谷美人》 72
《神怪剑侠》 147
《神州日报》 21，22
《失名之英雄》 41
《师黎阁诗话》 165
《诗人许瘦蝶病逝鹤溪》 94
《十哀吟》 64
《十年诗卷》 118－120
《十年游记》 159－162，166
《十日新》 64
《时报》 4，17，18，44，47，237，240，248，252，253
《时事歌剧：新碰碑》 124
《实事侦探录》 140
《试砚斋随笔》 185，186

《书报话旧》 9
《书坛缀语》 205，206
《双报父仇》 101
《双凤阁词话》 169，170
《双灵魂》 23，24
《双星杂志》 193，194
《霜天鹤唳》 95
《水浒》 15
《说部精英》 125，126，130，135
《斯文》 155
《松江女杰小传》 81
《淞滨琐话》 59，61，62
《苏特》 74
《苏州明报》 7
《俗中之雅·雅中之俗·雅俗合参：〈礼拜六〉、〈小说月报〉（1910—1920）、〈小说世界〉期刊风格研究》 10
《孙紫茸》 69

T

《台风》 117
《太常仙蝶》 110，111
《太平天国革命史》 21
《弹词叙录》 188，189，198
《天铎报》 21
《天籁报》 137，138
《天齐庙》 72，73，77
《桐阴唱和集》 94
《童子血》 95

W

《挽徐君了青联》 90
《晚清翻译小说文体新变及其影响：以晚

清最后十年（1902—1911）上海七种小说期刊为中心》 10
《晚清小说》 45
《晚清小说家和"士"的近代转型》 10
《晚清小说目录》 9
《晚清小说研究》 9
《婉贞》 41
《万国商业月报》 100
《王薇庵》 76，77
《为了青先生逝世告海内文字交》 85
《畏庐琐记》 73，74
《畏庐文集》 75，76
《文娟》 8
《文坛趣话》 41
《文学旬刊》 7，244
《文苑点将录》 16，126，152
《文苑花絮》 9
《文苑群芳谱》 16
《文字海：全篇嵌自由谈投稿人名》 27
《闻革命军除天齐庙》 73
《蜗牛角传奇》 82
《我的父亲天虚我生——国货之隐者》 116
《我欲歌》 80
《无名罪人》 25
《吴铁甲》 68
《五豆粒》 41
《五十年梦》 103

X

《西湖梦》 101
《希社丛编》 183，184，190
《希社记》 56
《戏剧大全》 127
《戏剧与电影》 127
《戏剧月刊》 125，127，132，135，136
《戏世界》 130
《戏学大观》 128
《戏学大全》 127，128
《先知人》 80
《闲话〈礼拜六〉》 8，240
《弦外之音》 41
《香奁诗话》 107
《香艳杂志》 18，66，67，215，216，311
《湘游纪略》 100
《消闲录》 93
《消闲月刊》 41，186
《萧斋诗存》 115，118-121
《萧斋诗存序》 115
《小说丛报》 18，169，170，172，215，216，312
《小说点将录》 7，15，149，177
《小说画报》 172
《小说季刊》 125，126
《小说家别传》 7，15
《小说家名号文虎》 16
《小说家姓名别号表》 7，16，231
《小说家姓名别号表补》 7
《小说蠡测录》 41
《小说林》 17，21，243
《〈小说时报〉研究》 10
《小说新报》 41，82，173，219，222，252
《小说月报》 4，14，17，18，47，115，135，143，151，153，182，193，194，237，240
《小说中的逆流——鸳鸯蝴蝶派和黑幕小说》 8
《孝女耐儿传序》 70

《笑林报》 100
《啸秋阁诗钞》 94
《歇浦潮》 42,124,228,232,248
《心声》 101,102,125,126,129,130,135,139,142,180
《昕夕闲谈》 6,20
《新编增补清末民初小说目录》 9
《新华月刊》 100
《新旧文学的调和》 7
《新年梦游记》 21,22
《新年之回顾》 7
《新上海》 40,100-102
《新申报》 1-6,8-14,19,38-48,50,52,53,67-71,73-75,77-79,91,96,98,115,122-126,134-136,138,139,141,144,145,147,151,154,167,171,173,194,197,199,200,203,207,210,211,219-225,227,229,231,232,236-241,243-246,248-253,288,299,301,304
《新世界报》 152
《新水浒》 23
《新思潮》 154
《新苏州导游》 196
《新闻报》 17,18,41,44,47,178-180,189,253
《新小说》 4,17,21,82
《新园林》 93,96,97,179
《新哲学讲话》 148
《徐锡麟》 23
《续浇愁集》 59,61
《续小说家别传》 7,15
《雪藕连丝记》 42,151
《雪世界游记》 101
《血泪碑》 101,102
《血泪痕传奇》 22
《血泪英雄》 102
《寻夫记》 219,220

Y

《雅歌集特刊》 125,128
《亚森罗苹探案》 139
《嫣红劫》 109-111
《演归氏二孝子》 69,71
《杨贵妃》 204,205
《妖梦》 68,69
《姚鹓雏小说研究》 11
《一代人豪》 118
《衣冠国》 64
《艺坛百影》 9
《艺苑清音》 158
《忆珠楼笔记》 159,162,163
《益闻录》 134
《翼社诗录》 102
《因循岛》 62
《银箫集》 175,176
《英雄肝胆录》 41
《瀛寰琐纪》 6,20
《影戏画报》 125,126,128
《影戏杂谈》 127
《映清女士弹词开篇》 198,203-208,314
《永安月刊》 92,93,95-98,100,132,189,236
《游风流地狱记》 101
《游戏世界》 7,15,125,128
《游戏杂志》 18,38,46,62,64,66,85-93,96,100-102,104,105,

107，111，112，114，115，122，123，125，128，132，134，145，146，159－163，166，179，186，187，189－191，199，208，219，220，237，243，315－317，320，322，324，326

《余兴》 18

《余之小说观》 243

《娱闲日报》 100，236

《虞社精华录》 94

《虞社社友录》 183

《玉镜台弹词》 200－203，205

《玉梨魂》 204，205，248

《玉田恨史题词》 80

《玉香》 59

《"鸳鸯蝴蝶派"新论》 10

《鸳鸯蝴蝶派》 10

《怨巧记》 140

《月月小说》 4，17，21，243

《越风》 167，169，171

Z

《赠梁溪酒丐即题其影像》 55

《瞻庐小说集》 24

《斩秋瑾》 102

《照胆犀》 21，22

《侦探世界》 139－141

《珍珠帘》 41

《枕戈》 162，163，165，166

《整理觉迷遗稿记》 106，108

《郑成功》 21

《织云杂志》 169

《中国黑幕大观》 130

《中国画报》 153

《中国近代文学大系》 9

《中国近代文学研究》 9

《中国近代文学作家论》 9

《中国近代小说编年》 10，45

《中国近代小说大系》 9

《中国近代小说研究史论》 10

《中国女子小说》 217

《中国商业月报》 148，220

《中国文学变迁史》 154

《中国文学史》 8

《中国文学小史》 154

《中国现代文学期刊目录新编》 10

《中国现代文艺思想斗争史》 8

《中国小说史》 7

《中国小说史略》 7

《中华妇女界》 200，209

《中华日报》 117，118

《中华新报》 171

《重兴俭德会缘起》 42

《周瘦鹃生平暨著译简表》 9

《周瘦鹃事略》 9

《周瘦鹃主持时期〈申报·自由谈〉小说研究》 10

《周辛仲》 74－76

《周仲文》 77

《朱瘦菊论》 11

《朱素芳》 59，61－63

《朱鸳雏遗著》 167，177，178

《蛛隐琐言》 59，60，62

《著作家之斋名》 7，15，193，231

《著作家之斋名对》 7，15，145

《状元女婿与鸳鸯蝴蝶派》 8

《姊妹同郎》 54，59，63

《紫罗花片》 47

《紫罗兰》 117，119，176

《自由谈话会章程》 26
《自由谈投稿人名对》 27,98
《自由杂志》 35,38,46,62,65,66,82,89,99-102,105,123,131,132,146,183,191,192,199,207,237,243,305-307,313,318,319,321,323,325
《邹弢：一个被忽视的近代重要作家》 54
《邹弢及其〈海上尘天影〉》 54
《邹弢小说研究》 11,54
《最小》 140,163
《醉灵轩诗》 115
《醉灵轩琐话》 115

(2) 人名索引

A

爱楼 26,28,36,38,39,99-104,208,234,263,264,301,315

B

百恨 29,150
拜花 39,40,112,153,154,208,235,324
半侬 8
包天笑 6-9,11,15,16,18,49,51,141,228,248,300
悲秋 32,208,277
毕倚虹 18,47,49,211,228,248
便便 28,181-183,276,301
冰盦 26-28,47,98,269
病夫 33
病公 32

病鹤 32,153,187
病魔 31,85,97
波罗奢主人 217
泊尘 40
跛者 19,282

C

蔡匹志 28,98
曹聚仁 49
忏情女士 39,222,293
常觉 5,19,28,36,99,105,109-112,114,115,162,179,180,208,217,272,276-278,302,326
辰伸 39-41
陈宝贤 19
陈翠 119-121,222,283
陈达哉 203,204,206
陈大康 10,45
陈蝶仙 6,11,18,27,41-43,45,46,48,53,79,93-97,102,105,107-115,117,167,186,189,222,223,228,232,243,249,306
陈范我 203,204,298
陈家麟 76
陈克言 120,121
陈冷血 15,18,49
陈留我公 34,278
陈能 49
陈其渊 28,79-82,303
陈石遗 165
陈霞章 22
陈翔鹤 157
陈小翠 109,197,222
陈小蝶 7,8,18,45-48,50,51,

107-121,141,227,248,251
陈栩 33,89,109,301
陈训愈 49
陈亦 49
陈毅 50
陈佐彤 12,31,36,39,198-200,206-211,278,292,303,323
程小青 8,16,49,140-142
程瞻庐 24,40,141,223
痴侬 39,284,295
痴山 39
春帆 21,255
春影词人 39
寸铁 33

D

大胆书生 7,15,148,149,177
丹初 34,218
丹翁 39,41,189
涤 28,34,40,263
点墨 33
喋血生 21,254
蝶仙 26,27,33,36,38,90,101,105,111,162,180,208,273,301
丁慕琴 39,83,84,142,180,228
丁悚 7,28,36,38,40,47,83,84,112,114,220,276,302,307,326
定耕 32,234
东垫 28,105,150,187,188,190,276,302,317
东野 47,187,276,302
东园 39,40,57,95,96,175
董智颖 11

独鹤 29,47,66,108,109,162,178-181,272,302,317
杜文馨 35
杜新艳 10
段怀清 59
钝根 26,27,36,37,39,42,47,57-59,61,62,66,68,80,83,84,88,90,91,95,96,105,110,114,125,146,147,162,163,180,191,201,220,232,234,236,258-261,263,266,270,302,315
钝民 31
钝锥 31,235,322
铎 30

E

鹗士 33,94,235
二我 27,28,79-83,85,86,98,99,101,105,208,261,262

F

范伯群 9,109,238,239
范烟桥 7,15
方白 33
方嘉穗 65
非柳 29
粉蝶 32,276
枫隐 39-41,296
冯汉骥 157
芙镜 32,208
浮生 32,280
富士 39,291

活泉 32

G

槁木子 30，275

公赞 33

孤鹤 39，291

顾星佛 107

顾影怜 32，222

光头 30

桂香室主 35

H

海帆 31

海上说梦人 39，42，232，289

涵如 40

韩伟表 10

行义 35

何立三 12，64-66，79，263

恨海 21，34，36，168，219，249

恨人 19，66，278

红树 33，39，195，208，318，322

胡怀琛 11，142

胡萱 10

湖山无恙楼 99，301

虎痴 26，27，34，235，270

花奴 39-41，289

华吟梅 30

黄炳南 26，27，98

黄秋岳 165

黄式权 54

悔生 30

惠民 31

豁公 5，39，41，122，124-136，234，291，302，326

J

济航 19，279

嘉定二我 4-6，12，27，36，46，79-86，88，90，91，96，99，182，233，250，252，261-263，303，318

见贤思齐 34

剑平 39，290，291

剑青 33

剑秋 5，19，38-40，47，144-149，235，273，274，291，302

健儿 26，27，264

江红蕉 15，16，142，228

江建霞 56

江小鹣 47

姜国 10

姜映清 36，197-209，220，223，235，314

蒋瑞藻 39

蕉轩 107，302

金秉五 31

金蕙芸 108

金剑花 23

金锵 33，190，302

金琴荪 108

金翼谋 94，95

惊侬 32

景骞 31，235

静观子 34，279

炯公 39，132，136，293

九峰樵子 22，23

酒丐 4，5，7，35，53-59，61-66，223，234，272，301，303

343

K

柯南道尔　48，111
空生　34
空闲子　30
孔立　9

L

劳汉　32
老范　40
老梁　19
老张　39，40，290
乐君　31，264
乐鸣　39
了青　5，26，27，29，31，36，37，39，40，47，79，82－92，96，98，99，105，162，227，233，250，252，271，277，301，315，319
雷瑨　23，184
雷君曜　23
蠡勺居士　17
李拔可　164，165
李宝嘉　5，227
李常觉　4，6，7，42，45－47，105，108－115，120，179，239
李定夷　15，18
李东垒　150，177，187，189
李东野　5，42，45，162，188－190，203，216
李涵秋　15，49，79
李劼人　157
李今　10
李新甫　109，112，113

李野民　39，40，160，161
李志梅　11，49
立三　26，29，65，263，302，321
丽寒　39，293
梁溪词人　55，61
劣僧　30，265
林传甲　102
林明德　9
林纾　4，5，8，9，12，15，17，53，67－79，223，228，229，242，301
林香伶　10，149
刘豁公　4，45，47，122－137，144，153，180，189，202，203，250，291
刘豁然　165
刘莉　10
刘铁冷　18，170
刘永文　9，272，276，290，299
刘泽沛　133，134，137，292，302
刘蜇叟　122，132
刘贞晦　154
卢美意　160，163，164，166，283，302
鲁卫鹏　10
鲁迅　7，196
陆澹庵　16
陆祥　65
陆穉勤　95
陆醉樵　94
鹿门旧隐　29
吕碧城　39，197
率公　26，27，30，36，38，101，185－187，227，272，301，315

M

马二先生　19，39，281

莽汉　31，36，39，40，235，322
莽书生　16，126，152
毛秀英　39，219－221，223，290，303
泖浦四郎　21－24，255
梅魂　39，290
梅郎　19，128，282
蒙文通　157
梦琴轩　28
梦生　29
迷途　33
磨剑　19，282
莫泊桑　42，194
墨君　192，193，195－197，302
木舌　26，270
慕侠　34

N

南湖　39
孽儿　30，36，168，176，279，303
牛郎　40
牛绿洲　11

P

葩奴　19
潘安荣　9
潘公展　49，203
潘寄梦　7，15，145
潘建国　17
佩兰女士　197，221，222，303
佩玉　31，272
彭俞　23
蓬壶　7，15
蓬心室主　35，235

匹志　26，28，29，98，234，251，269，325
平襟霞　7
平襟亚　14，152，167，175－177
破涕　19

Q

戚饭牛　96
棲梧　32
弃疾　39，42，290
钱静方　181－184
钱琬薇　54
钱昕伯　54
钱一蟹　28，181，182
潜龙　40，272
樵宾　35
秦寄尘　28，39，40
庆霖　26－28，261
跫庐　19，280
秋虎　32
瞿鸿礻几　41
瞿宣颖　39－41，289
齲僧　19

R

热庐　29，273
任访秋　9
任矜苹　47，153
如愚　31
阮东升　11，54
芮敬干　157
瑞雪　39

S

三畏　34，279
少芹　39
俞我　5，39，122，137，142，144，152，229，292，303
舍予　39，296
沈家骙　35
沈嘉凤　31，91
沈庆会　11
沈问梅　48
沈信行　33
沈雁冰　154
沈玉慧　11
盛俊才　50
师尚　19
诗隐　39
施济群　94，96，97
施畹芳　30
石痴　34，279
时萌　45
史全水　54
士登　31
侍仙　30，33，235，282
是龙　31，251，267，268
释敏膺　84，85
守愚氏　23
瘦蝶　2，5，6，26，27，29，35，38，42，45，46，48，79，92－101，105，132，146，162，180，182，185，186，189，236－238，265，266，294，301，315，319
瘦鹤　29，272
瘦鹤词人　54，55，301，319

瘦鹤酒丐　31，54，55，272
瘦鹃　38－40，114，139，141，162，174，180，257，272，302，317
恕公　19
漱六山房　24
漱玉　30，208
双璧　30
松隐庐　33，261
宋焜　40
颂斌　5，12，26，27，33，47，190－192，264，302，320，321
孙次青　96
孙鹤　50
孙剑秋　2，4，39，42，45，144－149，167，177，189，223，239，251
孙玉声　23，100，202
损绝　19，282

T

太痴　2，35，55，208，234
汤克勤　10，227
陶春军　10
天白　5，26，39，40，42，45，48，144，159－166，189，234，243，250，283，292，302，310，324
天悲　39，292
天僇　21，254
天僇生　12，21，22，243，254
天民　26
天声　29，208，272，318
天台山农　39，95，202
天虚我生　19，33，39，41，48，51，85，89，90，95，109，111－114，116，120，121，141，162，220，

233,273,276,277,301,315

天涯浪子 15

天一 34,281

田若虹 11

铁汉 39,40,208,294

铁华 39

铁民 26,268

童爱楼 7,45,99-104,223,238,243,305

童乐隐 28,99

W

汪了烦 39,294

汪鸣璋 30,185,301

汪叔良 19

王大错 191,192

王钝根 2,3,6-8,14-16,18,19,25,36-38,40-48,50,52,56-59,61-64,66-68,79,80,83-86,90-92,95-98,101,102,107,111-116,120,122,123,125,126,128,129,134,135,137-139,141,144-148,150,153,161-163,167-171,175,177-180,182,186,187,190-193,198-203,208-211,216,219-221,223,227-230,232-234,236-239,241,243,249,251,288,304

王恩甫 96,100,236

王锦南 7,15,231

王进庄 10

王均卿 66

王润 11

王韬 20,59

王无生 21,22,223,254

王小逸 107

王蕴章 18,196

王钟麒 21,243

望梅 26,269

韦士 19,280

魏绍昌 10,14,15,149,153,158

魏易 70,242

文瑞 32,271

文蔚 40

闻宥 149,153-157,159,303

问天生 29,325

乌蛰庐 39,40

无际 19

无聊 19,61,206

无生 21,22,254

无我 29,34,39,40,274,287,291

吴悔初 40

吴趼人 5,15,17,227,229

吴绛珠 40

吴觉迷 4,18,42-45,49,104-110,232,233,238,239

吴俊 10

吴疴尘 106,108

吴绮缘 152

吴双热 18

吴下健儿 191,192,319

吴辛 65

吴中弼 28,104,108,302

X

息影庐主人 29

奚燕子 150,152

习鹏 30
席子佩 23,38,199,227
先知人 80,261
娴民 39,291
项佩兰 221,222,283,295
项澒 221,295,303
潇湘馆侍 61
小蝶 19,30,99,109-113,115,116,120,162,180,276,277,292,303,321
小孤山人 39,292
小山 19,282
笑侬 39
笑世 32
笑余 19,282
啸霞山人 57,80,279
谢无量 22,157
辛甫 40
羞鸣 39,290
秀英女士 5,39,197,219-221,303
徐岱祥 29,85,301
徐馥苏 56
徐弢 28,98
徐天啸 18
徐湘民 19
徐哲身 32,45,141,222,230,322,323
徐枕亚 15,18,51,248
徐中舒 157
徐卓呆 9,16,18,189
徐自华 212-215
许廑父 7,15
许泰 29,92,301
许指严 15,102
玄甫 5,48,192-197,227,287,297,302
玄郎 31,35,192
薛国安 9
薛绥之 9,242
学如秋云馆主 34
血直 31

Y

亚东破佛 21,23,24,254
严独鹤 18,49,66,108,109,127,153,178-181,203
严芙孙 7,15,48,123,128,132,134,137-139,144,178,181
严谷兰轩 23
燕双双馆 19
扬州小杜 32,279,317
杨清磬 47,112
杨世骥 23
姚赓夔 187
姚苏凤 187
姚鹓雏 11,42,43,48,107,150-153,169,170,172,176,177,219,248,249,251,281,284,296
冶溪秀生 34
野鹤 5,29,39,42,139,144,149-159,167,169,171,177,200,243,281,293,295,303,309
野樵 30
叶楚伧 154,216
叶小凤 48,216
倚桐女士 31,85,91
逸民 28,29,172
逸森 39
荫之 30

隐我　31
瀛仙　26
映清女士　4－6，12，31，39，40，45，197－208，220，221，234，302，314
尤惜阴　39
尤玄父　192，196
尤一郎　40
俞凤宾　65
渔郎　35，61，62，64，279，303
愚盦　34
愚民　34，270
语溪蠖屈　19，279
郁振埏　19
袁寒云　141，142，228
袁进　10，149
愿圃　39，40，290
月楼　30
越痴　30，264
恽铁樵　8，18，48，115
韵清女史　19，212－214，216－218，301

Z

曾朴　15
瞻庐　21，24，39，256，291
张春帆　12，24，39，251，255，289
张丹斧　18，203
张东荪　154
张广兴　10
张恨水　49
张舍我　48，122，137－144，151，153，174，227，230，241，243，247，292，295
张叔通　22，23

张文潮　65
张娴君　120
张亚庸　39，290
张毅汉　18，248
张毅华　151
张禹门　31，275
张园　61
张缊和　23
张枕绿　48，141，142
张振国　59，68
赵健　10
赵苕狂　137，138，142，144，178，230
赵孝萱　10
蛰叟　39，41，124，132－137，227，291，292，302
谪仙　30
真页　19
枕水轩　32
郑孝胥　152
郑逸梅　7－9，15，16，18，19，23，39，40，41，94，102，129，142，149，153，158，167，168，178，187，193，230，231
郑幼斋　28，29
郑振铎　7
枝一　35
知疚　34
周渡　11
周红树　33
周剑云　47
周庆云　64，65
周秋声　31
周瘦鹃　6－11，15，16，18，24，41－53，79，108，109，112，114，119，

349

141，153，167，173，175－177，
180，203，227，228，237，240，
249，289
朱迪生 40
朱凤威 19
朱识皋 39
朱星曲 167，170，178
朱卤香 40
朱鸳雏 5，7，45，49，141，150，
152，153，167-178，228，279，308
诛心 39，294
竹泉生 23

祝平 39，42，210，211，292，293
拙人 28
子枚 32
邹鲁 35，56，64，303
邹弢 11，31，54－57，59，63－66，
78，79，301
醉痴生 19，65，295
醉灵轩主人 113，303
樽本照雄 9
佐彤 31，42，198，206，207，209，
211，234，278，292，324

后　记

《〈申报〉〈新申报〉小说家述考（1907—1919）》一书的撰写是在博士论文答辩那天就基本确定下来的。因为答辩老师关于《申报》《新申报》关系的一个提问，让我决定就其中的一个章节作为新的研究重点，于是博士后两年的时间便主要在爬梳《申报》《新申报》小说家、小说撰者的资料中度过了。又因为撰写博士论文阶段积累了不少相关文献，所以这篇博士后报告写得还算顺畅，虽然中间也有不少查阅文献而不得的时刻，论述思路中断的时刻，但如今全稿竟有机会出版，则不得不说是我平淡科研路上的一点儿幸事。

虽然该书准备得相对充分，但因为所论内容并非当前学界的热门话题，所考证的小说家也非闻名遐迩的大家，博士后开题的时候有位师长就曾质问现在各种理论日新月异，为什么要去考证这些与现实毫不相关的无名小说家。其实之所以选择这种老旧的题目，实在是因为自己的理论基础过于薄弱，不能在前人的基础上有所创新，故而只能花笨功夫来整理一些史料。盖目前虽然有部分民国小说家的史料已经被学界梳理或者正在被梳理，但这些小说家的出处尚未被探究，同时期数量可观的未成名小说家尚未被涉及，某些作为群体出现的小说作者尚未被注意，所以在传统史学研究方法的基础上关于清末民初小说家的研究仍然有大量的工作需要进行。大体说来，清末民初以来，有相当一部分小说家是依靠报刊平台而成群出现的，虽然到20世纪20年代之后，被文坛及大众熟知接受的小说家有数可查，但最初借助某一种或几种刊物进入文坛的小说家可能只是某个报刊编创团体中的一员，而其他后来没有成名或中断创作的同人也同样构筑了其编创团队的风格与类型，且在一定程度上更能凸显出民初小说家整体的创作命运，体现出民初小说的发展演变原因与规律。所以，本书虽然在题目上并不醒目新颖，但其实质内容却也是值得深究和考察的。

在本书的写作过程中,灵感时有时无,论证时断时续,有时突然发现某位小说家的神奇遭遇,情绪不免神游物外;有时又因为所论撰者的生平实在难考,三两日内会持续地灰心丧气。一天之中,每每为了论文能有一点儿实际进展,运动及休息的时间被压缩再压缩,结果自开题以来一直是病怏怏的状态,除了所论小说家的创作经历越来越清晰之外,生活中似乎再无半点成就。有时候不免会想自己所做研究的意义到底在哪里,想得多了眼前的文字就突然变得空无。在攻读硕士学位的时候,我就曾经问过老师们文史研究的"用处"在哪里,当时还被一位师长训斥我的功利。但我确实一直想追问文史研究在社会历史中的"用处",在解决现世问题中的"用处",而当时学校宣传及诸位师长的回答并不能浇灭我的疑惑。但问题的研究与解决总是源于疑惑,真正去拨开许多萦绕心头疑虑的过程也许就是科学研究的过程。也正是靠着这些疑虑和思考,我才坚持着阅读、汲取与思考,并靠着自己的专业兴趣一路摸索到此时此地。

在报告撰写期间,首先要感谢合作导师孙逊先生的指导,感谢他在百忙之中还能悉心阅读我的长文并给予指导性的建议。其次要感谢我的博士导师黄霖先生,没有先生的指引,我很难跨进学术的门槛,更不可能对近代小说家有如此多的钻研积累和热情。同时,还要感谢参与我博士后报告开题及中期考核的各位老师,感谢陈飞老师对于文章的题目、行文及考证内容严谨性、学术性所提出的积极意见,感谢李咏春老师在我博士后工作期间给予的各种帮助。最后,还要感谢我的爱人和朋友安江同学在我迷惑、焦虑之时给予的精神鼓励和支持。感谢师长和朋友们,也希望自己在今后的学术道路上戒郁戒躁,不忘初心,始终坚持专业的学术态度,保持独立的学术人格,能够一直追随疑惑,追寻答案。

罗紫鹏
2018 年 8 月于沪上

第七批《中国社会科学博士后文库》专家推荐表 1

推荐专家姓名	孙逊	行政职务	
研究专长	中国古典小说	电　话	
工作单位	上海师范大学	邮　编	200234
推荐成果名称	《〈申报〉〈新申报〉小说家述考（1907-1919）》		
成果作者姓名	罗紫鹏		

（对书稿的学术创新、理论价值、现实意义、政治理论倾向及是否达到出版水平等方面做出全面评价，并指出其缺点或不足）

　　《〈申报〉〈新申报〉小说家述考（1907-1919）》是申请人罗紫鹏的博士后报告成果。此书稿意弘扬我国优秀的传统文化、充分挖掘近代优秀的小说家史料与作家队伍，有较强的政治觉悟和责任心。

　　全书的内容重点在对清末民初小说撰稿者的资料爬梳与整理，其成果为近代小说、近代报刊的研究都增添了不少有价值的史料。而在基于《申报》《新申报》小说家群体个案的研究基础上，作者尝试论述清末民初以来中国通俗文学发展的连续性，并借助巴赫金的"狂欢化"理论论证报刊媒介作用下小说创作者的"表达狂欢"，具有一定的理论创新性。

　　同时，该书稿还通过对小说撰者群像考证讨论职业小说家出现的原因、呈现的状态，将之与现在互联网时代的小说家创作队伍迅猛增长、小说作家的职业化、小说作品的碎片化与通俗化进行了联系和对比，论证新媒体环境下"创作权普及"与"经典性消逝"之间的关系，这些对于普遍的小说创作、作品文学价值等方面的研究都颇具现实意义。

　　综合书稿各方面的特点，我认为其已经达到了出版水平，推荐出版以供学界参考与批评。

签字：孙逊

2017 年 12 月 5 日

说明：该推荐表由具有正高职称的同行专家填写。一旦推荐书稿入选《博士后文库》，推荐专家姓名及推荐意见将印入著作。

第七批《中国社会科学博士后文库》专家推荐表 2

推荐专家姓名	黄霖	行政职务	复旦大学语文所所长
研究专长	明清文学与近代文学	电话	
工作单位	复旦大学	邮编	200433
推荐成果名称	《〈申报〉〈新申报〉小说家述考（1907-1919）》		
成果作者姓名	罗紫鹏		

（对书稿的学术创新、理论价值、现实意义、政治理论倾向及是否达到出版水平等方面做出全面评价，并指出其缺点或不足）

　　书稿《〈申报〉〈新申报〉小说家述考（1907-1919）》，是申请人罗紫鹏博士后期间的主要研究成果。首先，全书稿在学术思想上试图重新认识和评估《申报》《新申报》的小说家群体，尝试纠正长期以来贬低清末民初通俗小说的不公正评价，视角独特。

　　其次，该书稿将集中在《申报》《新申报》副刊的作家群作为研究对象，充分考察"作者""读者""小说媒介"三者之间的关系，运用小说的"消遣性""阐释性"等文学理论对作者的创作生涯与职业命运进行了一次富于理论价值的探讨。同时，该书稿尝试与当下网络小说的写作环境与形态进行比较，借以阐述清末以来通俗小说的"现代化"演变进程，在选题上具有较高的现实意义。

　　再次，全书内容在于积极促进大家对中国近代小说、近代通俗文学的认识，史论结合，有较高的政治觉悟和发扬民族优秀文化的思想路线。

　　该书稿与申请人的博士论文有一定的联系，虽然以史料为主，理论性略显不够。但其前期史料准备都比较充分，故在具体小说家考证上还比较充分成熟，基本达到了出版要求。综合考虑，我愿意推荐该书出版，以便海内学界批评校正，促进学界在近代通俗小说研究方面的交流。

签字：黄霖
2017 年 12 月 7 日

说明：该推荐表由具有正高职称的同行专家填写。一旦推荐书稿入选《博士后文库》，推荐专家姓名及推荐意见将印入著作。